在线教育概论：
产业发展与技术实践

杨伟杰　周向军　叶淳钰　洪　爽　编著

北京理工大学出版社
BEIJING INSTITUTE OF TECHNOLOGY PRESS

内 容 简 介

本书的主要内容包括：在线教育的概述、在线教育的历史与发展、在线教育的行业发展、在线教育产业与领域、在线教育的商业模式与盈利模式、在线教育的细分领域、在线教育的岗位与技能、在线教育的教与学、主流在线教育平台分析、在线教育的支持服务与质量监控、在线教育产品的设计与开发等。

本书适合职业教育与互联网教育产业从业人员（尤其是在线教育机构负责人、管理者、授课教师、技术开发人员、运营人员、销售、助教等）、企业培训或教育软件设计相关专业人员，以及教育技术有关的教师和学生等阅读。

图书在版编目（CIP）数据

在线教育概论：产业发展与技术实践／杨伟杰等编著．－－北京：北京理工大学出版社，2024.8

ISBN 978 - 7 - 5763 - 3598 - 9

Ⅰ.①在…　Ⅱ.①杨…　Ⅲ.①网络教育-研究　Ⅳ.①G434

中国国家版本馆 CIP 数据核字（2024）第 047627 号

责任编辑：王玲玲		**文案编辑**：王玲玲	
责任校对：刘亚男		**责任印制**：施胜娟	

出版发行 /	北京理工大学出版社有限责任公司
社　　址 /	北京市丰台区四合庄路 6 号
邮　　编 /	100070
电　　话 /	（010）68914026（教材售后服务热线）
	（010）68944437（课件资源服务热线）
网　　址 /	http://www.bitpress.com.cn

版 印 次 /	2024 年 8 月第 1 版第 1 次印刷
印　　刷 /	涿州市新华印刷有限公司
开　　本 /	787 mm×1092 mm　1/16
印　　张 /	18.5
字　　数 /	428 千字
定　　价 /	89.00 元

前　言

　　随着信息技术的飞速发展和数字经济时代的来临，在线教育正以前所未有的速度快速发展，并成为促进我国教育领域数字化转型的重要变革力量。互联网时代的学习者对个性化、泛在式和持续终身的学习需求为在线教育的发展提供了源源不竭的动力，人工智能、大数据和云计算等前沿技术的发展和广泛应用为在线教育的发展提供了强有力的技术支持，而政府、学校、企业、师生和家长等多元主体的共同参与则为在线教育的发展提供了更多的优质资源和更广泛的应用场景。随着在线教育在学校教育、家庭教育和社会教育领域的广泛应用，深刻地改变了已有的"学"与"教"的形态，并形成了一个体量巨大的产业和服务市场。

　　近年来，我国政府充分认识到在线教育的重要性，出台了一系列政策文件支持该领域的发展。2022年，国务院印发《"十四五"数字经济发展规划》，提出实施社会服务数字化提升工程，深入推进智慧教育。《教育部2022年工作要点》提出，实施教育数字化战略行动，强化需求牵引，深化融合、创新赋能、应用驱动，积极发展"互联网＋教育"，加快推进教育数字转型和智能升级。同年，新修订的《中华人民共和国职业教育法》提出，支持运用信息技术和其他现代化教学方式，开发职业教育网络课程等学习资源，创新教学方式和学校管理方式，推动职业教育信息化建设与融合应用。一系列政策的出台为在线教育产业的蓬勃发展提供了重要的支撑、营造了良好的环境。

　　培养高素质的从业人才是保障在线教育产业持续发展和不断壮大的重要因素之一。目前我国在线教育产业持续迅猛发展，但是如何培养出真正懂行业、有技能、有方法，能服务在线教育产业长期发展的人才仍是一项长期且具有挑战性的工作。为了培养能服务于在线教育产业发展的高质量人才，不仅要加强在线教育自身的基础理论研究，更要深度研究在线教育的产业、行业、企业和岗位。基于这一认识，本书的设计以产业对人才的需求为锚点，在分析在线教育发展历史和原理的基础上，从在线教育的行业、产业、产品与服务的整体视角出发，系统阐述了在线教育的行业、领域、岗位、教与学、平台和服务，以及在线教育产品的分析、设计、开发等技术实践领域的核心内容，以期让更多的读者了解和掌握在线教育的关键知识和能力，从而结合个人的专业学习和职业发展需求，在在线教育的产业支撑链条中找到特色发展的可行领域和工作岗位。

　　本书的主要内容包括8个章节：（1）在线教育的概念与历史，介绍在线教育的定义和内涵、基本特征、相关概念与发展历程。（2）在线教育的行业与发展，介绍在线教育的行业产业链、市场现状、发展趋势。（3）在线教育的领域与模式，介绍在线教育的整体领域划分、商业模式与盈利模式、细分领域与主要赛道。（4）在线教育的岗位与技能，介绍在线教育的产业链条与岗位分布、主要岗位分析、国内在线教育企业的类型与区域分布、典型工作岗位的能力要求。（5）在线教育的教与学，介绍在线教育的教学模式、教学设计、学习理论、学习能力提升。（6）在线教育的平台与功能，介绍中小学在线教育学习平台、高校在线教育学习平台、企业在线教育学习平台、在线教育培训机构平台、继续教育类学习平台。（7）在线教育的服务与质量，介绍在线教育的支持服务体系、质量监控体系、数据挖掘与学习分析技术、法律问题与监管。（8）在线教育的产品设计与开发，介绍产品与在线教育产品、产品设计及其基本步骤、在线教育产品设计和开发的过程、在线教育关键产品的开发。

　　本书主要面向职业教育与互联网教育产业从业人员，尤其是在线教育机构负责人、管理者、授课教师、技术开发人员、运营人员、销售、助教等。同时，本书也适用于企业培训和教育软件设计相关专业人员，以及高等院校教育技术有关的教师和学生。

　　本书的出版得到广东省教育科学规划项目（2021GXJK625、2023GXJK708），2023年广东省高等职业教育教学质量与教学改革工程建设项目高职教育示范性产业学院"STEAM产业学院"、广东省外语艺术职业学院数字媒体技术教学创新团队、精品在线开放课程建设项目、STEAM产业学院和科技平台建设项目的资助，以及广东省基础教育与信息化研究院、中山能龙教育股份有限公司、广州科立极信息技术有限公司等多家机构和企业相关工作人员的支持，在此表示感谢。

　　在编写本书的过程中，编者团队深入产业，调研业界需求，力求将最新、最前沿的信息纳入本书，确保其理论水平和实践价值相辅相成。希望读者能够通过阅读本书，更好地把握在线教育产业的发展脉搏，为自己的职业发展探寻更广阔的天地。期待本书能够为在线教育研究领域添砖加瓦，为培养更多优秀的在线教育从业人才贡献一份力量。

　　由于作者水平有限，书中可能存在不足之处，希望读者批评指正。

编　者

目录

第一章

在线教育的概念与历史

随着现代电子信息技术的不断发展，计算机、互联网等技术手段正在改变着各行各业的发展，教育行业也不例外。在"互联网＋"教育的作用下，传统的教育理念和教学模式已经不能满足学习者和教师日益增长的需求。因此，新的教育形态——在线教育顺应着时代的要求得到了快速发展。在线教育的崛起无疑为教育事业注入了新的活力。本章将从在线教育的定义和内涵、基本特征、相关教育形式的概念和发展历程四个方面对在线教育进行介绍，以帮助读者更深入地了解在线教育的全貌。

知识地图

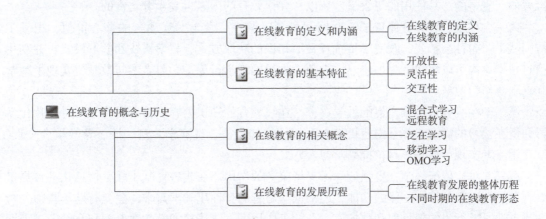

学习目标

1. 了解在线教育和与此相关的教育形式及其概念。
2. 了解在线教育的基本特征。
3. 了解在线教育在国内外的发展历程，以及在线教育在不同时期的形态演变。

学习建议

通过了解在线教育的特点、发展历程和现状，思考个人未来的就业方向和社会的发展风向及需求，有利于提前做好个人职业规划和确立学习的具体目标。

第一节　在线教育的定义和内涵

定义是在不改变目标事物本身的前提下，对语词的意义所做的简要而准确的描述，也可以对概念的内涵和外延做简要的说明。清楚了一个词的定义，便对它的概念和内涵的意义有了基本的认识，这也是为什么大多数专业性的书籍都会对概念、定义等问题做论述。在本书中，将会提到多种与在线教育相关的教育方式，如混合式学习、远程教育和移动学习等，为便于论述，本书将统一称之为"在线教育"。

一、　在线教育的定义

在线教育是依托互联网和多媒体技术等现代信息技术手段开展的一种新型的教育形态。它以学习者为主体，在学习者、教师和学习资源三者之间运用多种媒体和信息交互手段进行教学和联系[①]。所以，在线教育是以互联网为载体的新一代信息技术促进教育改革发展的理论与实践[②]。互联网技术改变的仅仅是教育的方式，在线教育的本质和核心依然是教育。

二、　在线教育的内涵

在线教育不仅仅是将传统课堂搬到网上如此简单。在线教育在国外被称为 E－Learning[③]，而 E－Learning 中的"E"就代表着电子化的、有效率的、拓展的、延伸的、增强的、探索的、经验的、易使用的等含义。所以，在线教育的内涵也是十分丰富的。

第一，在线教育充分体现了互联网"开放、共享、参与、互动"的核心价值，把教学范围从学校向社会扩展，改变了传统意义上知识的获取方式、教学模式和学习模式，并利用信息技术建构了以学习者为中心、以教师为主导的教学行为，学习者参与教学，实现了教学互动和协作学习[④]。

第二，在线教育也有完整的教学过程。在线教育的知识内容更符合当代学习者碎片化学习和泛在学习的需求，并且内容更符合人们的认知规律，贯穿学、测、评、导教学全过程，能让学习者实现个性化学习，提高学习效率。

第三，对比传统教学，更强调学习支持服务的作用。在线教育基于教育信息化平台提供教、学、管、服务四位一体的功能，还根据学习者的个性化教学需求，建立有助于教师分析和改进学习者行为的信息库和数据库、有助于应用型人才培养的教学案例库和有助于过程测评的题库等。

第四，在线教育为学习者提供了自由选择的空间。在线教育开放教育资源，让学习者根据个人需求多元化地选择心仪课程，获得不同的学分、证书或认证，大大降低了学习成本。此外，开放教育资源还有利于实施混合式教学，支持翻转课堂，让学习者真正成为主导者，

---

① 何周，徐进. 在线教育全景解析：行业、合规、监管与案例精选［M］. 北京：北京大学出版社，2021：1.

② 陈丽. 在线教育原理［M］. 北京：北京师范大学出版社，2021：1.

③ E－Learning：英文全称为 Electronic Learning，是指通过应用信息科技和互联网技术进行内容传播和快速学习的方法。

④ 赵洪利. 在线教育理论与实践［M］. 北京：北京理工大学出版社，2018：3.

以此解决课程结构短板问题，弥补知识快速更新中教师短缺问题，也有助于推动高校间、校企间、学历与职业教育间的学习成果积累与认证转化。

第二节　在线教育的基本特征

　　与传统的课堂教学相对比，在线教育已经突破传统线下教育的边界，在知识供给和需求、实施载体、教育模式和评价模式等各方面都发生了很大的变化。从互联网的角度看，在线教育的特点可归纳为 5 个"Any"，即在线教育通过网络，让任何学习者（Anyone），能够在任何时间（Anytime）、任何地点（Anywhere）去学习任何课程（Any Course）的任何章节（Any Chapter）。而在线教育作为互联网和教育的结合体，其基本特征主要体现在开放性、灵活性和交互性三个方面。

一、　开放性

　　在线教育是一个通过互联网媒介来连接教育资源的虚拟学习空间，学习者在此空间内不受职业、年龄和地理位置的约束。通过互联网，从理论上来说，在线教育可以获取到世界上任何一个地方的学习资源。在线教育中包含众多免费学习资源，满足不同层次的学习需求，可供学习者自由地进行选择性学习。相较于教导者和学习者面对面授课的传统教育方式，在线教育具有极强的开放性[①]。在在线教育时代，即使是身处乡镇的中国学生，也可以获取到世界名校教授们的优质课程。同时，学校、教育机构和在线平台也可以把最优秀的教师和教学成果通过互联网分享到世界各地。这样可以极大地降低获取优质知识的成本，实现资源的开放和互换，使教育的影响突破学校的藩篱。

二、　灵活性

　　相比于传统教育形态，在线教育把教与学两种行为在时间上和空间上都分离了。在在线教育时代，空间和时间都不再受限，学习者可以根据自己的意愿来灵活选择最合适自己的时间和平台。在传统课堂中，学生需要按照教师规定的课程时间到指定的教室去上课，而且一节课的时长通常不会少于 40 分钟，这对于学生的注意力和吸收能力是有一定要求的。但当线下课程被细分成具体的知识点并被录制成视频或音频上传到互联网平台上时，学生便可以自由安排学习的内容和强度，以满足学生个性化学习的需求。

　　在线教育不仅打破了时空的界限，还大大丰富了教育与学习的方式。传统的板书和笔记在课后难以全面还原老师上课的内容，导致学生课后难以理解和消化知识点。在线教育通过多媒体手段，如 PPT、录屏、录音等，以多样化的方式使教学更为生动，学生课后便可通过各种多媒体资源进行复习巩固。随着互联网终端设备的移动化，更多辅助教学的学习工具涌现了，像专门做电子笔记的 GoodNotes、用于英语单词学习的不背单词、辅助作业的作业帮等。这些移动端的学习工具使学生的学习方式变得更加灵活，大大提高了学生的学习效率和效果。

---

① 杨成宁. 在线教育的运营与发展研究［M］. 上海：上海交通大学出版社，2021：4.

三、 交互性

身处在线教育时代，教师、学生和平台三者之间能够通过网络进行多样化的互动，丰富了传统课堂单一的互动模式。师生间可以通过不同的在线教育平台实现课堂沟通、授课、布置作业、课后答疑等。不仅师生互动的时间、空间都被扩大了，平台也可以根据师生的交流与需求，针对性地量化教学与学习的效果。

特别是随着人工智能在教育领域的广泛应用，在线教育的交互性被大大提高了。目前，人工智能及其相关技术在教育领域的应用主要包括基于编程和机器人的科技教育、基于虚拟现实的场景式教育、AI（人工智能）自适应和人机交互等方面。尤其是在人机交互和 AI 自适应方面，通过对学生学习数据的统计分析，用人工智能勾勒出每位学生的整体学习方式和特点，使教师了解学生在学习中遇到的疑点、难点和问题，从而有针对性地对教学进行调整。除了基本的教与学之外，计算机网络的教学管理平台还具有自动管理和互动处理功能，在实际的网络化教学管理中，如学生的咨询、报名、交费、选课、查询、学籍管理、证书、作业与考试管理等，都可以通过网络的远程交互方式来完成，达到绝对的便利性与自动性。

第三节　在线教育的相关概念

随着互联网技术和多媒体与互动技术的发展与提升，教学视频、教学游戏等技术不断地丰富用户的线上的学习体验，让在线教育内容以更加多样化的形式呈现给用户。除了在线教育本身，由在线教育的内涵进一步衍生出不同的概念，如混合式学习、远程教育、泛在学习、移动学习、OMO 学习等形式。每种形式各具特色、互为补充，为不同需求的学习者提供多样化服务。

一、 混合式学习

随着教育技术的发展，传统课堂正在逐步被混合式学习所取代。混合式学习（blended learning）可以界定为面对面教学和计算机辅助在线学习的结合（a Combination of face – to – face instruction with online learning），二者相互促进，优势互补[1]。然而，虽然目前国内不少高校已具备优越的信息化环境，但混合学习的实施效果并不理想[2]。对于学习者而言，有的学生认为混合学习达不到传统教学的效果，故缺少积极性；对于教师而言，一线教师对混合学习的认知还停留在在线学习（E – Learning）和传统学习的混合这单一的层次面，故很难制定出有效的混合式学习策略。

混合式学习强调如何利用技术以增强学生学习体验的方式进行特定学科的教学，能够根据每节课学习目标的需要采用合适的教育模式组织，选择学习体验，落实以学生为中心的教育理念。其中，混合式学习包含了四个应用层次。第一个层次便是线上与线下的混合，即

---

[1] 詹泽慧，李晓华. 混合学习：定义、策略、现状与发展趋势——与美国印第安纳大学柯蒂斯·邦克教授的对话[J]. 中国电化教育，2009（12）：1–5.

[2] 詹泽慧，詹宏基. 混合学习活动模式与实施策略研究［J］. 中国教育信息化，2013（18）：32–34.

"E（E‐Learning）+ C（Classroom）"的混合模式。混合式学习概念的提出最早就是指线上与线下的混合，当人们认识到单一的 E‐Learning 模式并不能取得满意的效果时，开始考虑 E‐Learning 与传统教室学习的结合，通过实践取得了很好的效果。第二个层次是基于学习目标的混合，这一层次不再单一考虑线上与线下的因素，在"混合"策略的设计上，以"达成学习目标"为最终目标，混合的学习内容和方式更为广泛。第三个层次是混合式学习的真正内涵——"学"与"习"的混合。通过"习"将学习的内容应用到实践中去，这是学习更高层次的目的。通常情况下，我们将"学"等同于学习，而实际情况将"习"完全遗漏掉了，绝大多数的面授或在线学习都只是"学"而已，并不是真正意义的学习。实际上，设计"学"与"习"的混合才是最简单又有效的混合式学习。最后一个层次是学习与工作的混合，又被称为"嵌入式"的学习或"行动学习"。与其说是一种学习方法，不如说是一种学习境界。因为从某种意义上来说，工作本身就是学习。

二、　远程教育

远程教育，是成人教育学历中的一种。在教育部已出台的部分文件中，如《关于实施"新世纪高等教育教学改革工程"的通知》，把现代远程教育资源与网上教育共享资源相挂钩，所以，大部分人习惯把现代远程教育称为网络教育。

远程教育利用电视及互联网等传播媒体来进行教学，突破了时空的界线，有别于传统的在校住宿的教学模式。使用这种教学模式的学生，通常是业余进修者。由于不需要到特定地点上课，因此可以随时随地上课。学生也可以通过电视广播、互联网、辅导专线、课研社、面授（函授）等多种不同管道互助学习。这是现代信息技术应用于教育后产生的新概念，即运用网络技术与环境开展的教育。其招生对象不受年龄和先前学历限制，为广大已步入社会的群众提供了学历提升的机会。

随着计算机技术、多媒体技术和因特网的飞速发展，远程教育的手段有了质的飞跃，成为高新技术条件下的远程教育。现代远程教育是以现代远程教育手段为主，兼容面授、函授和自学等传统教学形式，多种媒体优化组合的教育方式。现代远程教育可以有效发挥远程教育的特点，是一种相对于面授教育、师生分离、非面对面组织的教学活动，它是一种跨学校、跨地区的教育体制和教学模式，它的特点是：学生与教师分离；采用特定的传输系统和传播媒体进行教学；信息的传输方式多种多样；学习的场所和形式灵活多变。与面授教育相比，远距离教育的优势在于它可以突破时空的限制；提供更多的学习机会；扩大教学规模；提高教学质量；降低教学的成本。基于远程教育的特点和优势，许多有识之士已经认识到发展远程教育的重要意义和广阔前景。

三、　泛在学习

泛在学习，又名无缝学习、普适学习、无处不在的学习等。最早在 1991 年，美国的马克威瑟（Mark Weiser）提出泛在计算（Ubiquitous Computing），又称为普适计算[①]，并将这一概念应用到具体的学习范畴，由此便诞生了泛在学习（Ubiquitous Learning，U‐Learning）。

---

① Weiser M. The Computer for the 21st Century [J]. Scientific American，1991，265（3）：94－104.

所以，在谈泛在学习的概念之前，需要先了解一下泛在计算。它是马克威瑟（Mark Weiser）审视计算机和网络应用后提出的新概念。他发现，对人们影响最深、作用最大的是那些使用过程中不可见的东西。于是，他设想将各种大小的计算机嵌入每件东西中，然后就可以让计算机通过无线通信悄无声息地为人们服务。泛在计算的最高目标是使计算机广泛存在，并且不可见。

因此，以泛在计算技术为基础的学习就称为泛在学习。泛在学习，顾名思义，就是随时随地的沟通，无处不在的学习，是一种任何人（Anyone），可以在任何地方（Anywhere）、任何时刻（Anytime），使用任何设备（Any device），获取所需的任何信息（Anything）的学习方式。在泛在学习的环境下，网络与学习设备更普及，唾手可得，学习资源无处不在，并且可无缝整合，每个人都可以随时随地获取所需的学习内容①。泛在学习是数字学习的延伸，克服了数字学习的缺陷或限制。它是"以人为中心，以学习任务本身为焦点"的学习。在泛在学习环境下，学习是一种自然或自发的行为。学习者可以积极主动地进行学习。学习者所关注的将是学习任务和目标本身，而不是外围的学习工具或环境因素。

四、 移动学习

移动学习（Mobile learning，M‑Learning），是一种跨越地域限制，充分利用可携技术的学习方式。国内外普遍认为，移动学习是指以互联网和多媒体技术为基础，利用无线移动技术，以移动设备为载体，师生间通过无线设备方便、灵活地实现交互式教学活动，以及教育、科技方面的信息交流。

移动学习是移动计算技术的产物，不断地与数字化学习技术相结合。在"云"世界里，将推动学习方式的变革，打破传统学习方式受时间、空间限制的弊端，使学习随时随地发生，并将学习工具掌上化，使学习成为一种时尚。移动学习在不同的社会群体中有不同的含义，虽然它与线上学习及远程教育相关，但是它的明显不同之处在于全面性的学习及使用手持设备学习。移动学习依托于移动技术设备，人们对这些设备的理解更偏向于计算、通信、网络、娱乐、商务等多功能结合的移动设备。而我们所依托的是手持式移动学习设备，必须拥有支持教学和学习两方面的功能，能够推动人类的教育与学习的进步。并且在此基础上，还更应该侧重于实现学习功能，如面向大众的电子辞典、学习机、点读机等，或是更广泛意义上的掌上电脑、平板电脑和智能手机等，这些都属于手持式学习设备，也是移动学习中运用得最多的设备。

移动学习在数字化学习的基础上，通过有效结合移动计算技术，带给学习者随时随地学习的全新感受。它借由存储满精简学习内容的小小内存而取代书本与笔记，也带来了强大的轻便性。此外，它也是具有合作性质的，也就是说，通过移动设备进行分享，几乎每个人之间都可以立即使用相同的内容，这种分享也会轮流带来立即的回馈。有了这样的学习模式，学习的趣味性得到大大的提升，教学效果也将得到质的提高。所以，移动学习被认为是一种未来的学习模式，或者说是未来学习不可缺少的一种学习模式。

五、 OMO 学习

OMO 即 Online‑Merge‑Offline，是指线上线下融合的学习模式。黄荣怀等学者于 2021

---

① 顾明远，孟繁华. 国际教育新理念（修订版）［M］. 北京：教育科学出版社，2020：37‑44.

年在 *Sustainability* 上发表了《后 COVID－19 时代线上线下融合（OMO）学习浪潮的兴起：一项试点研究（Emergence of the Online－Merge－Offline（OMO）Learning Wave in the Post－COVID－19 Era：A Pilot Study）》一文。对于如何在复杂和不确定的世界中实现可持续教育的问题，此文提出了线上线下融合（OMO）的学习模式，这是一种满足后 COVID－19 时代学生和教师新需求的学习方式①。在后疫情时代，因为一些学生将在线上学习，而他们的同龄人可以在实体教室中线下学习。这给教师带来了挑战——如何在确保相同学习效率的同时，教授线上和线下的学生？为了应对这一教育挑战，人们研究出了一种新的学习模式，即线上—融合—线下（OMO）学习。

OMO 学习至少有五个关键组成部分或特征，如图 1－1 所示。

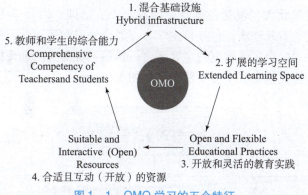

图 1－1　OMO 学习的五个特征

OMO 学习可被概念化为一种学习模式，该模式依赖于混合基础设施和开放式教育实践，将线上和线下（即物理教室）学习空间实时合并在一起，同时在物理教室和线上无缝地教授学生。在此过程中，由小组通过两种不同但相互连接的设置的组合来共享学习。因此，在 OMO 学习中，教师必须设计学习活动，以促进线上和线下学生之间的互动，以获得更好的学习效果。这意味着，在 OMO 学习的理想环境中，技术和开放式教育资源不仅有助于学习和教学过程，而且还促进教师和学生之间的沟通和互动（即线上和线下），即使他们位于不同的学习空间中。其目标是提供真实和创新的学习体验。

传统的在线教学方法正在发生变化，所以需要设计更具协作性的学习环境和教学，以促进学生之间的讨论和协作，这就强调了线上和线下学习环境结合在一起的重要性。OMO 学习模式不仅提供了一个技术丰富或技术支持的环境，被动地获取知识和资源；同时，它还提供了一个与技术相结合的环境，在这个环境中，教师与线下和线上学生之间的互动可以实时实现。换句话说，OMO 学习模式可以提供开放和灵活的教学实践，让学生和老师以更多样化的方式进行互动。

---

① Hauang Ronghuai，Ahmed T，Wang Huanhuan，et al. Emergence of the Online－Merge－Offline（OMO）Learning Wave in the Post－COVID－19 Era：A Pilot Study [J]. Sustainability，2021，13（6）：3512.

第四节　在线教育的发展历程

在线教育的发展历程可以追溯到 20 世纪末 90 年代，随着互联网的快速普及，人们开始意识到在线教育的潜力。起初，在线教育主要是通过电子邮件和网站提供课程资料与学习资料。随着技术的不断进步，视频会议和互动学习平台逐渐出现，为在线教育提供了更多的交互和实时互动的机会。

在全球范围内，21 世纪初期，一些在线教育公司开始涌现，如 Coursera、Udacity 和 edX 等。这些平台通过与全球顶尖大学合作，提供高质量的在线课程，吸引了大量学习者。此后，在线教育不断发展壮大，包括各类专业课程、职业培训、语言学习等，涵盖了各个领域。在线教育的模式也不断创新，包括自主学习、混合学习和远程学习等。随着移动互联网的兴起，手机应用程序成为在线教育的主要平台，提供了更加灵活和便捷的学习方式。全球在线教育的发展历程可概括为五个主要阶段，如图 1-2 所示。

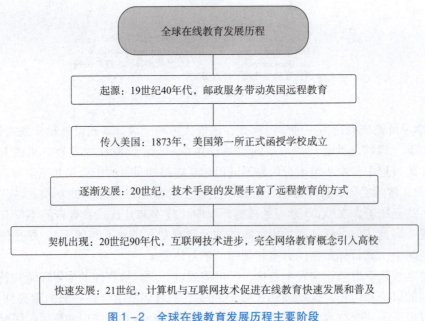

图 1-2　全球在线教育发展历程主要阶段

在中国，在线教育也经历了类似的发展历程，如图 1-3 所示。21 世纪初期，一些在线教育公司开始兴起，如新东方在线、网易有道等。这些平台通过与知名教育机构合作，提供高质量的在线课程。随着互联网的普及和技术的进步，中国的在线教育迅速发展，尤其是在职业培训、语言学习和考试辅导等领域。除了传统的在线课程，直播课程和在线学习社区等新模式也不断涌现。移动互联网的普及使在线教育更加普及，手机应用程序成为学习者的首选。

总的来说，在线教育经历了从简单的资料分享到互动交流、从单一课程到多样化学习方式的发展历程。随着技术的进步和社会的需求变化，在线教育将继续发展，为更多人提供高质量、便捷的学习机会。

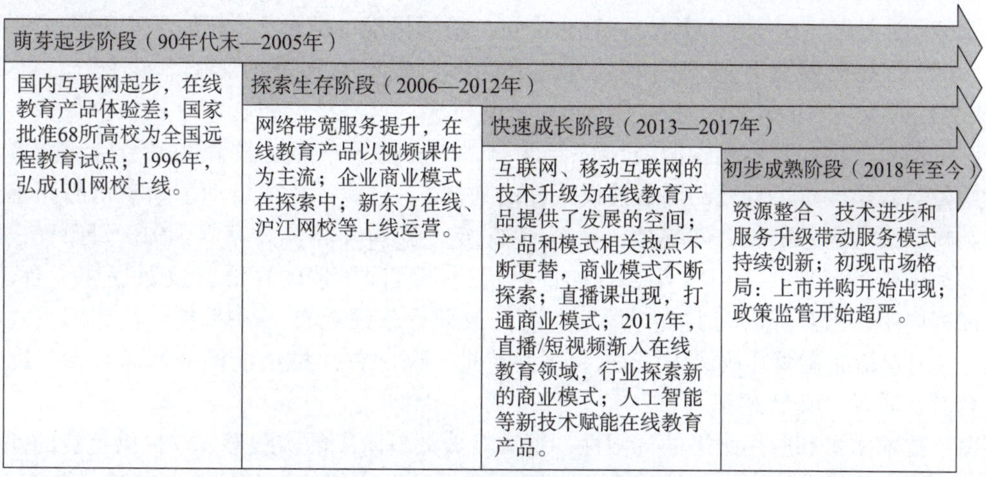

萌芽起步阶段（90年代末—2005年）			
国内互联网起步，在线教育产品体验差；国家批准68所高校为全国远程教育试点；1996年，弘成101网校上线。	**探索生存阶段（2006—2012年）**		
	网络带宽服务提升，在线教育产品以视频课件为主流；企业商业模式在探索中；新东方在线、沪江网校等上线运营。	**快速成长阶段（2013—2017年）**	
		互联网、移动互联网的技术升级为在线教育产品提供了发展的空间；产品和模式相关热点不断更替，商业模式不断探索；直播课出现，打通商业模式；2017年，直播/短视频渐入在线教育领域，行业探索新的商业模式；人工智能等新技术赋能在线教育产品。	**初步成熟阶段（2018年至今）**
			资源整合、技术进步和服务升级带动服务模式持续创新；初现市场格局：上市并购开始出现；政策监管开始趋严。

图1-3 我国在线教育发展历程
（资料来源：共研网整理）

一、 在线教育发展的整体历程

在线教育发展受到了信息技术的发展和在线教育教学理念变革的双重影响，在20世纪后期开始，随着计算机的面世，在线教育在国内外逐渐发展起来。从发展的时间节点来看，在线教育发展的整体历程可分为以下四个阶段。

（一）以教学资源提供为中心的起步阶段

20世纪末，人们开始利用计算机进行教学，出现了计算机辅助教学，并由此产生了大量的教学课件和教学软件，成为除传统教材和教辅材料以外的重要的学习资源，在线教育也由此进入了资源开放共享的起步阶段。

开放共享是指校内教育服务面向校外开放以及优质教育资源面向校外共享。开放共享阶段的在线教学实践是政策驱动的教育创新实践。其主要实践形式包括网络教育和数字资源共享。两种在线教学实践的主要目的是扩大优质教育的服务范围[①]。

网络教育特指我国高校现代远程教育试点工作。1999年，国务院批转教育部《面向21世纪教育振兴行动计划》，其中包括"实施'现代远程教育工程'，形成开放式教育网络，构建终身学习体系"，这便拉开了我国网络教育的序幕。1999—2008年，教育部陆续审批同意了69所高校开展现代远程教育试点工作。现代远程教育试点工作的主要任务是推进中国远程教育由第一代的函授教育、第二代的广播电视教育向第三代基于计算机、卫星、多媒体和互联网的网络教育转化，探索建设适合在职人员随时随地远程自主学习和终身学习的教学及支持服务系统。目前，网络教育已成为我国继续教育的主要形式。

数字资源共享出现在21世纪初。2000年，我国教育部启动了"新世纪网络课程建设工程"，鼓励高校建设网络课程，通过网络共享优质教育资源。2001年，美国麻省理工学院实施了"开放课件"（Open Courseware）计划，该项目耗时多年，规模浩大。其依托互联网，

---

① 陈丽. 在线教育原理［M］. 北京：北京师范大学出版社，2021：3.

旨在免费提供麻省理工学院全部的电子课程材料，为广大学习者提供了一个重要的学习平台①。该项创举为"在线学习建立一个高效的、基于标准的典范"，开创了"开放式课件时代"。2002 年在巴黎召开的"高等教育开放课件对发展中国家的影响"论坛上，提出了"开放教育资源"（Open Education Resource）的概念，这一概念包含四个特征：免费、面向公众、可反复使用和数字化资源。2003 年 4 月，教育部发布了《教育部关于启动高等学校教学质量与教学改革工程精品课程建设工作的通知》。自此，我国启动了国家精品课程建设项目。根据高等教育出版社的统计，截至 2012 年，我国各高校共完成 3 910 门课程，以课程网站为主要呈现形式。2015 年，为加快推进适合我国国情的在线开放课程和平台建设，促进课程应用，教育部启动了高等学校在线开放课程建设项目。2018 年，教育部正式推出 490 门"国家精品在线开放课程"，这是国内首批、国际首次推出的国家精品慕课，助力高等教育教学质量"变轨超车"。

由于技术水平和应用水平的局限性，资源开放共享阶段的实践形式以提供免费的课程资源供学生观看或下载为主。传统课堂的"网上搬家"并未能改变传统教学理论及教学方法。在这个阶段，从基础教育到高等教育，校内教学都很少以在线教学的方式开展。

（二）关注学习过程的网络教学阶段

20 世纪末，在线教学的理念发生了重大转变，即从"资源"中心转向"学生"中心。在线教学的重心从注重教学资源的建设与提供转向重视学习过程管理和提供网络学科教学。

在线教育机构和网络学校（简称"网校"）成为提供线上学科教学的主营地。1993 年，中共中央、国务院印发《中国教育改革和发展纲要》，提出要推广现代化教育手段。1996 年，中国最早的在线教育机构"101 远程教育网"开始运营，主要用于中小学远程教育。1999 年，以"101 远程教育网"为基础的弘成教育集团成立，成为中国最早从事网络高等学历教育的服务机构，标志着市场开始参与到在线教育的发展浪潮中。2000 年，教育部批准了 68 所院校为全国现代远程教育试点院校，准许开设网络教育学院，颁发网络教育文凭，其总体规模占据了当时中国在线教育 90% 以上的市场份额。同年，传统的线下教育培训机构将线下培训业务逐渐往网络上转移②。部分企业与优质学校合作举办网校，如北京四中网校等基础教育网校。网校采取收费的形式，向学习者和学校提供优质教育课程资源和网络辅导。随着互联网普及程度的提高，在线教育从资源共享模式升级为网校模式。

在开发、应用了网络化课程教学平台的背景下，为了加强教师对于网络课程的建设与管理，一些高校开发了功能全面的学习管理系统（Learning Management System），出现了 WebCT、Blackboard、Sakai、Moodle 等系列平台。这一阶段在线教育的主要特点是以学生学习过程的管理为中心，依托高效的学习管理系统，教师和学生、学生和学生之间均可以开展高效的交互，如清华雨课堂。清华雨课堂由清华大学在线教育办公室组织研发，旨在推动混合式教学，创新引领课堂革命。清华雨课堂将教学工具巧妙融入 PowerPoint 与微信，教师可以将带有 MOOC 视频、习题、语音的课前预习课件推送到学生手机，实现师生沟通及时反馈；课堂上实时答题、弹幕互动，为传统课堂教学师生互动提供了解决方案，增强了学生学习的趣味性和主动性；课后为教师和学生提供课前 - 课堂 - 课后全周期的教学数据分析，师生能更直观地了解教与学的具体情况。但学习管理系统的运行与推广也具有一定的局限性，

---

① 弗莱德·穆德魏奇. 利用开放教育资源推进终身学习［J］. 开放教育研究，2007，13（4）：32 - 37.
② 何周，徐进. 在线教育全景解析：行业、合规、监管与案例精选［M］. 北京：北京大学出版社，2021：7.

比如对网络运行速度和电脑软件的支持要求较高、学生使用手机的自控力较弱和系统部分功能的不完善等。

（三）大规模的在线开放学习阶段

2012 年，MOOC（Massive Open Online Course，音译为"慕课"）传入中国，极大地促进了中国在线教育的发展。慕课是基于课程学习和教学理论的进步，以及互联网发展而产生的一种大规模在线开放课程形式，慕课的出现标志着在线教育进入新阶段。

在国外，以美国为例，相继出现了 Udacity、Coursera、edX 等数个慕课平台。MOOC 实现了跨越围墙的优质服务模式，解除了高等优质教育的地理限制。例如，美国 edX 慕课平台与清华大学、北京大学率先进行合作，将优质教育资源共享在 edX 平台；复旦大学和上海交通大学等国内知名高校也紧跟其后，纷纷宣布与美国 Coursera 平台合作，开发慕课课程[①]。在国内，根据教育部和《人民日报》2018 年发布的有关我国在线开放课程的新闻，我国教育部于 2018 年正式推出首批 490 门国家精品慕课。同年，我国上线慕课数量已达5 000 门，高校学生和社会学习者选学人数突破 7 000 万人次，逾 1 100 万人次大学生获得慕课学分。

同期，国内慕课平台也呈现多元化的发展态势。有以国家精品开放课程为主的"中国大学 MOOC"；以打造内容与技术双引擎并面向全球提供在线课程的"学堂在线"；以数据科学、电商运营、编程、外语等各类职业技能培训为主的"网易云课堂"；以服务职业教育为主的"职教联盟云学院"；以中小学及基础教育为主的"华师慕课"等。中国慕课从无到有、从小到大、从弱到强，如超星平台。超星集团旗下拥有学习通、超星尔雅、学银在线、超星读书等多个在线教育平台，产品涵盖图书、期刊、慕课讲座、移动学习 App 等。超星平台在数字资源加工、采集、管理以及应用平台等方面，对我国高等教育、基础教育、终身教育、社区教育、行业信息服务领域具有很高的市场占有率和社会影响。

慕课的优势在于开放的课程学习和支持大规模的在线学习实现了一个全新的、更公平的教育资源分享模式。慕课的大规模不仅体现在参与课程的学习者数量，还体现在学习和交流数据，其推动了教育公平性的实现。借助互联网，各类课程资源、嵌入课程的测试与评估、师生在线互动促成了教与学的全天候实现。学生完成课程学习和考核后，可以获得课程证书，一些高校还通过慕课平台开展学位攻读项目，以"Coursera"国内合作伙伴"慕课中国"为例，目前提供了 241 项"专项课程证书"和 8 项学位项目，可以更好地满足学习者个性化、优质、终身、灵活的学习需要，扩大优质资源的服务范围，实现优质高等教育大众化[①]。

（四）线上线下结合的智慧课堂阶段

近年来，随着国内外对慕课的研究不断深入，在线教育走向后慕课时代。慕课学习所伴随的碎片化、微型化、多任务等现象，在给学习带来一定便利性和多样性的同时，也容易出现完课率不高、缺乏学习深度等问题。因此，美国部分高校开始推行一种新的在线教学模式——SPOC（Small Private Online Course）。它是一种小规模专有在线课程，相对慕课而言，具有小规模和限制性准入的特点。如果将慕课比作公共汽车，那么 SPOC 就是小汽车。

SPOC 是一种将慕课课程资源与实体课堂教学结合的混合学习模式，可实现在适当时间，通过应用适当的学习技术，向适当的学习者传递适当的知识和能力，从而达到最优化的学习效果。SPOC 与慕课、传统课堂的主要区别见表 1-1。

表 1-1　SPOC 与慕课、传统课堂的主要区别

类别	慕课	传统课堂	SPOC
课程性质	网络课程	实体课程	网络课程与实体课程结合
价值取向	将优质教育资源传递给每个人	知识传递	利用在线教育资源，改进实体教学，提高教学效果
开放性	完全开放	限制性参加	限制性申请
考评形式	在线测验、系统评判、同伴互评	课堂评价	在线测验、系统评判与课堂评价相结合
完成率	较低	取决于教学质量	很高
学习成本	几乎免费	费用很高	费用较高
学习性质	线上自学	线下学习	线上与线下混合学习
学习效果	取决于学生意志	取决于教学者水平	最优

　　传统的课堂教育是学生先上课听讲，后思考做习题；翻转课堂①教育将教师课上的"教"和学生课下的"学"的次序进行颠倒，使学生先"学"而教师后"教"。慕课等线上教学课程的出现为学生课前的"学"提供了物质基础，从而使翻转课堂教育真正成为可能。SPOC 课程通过将网络课堂与实体课堂有机结合，实现完整的翻转课堂教学流程，通过设置限制性准入条件实现因材施教，从而提升学生学习效果。大致而言，SPOC 翻转课堂课程可以分为线上课前教学与线下课内教学两个阶段，如图 1-4 所示。

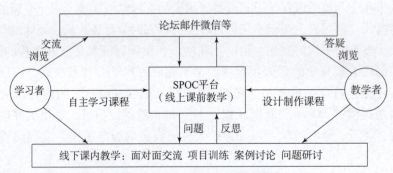

图 1-4　基于 SPOC 的学习模式

　　SPOC 模式往往与翻转课堂结合运用。翻转课堂是一种教学模式，它将课程的集体教学从课堂转移到线上个体学习空间，并将课堂转变为一种教师引导学习者应用理论，并创造性地进行主题学习的动态交互学习环境的一种教学形态。翻转课堂的教学形式是：学习者上课之前，根据个人情况自学慕课或其他在线课程，利用学习资料补充知识缺陷；进入课堂中，学习者可以与教师或其他学习者一起研讨、答疑，解决学习中的疑难问题。翻转课堂借助网

---

　　① 翻转课堂：是指重新调整课堂内外的时间，将学习的决定权从教师转移给学生。

络，重新调整课堂内外的时间，将学习的决定权从教师转移给学习者，改变了教师传授知识的方式①。因此，翻转课堂与传统教学相比较，其翻转了教学理念、教学流程、师生主体角色和教学模式，借助网络学习平台，如以教学活动社区形式为主的 Moodle 平台、国内各院校的校园网平台和慕课平台，使学习者获得更多的自由和更深入、广泛的学习条件与环境。

二、 不同时期的在线教育形态

通过对国内外在线教育发展历程的了解可以知道，中国的在线教育在发展历程中不断衍生出许多教育形态，这些形态在不同的时期都对中国的在线教育发展起到了至关重要的推动作用。本小节将沿着国内在线教育的发展时间，分析在发展的 5 个时期里在线教育面向不同对象的形态。

（一）早期面向成人教育的广播电视大学

广播电视大学是早期面向成人教育的一种在线教育形态，它主要通过广播和电视等传媒形式，为广大成人学习者提供教育服务。广播电视大学最早起源于 20 世纪 50 年代的法国和英国，随后在 20 世纪 60 年代开始在世界范围内兴起。在中国，广播电视大学于 1979 年正式成立，成为面向成人学习者的重要教育机构。起初，广播电视大学主要通过广播电台和电视台播放教育节目，为学习者提供教学内容。随着技术的进步，广播电视大学逐渐引入录像带、光盘和互联网等新媒体形式，为学习者提供更加丰富多样的教学资源。

早期面向成人教育的广播电视大学的在线教育形态主要通过广播、电视、录像带和光盘等媒体形式传播教学内容，随后引入互联网和在线教学平台，学习者可以通过网络进行学习，这种形态使学习者可以随时随地进行学习，为学习者提供更加灵活和便捷的学习方式。广播电视大学还可以通过在线教育为学习者提供学位教育，学习者可以通过参加考试和论文答辩等环节获得学位证书。广播电视大学正在逐渐发展成为现代在线教育的重要组成部分。

【案例分析】

中央广播电视大学的在线教育平台"中国电大在线"（已更名为"国家开放大学"http://one.ouchn.cn/）是在国内广播电视大学中取得成功的一个典范。该平台以满足学员在线学习的需求为目标，通过提供丰富的在线课程资源和灵活的学习方式，成为广播电视行业在线教育的领军者。

作为一所面向全国的大学，中央广播电视大学拥有雄厚的教学资源和优秀的教师团队。这些资源和团队的整合，使中国电大在线平台能够提供各种专业领域的高质量在线课程。无论是广播电视制作、新闻传播理论还是广告传媒策划，学员都可以在平台上找到所需的课程。

中国电大在线平台的灵活性也是其成功的关键之一。学员可以根据自己的学习需求和时间安排，自由选择课程，并在自己方便的时间和地点进行学习。无论是在家中、办公室还是在旅途中，学员都可以通过在线平台进行学习，不再受限于传统的面授课程。

---

① 赵洪利. 在线教育理论与实践［M］. 北京：北京理工大学出版社，2018：189－191.

此外，中国电大在线平台还提供了一系列的学习辅助工具和资源，以支持学员的学习进程。这些工具和资源包括在线讨论论坛、学习资料库、实时答疑等，旨在提供学员与教师和其他学员的互动交流平台，促进学习效果的提升。

通过不断优化和创新，中央广播电视大学的在线教育平台"中国电大在线"已经取得了显著的成功。它为广播电视行业的从业者和有志之士提供了一个便捷、高质量的学习平台，推动了整个行业的人才培养和发展。

（二）提供远程学历教育的网络学院

远程学历教育的网络学院是在互联网技术的推动下逐渐发展起来的，从 20 世纪 90 年代初开始，远程学历教育的网络学院经历了从初期实验阶段到逐步成熟的发展过程。网络学院提供了更加灵活、便捷和个性化的学习方式，以满足学生的学习需求和提高学习效果，为广大学生提供了更多获取学历教育的机会。

网络学院提供了多种在线教育表现形态，使学生可以自主学习、灵活安排学习时间，并与教师及其他学生进行交流和互动，提高学习效果和学习体验。主要表现形态有 6 种，见表 1-2。

表 1-2　网络学院的在线教育表现形态

表现形态	主要表现形式
视频课程	通过录制和发布视频课程来传授知识和教学内容。学生可以根据自己的节奏和时间安排观看课程视频，并随时暂停、重播或回顾
直播课程	通过直播技术提供实时交流和互动的课程。教师可以通过视频直播与学生进行面对面的教学，学生可以在课堂上提问、参与讨论和与老师及其他学生互动
线上讨论论坛	提供线上讨论论坛，让学生可以在学习过程中进行互动和交流。学生可以在论坛上发表自己的观点、提问问题、讨论学习内容，并与其他学生进行交流和学习
作业和测验	通过在线平台提供作业和测验，学生可以在规定时间内完成并提交。教师会对作业和测验进行批改和评分，并及时给出反馈和建议
虚拟实验室	某些学科的网络学院可能提供虚拟实验室，让学生进行实验操作和实践。学生可以在虚拟实验室中进行模拟实验，掌握实验技巧和理解实验原理
在线辅导和答疑	提供在线辅导和答疑服务，学生可以通过在线平台向教师提出问题和困惑，获得及时的指导和解答

（三）大规模在线开放课程的兴起

大规模在线开放课程是一种通过互联网向大量学生提供免费或低成本的教育课程的在线教育形式。这类课程的表现形态使学生可以根据自己的兴趣和学习需求自由选择课程，并以自己的节奏进行学习，通过在线平台进行学习、交流和互动，提高学习效果和学习体验。大规模在线开放课程的部分在线教育表现形态与提供远程教育的网络学院相似，如视频课程、在线作业和测验、讨论论坛等，但也有其特色的在线教育表现形态。

第一，大规模在线开放课程倡导自主学习，这些在线教育平台鼓励学生进行自主学习，学生可以根据自己的兴趣和学习需求选择感兴趣的课程，并自由安排学习进度，不受教师或其他学习者的干扰。

第二，支持社群互动。这类平台善于利用社交媒体等工具，为同类型的学习者建立学习社群，以便学生与其他学习者及教师进行互动和分享学习资源与经验。

第三，举办线下聚会和活动。除了通过在线平台进行自主学习，有时还会组织线下聚会和活动，例如研讨会、讲座或实践实验等。在这些活动中，学生可以与教师及其他学生针对自己感兴趣的内容面对面交流学习困惑和心得体会。

第四，颁发证书或进行学分认证。一些在线平台提供增值服务，如付费证书或学分认证供有需要的学生购买使用，学生可以通过完成课程和通过相关考试来获取证书或学分，以增加他们的学术和职业竞争力。

（四）疫情背景下的 OMO 快速发展

在疫情背景下，在线教育得到了快速发展和广泛应用，OMO 学习也得到快速的发展。OMO 学习是一种整合线上和线下教育资源的学习模式，随着移动互联网的快速发展，线上学习平台和移动学习应用程序的出现，为学生提供了灵活的学习方式。

在 21 世纪 10 年代中期，线下教育机构开始尝试将线上学习与线下教学相结合，将线上学习资源整合到课堂教学中，如使用在线教材、多媒体资料、学习平台等。随着技术的进一步发展，通过学习分析和个性化推荐等技术，教育机构可以根据学生的学习情况和兴趣提供定制化的学习内容和建议。同时，虚拟实验室和虚拟实践等技术也被应用于线上学习，使学生能够在虚拟环境中进行实际操作和实践。OMO 学习模式的发展历程凸显了移动互联网技术与教育机构的积极探索，为学生提供了更加灵活、便捷和个性化的学习方式，推动了教育的创新和进步。

由此可见，OMO 的在线教育表现形态主要是通过在线平台进行远程教学、虚拟实践和辅导，并通过社交媒体和在线社群提供学习支持与交流机会。这些表现形态使教育机构和学生能够继续教学和学习，并提供了更加灵活和个性化的学习方式，如图 1-5 所示。

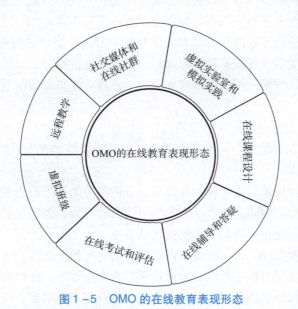

图 1-5　OMO 的在线教育表现形态

（五）"人工智能 + 在线教育"的教育变革

"人工智能 + 在线教育"的教育变革是指将人工智能技术应用于在线教育领域，以提高教学效果、个性化学习和教学体验的一种教育模式。它将在线教育平台与人工智能技术相结合，通过智能化的辅导、评估和课程设计等方式，实现学习内容的个性化定制，提供与学生学习特点和需求相匹配的教学服务。"人工智能 + 在线教育"的教育变革经历了从学习内容推荐到智能辅导、个性化学习、智能评估和考试，以及教学模式全面智能化的发展历程。这种变革推动了在线教育的发展，提高了教学效果和学习体验，为学生提供了更加个性化和智能化的学习环境。

1. 教学模式的变化

"人工智能 + 在线教育"的教育变革中，教学模式发生了显著的变化。主要体现在个性化学习、自主学习、智能辅导和反馈、智能评估和考试以及智能化课程设计等教学模式的变化，这些变化使教育更加灵活、智能和个性化，能够更好地满足学生的学习需求和提升学习效果。

首先，人工智能技术可以根据学生的学习特点和需求，提供个性化的学习内容和学习路径。通过分析学生的学习数据和行为模式，人工智能技术可以为每个学生定制适合其个人需求的学习计划，以最大限度地提高学习效果。人工智能技术还可以为学生提供自主学习的平台和工具。学生可以根据自己的兴趣和学习进度，选择适合自己的学习内容和学习方式。人工智能技术还可以通过推荐系统和智能导航，帮助学生发现和探索新的学习资源和学习机会。

其次，人工智能可以用于提供智能化的辅导和反馈。通过自然语言处理和机器学习等技术，人工智能可以回答学生的问题，解决学习困惑，并提供即时的答疑和指导。人工智能还可以分析学生的学习表现，给予个性化的反馈和评价，帮助学生更好地掌握知识和技能。其也可用于智能化的评估和考试。通过自动化评分和数据分析，人工智能可以准确、快速地评估学生的学习成果，并提供详细的评估报告和学习建议。人工智能还可以根据学生的学习情况，动态调整考试难度和题型，以更好地适应学生的学习需求。

最后，人工智能适用于智能化的课程设计和教学资源开发。通过数据分析和机器学习，人工智能可以识别学生的学习需求和学习偏好，为教师提供指导，以优化课程设计和教学资源的选择与组织。人工智能还可以帮助教师自动生成教学材料和教学活动，提高教学效率和质量。

2. 人工智能技术在在线教育中的应用

在"人工智能 + 在线教育"的教育变革中，人工智能技术在在线教育中有广泛的应用，主要包括以下四个方面：

第一，智能化教学辅助。人工智能可以通过分析学生的学习行为和数据，为学生提供个性化的学习辅导和指导。例如，根据学生的学习情况和习惯，智能化教学系统可以推荐适合学生的学习资源和练习题目，帮助学生更高效地学习。

第二，智能化作业批改。人工智能可以实现自动化的作业批改。通过机器学习和自然语言处理技术，人工智能可以快速、准确地评估学生的作业答案，并给出相应的批改意见和建议。这样可以减轻教师的工作负担，提高作业批改的效率和准确度。

第三，智能化评估和监测。人工智能可以通过对学生的学习行为和表现进行实时监测和评估，提供学习进展的反馈和建议。例如，智能化监测系统可以分析学生在学习过程中的注意力集中度和理解程度，及时发现学生的学习困难，并给出相应的学习建议和帮助。

第四，虚拟实验和模拟训练。人工智能可以实现虚拟实验和模拟训练，为学生提供更真实、安全、可控的实践环境。例如，通过虚拟实验室，学生可以进行各种实验操作和观测，提高实践能力和实验技巧。同时，通过模拟训练系统，学生可以进行复杂的操作和场景模拟，提高应对实际问题的能力。

总之，人工智能技术在在线教育中的应用可以提供更个性化、高效和质量的教学和学习体验，促进教育的变革和进步。同时，人工智能也为教师提供了更多的教学辅助工具和资源，提高了教学效果和效率。

【案例分析】

百度学堂在线教育平台的人工智能应用

百度学堂是中国百度公司旗下的在线教育平台，通过应用人工智能技术，提供个性化的学习推荐和辅导服务。

在百度学堂平台上，学生可以通过学习课程、参加在线讨论、完成作业等方式进行学习。而人工智能技术在该平台中发挥作用的一个具体例子是智能推荐系统。该系统通过分析学生的学习行为、浏览记录和评价等数据，利用机器学习算法来推荐适合学生的课程和资源。

例如，当学生登录百度学堂平台后，智能推荐系统会根据学生的兴趣和学习历史，自动为他们推送相关的课程和学习资料。系统可以根据学生的学习进度和目标，提供个性化学习路径和建议，帮助学生更好地规划学习时间和内容。同时，系统还可以根据学生的学习表现和反馈，不断优化推荐算法，提供更加准确和贴合学生需求的推荐内容。

通过百度学堂平台的人工智能应用，学生可以获得个性化的学习体验和服务，在海量的学习资源中更快地找到适合自己的内容，并得到针对性的辅导和指导，提高学习效果和学习成果。

3. 发展与展望

在"人工智能＋在线教育"的教育变革中，随着人工智能技术的不断进步和应用，将会对在线教育的方方面面产生深远的影响。

在个性化学习方面，人工智能技术可以分析学生的学习数据和行为，为学生提供个性化的学习路径和资源，帮助学生更好地适应自己的学习节奏和方式。未来，随着人工智能技术的不断发展，个性化学习将成为在线教育的重要特点，能够更好地满足学生的学习需求。

在智能化教学辅助方面，人工智能技术可以辅助教师进行教学活动的设计和管理，提供教学资源和工具。未来，智能化教学辅助系统将更加智能和灵活，能够根据教师和学生的需求，自动化地生成教学内容和评估学生的学习情况，提供更高效和精准的教学支持。

在虚拟实境和增强现实方面，人工智能技术可以结合虚拟实境和增强现实技术，为学生提供更真实、丰富的学习环境和体验。未来，通过虚拟实境和增强现实，学生可以在虚拟场景中进行实践和探索，提高实际操作能力和解决问题的能力。

在全球化教育方面，在线教育可以打破地域限制，让学生和教师在全球范围内进行互动和学习。人工智能技术可以提供多语言翻译、跨文化交流等功能，促进全球化教育的发展。未来，全球化教育将更加普及和便捷，学生可以根据自己的兴趣和需求选择全球各地的优质教育资源和课程。

在线教育将变得更加个性化、智能化、互动化和全球化，为学生提供更好的学习体验和教育资源，促进教育的变革和进步。同时，在线教育也需要与传统教育相互结合，共同推动教育的持续发展。

课后习作

1. 在你看来，在线教育为教育领域带来了哪些重要的变革和影响？请结合实际情况和个人观点进行描述。

2. 在线教育发展过程中，你认为仍然存在的挑战和问题有哪些？并提出你认为可行的解决方案或建议。

第二章
在线教育的行业与发展

数字化时代，在线教育已成为教育创新的主要趋势，这一行业的发展速度和影响力令人瞩目。本章将深入探讨在线教育的行业产业链、市场现状以及未来发展趋势，让我们通过系统性的分析和研究，共同揭开在线教育行业的神秘面纱，理解其内在的逻辑。

知识地图

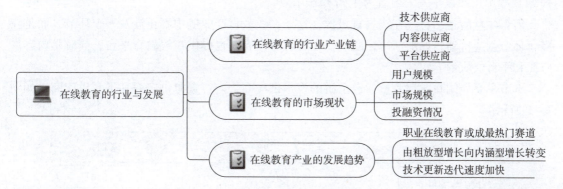

学习目标

1. 了解在线教育产业链的基本构成，能够判断我们所熟知的在线教育企业在该产业链中的位置。

2. 了解在线教育的发展阶段，更好地理解教育改革的趋势和教育创新的方向。

3. 了解在线教育产业的未来发展前景，寻找其中就业和创业的机会，并据此做好自己的职业规划。

学习建议

1. 阅读相关的行业报告和研究，了解在线教育的市场规模、发展趋势和关键技术。可以关注一些在线教育平台的发展情况，了解其商业模式和运营策略。

2. 自主学习与在线教育相关的课程和教材，学习在线教育的理论和实践知识。可以选择一些在线教育平台提供的课程，深入了解在线教育的教学方法和技术应用。

3. 通过阅读相关的新闻报道、行业分析和企业案例，关注在线教育行业的领军企业和成功案例，了解其经验和成功之道。

第一节 在线教育的行业产业链

在线教育产业是我国的新兴产业之一，隶属于我国经济的第三产业大类。在线教育产业作为新兴产业、绿色产业、朝阳产业，符合我国经济未来的发展方向。纵观在线教育产业链，处于上游的主要包括在线教育技术支持服务商、内容资源供应商、平台供应商。在线教育技术支持主要是为相关机构和企业提供在线教育云服务、工具开发以及系统对接等服务。内容资源供应商主要负责在线教育的课程研发与制作、教辅资料制作以及师资力量建设。平台提供商是指提供在线教育平台技术和服务的公司或组织，他们致力于开发、维护和运营在线教育平台，提供一站式的教育解决方案①。

在线教育产业链中游是在线教育的核心和主体，包括各类能提供在线教育的平台、机构以及企业。目前，我国在线教育大致涉及领域包括幼儿启蒙教育、K12学科培训、高等教育、职业教育、语言教育及其他素质教育。

下游则是在线教育的需求用户，我国在线教育需求方大致可划分为学校、企业及教育机构等B端用户和以个人学习者为主的C端用户。

值得注意的是，有些在线教育机构在这条在线教育产业链中不止涉及一个环节，而是在多个环节创造价值，如沪江网，既制作在线教育内容，也提供在线教育平台，同时是内容供应商和平台供应商。

本节主要介绍在线教育产业链上游的技术供应商、内容资源供应商和平台供应商，如图2-1所示。

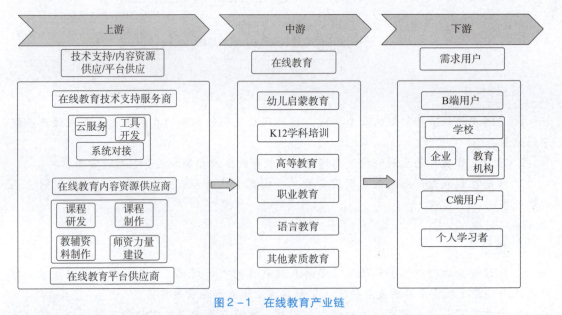

图2-1 在线教育产业链

---

① 前瞻产业研究院. 2021年中国在线教育行业产业链现状及区域市场格局分析 K12在线教育发展迅速 ［EB/OL］.［2023-09-16］. https://bg. qianzhan. com/trends/detail/506/210827-6917c7b0. html.

一、技术供应商

技术供应商为在线教育提供了教学工具、信息技术和相关服务等支持，是整个在线教育解决方案中不可缺少的一部分①。技术供应商的代表机构包括科大讯飞、钉钉等。

（一）科大讯飞

科大讯飞股份有限公司成立于1999年，其在语音识别、语音合成、机器翻译、图文识别、图像理解、阅读理解、机器推理等各项国际评测中表现较为突出。科大讯飞坚持"平台＋赛道"的发展战略，基于以智能语音和人机交互为核心的人工智能开放平台——讯飞开放平台，推动在智慧教育、智慧医疗、智慧城市等领域的深度应用②。其中，智慧教育是科大讯飞最主要的赛道。

科大讯飞智慧教育成立于2004年，提供覆盖学校教学、教师发展、智慧考试、素质教育、自主学习等教育全场景的产品和服务，以及区域级因材施教、课后服务等综合解决方案，构建了从国家、省、市、县（区）到学校、家庭的智慧教育体系。截至2023年，科大讯飞智慧教育产品已在全国32个省级行政区应用，深度服务5万余所学校、1.3亿师生③。

目前，科大讯飞致力于发展人工智能技术，助力国家教育数字化战略行动。人工智能技术可在以下几方面发挥作用：

第一，人工智能技术助力教育数字化转型和因材施教。依托AI技术助力教育数字化转型，可以实现学情数据采集、个性化知识图谱、精准学情诊断、备课资源推荐、高效课堂交互、分层个性练习等功能。

基于多语种语音识别、图文识别以及常识推理、自然语言理解等核心技术，能够实现多角度学习数据采集；基于知识图谱技术，可以根据学生最近发展区给出最恰当的学习路径。

第二，人工智能技术助力实现五育并举。比如智慧体育，计算机视觉技术不仅可以支持田径、体能等20多项运动结果精准判断，还可以进行过程性数据的自动分析，为孩子的体育训练提供指导，从而提升体测优秀率，提高运动兴趣。

在心理健康领域，人工智能可以对抑郁症和心理情况进行全量排查，缓解专业心理教师不足等问题。科大讯飞开发了智慧心育解决方案，涵盖学业焦虑、人际关系、校园欺凌、亲子关系等典型压力场景，助力精准化主动干预和拟人化互动减压。

2023年5月6日，科大讯飞正式发布"讯飞星火认知大模型"，并于6月9日、8月15日如期升级发布讯飞星火1.5版本和2.0版本，如图2－2所示。其中，讯飞星火2.0版本重点突破代码能力和多模态能力，获得业内多项权威测评榜首，荣获中国"最聪明"大模型称号。讯飞星火认知在在线教育中的应用包括以下方面：

认知大模型助力教学设计。比如教案辅助设计和习题情境改造等。

认知大模型助力作业精准批改。在保障客观题自动批改的同时，AI还可像教师一样为学生主观题进行一对一精准批改，帮助教师减负增效，帮助学生精准了解自身学情。比如作文批改功能，具备作文深度理解能力及评语和范文生成能力。基于上百名教师的作文评分批改记录分析，中英作文批改准确率、错误召回率、句子修订优美率已经媲美真人教师水平。

① 雍小青. 基于价值链的在线教育商业模式研究［D］. 上海：上海交通大学，2015.
② 科大讯飞. 讯飞简介［EB/OL］.［2023－10－16］. https：//www. iflytek. com/about. html.
③ 科大讯飞. 讯飞智慧教育简介［EB/OL］.［2023－10－16］. http：//edu. iflytek. com/about－us/company.

图 2-2　讯飞星火认知大模型

认知大模型助力个性化口语学习。为用户提供主题对话、虚拟人对话、口语模考、情景交流多种场景开展口语学习。

认知大模型助力启发式素质课堂。从传统双师课堂升级到大模型下的启发式素质课堂，激发孩子们对科学的好奇心、想象力、探求欲。

认知大模型助力疏导青少年心理压力。通过类人自由对话式心理辅导，增强交互体验，帮助学生及时疏导心理压力，并对心理风险进行预警。

认知大模型助力师生编程教与学助手。面向信息科技教学场景，辅助教师高效编程教学，辅导学生自主编程与学习（Python）[1]。

【动手实践】

注册讯飞星火认知大模型，并体验该模型的使用。

（二）钉钉

钉钉是阿里巴巴集团打造的企业级智能移动办公平台，是数字经济时代的企业组织协同办公和应用开发平台。2018 年开始，钉钉着力于进军教育信息化行业，尝试提供教育场景下的在线技术支持。2019 年，钉钉针对基础教育 K12 阶段推出"未来校园"解决方案，并推出了专门针对教育行业的"教育钉钉"，为教育主管单位和学校提供软硬件一体化的教育数智化解决方案，覆盖校务管理、行政办公、后勤服务、教学教研、家校连接、学生成长、校园安全、数据大脑等方面。疫情期间，钉钉凭借"停课不停学"方案出圈，共支持全国 14 万所学校、300 万个班级、1.3 亿学生的在线上课。600 万教师在钉钉上累计上课超过

---

① 月光. 科大讯飞王士进：认知大模型的技术阶跃及教育应用思考［EB/OL］.（2023-09-08）［2023-10-16］. https://edu.iflytek.com/about-us/news/company-news/521.

6 000 万小时，累计批改超过了 25 亿份的作业。钉钉成为国民级的在线教育技术供应商①。

2023 年，钉钉联合多家生态伙伴共同推出教育数智化"双百"公益行动，计划支持 100 个区县落地区县教育数智化方案，提供包括局校组织孪生平台、家校社共育协同平台、教育低代码应用创新平台、AI 运动会服务、教学质量分析评估服务等数字技术服务包，旨在支持区域，特别是欠发达地区的教育部门加速数字化转型升级，让数字化技术红利普惠民生教育②。

二、内容供应商

在线教育的内容供应商为学习者提供丰富多样的在线教育资源，包括教育文档、教育工具、教育视频等（图 2－3），满足不同学习者的学习需求，帮助他们更加灵活地开展在线学习。

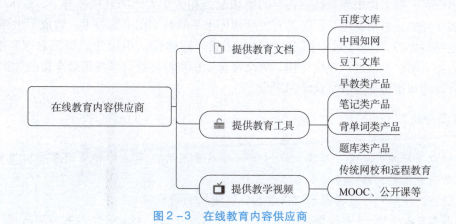

图 2－3　在线教育内容供应商

（一）教育文档类

提供在线教育文档资料的机构为学习者提供了海量的资源，涵盖了广泛的学科领域和知识点。学习者可以通过自主搜索、下载等方式轻松获取这些文档资料，并根据个人学习需求进行灵活利用，将获取的信息转化为自身的知识和技能。此类代表性的在线教育机构，如豆丁文库、百度文库、中国知网等，为广大学习者提供了便捷、高效的学习支持。

1. 豆丁文库与百度文库

豆丁文库一度是网络文库中的"领头羊"，目前已经有 2 亿的在线文档，囊括了政治、经济、文化、教育等各个领域的专业文献，支持包括 DOC、PPT、XLS、WPS、PDF 等 26 种文件格式。相比于其他的网络文库或者音频、视频分享网站，豆丁网的版权纠纷甚少，这与豆丁网的合作推广模式有着莫大的联系。

有数据显示，目前豆丁文库的主要用户是学生和白领。白领阶层工作繁忙，但是拥有较稳定的收入来源，这种微付费的模式能够节省大量时间，简化下载程序，因此更容易被接

---

①　张雪玲. 当钉钉深入教育场景，教育信息化还将如何发展？［EB/OL］.［2023－10－16］. https://zhuanlan. zhihu. com/p/351649072.

②　多知网. 钉钉推出教育数智化"双百"公益行动，计划支持 100 个区县落地教育数智化方案［EB/OL］.（2023－08－08）［2023－10－16］. https://mp. weixin. qq. com/s/AR3oBBubl2p8uHowJnWeCg.

受。对于文档的上传者来说，一旦文档被浏览，就可以获得 0.01 元的收益，被下载则能获得文档定价的 50% 作为个人收益，因此能够在很大程度上刺激上传热情，保证客户价值实现①。

百度自成立以来，不仅迅速崛起成为全球最大的中文搜索引擎，其旗下更涵盖了贴吧、音乐、视频、文库、云盘等近百种的产品。在教育文档领域，百度凭借其在搜索引擎领域的优势地位，以及集团自身的固有优势，巧妙结合公司其他产品的辅助支持，形成了独具特色的百度文库。2009 年 11 月 12 日，百度推出公测版，使用名称为"百度知道文档分享平台"，与百度知道共享积分系统。同年 12 月正式更名为百度文库，并使用积分系统②。

2. 中国知网

中国知网，始建于 1999 年 6 月，是中国核工业集团资本控股有限公司控股的同方股份有限公司旗下的学术平台，又称"CNKI 数字图书馆"。在党和国家领导以及教育部、中宣部、科技部、国家新闻出版署、国家版权局、国家发改委的大力支持下，在全国学术界、教育界、出版界、图书情报界等社会各界的密切配合和清华大学的直接领导下，CNKI 工程集团经过多年努力，采用自主开发并具有国际领先水平的数字图书馆技术，建成了世界上全文信息量规模最大的"CNKI 数字图书馆"，并正式启动建设《中国知识资源总库》及 CNKI 网格资源共享平台，通过产业化运作，为全社会知识资源高效共享提供最丰富的知识信息资源和最有效的知识传播与数字化学习平台。

【案例分析】

阅读以下新闻并思考：百度文库、中国知网等网络文库经营者为何屡屡出现版权问题？如何避免此类问题的发生？

案例一：中国作家联名发表讨百度书：这是我们的权利③

网易科技讯 3 月 15 日消息。今天上午，包括贾平凹、刘心武、韩寒、郭敬明、李承鹏等在内的近 50 位中国作家联合发表《三一五中国作家讨百度书》，称百度文库收录了上述作家几乎全部的作品，并对用户免费开放，但却没有取得任何人的授权，指责百度已经彻底堕落成一个窃贼公司，百度文库已经变成了一个贼赃市场。

百度公司尚未对此作出回应。

以下为声明节选：

三一五中国作家讨百度书——这是我们的权利（节选版）

中国有个百度网，百度网有个百度文库，百度文库收录了我们几乎全部的作品，并对用户免费开放，任何人都可以下载阅读，但它却没有取得我们任何人的授权。不告而取谓之偷，百度已经彻底堕落成了一个窃贼公司，它偷走了我们的作品，偷走了我们的权利，偷走了我们的财物，把百度文库变成了一个贼赃市场。

让我们回顾历史：在大约一年以前，百度 MP3 开始提供免费音乐，每个人都可以免费下载流行歌曲。这事有一个严重后果，它直接导致了中国唱片业的整体萎缩。一个艺人

---

① 姚平. 网络文库的发展及运营模式的比较研究——以豆丁网与百度文库为例 [J]. 科技传播，2014，6（23）：118 - 119 + 117.

② 姚平. 网络文库的发展及运营模式的比较研究——以豆丁网与百度文库为例 [J]. 科技传播，2014，6（23）：118 - 119 + 117.

③ https://www.163.com/tech/article/6V6DCGJ9000915BF.html.

穷数年心血打造一张专辑，原本可以销售几万张，他可以凭此养活自己。但是现在，因为百度的无耻盗用，唱片业空前萧条，有些艺人一张唱片的全部所得不过几千元。这其中有巨大的不公平，付出与所得的不公平，劳动者和小偷间的不公平。有些艺人迫于生计，只能转做他行，因为唱歌已经无法养活自己。我们可以这么想：如果所有的歌者都不再歌唱，仅剩一个百度 MP3，它还有什么可供分享？如果所有的歌者都停止歌唱，这个国家，这片土地，又该是何等的贫瘠与荒凉？

这不是危言耸听，它正在成为事实：这片土地即将变成一片死寂之地，而百度功不可没。

案例二：89 岁教授起诉知网获赔后论文被下架，《人民日报》评论：太霸道①

12 月 6 日上午 8 时刚过，89 岁的中南财经政法大学退休教授赵德馨又开始忙着修订《楚国的货币》一书了。满头银发的他，一边看书，一边用颤抖的手指缓慢地敲击着电脑键盘。

长期从事中国经济史研究的赵德馨，1998 年退休后笔耕不辍，2018 年获评第二届"荆楚社科名家"荣誉称号。鲜为人知的是，老人对中国知网擅自收录他的 100 多篇论文打起了官司且全部胜诉，累计获赔 70 多万元。

接受记者采访时，老人谈起维权缘由时仍很气愤："把我 100 多篇文章收录（到）数据库，还通过电脑、手机这些端口来传播，不仅不告诉我，读者包括我自己下载还要付费，我本人却从没拿到过一分钱稿费。"

"为什么我创造的知识成果得不到尊重？"2020 年 8 月，老人选择了维权。记者登录中国裁判文书网查询得知，赵德馨状告《中国学术期刊（光盘版）》电子杂志社有限公司（"中国知网"运营方）的案由，多为侵害作品信息网络传播权纠纷。

12 月 6 日，记者登录中国知网检索系统，在作者栏目输入"赵德馨"，作者单位栏目输入"中南财经政法大学"，检索期刊上赵德馨的论文，显示结果为"0"。老人告诉记者，中国知网已经不再收录他的文章，收录的都下架了。

（二）教育工具类

教育工具指的是为学习提供记忆、记录、评估等辅助性教育产品的工具，包括早教类、笔记类、题库类、背单词类等 App。以笔记类产品为例，市面上开发笔记类 App 的企业包括杭州网易竹邮科技有限公司、北京印象笔记科技有限公司、深圳市十里湖科技有限公司、上海仙蒂网络科技有限公司等，见表 2-1。

表 2-1 云笔记类开发企业数据分析

企业名称	杭州网易竹邮科技有限公司	北京印象笔记科技有限公司	深圳市十里湖科技有限公司	上海仙蒂网络科技有限公司
笔记类产品	有道云笔记	印象笔记	幕布	flomo 浮墨
产品标题	有道云笔记——笔记扫描效率办公	印象笔记——你的第二大脑	幕布——大纲笔记&思维导图	flomo 浮墨——极简卡片笔记、轻便签与日记备忘

① https://www.thepaper.cn/newsDetail_forward_15785057.

企业名称	杭州网易竹邮 科技有限公司	北京印象笔记 科技有限公司	深圳市十里湖 科技有限公司	上海仙蒂网络 科技有限公司
应用市场评分	2.1	3.9	4.9	4.9
近 30 日日均下载量	1 373	2 056	2 299	613
近 30 日日均收入/元	3 628	9 249	161	475

（数据来源：七麦数据）

杭州网易竹邮科技有限公司成立于 2020 年，其旗下产品有道云笔记是一款多平台记录工具，免费 3 GB 存储空间，可以在 Mac、iPhone、iPad 等平台查看、编辑和分享笔记，打开 Word、PDF 等多种 Office 格式文件，集中了备忘录、记事本、日记本、笔记本、网盘、扫描仪、录音笔、Office、Markdown 等多项技能。

北京印象笔记科技有限公司成立于 2012 年。印象笔记作为效率软件和知识管理工具，可以协助用户简化工作、学习与生活，在手机、电脑、平板、网页等多种设备和平台间无缝同步每天的见闻、灵感与思考，一站式完成知识信息的收集备份、高效记录、分享、多端同步和云端保存。

深圳市十里湖科技有限公司成立于 2022 年，主要产品为幕布。幕布是一款清单式的笔记工具，用更高效的方式和清晰的结构来记录笔记、管理任务、制订工作计划、头脑风暴。其协助用户在记录内容的同时，掌握结构化的思维方式，清晰地梳理出内容的脉络。

上海仙蒂网络科技有限公司成立于 2015 年。其产品 flomo 浮墨适用于随手记录：记想法、做笔记、贴便签、列清单待办、做备忘、写大纲、摘录知识点、康奈尔笔记、灵感笔记、记忆卡片；搭建个人知识库：记录想法、记录知识、记播客金句、记今日得到、写 wiki、写大纲、摘录电子书与听书笔记、做课程笔记、同步动态与聊天记录等。

（三）教学视频类

提供教学视频的在线教育机构实际上只是将线下课堂转移到线上进行，课程内容并没有发生实质性的变化，只是授课方式由传统的师生面对面交流到通过互联网教学视频进行。

根据内容领域，分为学前教育、K12 教育、高等教育、职业教育、外语教育、考试服务、兴趣教育。学前教育线上代表机构有宝宝巴士、火花思维、凯叔讲故事等。K12 教育有好未来、新东方、猿辅导、高途课堂、掌门 1 对 1、作业帮等企业①。教育视频类代表企业包括网易（杭州）网络有限公司、慕华（北京）网络技术有限公司等。

网易（杭州）网络有限公司开发了中国大学 MOOC、网易云课堂、网易公开课等学习 App 及网站。中国大学 MOOC（https://www.icourse163.org/）是由网易公司与教育部爱课程网携手推出的在线教育平台，汇集了多数 985/211 名校的优质课程，涵盖各个专业，大多数都是免费开放。网易云课堂（https://study.163.com/）专注于职业技能提升，与多家教育培训机构和行业的专家、讲师建立合作，聚合了丰富的学习内容，旨在帮助用户获得全面的、非零散的知识和技能。网易公开课（https://open.163.com/）汇集清华、北大、哈佛、耶鲁等世界名校共上千门课程，覆盖科学、经济、人文、哲学等 22 个领域，协助学习者获取有

---

① 杨晓宏，周效章. 我国在线教育现状考察与发展趋向研究——基于网易公开课等 16 个在线教育平台的分析［J］. 电化教育研究，2017，38（08）：63－69＋77.

深度的好知识。

　　慕华（北京）网络技术有限公司由清华大学于 2013 年发起。其所建设的慕课平台"学堂在线"运行了来自清华大学、北京大学、复旦大学、中国科技大学，以及麻省理工学院、斯坦福大学、加州大学伯克利分校等国内外一流大学的超过 1 900 门优质课程，覆盖十三大学科门类，如图 2-4 所示。

图 2-4　清华大学学堂在线网站

　　上海幻电信息科技有限公司主要产品为哔哩哔哩，网友更多称之为"B 站"（https://www.bilibili.com/），如图 2-5 所示。B 站最初主要是因二次元娱乐内容和鬼畜视频为广大

图 2-5　B 站"知识"界面

网友所知，随后因为强大的学习资源而被戏称为"B站大学"，其知识内容从各学科课程诸如经济学、物理学、设计、会计学等到专业技术诸如 AE、动画、AI、模型等均有所覆盖。其不仅涵盖范围广，还有诸多课程来源于北大、清华、复旦、同济等国内知名大学及国外的耶鲁大学、麻省理工学院、斯坦福大学、牛津大学等高等院校。知识内容完全免费，没有广告，可以说 B 站是当之无愧的中国最大的在线自学平台之一，它拥有 420 万个学习视频，2018 年有 1 827 万人在 B 站学习，约是高考人数的 2 倍①。

三、平台供应商

在线教育平台供应商是指一些专门提供教学平台的在线教育中介商，通常是一些具备先进的平台技术和互联网运营经验的线上机构。其职能包括以下几个方面：

技术开发和平台搭建：在线教育平台供应商负责开发和维护在线教育平台的技术架构和功能模块，包括教学管理系统、学习管理系统、内容管理系统等。他们通过建立稳定的技术平台，为教育机构和学生提供良好的在线学习环境。

内容制作和管理：在线教育平台供应商负责与教育机构及教师合作，制作和管理在线教育内容。他们通过与专业教师合作，开发高质量的在线课程和学习资源，为学生提供丰富多样的学习内容。

教学支持和服务：在线教育平台供应商为教育机构和教师提供技术支持和培训服务，帮助他们熟练使用在线教育平台。他们还负责监控和管理教学数据，提供学习进度和成绩统计等功能，为教学管理提供支持。

用户体验和运营推广：在线教育平台供应商注重用户体验和运营推广，通过提供友好的用户界面和功能设计，提高学生和教师的使用满意度。他们还负责平台的品牌推广和市场营销，吸引更多的教育机构和学生使用在线教育平台。

国内有代表性的在线教育平台供应商如下：

深圳市腾讯计算机系统有限公司：腾讯推出了综合性在线终身学习平台"腾讯课堂"，涵盖 IT 编程、设计创作、新媒体营销、职业培训、公考考级考证、兴趣生活、英语口语等上万门专业课程及精品公开课，优质仿真学习场景，让学习者更快、更高效地吸收知识。

北京翼鸥教育科技有限公司：翼鸥教育历时 8 年，研发教与学平台"ClassIn"，集线上直播教室、线下智慧教室、LMS 学习管理系统、PLE 个人学习环境等多功能于一体。截至 2024 年 7 月，ClassIn 已经应用于全球 150 多个国家、60 000 多所学校，服务师生用户 2 000 万余人②。

上海仙栎网络科技有限公司：打造实时互动校园教学平台"CCtalk"，满足在线教学所需的音视频工具及互动工具需求，提供给学校高流畅度、高音质的直播效果，支持 PPT 演示、双向电子白板等功能，协助教师轻松快捷地开展实时互动课堂，扩大优质资源的受众人群。

北京学而思教育科技有限公司："学而思网校"是专注于素质教育的综合在线学习平台，以"培养能力，让每个孩子拥有更美好的人生"为目标，提供在线直播课程、一对一辅导和学习工具等服务，课程设计以"人文"和"科学"作为核心素质基础，构建多元能

---

① 运营人手记. 如何看待后浪们在 B 站学习的现象？［EB/OL］.（2020 - 05 - 29）［2023 - 09 - 16］. https://www.woshipm. com/operate/3935117. html.

② 翼欧教育科技有限公司. 线上线下融合教学平台［EB/OL］.［2024 - 07 - 22］. https://www.eeo. cn/cn/classin.

力模型。

新东方教育科技集团有限公司："新东方云教室"（https：//roombox. xdf. cn/）是一个简单易用、高清流畅、安全稳定的音视频通信工具，可支持教学辅导等实时交流场景，实现多人视频、分组讨论、趣味互动，支持实时查看学习者情况，便于教育者实时掌控气氛，调动学习者积极性。

第二节　在线教育的市场现状

一、用户规模

在我国教育产业发展过程中，国家出台了一系列关于建设终身学习型社会、推进教育制度改革以及强化知识产权保护的政策。此外，数字化时代，居民在线教育需求增加，进一步推动了在线教育用户规模增长。2019 年，我国在线教育用户规模约为 2.69 亿人。2020 年，用户规模达到了 3.42 亿，同比增长 27.13%。2021 年，疫情防控取得积极进展，各级各类学校基本恢复正常教学秩序[①]，同时，K12 教育培训市场政策趋于严格，在线教育市场整体稍有回温，用户规模回落到 2.98 亿人。2022 年，在线教育用户达到 3.14 亿人[②]，同比增长 5.37%，行业发展态势良好，如图 2-6 所示。

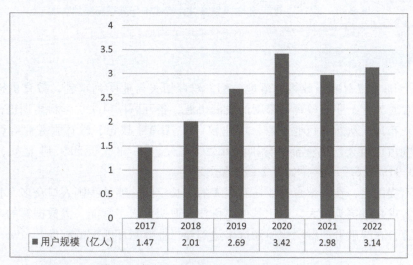

用户规模（亿人）	2017	2018	2019	2020	2021	2022
	1.47	2.01	2.69	3.42	2.98	3.14

图 2-6　2017—2022 年中国互联网在线教育用户规模预测趋势

二、市场规模

2016 年以来，随着中国在线教育用户规模的快速增长，以及居民收入水平的上升，对

① 前瞻产业研究院 . 2022 年中国在线教育行业全景图谱［EB/OL］. （2022 - 03 - 17）［2023 - 09 - 16］. https：//www. qianzhan. com/analyst/detail/220/220317 - 72b3ce09. html.

② 中商情报网 . 2022 年中国在线教育行业市场前景及投资研究报告（简版）［EB/OL］. （2022 - 10 - 26）［2023 - 09 - 16］. https：//page. om. qq. com/page/Ocu6nA9RPvtJSlTvGSbD4YWg0?source = cp_1009.

教育支出的意愿不断上升，推动了我国在线教育市场规模快速上升。此外，用户对在线教育的接受度不断提升、在线付费意识逐渐养成以及线上学习体验和效果的提升也使在线教育市场规模持续增长。2021年，受"双减"政策影响，K12教育版块遇冷，低幼版块外教课程全部叫停，鉴于两者占比在40%左右，对在线教育行业整体影响较大，该年度市场规模出现小幅回落①，市场规模从2020年的4 328亿元到2021年的3 220亿元，同比增长 – 25.61%。2022年，在线教育市场规模3 620亿元，同比增长12.42%，如图2 – 7所示②。

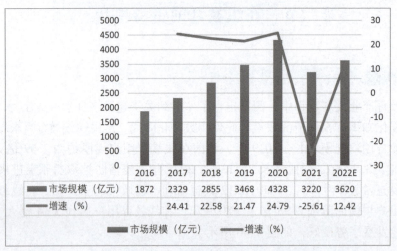

	2016	2017	2018	2019	2020	2021	2022E
市场规模（亿元）	1872	2329	2855	3468	4328	3220	3620
增速（%）		24.41	22.58	21.47	24.79	-25.61	12.42

■ 市场规模（亿元）　—— 增速（%）

图2 – 7　2016—2022年中国在线教育行业市场规模预测趋势图

三、　投融资情况

2021年，随着"双减"政策的落地，K12教育相关行业受到重创，教育机构的发展状况堪忧；而素质教育、职业教育迎来新的发展机遇，各互联网巨头、学科培训机构及创业者不断涌入展开布局。从所属行业来看，职业教育、STEAM教育、教育服务商等行业获得的融资金额比例占比较大，融资金额分别为61.93亿元、33.68亿元和9.14亿元，分别占比43.96%、23.91%、6.71%③，如图2 – 8所示。

但不得不提的是，在线教育行业还有很大的增长空间。鉴于我国人口众多，教育作为刚性需求，其需求总量更为巨大，对比其他高科技产业诸如人工智能、大数据等的动辄上亿规模的融资而言，在线教育的融资规模还远未达到与行业体量相匹配的程度④。

①　前瞻产业研究院 . 2022年中国在线教育行业全景图谱［EB/OL］.（2022 – 03 – 17）［2023 – 09 – 16］. https://www. qianzhan. com/analyst/detail/220/220317 – 72b3ce09. html.

②　网经社 .《2022年度中国数字教育市场数据报告》发布［EB/OL］.（2023 – 03 – 28）［2024 – 07 – 01］. https://xueqiu. com/4700839113/245705069.

③　中商情报网 . 2022年中国在线教育行业市场前景及投资研究报告（简版）［R/OL］.（2022 – 10 – 26）［2023 – 09 – 16］. https://page. om. qq. com/page/Ocu6nA9RPvtJSlTvGSbD4YWg0?source = cp_1009.

④　黎扬 . 我国在线教育企业融资问题研究［D］. 西宁：青海大学，2019.

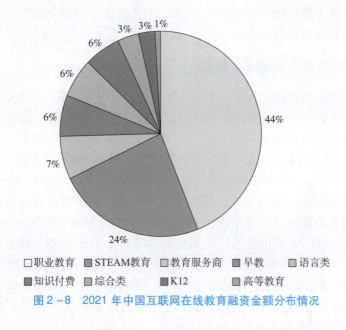

图 2-8　2021 年中国互联网在线教育融资金额分布情况

第三节　在线教育产业的发展趋势

一、职业在线教育或成最热门赛道

2021 年以来，国务院、教育部、发改委等多部门都陆续印发了支持、规范在线教育行业的发展政策。尤其是在 2021 年 7 月"双减"靴子落地后，政策着重整顿、监管 K12 学科培训机构。在基础教育阶段的在线教育企业受到重创后，资本将眼光放到职业教育赛道。2021 年，我国在线教育行业职业教育融资金额 61.93 亿元，排名第一，其次为 STEAM 教育 33.68 亿元、教育服务商 9.45 亿元。目前，我国职业教育的融资压力相对较小。

另外，人才供需矛盾催化职业在线教育发展。从供给方面来看，2016—2020 年，我国普通本科以及专科毕业生总人数呈上升趋势。从学科来看，我国在工学、管理学、财经商贸大类、医药卫生大类的人才供给相对充足，而在教育学、法学、农学、交通运输大类等学科的人才相对匮乏。

在人才需求方面，依据我国发布的《制造业人才发展规划指南》，预计到 2025 年，我国在新一代信息技术产业的人才缺口达到 950 万人，2020 年我国专科电子信息大类的毕业生人数仅为 46.7 万人。

从人才的供需情况来看，我国目前的人才供需的结构性矛盾较为突出，衍生催化职业在线教育的扩大。一方面，毕业生择业专业对口的概率较小，需要拓展其他领域的技能或者证书，来进一步拓展职业维度；另一方面，择业期的竞争压力加大，除了相关专业技能外，其他办公软实力也是用人单位横向对比"择优录取"的考量因素。

从整体来看，由于用户逐渐习惯线上学习，职业在线教育的推广难度小，融资难度小，并且人才供需结构性矛盾催化职业在线教育细分各类型呈"百家争鸣"的态势，促成职业在线教育成为在线教育最热门的赛道[1]。

二、 由粗放型增长向内涵型增长转变

经过行业多年的市场和技术积累，中国在线教育产业目前正处于高速成长的阶段，资本的大量进入正为行业带来充足的发展动力，但是，我们也应该注意到这种发展状态背后存在很大隐患，行业规模粗放型增长、创新型组织缺乏就是不容忽视的问题之一。根据有关数据，2013 年国内平均每天有 2.6 家在线教育企业成立，截至 2014 年 9 月，已经获得投资的在线教育企业有 60 多家，有些项目甚至还未上线就拿到了投资，资本对于行业的盲目追逐使行业存在提前透支发展空间的风险。从资本结构来看，在线教育企业的投资背景比较复杂，既有传统面授机构的转型，也有新加入的企业，同时，还有互联网企业的业务延伸，例如，百度的"百度教育"、阿里巴巴的"淘宝同学"等。背景和实力的差异使相当一部分在校教育企业对自身缺乏科学定位，对行业缺少深入研究，缺乏在激烈竞争环境下的生存能力，2014 年国内在线教育企业最短存活时长仅为 3 个月。多元投资、大量出现、快速淘汰、市场发育不完善是目前在线教育市场发展的重要特征，有观点据此认为，我国的在线教育投资已经存在泡沫，"众多在线教育企业将因过度烧钱但找不到盈利方式而失败"。

在线教育市场的这种发展态势虽然从另外一个角度证明了其正处于行业新兴阶段，具有巨大的发展潜力和广阔的前景，但无序竞争却是这个阶段市场的一大缺陷，如何突破在线教育规模化与质量同步发展的"瓶颈"将是未来一段时间内在线教育行业面临的重大问题。基于这种判断，我们需要借助外力加以引导，使其尽快走上良性发展的道路，逐步提升行业技术门槛，促进理性投资，实现强强联合，促进在线教育市场的逐步整合，确立良性竞争秩序，逐步确立优秀在线教育企业的市场主导地位，最终使在线教育市场由粗放型增长向内涵型增长转换[2]。

三、 技术更新迭代速度加快

受益于科技进步和大数据、人工智能、语音识别、直播互动等技术应用，在线教育行业的教学体验及教学效果得到提升，终端用户的认可度和接受度日益提升，在线教育人群规模持续放大。现阶段，计算机及互联网领域经常出现新的发展浪潮，这要求在线教育企业的产品迭代速度加快、持续创新能力增强，以满足市场需求。

很多巨头机构在在线教育领域的探索上，都在尝试结合前沿技术，致力于研发更加实用的在线技术来帮助在线教育从本质上更上一层楼。在未来的几年里，"科技研发"将会是在线教育领头机构们的主要重点之一[3]。

① 千际投资. 2022 年在线教育行业研究报告［R/OL］. (2022 - 09 - 22)［2023 - 09 - 16］. https://mp. weixin. qq. com/s/YTa7d0gmG26LJeAGkYB7kw.

② 汤保梅. 媒介融合背景下在线教育行业发展的三大方向［J］. 继续教育研究，2015，205（09）：62 - 64.

③ 麦秋朔九. 在线教育行业研究报告［R/OL］. (2022 - 12 - 15)［2023 - 09 - 16］. https://mp. weixin. qq. com/s/ - 5FfPOIGe - 5zQMwP7dhR0Q.

课后习作

1. 自选主题，运用 Kivicube AR 创作平台制作 AR 课件。

步骤：用 3D Max 生成一个 OBJ 建模文件，将 OBJ 转成 GLB 文件，在 Kivicube 网页上传该 GLD 文件，生成二维码，让别人通过扫码即可看到 3D 课件。

2. 体验百词斩、墨墨背单词、扇贝单词等几个背单词 App，分析不同 App 各自的优势和劣势。

3. 总结自己用过的在线学习平台的使用体验。

第三章
在线教育的领域与模式

在线教育是近年来发展迅速的一个领域，其通过互联网技术实现了教育资源的共享和普及。在线教育在教育的不同领域里有着特定的特征与发展平台，根据教育行为发生的场所，可以分为学校教育、社会教育和家庭教育三个领域。在这三大领域内，由于服务对象的年龄、性别等因素存在差异，不同的人群具有不同的学习特点。因此，各个领域内又针对特定的服务人群细化了在线教育的赛道。许多在线教育平台与机构不断往专注度高、个性化强等方向的赛道寻求发展，将在线教育的优势转化为可持续的商业模式，并从中找到恰当的盈利来源。本章将介绍在线教育的领域划分、在线教育的商业模式及盈利模式，并探讨其细分领域与主要赛道。

知识地图

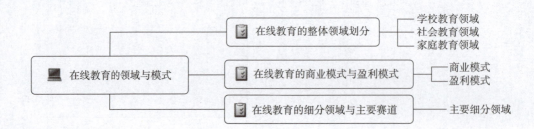

学习目标

1. 了解在线教育三个领域的特征及各领域常见的在线教育平台。
2. 了解在线教育主流的商业模式与盈利模式。
3. 学习在线教育的细分赛道类别分布，以及各赛道的典型平台。

学习建议

1. 了解当前在线教育平台的主要盈利方式与产品，通过对主营产品及相关岗位的需求分析，更好地明确之后学习的目标和方向。

2. 了解市场上较热门及市场占有率较高的赛道，通过对在线教育领域与细分赛道的学习与特征分析等，寻找与自己专业较为契合的赛道，相对应地提高自己的专业能力。

第一节　在线教育的整体领域划分

21 世纪是一个终身学习的时代。在 1996 年，国际 21 世纪教育委员会向联合国教科文组织提交的《教育——财富蕴藏其中》报告中指出，教育在人和社会的持续发展中起着重要作用，人既是发展的第一主角，又是发展的终极目标[①]。报告指出，"教育应该使每个人都能发展、发挥和加强自己的创造潜力，也应有助于挖掘出隐藏在我们每个人身上的财富。"21 世纪的教育有四个支柱（four pillars of education），且教育应围绕四种基本学习来安排[②]：学会认知（learning to know），即掌握认知的手段，使每个人学会了解他周围的世界，不仅能有尊严地生活，还能发展自己的专业能力；学会做事（learning to do），即不仅能获得专业资格，还能够应付许多情况和集体工作；学会共同生活（learning to live together），通过扩大对他人及其文化和精神价值的认识，减少冲突，能与他人共同参加活动，并在这些活动中合作；学会发展的能力（learning to be），也就是学会生存、学会做人的能力，要学会适应环境以求生存，改造环境以求发展的能力。随着科学技术的迅猛发展和知识经济时代的到来，仅接受学校教育不足以应对社会的快速发展，想要想跟上时代步伐，不被社会淘汰，就应主动学习，坚持终身教育的理念，使教育贯穿于人的一生。

人的一生中所受的教育主要集中在家庭教育、学校教育和社会教育三个领域。有学者认为，家庭是个人社会化的第一个主要单位，学校是专门为社会化目的而设立的学习机构，社会作为社会化能力的实战场，是最为关键的社会化载体[③]，在促进人的发展的过程中，家庭教育、学校教育、社会教育三者缺一不可。它们应该相互补充、互相渗透、互相促进，综合作用，协调一致，创造一种有利于人类身心健康发展的社会环境，使人类的整体素质得到广泛提高[④]。随着信息技术的快速发展，在这三个教育领域中，都广泛存在着在线教育的应用。

习近平总书记在中共中央政治局第五次集体学习时强调，学校、家庭、社会要紧密合作、同向发力，积极投身教育强国实践，共同办好教育强国事业。2023 年 1 月，教育部等十三部门联合印发了《关于健全学校家庭社会协同育人机制的意见》，进一步明确了学校、家庭、社会在育人过程中的作用，为三者协同育人提供了指引[⑤]。该文件指出，学校、家庭、社会协同育人的核心是育人。在立德树人这一育人目标的统摄下，学校、家庭、社会协同育人，形成共识与统一目标。三者在教育领域、职责与内容上有所区分，但根本着力点在于形成良性互动，进而促进落实立德树人根本任务。

---

① 联合国教科文组织总部中文科. 教育——财富蕴藏其中：国际 21 世纪教育委员会报告 [M]. 北京：教育科学出版社，1996.

② 杨江丁. 教育——财富蕴藏其中——解读国际 21 世纪教育委员会向联合国教科文组织提交的报告 [J]. 现代教学，2009（4）：3.

③ 关冬生，关淑凡，石军. 青少年社会教育与学校教育、家庭教育的比较研究——以广东为例 [J]. 中国青年研究，2013（3）：6.

④ 刘宁. 家庭教育、学校教育及社会教育的整合发展趋势 [J]. 基础教育研究，2009（4）：49－51.

⑤ 中国政府网. 教育部等十三部门关于健全学校家庭社会协同育人机制的意见 [EB/OL]. https://www.gov.cn/zhengce/zhengceku/2023－01/19/content_5737973. htm.

学校是人才培养的主阵地、主渠道和主课堂，要把立德树人成效作为检验学校一切工作的根本标准。家庭教育是教育的起点和基点，家长是孩子成长的第一任老师，家庭则是第一个课堂。社会教育是对人一生影响最大、最持久的教育。社会教育具有主体的多样性、对象的广泛性、内容的丰富性、形式的多样性和领域的广阔性。由此，明晰三者相应的职责要求，有助于构建协同一体、融合助力的育人新格局。

一、 学校教育领域

（一） 学校教育领域的基本特征

学校教育是人一生中所受教育最重要的组成部分，是指个人在学校里接受计划性的指导，系统地学习文化知识、社会规范、道德准则和价值观念。学校教育在家庭教育、学校教育、社会教育三大教育体系中，承担发展学生智力、传授科学文化知识的任务。学校教育在整个教育体系中处于主导地位[①]。

学校教育具有以下几个基本特征。

一是学校教育受到政府相关管理部门的严格监管，学校教育通常作为基础的公共服务向国民提供。例如，我国学校教育领域中的义务教育就具有明显的公益性，对教育公平具有重要意义。

二是学校教育的主要对象是青少年，他们处于茁壮成长时期。

三是学校教育具有明确的培养目标、教学计划和周密的课程安排。例如，学生在高考后走进大学修学某个特定的专业时，其学习历程均受到专业人才培养方案的规范和约束，因为专业人才培养方案中明确了所学专业的专业名称、专业代码、人才培养定位、就业面向和主要岗位、专业课程体系、教学课程进度和修学学分、毕业条件等要素。专业带头人根据国家发展和产业发展的背景，经过充分的市场调研和能力分析，才能设计出合理的人才培养方案，通过合理设计，做到教学进度快慢适宜，保证了教学科学性，使学生的智力发展按照从感性到理性、从形象到抽象的轨迹向前运动。

四是学校教育具有一定的强制性和标准性。例如，在义务教育阶段，国家提出了统一的义务教育课程标准和制定了统一版本的国家教材。

五是学校教育具有一定的系统性和集中性。学校教育通常以班级集体教学的形式开展，在学校中具备集中教学的条件，设施齐全，开设科目种类繁多，能够照顾到多方面的知识教育，师资建设训练有素，能够以最科学、最有效的方法培养学生，使学生的全面发展成为可能。

学校教育的另一个优势，在于系统性强。这不仅指教学内容全面，还表现为教育程度逐渐提高。因此，学校教育是智力发展的载体，它的重要程度是任何一种教育形式都无法比拟的。

（二） 学校教育领域的在线教育

在我国典型的学校教育体系中，学生学习的过程中可能会经历学前教育、义务教育（小学和初中）、普通高中或中等职业中学、大学教育（专科、本科、硕士研究生和博士研究生）。在 21 世纪，随着我国教育信息化的发展，各个阶段的在线教育也得到了全面发展。

---

① 刘宁. 家庭教育、学校教育及社会教育的整合发展趋势［J］. 基础教育研究，2009（4）：49－51.

在学前教育阶段，幼儿园的师生主要利用在线教育开展安全教育和常识教育的学习，并通常会要求家长参与指导，形成家校合作关系。例如，广东省教育厅和相关部门会要求幼儿园组织学生，利用中国教育学会主办的"学校安全教育平台"，定期开展各种安全教育①，并提供了移动学习 App，如图 3 – 1 所示。

图 3 – 1　广东省中小学校（幼儿园）安全搭乘电梯专题教育网站

在义务教育阶段，教师主要利用在线教育资源开展课堂教学和课外学业指导。例如，目前在我国发展地区的中小学，在课堂中使用平台电脑和应答器等技术手段，引入优质的在线教育平台和学科资源开展教学。

1. 深圳教育云

例如，在深圳智慧教育改革示范区，开展了大量的新型教学模式实验和改革，不仅建立了空中课堂，还在班级课堂教学中引入智慧教育系统，大力推动深圳市"基础教育综合改革实验区""智慧教育示范区""信息化教学实验区"建设。

在深圳市教育信息技术中心（教育装备中心）主持建设的"深圳教育云"平台中（https://zy. szedu. cn/），提供了基础教育、特殊教育和系列专题专栏的学习资源。

其中，在基础教育方面，提供了覆盖小学、初中、高中各个科目超过 9 500 余个课程教学资源，如图 3 – 2 所示。

在特殊教育方面，提供了涵盖视觉训练、触觉训练、前庭与本体觉训练、动作训练等800 余个课程资源，如图 3 – 3 所示。

在专题专栏方面，建设了爱国主义教育、网络安全、生命教育、艺术欣赏、高中名师课堂、卫生与健康、生态环境、信息科技、年度优秀教师、家庭教育、素养课堂、共同体课程、名师课例等多个专栏的优质教学资源。

---

① 中国教育学会. 广东省中小学校（幼儿园）安全搭乘电梯专题教育网站［EB/OL］. https://huodong. xueanquan. com/2023gddtaq/video. html. 2023 – 6 – 8.

图 3-2 深圳教育云基础教育栏目

图 3-3 深圳教育云特殊教育栏目

2. 三个课堂项目

在欠发达地区，基于"三个课堂"，通过在线教育资源的引入和推广，促进我国整体教育公平。

"三个课堂"项目旨在实现"优质教育资源均衡化、乡村学校内涵式发展、城市学校扩容式发展"，解决"区域内教育资源不均衡问题""家庭背景教育条件不足"和"提升城乡学生自信心和团队协作能力"等教育痛点，如图3-4所示。

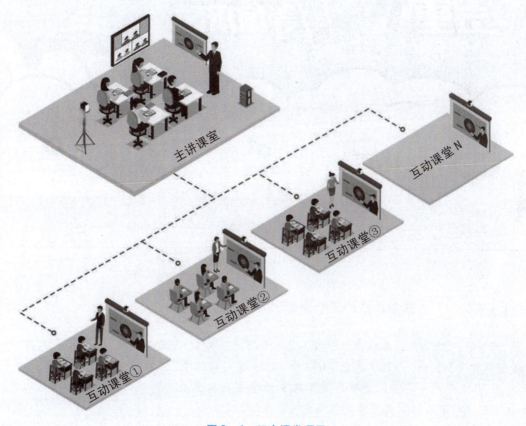

图3-4　三个课堂项目

专递课堂：通过直播互动系统，把优质教育资源同步到乡村学校，解决乡村学校教学资源和师资力量不足的问题。

互动课堂：通过"优质学校与乡村学校同频共振，互动教学与反馈式培训相结合"的方式，将城市优质教育资源与乡村学校对接，同时，让乡村教师进入优质学校的同步互动课堂进行学习，提高乡村教师教学水平。

双师课堂：通过"一师一优课、一课一名师"项目，将优质教育资源引入乡村学校，实现城乡共享优质教育资源。

在普通高中或中等职业中学，在线教育资源被用于广泛的学科教学。尤其在中等职业中学中，学生不仅需要学习专业知识，还需要有实操性职业技术技能，职业技术网络课程和虚拟实训空间可以为学生提供更为丰富的教学资源，并在一定程度上解决实训条件不足、实训成本过高、实操机会不足的问题，如图3-5所示。

图3-5　中职实训插图

【案例分析】山东潍坊市"三个课堂"

据了解，2022年，潍坊市计划投入2 116万元，新建"三个课堂"1 308个，其中，"专递课堂"365个，"名师课堂"692个，"名校网络课堂"251个，优质资源覆盖面可扩大至2021年的4.7倍，全市5.7万名乡村学生直接受益，对促进城乡教育优质均衡，加快实现乡村教育振兴具有重要现实意义。

"专递课堂"强调专门性。潍坊市的"专递课堂"采用网上专门开课或同步上课、按照教学进度推送适当的优质教育资源等形式，帮助薄弱学校开齐、开足、开好国家规定课程，促进教育公平和均衡发展。

"名师课堂"强调共享性。潍坊市的"名师课堂"，通过组建网络研修共同体等方式，发挥名师示范效应，探索网络环境下教研活动的新形态，以优秀教师带动普通教师水平提升，促进教师专业发展，如图3-6所示。

"名校网络课堂"强调开放性。潍坊市的"名校网络课堂"通过虚拟网络学校、重点学校网络课程等形式，形成系统性课程，全方位地推动优质教育资源在区域范围内共享，满足学生对个性化发展和高质量教育的需求。

"三个课堂"有效助力于建立健全利用信息化手段扩大优质教育资源覆盖面的机制，推动解决开不齐、开不足、开不好课程的现实性问题，促进课堂教学质量提高、教师信息素养优化、学校育人质量提升，弥合区域、城乡、校际差距，推动乡村教育振兴，实现教育优质均衡发展。

图3-6　潍坊"三个课堂"

3. 大学教育中的在线教育全面发展

我国的在线教育最早得到大规模应用的典型就是早期的面向常规教学的网络课程和面向学位学历培养的网络学院。网络课程的发展也经历了网络教学资源、网络课程、精品课程、精品开放课程、精品视频课、大规模开放课程 MOOC 的形态。

我国在国家级和省级层面开展了课程评审，大大推动了大学教育中的在线教育。以最新的精课程申报文件为例，目前国家级精品和省级精品课程申报均提出了要面向公众开放，跨校修读人数、网络教学资源和教学活动、师生互动、资源技术指标等具体要求。

为应对疫情的线上教学大大推动了在线教育的全面普及和广泛应用。2020 年年初至 2023 年年初，为了在疫情期间"停课不停学"，大量高校转为线上课程，也使高校课程平台、在线课程建设、教学资源建设和配套制度等得到大量资源，师生的教与学的能力得到全面提升。同时，使后疫情时代的 OMO 课程实施和弹性教学成为新的常态。典型的平台如中国大学 MOOC 平台、iCourse 爱课程平台、智慧职教平台等一系列的开放课程。在长期建设和广泛应用的背景下，大学教育中全面使用在线教育，因而师生掌握在线教与学的能力已经为在新时期工作和学习的基本能力。

【案例分析】

2020 年 5 月，教育部高等教育司司长吴岩在新闻发布会上介绍，截至 5 月 8 日，全国 1 454 所高校开展在线教学，103 万教师在线开展了 107 万门课程，合计 1 226 万门次。参加在线学习的大学生共计 1 775 万人，合计 23 亿人次[①]。

吴岩介绍，开设的在线课程覆盖了理、工、农、医、经、管、法、文、史、哲、艺、教全部12个学科门类。课程类型包括公共课、专业基础课、专业课、理论课、实验课等多种类别，授课模式包括直播课、录播课、慕课、远程指导等多种形态。吴岩说，本次在线教学规模之大、范围之广、程度之深，是世界高等教育史上前所未有的创举，也是世界范围内的首次实验，在高校应对疫情开展在线教育教学的实践中，发生了四个新的变化。

一是改变了教师的"教"。教师从刚开始有一点紧张，甚至有一点抱怨，慢慢变成比较兴奋、比较从容，教师的教学信息化素养得到提高。

二是改变了学生的"学"，应该说这次在线教学最让人兴奋的是，根据海量的数据调查显示，大家对学生学习的自主性和师生互动性满意度之高，有的甚至超过了面对面的传统课堂教学。

三是改变了学校的"管"。过去学校的教学管理更多是面对面，现在的管理是背靠背。学校依靠大数据得到更加精准有效的数据，据此来进行管理。

四是改变了教育的形态。原先的大学是有围墙的，这次在线教学不仅打破了物理上、空间上的围墙，还在一定程度上打破了心理上的围墙，形成了时时、处处、人人皆可学的新的教育形态。

吴岩认为，"我们再也不可能也不应该退回到疫情发生之前的教与学状态，因为融合了'互联网＋''智能＋'技术的在线教学已经成为中国高等教育和世界高等教育的重要发展方向。"

二、 社会教育领域

（一）社会教育领域的基本特征

随着人逐渐与社会联系的加深，社会教育对人的影响逐渐由弱变强。

社会教育是家庭教育和学校教育的扩大和补充，是一种持续时间长、影响广泛的终身教育的形式。它与家庭教育及学校教育共同构成整个教育体系，同时它又是教育体系中最综合、最全面的一个。它既可以弥补学校教育在知识教学方面存在的不足，又可以广泛地开展道德品质教育和价值观教育，使人在自身能力、感情道德的发展中愈加成熟完善。社会教育有着自身独特的特点，具体表现为：

社会教育的教育者通常是社会的教育机构或社会成员，不只是学校里的教师。

社会教育的教育对象不仅包含青少年，还包括了全体社会成员。

社会教育的主体具有一定的自愿性和自主性，即受教育者为了改善个人发展，自愿参与社会教育的活动，并从中受益。

社会教育的教学内容与学校教育的内容相比，范围更广、内容更丰富、更贴近现实。即社会教育的内容不仅与通识相关，更多地具有一定的专业性和职业性。社会教育的教学内容的提供，与学校教育相比，更具有选择性和灵活性。即受教育者可基于个人的教育水平和素质基础，根据个人兴趣、爱好、特长，自主选择教育的形式和内容，学习过程中完成自我管理。

与学校教育相比，社会教育往往具有更高的定制化和针对性，因此，学习的成本相对更高。例如，社会培训机构提供的教师资格证考试的课时费用比学校提供的费用要高得多。

社会教育中的身份区分中，有时教育者和受教育者具有双重身份的特征，即每个人既是教育者，同时也是受教育者。

（二）社会教育领域的在线教育

对于青少年，利用社会教育领域的在线教育资源进行学校教育的补充和增强，还可以利用各种综合素养发展课程，包括科技、艺术、体育、传统文化、特长类课程在线课程进行学习。目前，面向青少年的在线教育形成 K12、儿童早教、素质教育、学科教育辅导等核心赛道，在体量和规模上占了较大比例。

对于在校的大学生，可利用在线教育资源进行学校教学内容的补充和拓展，考取各种职业资格和能力证书，为大学生提升就业能力。目前，面向大学生的在线教育主要形成了高等教育、语言学习和出国留学三个赛道。

对于在职员工，可利用职业培训类在线课程提升职业技能、学习新的知识和技能，提升职场竞争力。面向在职员工的在线教育主要形成了面向各行各业不同细分专业领域教育内容的职业教育赛道，腾讯课堂如图 3-7 所示。

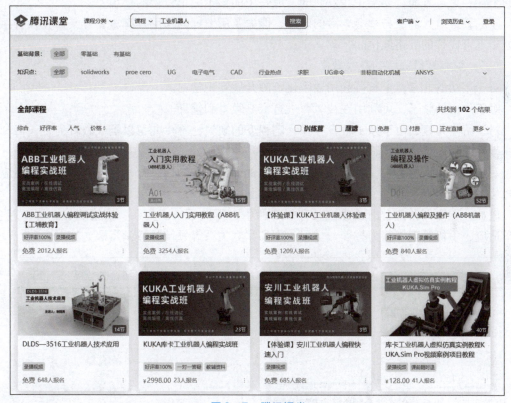

图 3-7 腾讯课堂

对于老年人，可利用在线教育学习新的知识和各种生活技能，提高适应社会变化的能力，增强社会参与度和社会贡献。

三、家庭教育领域

（一）家庭教育领域的基本特征

家庭教育具有先导性、感染性、权威性、针对性、终身性、生活性等特点。

家庭教育是一切教育的基础，对人一生的发展有着重要的影响。家庭教育具有以下特点：

家庭教育具有先导性，是儿童接触最早的教育，具有明显的启智、育德、培养儿童兴趣爱好的功能。

家庭教育具有基础性，在整个教育体系中处于基础地位，是一切教育的根。

家庭教育具有生活性，由家长亲自实施，内容、方法都具有强大的灵活性、连续性和广泛性。家庭教育具有针对性，家长和子女之间相对易于沟通，针对性强，可以有效地因材施教，对儿童智力发展初期起到决定性的作用。

家庭教育具有终身性，每个人从一出生，就要受到家庭成员、家庭环境、家庭文化氛围的熏陶和影响。儿童从家庭生活与人际交往中获得知识经验，形成情绪、情感，养成伦理道德和文明习惯，并在此基础上走出家庭、步入社会。

因此，要充分重视家庭对人早期的启蒙和长期的潜移默化的作用，将其置于整个教育的基础地位。一方面，要加强对父母的教育，使他们把孩子看成和自己平等的人，充分发展孩子的个性；另一方面，要给正在发展的、成长中的孩子一个宽松的环境。

家庭教育对人们参与社会生活的态度、能力及所发挥的作用具有重要意义，在社会生活中处于不可代替的战略地位。

（二）家庭教育领域的在线教育

对于年幼的儿童，家长可利用数字化资源开展知识学习。

对于外出的学子，可利用在线教育进行家庭教育和辅导。

对于留守儿童，由于亲子教育存在一定程度的缺失，不少儿童以隔代教育为主，可利用在线教育的直播教育增强临场感。

对于年纪较大的老人，可利用在线教育向他们提供新的信息技术教育，帮助他们适应智能时代，乐享美好生活。

例如，在深圳教育云的"家庭教育"专栏中，提供了亲子关系、情绪疏导、认知理念、入学适应、手机管理、行为教养、学习心理和家庭关系等领域的教学资源，如图3-8所示。

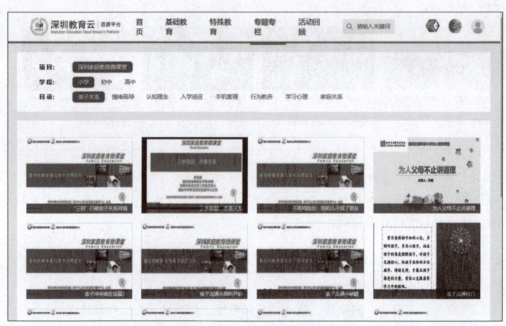

图3-8　家庭教育专栏资源

第二节　在线教育的商业模式与盈利模式

　　如何将在线教育的优势转化为可持续的商业模式，并从中找到恰当的盈利来源，是业界和学术界共同关注的焦点。本节将结合具体案例，探讨常见的在线教育商业模式以及主流盈利模式。

一、商业模式

　　商业模式的概念扩展了价值系统和战略定位的概念，涉及资源观、战略网络、企业边界和交易成本经济学等理论。本研究主要采用外部交易视角，将商业模式视作对公司的消费者、客户、同盟以及供应商角色与关系的描述，包括公司的主要产品流、信息流、现金流以及参与者的主要利益关系[1]。在线教育产业的商业模式主要包括 B2B、B2C、B2B2C 及 C2C 等，如图 3 - 9 所示[2]。

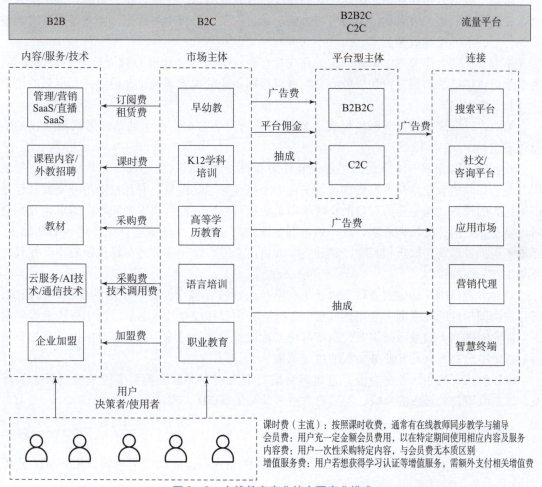

图 3 - 9　在线教育产业的主要商业模式

---

　　① 魏江，刘洋，应瑛．商业模式内涵与研究框架建构［J］．科研管理，2012，33（05）：107 - 114.
　　② 千际投行．2023 年在线教育行业研究报告［R/OL］．（2023 - 08 - 03）［2024 - 07 - 05］．https://www.21jingji.com/article/20230803/herald/b3699696f08cecce0202146b06a04b32.html.

（一）B2B 模式

B2B（Business to Business）是指企业与企业建立的商业关系。向企业、政府、学校、团体提供在线教育服务的都属于 B2B，如企业内训、客户培训以及合作伙伴等。

B2B 模式的在线教育企业有以下几个特点：

第一，面向企业客户。B2B 模式的在线教育企业主要服务于企业客户，而不是个人用户。它们提供专业化的培训解决方案，帮助企业提高员工的技能和知识水平。

第二，定制化内容。B2B 模式的在线教育企业通常会根据企业客户的需求，提供定制化的培训内容。这些内容可以根据企业的行业、岗位和需求进行个性化的设计，以满足企业的特定培训需求。

第三，多样化的培训方式。在线教育企业可以通过多种方式进行培训，包括在线课程、视频教学、网络研讨会等。这些方式可以根据企业的需求进行灵活配置，以提供最适合企业的培训方案。

第四，数据分析和评估。B2B 模式的在线教育企业通常会提供数据分析和评估功能，帮助企业客户了解培训效果和员工的学习进展。通过收集和分析学习数据，企业可以及时调整培训计划，增强培训效果。

第五，长期合作关系。B2B 模式的在线教育企业通常与企业客户建立长期的合作关系，为企业提供持续的培训支持和服务。它们可以根据企业的发展和变化，提供持续更新的培训内容和解决方案。

第六，以需求为导向。B2B 模式主要是 B 端两大类需求：企业的培训需求和学校的信息化需求。

前者的大部分 B2B 业务是为了解决胜任力和技能类需求，比如领导力培训、专业技能提升等。如果由企业自身负责培训，需要自创一整套完整的流程，并且仅费用开支就已经是一笔巨大的投入，而专业的对口的在线培训企业就可以较好地解决这个问题。需求企业完全可以整合企业内部的培训需求，统一向培训企业进行采购，在获得整套完整培训的基础上，还能实现批量采购获取折扣减少经费开支。就目前来看，这一部分的市场规模较小，并且主要集中在一线城市。

针对后者，B2B 的主要变现渠道还是在学校。学校在整个教育环节中的地位不言而喻，但目前中国学校的互联网+应用远远落后于行业，主要体现在技术落后、应用不普遍等问题上，而原因则在于政策限制以及校园信息化基础设施无法达标等。对于企业来说，学校资源的对接壁垒过高是制约其业务发展的主要原因①。

B2B 模式下的在线教育企业一直难以突破行业规模问题，市场更多的是受到社会大环境、国家政策及关键人的影响，发展业务更多的是依赖 BD 去推动②。

【案例分析】

科大讯飞是采用 B2B 模式的在线教育企业的典型代表，阅读以下材料，用 SWOT 分析

---

① 丰盛众创资本. 在线教育的商业模式及盈利探索［EB/OL］.（2019 - 03 - 29）［2023 - 09 - 10］. https://mp. weixin. qq. com/s/3NemMElYfonU1nOK6DbY8Q.

② 千际投资.2022 年在线教育行业研究报告［R/OL］.（2022 - 09 - 22）［2023 - 09 - 10］. https://mp. weixin. qq. com/s/YTa7d0gmG26LJeAGkYB7kw.

框架对科大讯飞的商业模式进行分析。

在 B 端市场，科大讯飞助力教育领域的"双减政策"落地。2019 年，科大讯飞与安徽蚌埠市开展合作，提出了因材施教的教育综合解决方案。在方案顺利实施后，于 2021 年 2 月入选了除北京海淀区之外，全国唯一教育部智慧教育示范区和 AI 推动教师队伍建设试点区。

科大讯飞在人工智能和智能语音技术方面有着丰富的经验。公司多次在国际大赛中取得优异成绩，在 2006—2011 年，每年都赢得了英文语音合成国际大赛的第一名。2021 年，科大讯飞与哈尔滨工业大学联合成立的实验室刷新了多模态阅读理解评测的世界纪录，充分展示了科大讯飞在该领域的强大实力与经验。目前科大讯飞的语音和图文识别已经处于世界领先地位，机器翻译和语音识别理解已经达到国际标准水平。凭借核心技术方面的优势，绝大多数公司在短期内都无法在中文语音识别领域超越科大讯飞。此外，虽然有许多公司在算法和算力等方面比科大讯飞更强，但截至目前，科大讯飞所累积的海量数据是其他竞争对手没有的，比如，在校内中小学智慧教育领域，科大讯飞所占市场份额是腾讯公司的 5 倍之多。因此，科大讯飞的人工智能产品可以在海量数据和算法算力的支持下，不断进行自我优化，从而得出最优解。

目前，科大讯飞正在深耕人工智能领域。2022 年 5 月，中国信息通信研究院正式发布《人工智能白皮书（2022 年）》，表明将有力推动国内人工智能企业的发展。科大讯飞被选为"国家新一代人工智能开放创新平台"，进一步推动了人工智能发展。2023 年 6 月，科大讯飞与广东南方新媒体股份有限公司共同成立元宇宙 XR 联合创新实验室。

（二）B2C 模式

1. B2C 模式的定义

B2C（Business to Consumer）是指商家直接面向用户销售产品和服务的商业模式。

目前市面上大多数在线教育企业都属于 B2C 模式，如粉笔、猿题库、VIPABC、51Talk 等。B2C 的授课场景形式也在不断地演变，从录播课程到直播 & 录播，从大班课到 1 对 1& 混合类，掌握消费者心理，充分满足消费者需求。

2. B2C 模式的特点

B2C 模式的特点如图 3 - 10 所示。

第一，从教学范围和教学内容来看，B2C 模式的在线教育公司，由于担任教育自营主体的角色，一般以相对垂直的教育领域为主要课程产品，如语言培训、职业培训、技能培训等。公司专研某个领域的教学内容，做精做细，解决了在线教育标准化的问题，课程质量一般有所保证，课程令人放心。这让 B2C 业务模式在所有模式中最具变现潜力。从新东方在线和好未来网校的飞速发展就可以看出，B2C 型在线教育拥有广阔的发展空间，同时这也是沪江、VIPABC 可以拿到大额的融资的原因。

第二，从教学方式来看，B2C 商业模式的在线教育公司主要是采用录播课程或者直播课程，但单纯采用录播课程的教育公司难以取得亮眼的业绩。究其原因，高质量的课程内容往往成本高、周期长、效果慢，要求内容提供商前期投入巨大精力和财力，但回报缓慢。对于教育这一试错成本极高的行业，如果课程质量不达标，便无法持续吸引客户，无法盈利。典型的如乐学高考、超级课堂在前期不惜巨资投入，确保课程质量，一定程度能够减少线下教

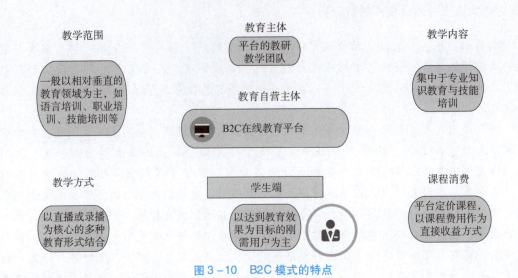

图 3 - 10　B2C 模式的特点

室搬到线上体验较差的影响①。

第三，从教学资源开发途径来看，B2C 模式可以突破地域和自主研发能力的限制，更多地调动低价优质的资源，从而降低成本。比如，51Talk 从地域架构这个点出发来解决问题，在全世界筛选最具有性价比的外教资源，压缩成本，凭借低价快速扩大市场份额。另外，互联网技术可以有效解决教育资源不均衡的问题。具体到应用上来说，就是 B2C 模式的在线教育公司可以通过下沉市场的方式将优质课程引入三四线城市市场，进而扩大市场规模。

在全民学习、终身学习的大背景下，已工作人群的教育需求可以作为 B2C 在线教育的着重拓展的防线，比如职业培训、商务外语、知识付费等细分领域。首先，成人学习的自主性较高，对学习场景的要求较低。其次，这一部分人群时间较为分散，在线教育的灵活性完美契合该类人群碎片化的时间分布和高自由度的学习需求②。

【案例分析】

阅读以下材料，并思考：为何粉笔公司和大鹏教育公司同样采用了 B2C 商业模式，但是走向了不同的结局？你从中得到什么启发？

案例一：
（来源：田宁宁.粉笔科技有限公司竞争战略研究［D］.长春：吉林大学，2022.）
粉笔科技有限公司（以下简称为"粉笔公司"）成立于 2015 年，是一家致力于打造集公务员、教师、事业单位等职业教育类考试为一体的综合性成人职业考试培训平台。张

①　艾瑞咨询.在线教育：B2B2C 模式优势凸显，成行业新宠［R/OL］.（2018 - 02 - 10）［2023 - 09 - 10］.https://mp.weixin.qq.com/s/6y1z4wSiEMdvX3Nlpdqh_g.

②　丰盛众创资本.在线教育的商业模式及盈利探索［EB/OL］.（2019 - 03 - 29）［2023 - 09 - 10］.https://mp.weixin.qq.com/s/3NemMElYfonU1nOK6DbY8Q.

小龙作为公司的 CEO，是粉笔公司的第二大股东，持股为 12.75%，而第一大股东则是猿辅导公司创始人李勇，持股为 70.66%。粉笔公司经过 7 年的发展，通过在线直播的形式和超高性价比的课程，得到用户的青睐，迅速成为公考培训行业内的明星培训机构。有资料表明，截至 2022 年 1 月，粉笔公司的 App——粉笔职教，累计服务人次 4 800 万，其中700 用户为付费使用者，学员练习人次突破九亿，累积做练习的人数已突破 155 亿，而由于疫情影响，粉笔公司线上课程异常火爆，仅在 2020 年 8 月，单月营收就达到了 4.6 亿元，同比增加 300%。总的来看，粉笔公司通过其手机端以及电脑端的粉笔职教、周到的服务、优质的老师以及 App 物美价廉的课程，俘获了一众考公人员的心。

案例二：

（https://new.qq.com/rain/a/20221127A024XQ00.）

在线成人兴趣教育公司——大鹏教育陷入经营困境。2022 年 11 月 18 日，大鹏教育在其官网公告称，由于受到外部经济大环境及政策原因影响，公司经营发生严重困难，已进入紧急状态。

"竭尽所能采取优化管理、大幅收缩团队等自救措施。公司益园办公区因房租到期已全部退租。"该公司称。

界面教育多次拨打其 App 上的投诉电话，提示音显示"所拨打的用户未交电话费"。大鹏教育公众号最后一条信息停留在 10 月 22 日，内容为课程宣传。

其官网显示，大鹏教育于 2015 年在北京成立，课程涵盖国画、书法、篆刻、设计、播音、手办、影视后期等。2020 年，其联合广州市反诈中心成立"反诈普法知识在线教育基地"。2021 年，大鹏教育注册用户近 5 000 万。

"从去年 11 月开始，公司就一直在延迟发放工资。"前员工芊芊告诉界面教育，最开始延迟三四天，后来延迟十天左右，直到 2022 年 10 月 21 日通知不发放工资了。所有员工均被拖欠两个月工资，芊芊被欠的薪资加赔偿约 8 万元左右。

黑猫投诉显示，针对大鹏教育的投诉高达上万条，主要集中在虚假宣传、诱导贷款、不予退费等。包括海竹在内的多位学员也表示，曾尝试拨打北京市 12345 和北京市教委的电话进行投诉，12345 几天后回复说"事情在调解"。后来也尝试过向黑猫平台投诉，甚至报警，但事情暂时没有进展。

（三）B2B2C 模式

1. B2B2C 模式的定义

B2B2C 模式是指通过和线下教育机构合作，让个人老师入驻平台的形式，向学习者提供课程资源的互联网第三方教育平台。B2B2C 模式的在线教育企业链接教育内容的供需双方，为教学过程各环节提供技术、功能和服务，并实现教育内容变现。

2. B2B2C 模式的特点

B2B2C 模式的特点如图 3-11 所示。

第一，从教学目标和教学场景来看，B2B2C 模式与 B2C 模式相同，都是以实现在线教育和能力培训为导向目标，教学场景都是线上教学。

第二，从教学内容来看，B2C 往往是单个领域的直通车，B2B2C 在线教育平台担任的更多的是教育载体，也就是聚合类垂直领域。不仅可以满足应试教育需求，还能满足素质教育或其他教育需求。

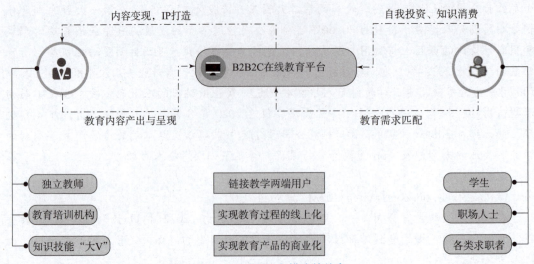

图 3-11 B2B2C 模式的特点

采用 B2B2C 模式的在线教育公司主要包括两类：一类是垂直于教育领域的在线教育企业，拥有丰富的教育从业经验和教育资源，为谋"新出路"搭建平台；另一类是跨行业进军在线教育的流量巨头，品牌知名度强，拥有大量低成本流量和庞大用户群体。

第三，作为开放式教育平台，B2B2C 在线教育平台是连接教育供需双方的互联网载体，不主要负责产出教育内容，而是通过专业的资质审核和课程监管机制，筛选优质网师入驻平台，聚合多垂直领域的知识资源与高质量课程；以视频课程为核心、多种教育形式相结合的教育模式，满足以教育刚需用户为主的学生端在不同学习阶段的教育需求；在整个在线教育过程当中，平台为教育双方提供全方位的支持和服务，并在实现教学效果的基础上达到课程商业化的目标[1]。

【案例分析】

阅读以下材料[2]，分析沪江 CCtalk 商业模式的优缺点。

> 沪江为巩固在线教育的行业地位，抢占知识付费的新兴市场，于 2016 年 10 月搭建新平台 CCtalk。CCtalk 就是典型的 B2B2C 模式。
>
> 区别于沪江自营的教育垂直课程平台，CCtalk 属于综合性在线知识学习平台。平台本身不生产内容，由入驻平台的第三方教育机构或网师进行授课，授课内容涵盖知识、兴趣、社交、实用技能等更加多元化的内容。

---

① 艾瑞咨询．在线教育：B2B2C 模式优势凸显，成行业新宠［R/OL］.（2018－02－10）［2023－09－10］. https://mp. weixin. qq. com/s/6y1z4wSiEMdvX3Nlpdqh_g.

② 丰盛众创资本．在线教育的商业模式及盈利探索［EB/OL］.（2019－03－29）［2023－09－10］. https://mp. weixin. qq. com/s/3NemMElYfonU1nOK6DbY8Q.

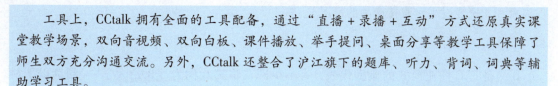

工具上，CCtalk 拥有全面的工具配备，通过"直播＋录播＋互动"方式还原真实课堂教学场景，双向音视频、双向白板、课件播放、举手提问、桌面分享等教学工具保障了师生双方充分沟通交流。另外，CCtalk 还整合了沪江旗下的题库、听力、背词、词典等辅助学习工具。

内容上，CCtalk 涵盖了语言学习、职业教育、文化艺术、中小幼等多个细分领域的课程。

师资上，各领域知名机构和老师不断入驻平台。

不到一年时间，凭借"平台＋工具＋运营"三位一体的优势，CCtalk 的版图迅速扩大。自 2016 年 10 月 CCtalk 正式推出以来，一年内即实现盈利。截至 2017 年年底，CCtalk 平台挂网课程全站交易净额 2.357 亿元，平均月活 230 万元，付费用户数约 25.5 万。

（四）C2C 模式

1. C2C 模式的定义

C2C 模式（Consumer to Consumer）即平台模式，通过和教育机构合作，讲师团队入驻平台或者个人讲师入驻的形式，向用户提供直播或点播的教育服务。平台本身并不生产课程，它属于第三方为个人提供技术平台，为用户提供学习课程。这也就是我们常说的淘宝模式。

平台模式本质是连接供需。在线教育的从业者通过平台进行变现，收取平台费用。其类似于淘宝，一方面，将自己的流量或者用户转卖给视频或者直播的内容提供商，未来利用出售他们内容的分成来牟利；另一方面，因为内容或者提供商的吸引力，反哺平台，为平台获取更多的用户和流量。

2. C2C 模式的特点

第一，平台轻资产。平台模式避开沉重的服务和内容，只需要在其中抽取一定费用。平台轻资产，不负责产品供应，其作为中介，只要解决信息匹配问题就可以了。在整个环节中，很多功能都需要由供应商完成。

第二，成本较为固定。平台模式下，成本结构以固定成本为主，当搭建好平台后，随着用户数增加，成本将逐步下降。当平台形成规模，达到垄断地位，那么议价权一定掌握在平台手里，实现利润增长就是一件水到渠成的事情。

第三，产品质量难以把控。由于平台不是产品内容的输出方，只是中间商，必然导致产品质量以及其他边际难以把控。就像淘宝的假货、滴滴的问题司机、Airbnb 的照骗房等，平台模式下，品控问题是几乎无法解决的，品控可能更多依赖平台的人工审核。对应地，成本也会大大提高。

第四，教学评价有待完善。目前 C2C 平台仅仅能解决用户对教育的需求问题，而不能确保教学效果。因此，完善的教学体系评价系统一定是未来平台的重中之重。仅仅依托流量和用户，产品打磨如浮光掠影一般，没有深入用户需求，不能够懂教育、懂家长、懂学生，那么也只是蜻蜓点水，在外围打转。

第五，用户黏性有待增强。因为平台最重要的是流量，拥有持续的流量等于拥有用户，如果没有持续且廉价的流量，则平台难以运行。而教育 C2C 平台要保持持续流量则更难，由于用户大多低频且对平台依赖度较低，缺少黏性，更多的是一票买卖。此外，也很容易出现买家和卖家绕过平台直接交易的情况①。

【案例分析】

　　B 站是 C2C 商业模式的典型代表，有不少网友将其戏称为"B 站大学"，阅读以下材料，并思考：为何 B 站会出现 up 主出走的现象？你认为这对 C2C 商业模式产生了什么影响？

　　2023 年 1 月 10 日，bilibili（以下称"B 站"）在港交所公告，称公司 2022 年前 9 个月净营业额约 157.57 亿元，同比增加 15.8%；毛利润约 26 亿元，净亏损约 60.11 亿元。同年，随着数名知名 up 主（创作者）出走，B 站被推上风口浪尖。

　　"创作激励从去年 3 月左右开始砍，砍掉大约 2/3 后最近继续下调，以前创作激励挺多，现在只剩一丁点。"4 月 3 日，B 站拥有上百万粉丝的 up 主绮扬（化名）告诉《时代周报》记者，部分 up 主的流量和收益正在下滑，其中包括头部 up 主。

　　多名停更的 B 站 up 主均将原因指向平台收益减少，不少媒体报道又将收益减少归咎于近期平台创作激励规则改变，但《时代周报》记者从多名 up 主处了解到，B 站平台创作激励下滑带来一定程度的收入下滑，但这并非 up 主停更的唯一原因。实际上，2022 年财报显示，B 站 2022 年内容分成达到 91 亿元，同比增长 18%。创作激励下滑之外，B 站自身生态变化和来自其他视频平台的竞争加剧，也是促使无法适应的 up 主出走的原因。

　　过去数年，B 站努力摆脱"二次元"这一单一属性，往综合性中视频平台转型，但在短视频的冲击之下，不得不一次次被动调整。不断涌入短视频平台的流量，让 B 站变得尴尬，B 站的盈利之路变得越发艰难，而 up 主也不得不承受转型中的阵痛。不少 up 主的内容都是同时在多个平台分发，对于有足够粉丝基础的 up 主而言，出走 B 站也只是舍弃掉其中一个渠道，未尝不是一种选择。但对 B 站来说，头部 up 主的出走，让未来更加迷茫。

　　（郑栩彤，黄婧．年分成 91 亿还留不住人？up 主出走背后 B 站的两难命题［N/OL］．时代周报．（2023 - 04 - 05）［2023 - 09 - 01］．https://www.thepaper.cn/newsDetail_forward_22586755？commTag = true.）

二、　盈利模式

　　盈利是企业自我造血能力的体现。长远来看，只有具有强大盈利能力的在线教育公司才能在市场的大浪淘沙中生存下来，对于在线教育行业的创业者来说，仅仅有一个好的商业模式是不够的，还需要思考公司如何实现盈利，公司的盈利点在哪里，有哪些用户愿意为公司的产品或服务付费，公司的盈利结构是否合理，是否对某一盈利点或某一类用户依赖严重，公司的盈利模式屏障是否足够，竞争对方公司获得盈利的难度是大还是小②。

　　本节介绍目前在线教育机构的 5 种主要盈利方式：内容收费、增值服务、平台佣金、广告收费、会员收费等。

---

　　①　丰盛众创资本．在线教育的商业模式及盈利探索［EB/OL］.（2019 - 03 - 29）［2023 - 09 - 10］. https://mp.weixin.qq.com/s/3NemMElYfonU1nOK6DbY8Q.

　　②　何周，徐进．在线教育全景解析［M］．北京：北京大学出版社，2021：63 + 65.

（一）内容收费

内容收费是指对提供的课程和资料收费。主要是提供高质量的数字原创内容。一些拥有知识产权的教育企业和机构把网络作为高效、便捷的分销渠道，吸引部分习惯通过网络和计算机学习的用户群体。这些企业和机构会搭建自己的专有网站，依靠其专业性极强的、有独特价值的内容而向用户收费，这就是所谓的数字盈利模式。比如，采取部分内容和关键信息只允许付费会员浏览查询的方式，或者只提供针对注册付费用户的数字内容等。数字内容主要表现为文字、音频、视频等，如图 3-12 所示。

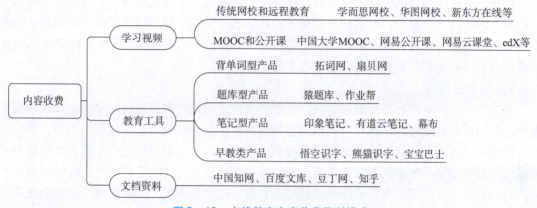

图 3-12　在线教育内容收费盈利模式

至于数字原创内容的来源，有些是公司内部机构创作并视为公司的核心竞争力；也有一些是通过资源整合的方式，直接借助网络向普通用户购买其上传的高质量创作内容的版权；还有一些是购买线下教育资源的版权，然后进行整合，上传至网络销售①。

（二）增值服务

在线教育机构通过为学员提供技能认证、考试服务、就业咨询等服务来收取费用。常见的增值服务主要有两种：

1. 认证服务

对于非官方的认证，关键在于共识，如果公众都认为该机构的认证有价值，那么该机构的认证服务就比较容易推广。比如常见的微软 MOS 认证、思科认证，以及国内阿里云大数据 ACP 专业认证考试、华为技术认证网络工程师等。认证的基础就是培训，培训也正是在线教育平台一直在做的事情。当然，在线教育企业不一定需要自身搭建组织认证，如果能做认证的培训，也能获得很多利润。

以全球知名的在线教育网站 Coursera 为例。Coursera 所提供的课程是免费的，主要通过增值认证服务来盈利。学习者要想获得签名认证的相关认证，就需要支付一定费用，在付费后拍摄证件与大头照，并保证是本人正在学习这门课。Coursera 提供的认证包含学生姓名、课程名称、课程简介、讲师的签名、Coursera 标志、开课大学的标志，可以放在学习者的简历上，为简历锦上添花。

---

① 网络教师研习社. 在线教育行业盈利模式分析 [EB/OL]. (2016 - 10 - 26) [2023 - 09 - 01]. https：//mp. weixin. qq. com/s/qB6fw9p - 13lyyvVTTrBMCQ.

2. 咨询服务

一些网站推出了网络咨询服务内容，比如为入住的三方机构或者授课教师提供定制化的课程录制服务或者类似于淘宝店铺装修这类服务，帮助三方机构或者教师更好地在平台营业，或者针对相关培训和学习中的问题面向学习者进行在线答疑或者提供 24 小时内解决问题的咨询服务，并针对问题的数目进行包月收费。其他常见的譬如一站式"保姆式"增值服务，如制订备考方案、课后答疑解惑、批改申论试卷、点评模考试题、职位报考指导、考前心理辅导等。

这种盈利模式很好地解决了网络教育过程中的互动性、个性化问题，并且提供了区别于一般数字内容的增值服务，也很好地避免了版权问题，降低了被盗版的风险。中华培训网的会计子网就提供了一种高级课程，收费是普通数字内容课程的 10 倍，其增加的费用部分用来提供会计学习过程的疑难解答、会计实务咨询等服务。

（三）平台佣金

平台佣金是指对进驻平台的教育机构收取佣金，进而允许教育机构在平台上提供课程和资料。有一些教育资源创作机构与教育内容版权商想扩大分销渠道和开拓网络用户，但是鉴于在网络运营方面并不具备相关的资源优势和运作经验，于是通过战略合作或者外包的方式将网络分销渠道赋予特定的网站运营商。网络运营商则负责代理其数字内容的在线服务，并针对视频点播、在线课堂等宽带服务向版权商收取一定的运营费用或者提取一定比例的用户付费。

平台佣金盈利模式适合流量比较大的在线教育机构，实践中也是互联网公司跨界在线教育最常采用的盈利模式。一方面，互联网公司在平台搭建、课程推广、流量分发等方面具有传统教育公司不具备的优势；另一方面，互联网公司在教育课程或服务方面没有优势，通过提供交易平台进而收取平台佣金是比较常见的商业模式。在平台佣金盈利模式下，平台要想取得长远发展，需要处理好两大问题：一是平台的流量要足够大，二是平台的课程质量要够高。对于互联网公司和比较知名的在线教育平台提供商而言，流量问题并不难解决，但是入驻平台的教育机构的课程质量很难保证。在平台佣金盈利模式下，平台并不参与课程内容的制作，对课程质量的把控就比较弱。对于绝大多数平台来说，在平台上卖教育产品和卖其他产品并没有本质上的区别，平台只是作为中介，不对课程质量负责。平台所要做的只是帮助教育机构卖出更多的课程，进而获得更多的佣金。从用户的角度看，情况似乎并非如此。在用户的眼中，平台和教育机构是绑定在一起的。用户普遍认为平台具有审查课程质量的义务，当课程质量不过关时，用户不仅会对教育机构产生负面评价，还会对平台产生负面评价。因此，采用这种盈利模式的平台需要在流量与质量之间实现某种平衡，在最大限度保证入驻教育机构课程质量的前提下促成更多的交易①。

以平台佣金作为盈利来源的典型机构是 CCtalk，其拥有较高的自营业务——沪江教育，同时，其他业态的在线教育也极度齐备，满足用户一站式学习。CCtalk 以较低佣金提供基础功能服务，高级功能另行收费。低佣金可以让更多网师在选择平台的时候，优先考虑CCtalk。此外，CCtalk 开发高级功能，打包成套餐。高级功能有内容防盗、空间扩容、双向视频、高清授课。CCtalk 有了沪江十多年的技术积累，可提供更稳定的直播环境，以及更高

---

① 何周，徐进. 在线教育全景解析［M］. 北京：北京大学出版社，2021：71.

清的直播画质。在内容防盗方面的技术处理，能有效防止老师的课程被录屏后低价售卖，此付费功能仅存在研发成本，却能解决有效解决网师"痛点"，边际成本极低。目前，CCtalk已经成为在线教育直播平台的引领者①。

（四）广告收费

向在网站上投放的广告收费。在线广告是网站比较普遍的盈利模式，网络教育网站也是如此。其形式繁多，从横幅、图标广告，到 Flash 多媒体动画等。从收费的方式来看，现在比较受欢迎的是按单击次数收费，Google 和百度等搜索引擎网站都是主要采取此类广告方式。很多小型教育网站也通过 Google Ad Words 或者百度主题推广等推广工具来获得广告利益分成。几乎每一个教育类网站都会提供相关广告位，但是能够单独依靠广告来盈利的还只是少数具备品牌优势，能带来大量流量、点击量的网站。

（五）会员收费

会员服务，是为解决 B 端课程维度多、内容广而导致 C 端用户选择困难这种"痛点"，从而实现盈利的一种模式。

例如，阿里推出了超级会员 88 购全家桶包年会员卡。如果将全家桶拆开，一个一个会员单独贩卖十分昂贵，而将其聚拢在一起变成全家桶，只要 88 元就可享受阿里全生态的会员服务，吸引了很多购买者。

混沌学园采取的就是付费会员制，交费后获得一年的会员资格。教育行业一直都存在一个无法解决的问题，就是每个学生的需求不一致。同样的一堂课，赞誉连连的有，骂声连连的也有，好课程似乎并没有明文到表格上的标准。

混沌学园把选择的权利交给用户，让用户自主选择课程。付费后的用户可以在会员期内随时观看在线课程。课程数量繁多，内容丰富，用户可以根据自己的需求进行自由选择，最大限度地避免了用户仅仅购买完某一门课程后觉得"不值"的问题。此外，混沌学园邀请领军企业家、学者专家作为课程主讲，让课程品质有了一定的保障。

目前，互联网领域流量大的企业可以通过投放广告的方式实现盈利，但对企业审查广告的能力有很高的要求，一旦因为广告商品对用户的人身、财产等利益造成侵害，就会降低用户对广告发布平台的信任度。采用会员收费模式能够使企业识别出真正的用户和他们真正的需求，根据真正用户的需求不断改进自己的产品。通过会员收费，企业能够筛选出核心用户，并为这些用户提供优质的服务，能够为企业建立良好的口碑②。

【案例分析】

阅读以下材料并思考：为何百度传课的平台佣金盈利模式难以为继？（提示：由于平台准入门槛低，入驻机构良莠不齐，课程质量缺乏把控。同时，比起电商，教育领域的试错成本高，实体商品可退，但虚拟商品的服务是不可逆的。）

---

① AlvinShen. CCtalk 竞品分析：如何成为教育直播平台 Top1？［EB/OL］.（2020－05－11）［2023－10－06］. https://www.woshipm.com/marketing/3841567.html#:~:text = CCtalk% E7% 9A% 84% E8% 90% A5, SDK% E6% 94% B6% E8% B4% B9% E6% 9C% 8D% E5% 8A% A1% E3% 80% 82.

② 何周，徐进.在线教育全景解析［M］.北京：北京大学出版社，2021：77.

2020 年 2 月 29 日，百度传课宣布关停。以下为关停通知。

亲爱的百度传课用户：您好！

很遗憾地通知您，由于业务调整，百度传课将于 2020 年 3 月 31 日全面停止服务与运营。

请您及时对您的数据进行备份。2020 年 2 月 29 日至 2020 年 3 月 31 日期间，您可以通过传课 PC 端、移动端备份下载您的使用数据；如果账户中还存在未使用的 KK 币，可以将账户资料和联系方式发送至 AC－service@ baidu.com，我们会为您进行等额退款。如您有任何其他问题，也可通过 AC－service@ baidu.com 与我们联系。对于百度传课停止服务后给您带来的不便，我们深表歉意。如果您想继续通过百度平台获取名师课程，建议您体验一下百度 App 的"轻松学"智能小程序。

第三节 在线教育的细分领域与主要赛道

随着互联网技术的进步和普及，在线教育正逐渐崭露头角，并在不同的细分领域中展现出巨大的发展潜力。从学前教育到高等教育，从语言教育到职业教育和素质教育，从国内教育体系到国际教育体系，各个领域都是在线教育的重要一环，也都是在线教育未来研究和创新的赛道。

在讨论在线教育的细分领域之前，有必要先简单介绍一下中国目前的教育体系，有助于读者理解各细分领域的内容。

中国的常规教育系统包括学历教育和非学历教育。学历教育，是指受教育者经过国家教育考试或者国家规定的其他入学方式，进入国家有关部门批准的学校或者其他教育机构学习，获得国家承认的学历证书的教育形式。学历教育包括以下形式：小学、初中、高中、专科教育、本科教育、研究生教育等。非学历教育是指进入研究生课程进修班、自考助学班、普通预科、进修及培训（资格证书培训、岗位证书培训）、老年大学、社区学院、技师学院、进修学院、专修学院等机构学习，学员完成学业考核合格，由学校或培训单位发给相应写实性的学习证明的一类教育形式。非学历教育不得颁发和学历教育相混淆的证书和文凭。非学历教育包括早期教育、兴趣培训、职业培训、课后辅导等。

根据不同的标准，可以将在线教育划分为不同的细分领域，并随着市场的变化发展而发生变化。

2014 年 11 月 23 日，好未来在第二届"未来之星"在线教育 CEO 创业营中发布了《中国在线教育行业图谱（2014 年秋）》报告[①]（图 3－13）。该报告根据用户需求、主营业务类型和商业模式建立了在线

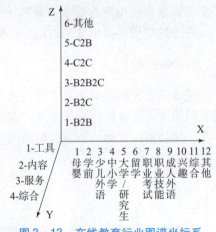

图 3－13 在线教育行业图谱坐标系

---

① 好未来. 中国在线教育行业图谱（2014 年秋）［R］. 北京：香山饭店，2014.

教育行业三维分析模型。需求轴上按照教育的不同阶段划分为母婴、学前、少儿外语、中小学、大学/研究生、留学、职业考试、职业技能、成人外语、兴趣、综合、其他等 12 个阶段，在不同年龄阶段均有覆盖。主营业务类型轴按照产品形态划分为工具（家教 O2O、拍照搜题等）、内容（在线课程等）、服务（直播平台等）、综合（综合工具，内容、服务为两种产品以上）等 4 种业务类型。商业模式轴按照与用户之间的关系，划分为 B2B、B2C、B2B2C、C2C、C2B、其他等 6 种商业模式。这种综合了教育阶段、产品形态和商业模式的分析模型比较清晰，能够将绝大多数在线教育机构纳入其中①。

除了按照常规教育系统和年龄增长需求来进行分类，艾瑞咨询在一份研究报告②中将中国（在线）教育行业根据校内、校外做出划分。校内主要是指教育信息化领域，校外包括早幼教（针对 0～6/7 岁的孩子）、K12 教育（针对 6/7～18/19 岁，即小学一年级至高三年级的学生）、高等教育（针对 18/19 岁以上的成年人）、职业培训（针对 18/19 岁以上的成年人），同时，语言培训产品与兴趣艺术类产品贯穿整个年龄梯队。

早幼教领域的目标群体是 0～6 岁的婴幼儿及其父母，包括亲子园/早教园、启蒙内容（传媒出版、启蒙玩具、数字内容）等；K12 教育领域包括学科辅导、课后托管、艺考、高考志愿咨询等；高等教育领域包括成人继续教育、考研、留学等；职业培训领域包括职业考试培训、职业技能培训、企业培训等；语言教育领域属于全年龄段的细分领域，包括启蒙英语、少儿英语、中高考英语、大学考研英语、留学英语、证书职称英语、专业英语、商务英语、其他语种等；素质教育领域理论上属于全年龄段的细分领域，实际上目前市场上的产品和服务主要以青少儿群体为主，包括艺术类（美术/音乐/舞蹈等）、运动类（球类/游泳/武术等）、科创类（机器人/编程/科学等）、棋类（围棋/象棋/五子棋等）、基础素养类（阅读/国学/演讲/财商等）、研学旅行（游学/研学/营地等）。

综合在线教育在各细分领域的渗透程度及在线教育行业研究报告，本书将重点介绍学前教育、K12 教育、高等教育、留学和国际教育、职业教育、语言教育、素质教育等 7 个细分领域。

一、学前教育

学前教育又称幼儿教育，是对入小学前的幼儿进行有计划的教育，其主要任务是使儿童身心获得协调发展，为入小学接受小学阶段的教育做好准备。主要赛道包括胎教、母婴、亲子教育、智力开发、儿童托管、幼儿园、家园互动等亲子领域。

在线教育中的学前教育主要是通过 PC 端或移动端等在线产品为 0～6 岁的学龄前儿童提供教学养育等服务，主要产品包括在线课程、教学资源、教育游戏和学习平台等。其提供教育相关的内容，以生动有趣的短视频或互动吸引孩子学习，涵盖中英文儿歌、儿童故事以及思维、认知、儿童百科知识、生活习惯培养等内容，使孩子在玩乐中学习一些基础知识、培养学习能力，并为婴幼儿的家长提供在线早期教育课程与指导。

此类产品抓住了初为父母的焦虑感和急切希望得到科学指导的用户心理，让婴幼儿在家里就可以通过短视频、游戏等方式学习多个方面的内容，还有许多面向孩子父母的科学早教方法、家长育儿经验交流社区等。付费模式多为包月、3 个月、半年、全年等，付费后可以

① 何周，徐进. 在线教育全景解析：行业、合规、监管与案例精选［M］. 北京：北京大学出版社，2021：78-79.
② 艾瑞咨询. 淘金时代结束：2018 中国在线教育行业发展研究报告［R］. 上海：艾瑞网，2019.

享受免费广告、高清视频以及解锁 VIP 内容等优惠。一般品牌方会通过提供免费体验、口碑传播等方法吸引潜在用户并实现付费转化。

相较于面向其他年龄段的在线教育产品，婴幼儿在线教育产品一次开发后，无须后续的跟踪管理和互动，每次交付成本几乎为零，因此产品综合开发成本较低。另外，由于用户定位为 0~6/7 岁的婴幼儿，相较于线下的早教班，在线教育产品使用时间灵活，避免了交通移动的不便，具有支出成本低等优势，普遍更受家长的青睐。但是，由于婴幼儿启蒙在线教育产品研发门槛较低，容易被复制抄袭；鉴于婴幼儿认知水平的限制，教学内容与教学形式较为单一，复购和延展消费率低；相较于 6/7~18/19 岁 K12 教育阶段，家长的教育重视程度不太高，下沉市场的推进较为缓慢[1]。

随着教育市场逐渐成熟，"80 后""90 后"父母的教育意识逐渐增强，以及国家三胎政策带来的新生人口红利，继 3~6 岁幼儿市场之后，0~3 岁的婴幼儿在线教育市场也逐步扩大。于是，许多较为成功的在线教育机构，特别是 K12 教育机构开始向在线婴幼儿启蒙教育、学前教育领域拓展，在线学前教育市场未来将迎来更大的发展。

1. 三胎政策与消费升级促进学前教育发展

学前教育主要针对 0~6 岁的婴幼儿童，适龄婴幼儿童人口数量对学前教育行业的发展至关重要。

2021 年 8 月，全国人大常委会会议表决通过了关于修改人口与计划生育法的决定，修改后的人口计生法规定，国家提倡适龄婚育、优生优育，一对夫妻可以生育三个子女。

根据教育部发布的统计公报显示：2022 年全国共有幼儿园 28.92 万所，比上年减少5 610 所，下降 1.90%。其中，普惠性幼儿园 24.57 万所，比上年增加 1 033 所，增长0.42%，占全国幼儿园的比例为 84.96%。2022 年学前教育在园幼儿 4 627.55 万人，比上年减少 177.66 万人，下降 3.70%。其中，普惠性幼儿园在园幼儿 4 144.05 万人，比上年减少74.16 万人，下降 1.76%，占全国在园幼儿的比例为 89.55%，比上年提高 1.77 个百分点。学前教育毛入园率 89.7%，比上年提高 1.6 个百分点。学前教育专任教师 324.42 万人[2]。三胎政策之后带来的人口红利为学前教育行业的发展提供了人口规模基础。

除此之外，教育与消费观念的升级也是学前教育产业发展的重要因素。现阶段，适龄婴幼儿的父母多是"80 后""90 后"，这些人具有较高的受教育程度，更加重视孩子的早期教育。新生代父母的育儿观念从单一喂养向多方位教养更迭，更加关注儿童的行为习惯、逻辑思维、性格兴趣、心理素养等。家长希望儿童在运动、学习以及游戏中能提升体力，激发潜能，增进社会适应力，养成独立自主的个性[3]。

在线学前教育的付费用户大多数是年轻妈妈群体，她们承担着孩子早期大部分的抚养和教育工作。这些"80 后""90 后"的妈妈群体大多思想观念前卫，早教意识强，也愿意为优质的在线教育产品付费，特别是处于发达地区的妈妈群体，幼儿在线教育市场仍以一线及头部二线城市用户为主，一二线城市用户经济能力整体更强，对于育儿工具类和服务类的产品具有明显偏好。根据艾瑞咨询的研究报告，78.9% 的中产阶级家庭在子女课外教育上的年消费在 10 000 元以上；超过半数的家庭在课外教育上的年消费在 20 000 元以上，占比

---

① 杨成宁. 在线教育的运营与发展研究 [M]. 上海：上海交通大学出版社，2021：28-29.
② 教育部. 2022 年全国教育事业发展统计公报 [R]. 北京：中华人民共和国教育部，2023.
③ Analysys 易观分析，宝宝巴士. 2017 中国互联网学前教育市场专题分析 [R]. 北京：Analysys 易观，2017.

52.3%；26.6%的家庭在课外教育上的年消费在 30 000 元以上。从子女教育的消费理念上看，91.1%中产家长并不满足于最基本的教育花销，他们愿意在子女的教育上有额外的经济投入；60%的家长在子女教育的经济投入上表现出更大的热情，其中有 38.9%的家长愿意为得到最好的学习效果而投入更多，有 21.1%的家长表示在子女教育投入上可以不计代价[1]。

2. 在线学前教育的运营模式

"互联网＋"时期的到来和普及，是由于互联网具有共享和传递资源的功能。因此，在在线学前教育中应灵活利用互联网的这一特性，以这种"互联网"为依托，构建基于"互联网＋"的幼儿教育服务平台，通过直播教学、录播教学、混合教学和游戏化教学等模式多元化地丰富在线学前教育平台的运营模式。除了一些学前教育机构、平台提供的产品和服务，学前教育类的 App 也成为大多数家长，特别是年轻家长的选择。

目前中国学前教育行业 App 的使用情况呈现出迅速增长的趋势。许多幼儿园和早教机构都在积极探索和开发适合幼儿使用的教育类 App。这些 App 涵盖了语言、数学、科学、艺术等多个领域，旨在通过游戏、动画、音乐等形式激发幼儿的学习兴趣和思维能力。通过各应用市场的教育类 App 榜单可以看出，学前智力开发是家长们普遍关心的重点，而游戏和儿歌是开发儿童智力的重要途径。虽然益智游戏类 App 月活跃用户领先，但宝宝巴士儿歌等而儿歌类 App 用户黏性明显更高。

不同年龄阶层的孩子对这些 App 的倾向性也会随之改变，0～2 岁儿童最喜欢儿歌音乐感知类型的 App，2～3 岁儿童更喜欢使用日常认知类型的 App 来学习认识世界，而 3～4 岁儿童开始进行习惯培养，偏好使用社交礼仪类型的 App。4～5 岁儿童开始适应幼儿园学习生活，偏好使用职业体验等类型的 App。5～6 岁是儿童成长的重要分水岭，这个阶段的儿童开始培养语言能力和逻辑思维能力，偏好使用语言学习和思维训练类 App。

除了供幼儿使用的 App 外，母婴线上社区和各类母婴 App 也是在线学前教育中的热门赛道。新生代父母普遍缺乏育儿的知识和经验，并且遇到不懂的问题倾向于通过互联网查询，获取母婴知识是年轻父母使用母婴线上社区的首要原因。母婴线上社区在为年轻父母提供孕期管理、儿童饮食、健康、医疗、教育等基础母婴知识的同时，还能满足年轻父母的社交需求。随着中产阶层规模的扩大、消费升级和三胎政策的推行，母婴市场仍处于上升阶段。

值得注意的是，这些学前教育 App 用户中，位于一二线城市的比例仅为 37.3%，而位于三四线及以下城市的比例则高达 62.7%，其中，四线及以下城市的比例为 38.8%。一二线城市拥有较为丰富的线下学前教育资源和经验丰富的培训机构，且家长的付费意愿和能力更强，因此更倾向于选择线下体验。而三四线及以下城市优质学前教育培训资源相对匮乏，且家长付费的意愿和个人能力相对较弱，尤其是四线及以下城市的家长，主要依赖学前教育 App 为孩子提供优质的启蒙内容[2]。

① 艾瑞咨询. 2017 年中国中产阶级家庭教育观念白皮书［R］. 上海：艾瑞网，2017.
② 何周，徐进. 在线教育全景解析：行业、合规、监管与案例精选［M］. 北京：北京大学出版社，2021：82.

【案例分析】

上市以来首次年度盈利，洪恩教育去年赚了一亿多①

（界面新闻记者｜陈振芳）

2023年3月31日，洪恩教育（NYSE：IH，下称洪恩）公布未经审计的2022财年四季报和全年报。

截至2022年12月31日，该公司四季度营收达2.61亿元，同比增长9.6%；净利润3540万元，同比增长348%。

......

洪恩教育成立于1996年，2020年在纽交所上市。该公司业务分为线上订阅收入、线下产品及其他收入方面两大块。前者主要提供学习类软件，向C端用户收取高级内容的订阅费用盈利，如洪恩识字、洪恩思维、洪恩ABC、洪恩拼音、洪恩双语绘本等。后者以学习资料和智能设备为主，主要面向B端的幼儿园和课外辅导中心销售点读笔、课程教材等。

"双减"规定，不得开展面向学龄前儿童的线上培训。洪恩面向学龄前儿童提供的线上学习内容或存在合规风险，这也是洪恩面临的巨大不确定性。

2022年上半年，洪恩低调更名，去掉此前"洪恩教育"中的"教育"二字，将"教育企业"的定位变为科技益智产品企业。原洪恩数学、洪恩英语更名为洪恩思维、洪恩ABC。

洪恩教育还孵化了洪恩十万问、洪恩爱运动等非学科类培训App。洪恩董事兼CEO戴鹏在财报中称，近期新推出洪恩编程、洪恩小画家两款App。虽然此类App违规风险较小，但其推出时间尚短，且非刚需类产品，创收能力相对有限。

洪恩2022年的毛利润为6.91亿元，同比增长4.6%。毛利率为70.1%，同比提升0.2个百分点。

洪恩进军海外的步伐还在持续。洪恩于2022年二季度推出面向国际市场的新品牌bekids，主打"通过游戏的方式来学习"，内容包括STEAM、语言艺术、科学、艺术和数学。

戴鹏在财报中表示："去年四季度，我们拓展新的垂直赛道。国际市场推出了开放式互动型App产品《Aha World》，国内市场进一步拓展产品内容库。"

截至2022年12月31日，洪恩持有现金和现金等价物为10.5亿元；递延收入和预付款为3.79亿元。

美东时间3月30日收盘，洪恩报3.02美元/股，上涨1%，总市值1.61亿美元。

QuestMobile年度报告：美柚荣登健康类App榜首

（上游新闻）

近日，中国专业移动互联网智能服务平台QuestMobile发布《中国移动互联网年度大报告》。报告显示，在健康类相关行业，美柚App凭借3500万多的月度活跃用户，在移

---

① https://baijiahao.baidu.com/s?id=1761877952585788146&wfr=spider&for=pc.

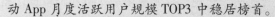

动 App 月度活跃用户规模 TOP3 中稳居榜首。

报告指出，受当下品质化追求和疫情影响，让人们开始越来越注重健康，从日常健康到医疗服务，相关行业用户均呈现较大幅度增长。受益于这一趋势，QuestMobile 预测，时代和社会的需求必将带动医疗健康新发展。而美柚作为健康类行业的移动应用第一，受行业马太效应的助力，在行业新一轮的发展中必将占据先发优势。

事实上，美柚不仅在健康类相关行业保持领先，近年来，其日活、月活等多项核心指标在母婴育儿、女性亲子等多个领域长期领跑，表现稳定。

近日，MOB 研究院发布《2020 下半年中国移动互联网大报告》，在 2020 年母婴活跃渗透率排行榜中，美柚以绝对领先优势位居第一，其 9.9% 的月度渗透率在榜单上遥遥领先。与此同时，QuestMobile 2020 年 12 月显示，美柚蝉联育儿母婴 App 第一，并在"经期健康"赛道摘得桂冠。

知名市场研究机构艾瑞发布的 2020 年 12 月移动 App 指数也显示，美柚在女性亲子领域排名第一；同时，知名第三方数据调研机构易观 2020 年 12 月的数据显示，在大健康赛道，美柚的月活用户规模稳居行业首位。

优异的市场表现离不开美柚多年来的"深耕细作"。自 2013 年成立以来，美柚就一直专注于女性市场，不断围绕女性用户需求拓宽服务边界。目前，凭借"工具＋社区＋资讯"的方式，美柚有效拓展了自身的服务纵深和覆盖范围：纵向，美柚能满足经期、备孕、孕期、育儿等女性不同生理阶段的多样化需求；横向，则覆盖经期及孕期管理、资讯阅览、知识科普、社区交流、线上购物等，为女性用户提供了一个集交流、购物等多重需求于一体的生态平台。

不仅如此，近年来，美柚还重点发力，为平台构建更为完善的内容生态。据了解，美柚已完成"专家＋PGC＋UGC"这一金字塔式创作者体系的搭建，入驻平台的创作者们持续产出女性健康、变美、孕育等相关内容，为美柚储备了大量的优质内容。同时，在 2020 年，美柚开始布局打造"知识 IP 矩阵"，最终目的是希望为美柚平台上不同生理阶段的女性提供高质量、体系化、专业化的知识内容，有效满足她们获取专业知识的诉求。

正是通过多产品矩阵的搭建及更为精细化的平台运营，美柚已逐渐形成良性的平台生态环境。在这里，创作者持续稳定地输出高质量内容，赢得收益和用户认可；用户获得有价值的信息和知识，黏性高且活跃度高；平台则因此获得用户、创作者乃至市场等多方肯定。友盟数据显示，截至 2020 年 6 月 30 日，美柚已拥有超 2.7 亿女性用户，是国内最大的纯女性互联网平台。

"她经济"的良好发展态势也被众多行业机构看好，据国泰君安研报数据显示，2020 年女性市场规模预计达 4.5 万亿，"她经济"下的垂直细分行业如母婴、健康等领域迎来了巨大的发展机会，而第三方全景数据服务平台 MobData 数据预测，母婴行业消费规模将持续保持高速增长态势。

二、　K12 教育

K12 是 kindergarten through twelfth grade 的简写，是指从学前班（kindergarten，通常为 5 ~ 6 岁）到 12 年级（grade twelve，通常为 17 ~ 18 岁），也就是学前教育至高中教育的缩

写，是美国、英国、加拿大等国家提供免费教育的阶段。现在普遍被用来代指基础教育，相当于我国的小学、初中、高中三个阶段的教育。我国的 K12 在线教育市场主要包括在线学科辅导、艺考、升学咨询等子领域。

1. 升学压力大，付费意愿强

中国的高等教育主要包括全日制普通本专科教育、成人本专科教育、高等教育自学考试本专科、硕士研究生教育、博士研究生教育以及非全日制高等教育等形式。2021 年，中国高等教育毛入学率达到 57.8%，但入学率很难真实地反映出中国高等教育的入学难度，因为对于绝大多数家长和学生而言，普通本科是他们较为心仪的，如果能进入 985、211 等优质高校就更好了。

但我国的 211 高校仅有 112 所，985 高校仅有 39 所，对比普通本专科，想要顺利进入这些高校是比较困难的。我国现在高中升学率全国达到 50% ~ 60%，尽管在升高中阶段就已经筛选掉了近一半的高考竞争对手，但由于教育的地区分配不平均等其他因素，入读名校的难度更是大大提高。这种情况不止出现在高校升学上，实际上，从幼儿园到小学，从小学到初中，从初中到高中，每一个阶段的优质教育资源都非常稀缺，巨大的课外辅导市场也随之迅速发展。

根据艾瑞咨询的研究报告[1]（图 3 – 14），随着孩子年龄的增加，家长对孩子的教育需求与重心会产生阶段性的变化，表现为从幼儿时期进行早幼教培养，发展为小学阶段的素质教育和学业学习兼顾投入，再发展为中学阶段对学业相对更加聚焦的重视。进入小学以后，无论孩子处于哪个学习阶段，家长都表现出对孩子各科目学习的高度关注，其中，小学生的家长表示更关注孩子的英语和数学学习，中学生的家长除了英语和数学外，对物理学习也较为关心。与家长的教育理念相一致，学龄阶段孩子的家长往往对孩子的学业学习非常关注，甚至略显焦虑。在孩子在成绩下降、进入初三或高三年级、刚升初高中、临近日常考试等时机，家长认为孩子需要加大校外学习的投入。家长给孩子加大学习投入的方式主要包括增加孩子的自习时长、给孩子购买更多学习资料和习题、给孩子报名合规的非营利型培训班等。

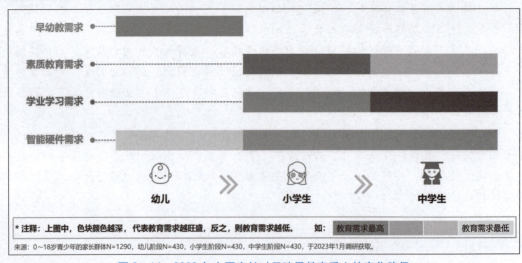

图 3 – 14　2023 年中国家长对于孩子教育重心的变化路径

---

① 艾瑞咨询. 中国教育行业市场需求洞察报告——青少年儿童篇 [R]. 上海：艾瑞网，2023.

值得注意的是，三四线城市的家长选择在线教育产品的比例略高于选择线下教育的比例，这在一定程度上也说明了三四线城市的教育资源相对匮乏，于是大部分家长都希望能通过在线教育让孩子享受到全国各地乃至全世界的优质教育资源。

2. 线下发展受限，在线教育前景广阔

2018 年 7 月起，受《关于规范校外培训机构发展的意见》①（以下称《意见》）颁布的影响，许多线下的 K12 教育机构纷纷叫苦。《意见》提到，重点规范语文、数学、英语及物理、化学、生物等学科知识培训，坚决禁止应试、超标、超前培训及与招生入学挂钩的行为。培训内容不得超出相应的国家课程标准，培训班次必须与招生对象所处年级相匹配，培训进度不得超过所在县（区）中小学同期进度。严禁组织举办中小学生学科类等级考试、竞赛及进行排名。

《意见》一出台，对于大多数校外 K12 辅导机构而言是晴天霹雳，因为当时国内的校外 K12 辅导机构大多是以线下学科培训为主要形式，以一对一或班课的形式进行授课，并且上课的内容大多是涉及奥数、新课标英语等与校本教材相比难度更大的内容。K12 线下机构不仅要调整教学内容，还必须有符合安全条件的固定场所，同一培训时段内生均面积不低于 3 m²，确保不拥挤、易疏散，这对线下机构的场地租金成本有更高的要求。

另外，线下场地能容纳的学生范围有限，且无法实现快速的扩张。意见还提到，校外培训机构在同一县域设立分支机构或培训点的，均须经过批准；跨县域设立分支机构或培训点的，需到分支机构或培训点所在地县级教育部门审批。

通过线下模式难以实现全国性扩张，于是，K12 机构开始发展在线教育，特别是在 K12 领域两巨头——新东方和好未来的影响下，多数传统线下 K12 教育机构纷纷布局在线教育，甚至完全转型为在线教育机构。发展在线教育的优势见表 3-1。

表 3-1 发展在线教育的优势

项目	线上	线下
易获取性及灵活性	无地域或时间限制 无须通勤，节省时间及金钱	地域及时间限制 交通安全为最关心的问题 需要通勤时间
课程选择	课程选择范围广泛 更易接触教育资源有限的地区	由于地域及时间限制，课程选择范围有限
效率	学生可按需要灵活跳过若干部分的课程	尽管知识水平不同，但所有学生必须修毕整个课程
课堂可管理性	相对较少机会受到其他学生的干扰及出现歧视或欺凌行为	较易受周围环境的干扰及存在歧视或欺凌行为
成绩及评估	可在整个课程中记录及分析学生的行为 使用复杂算法进行电脑化标准评估	须接受由不同标准及能力水平的个别教师评估 记录保存及评估较为基本

---

① 国务院办公厅. 国务院办公厅关于规范校外培训机构发展的意见 ［EB/OL］. ［2018－08－06］. https://www.gov.cn/gongbao/content/2018/content_5319816.htm.

【案例分析】

国家智慧教育公共服务平台访客量已超 11 亿人次　智慧课堂让学习更有趣
（光明网）

一根网线，让偏远地区的孩子得以走进名师课堂；一个系统，科学监测、实时记录，为教学改进提供课堂数据支撑……智慧教育蓬勃发展，正为学习者与教育者带来切切实实的获得感。中国教育科学研究院院长李永智表示，作为数字时代的教育新形态，智慧教育正推动实现公平而有质量的教育变革。

教师培训转型升级

为全国学生提供优质教育资源，是教育公平的重要内涵。近年来，中国以平台为抓手，打破地域限制，缩小校际差别，着力提升教育质量，为建设教育强国开辟全新赛道。

2022 年 3 月，国家智慧教育公共服务平台正式上线，聚焦学生学习、学校治理、教育创新等五大核心功能，开设德育、课程教学、劳动教育等 10 个版块 53 个栏目。

"我经常推送平台上的经典阅读资源给学生，开展课后拓展学习。"陕西省渭南市电化教育馆一级教师沈文婷介绍，平台为学生提供了更多"学"的资源。"比如课后服务版块的经典阅读专栏，就提供了许多文学资源，资源质量有保障，还配有专家解析，学生很喜欢。"

智慧教育平台不仅面向学生，还是教师培训数字化转型的重要途径。

前段时间，国家智慧教育公共服务平台 2023 年"寒假教师研修"活动圆满结束。记者了解到，此次线上教师研修共有 1 372 万余名教师参与，累计浏览量 6.94 亿次。

……

构建"智课分析平台"

……

在山东省青岛市西海岸新区五台山西路小学，智慧教育已融入学生个性化培养的每个环节。近年来，五台山西路小学以大数据、云计算等数字技术为支撑，积极构建"智课分析平台"，引领师生迈向智慧化的新高地。

"上节课，系统显示出学生整体参与度较高，整节课在 70% 以上，说明学生对这堂课的教学活动有很高的积极性。"刚结束一堂习题讲解课，四年级语文教师马永康就忙着读起"智课分析平台"生成的大数据分析报告。

在"智课分析平台"上，每名教师的课堂活跃点一览无余，包括教学目标实现度、学生互动度、教师教学行为等。教师们犹如拥有了专属"AI 教练"，而"AI 教练"通过智能算法提供数据实证的分析报告，使教师快速了解现存的教学问题，进而帮助改进提高。

……

为全球学习者提供资源

线上，来自校外的专业教师绘声绘色地讲解折纸技巧；线下，学校指导教师耐心启发学生尽情展示巧思……北京市平谷区第八小学借助数字化技术，用"双师"课堂"嫁接"优质素质教育资源，丰富素质教育课程供给。

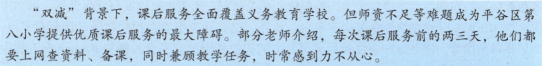

"双减"背景下，课后服务全面覆盖义务教育学校。但师资不足等难题成为平谷区第八小学提供优质课后服务的最大障碍。部分老师介绍，每次课后服务前的两三天，他们都要上网查资料、备课，同时兼顾教学任务，时常感到力不从心。

创新教学模式，引入智慧"双师"课堂，师生们找到了解决路径——2022年，学校与社会力量合作，推出"双师"智慧课堂，即专业教师视频授课，本校教师组织课堂，协力开展课后服务。

"我上学期学的是'社交力养成记'，这学期正在学'探秘人工智能'。上课时还能和同学用大屏PK学习成果，有趣！"四年级学生李赫晨说。

……

三、高等教育

高等教育是指在完成高级中等教育基础上实施的教育。中国高等教育分为专科生、本科生、硕士研究生、博士研究生4个层次，授予相应的学士、硕士、博士学位。在线高等教育是近年来快速发展的新兴领域，它通过互联网和数字技术将高等教育拓展到更广泛的人群和地域，主要包括成人继续教育（网络教育、自考、成人高考、电大）、研究生入学考试（学术性硕士、专业性硕士）、留学服务。

近年来，随着我国经济的发展，高等教育正在走向大众化，高等教育的学生规模也在逐年扩大。高考报名人数逐年递增，各高校的招生人数也在不断增加，越来越多的人能享受到高等教育。部分地区不断增加高等院校的建设或通过与国/境外高校达成合作共建中外合办高校的方式增加高校数量，如香港科技大学（广州）、上海纽约大学等。随着高等教育学校数量和高等教育在校学生人数的增加，国家财政经费对高等教育的支出也随之逐年增加。除了国家财政支出外，地方政府也给予高等教育一定的财政经费支持。

与K12阶段的学生相比，大学生的自我控制能力和自我认知能力更强，学习的积极性也更高。新时代的大学生几乎是伴随着互联网的发展而成长起来的，熟悉各种在线教育平台和工具，对在线教育的认可度和接受度都比较高。大部分的大学生都是为了提升个人能力而参与在线课程培训，兴趣使然、就业需要都是驱动大学生在线学习的因素，需求量最大的课程类别是语言和技能培训类，如英语四六级、教师资格证考试等；其次是兴趣学习和大学学历课程。

在线高等教育通常以录播课或直播课的形式进行，这种课程形态类似于传统的面对面授课，由教师主导教学活动，通过直播平台或社交工具进行在线教学。在直播课程中，教师可以通过网络进行实时互动，随时解答学生的问题并进行难点讲解。但这类课程都需要学生有较强的自我控制能力和学习能力。另一种是在线自主学习课程，这种课程形态以学生的自主学习为主导，学生可以根据自己的学习进度和时间安排进行在线学习。在线自主学习课程通常包括录制的视频、讲义、习题等学习资源，学生可以利用网盘、笔记、社交媒体等工具完成学业。还有一些工具类的产品供大学生使用，辅助达到更好的学习效果，如背单词的百词斩、提供教师资格证题库的一起考教师等移动App。

现阶段，作为新兴在线教育形式，慕课（MOOC）将学习资源通过网络平台联系起来，采用让更多的人可以自由学习的新型课程开发模式，在一定意义上体现了"教育普惠和教育公平"，可以让所有人都有机会接受名校教师的知识传授。我国的慕课教育主要是针对高等教育领域的在线教育，内容多为高等院校的相关课程，涵盖本科以及研究生课程，例如中国大学 MOOC、学堂在线等在线慕课平台。此外，也有涵盖中学课程的初等慕课教育平台，例如华师慕课等，以及以职业技能类培训为主的职业慕课教育平台，例如 iCourse 旗下的中国职教 MOOC 等①。

除了高等教育的发展和学生自身的需求以外，疫情期间"停课不停学"政策的推广，推动了在线高等教育有了突破性的进展。根据教育部的调查显示，截至 2020 年 5 月 8 日，全国 1 454 所高校开展了在线教学，103 万名教师在线开出了 107 万门课程，合计 1 226 万门次。参加在线学习的高校学生共计 1 775 万人，累计登录学习 23 亿人次。本次在线教学规模之大、范围之广、程度之深，是世界高等教育史上前所未有的。在政策和市场的推动下，随着"互联网＋"战略的提出，促进了普通高等院校的远程教育以及慕课教育平台同步发展。另外，许多高等院校也积极寻求与科技教育企业的合作，依托其开发的第三方课程平台开展在线课程的建设和应用，此种委托代理运作模式有利于科技教育企业根据学校的实际需求定制个性化的课程、资源和教学活动解决方案。

【案例分析】

停课不停学　中国大学 MOOC 免费为全国高校提供慕课教学服务

（中国新闻网）

中新网 1 月 30 日电　2020 年 1 月 29 日，中国大学 MOOC 公布启动应急支援行动，为全国受疫情影响延期开学的高校免费提供慕课课程、教学服务及学习数据支持，并优先服务湖北地区高校。

为阻断疫情向校园蔓延，近日，教育部发布 2020 年春季学期延期开学的通知，要求部署各高等学校适当推迟 2020 年春季学期开学时间。目前，教育系统内各级教育行政部门、各院校陆续发出延期开学、网上教学的公告。

据了解，全国受疫情影响延期开学的高校，均可申请免费获得中国大学 MOOC 平台教学应用服务的支持，从中国大学 MOOC 平台上近 8 000 门课程中适配相应的专业课、公共课、通识课等课程资源，并免费获取慕课、SPOC、直播等各类教学形式的平台服务。

四、　留学和国际教育

1. 留学低龄化趋势促进国际学校和留学服务发展

根据近 5 年调研数据显示，意向出国就读本科及以下的人群年龄主要分布在 15～21 岁。从数据对比中可以看出，17 岁及以下意向人群逐步增多。越来越多的中国家庭在孩子年纪较小的时候就已经萌生了让其出国留学的想法，这也进一步说明了中国家庭对孩子国际教育的规划更具前瞻性。

留学低龄化趋势促进民办国际学校的发展。计划本科出国留学的学生大多会选择在国内公办高中国际班或者民办国际学校完成高中阶段的教育。但近年来，教育主管部门对公办高

---

① 杨成宁. 在线教育的运营与发展研究［M］. 上海：上海交通大学出版社，2021：34－35.

中国际部办学政策收紧，部分地区公办高中国际班录取分数连续几年居高不下，竞争的激烈程度不亚于进入重点高中。随着中国留学生人数的增加，许多区域性教育集团（包玉刚学校、协和教育等）、已上市的大型教育集团（成实外教育、枫叶教育等）和海外教育集团（诺德安达、世界联合学院等）纷纷在一二线城市开设办学，吸引了不少家长将目光转向民办国际学校。因此，近几年民办国际学校招生人数和学校数量均呈现快速增长的趋势。加上外籍人员子女学校及其他开设国际高中和大学预科课程的大学/学院，如耀华、光华等，国际学校的入学人数逐年增加，竞争激烈，许多留学机构和语言培训机构也增设了国际学校入学备考培训等课程。在新东方发布的《2023 中国留学白皮书》中①，本科及以下意向留学人群年龄阶段变化如图 3－15 所示。

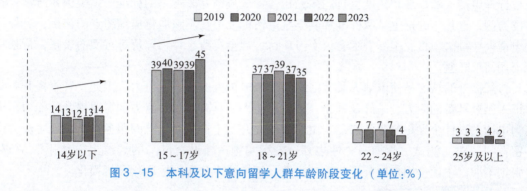

图 3－15　本科及以下意向留学人群年龄阶段变化（单位：%）

多数本科留学人群倾向于提前一年开始准备留学考试或者留学申请，但仍有不少学生提前两年及以上就开始筹备了，尤其是针对留学考试的准备。这可能是由于这部分学生的目标院校排名靠前，竞争激烈，因此希望获得更好的考试成绩来帮助自己提高录取率。

对于高中及以下意向留学人群来说，有相当一部分人群一开始并没有留学的规划，而是待到学生发现自己不是很适应国内中学教育体制的时候才考虑"转轨"，因而准备周期较短。

可见，未来出国读高中或本科的学生人数将保持强劲增长，甚至有可能出现超低龄留学的趋势，高中以下留学生人数增速加快。

2. 留学服务项目多样化

除了低龄化的留学生，25 岁及以上硕博意向人群呈上升趋势。由于国内升学及就业压力日渐增大，越来越多的学生，甚至是在职人士也希望能够通过出国留学继续深造来提升学历，增强自己的就业竞争力，拓宽未来职业发展道路。

根据《国际教育行业研究报告》，以留学周期作为划分留学服务行业产业链的依据，可以把留学服务行业产业链分为四个阶段：准备阶段（留学前期）—申请阶段（留学申请）—留学阶段（留学期间）—完成阶段（留学完成）。每一阶段都有相应的细分服务品类，目前比较成熟的项目包括留学语培、国际游学、留学咨询/中介服务，已有一定的头部机构出现。随着留学服务消费趋势的变化，产业分工也带来了新的服务项目，比如低龄留学、背景提升、国际课程辅导、留学后生活/学业服务等，目前处于供需快速增长阶段②。

①　新东方，VISA，凯度中国 . 2023 中国留学白皮书［R］. 北京：新东方前途出国，2023.
②　多鲸资本教育创新趋势研究院 . 国际教育行业研究报告［R］. 上海：多鲸资本，2019.

留学前期的服务项目主要包括背景提升、国际游学、国际学校、国际课程辅导、留学语培等。留学申请的服务项目主要包括传统留学咨询/中介、互联网留学平台。留学期间的服务项目主要包括留学生活服务、学业辅导。留学完成的服务项目主要包括留学求职、移民置业等。

3. 背景提升

背景提升是指在学习成绩（GPA）和标准化考试（雅思、托福、GRE、GMAT、SAT等）之外的课外活动与学术实践积累，本质上是为了增强自身除了纸笔考试成绩外的独特竞争力和个人价值。背景提升的根本目的是提高留学申请者的竞争力和被录取的可能性。随着留学申请人数的快速增加，留学申请难度也在增加，尤其是名校申请竞争日趋激烈，国外院校选择申请人的标准和角度也日趋多元化，考试成绩并非唯一的标准。以美国 8 所常青藤院校为例，近几年的招生录取标准和奖学金申请标准都在不断弱化成绩绩点的比例，更加注重申请人在科研项目、国际学术会议实习项目、社会实践、导师评价等方面的表现，背景提升市场需求旺盛。

背景提升的核心是使申请人具有区别于其他申请人的核心竞争力。因此，背景提升要从申请人已经具备的能力、条件及性格，评估申请人所具有的提升潜力和需要提升的能力，进而为申请人设计个性化的服务产品。由于背景提升是个性化非常强的服务，所以现阶段大多停留在"一对一测试、咨询—个性规划—方案实施—结果交付"的"线上 + 线下"流程，且费用不菲，不论是用户服务还是管理运营，都未能充分实现标准化和规模化。

4. 国际游学

国际游学将旅游与学习结合在一起，是社会化教育的一种方式，主要包括海外营地、海外插班、暑期学校、研学旅行等各类中短期海外学习活动。国际游学用户参与游学的目的以开阔视野、增长见识、提高外语语言能力、锻炼独立自主能力、体验中西方文化差异为主，家长对于国际游学的态度和结果导向没有太多的功利性，反映出教育高端消费市场的理性和偏好[1]，如图 3 – 16 所示。实际上，国际游学与留学密切相关，国际游学是留学业务的大流量入口。根据启德学游的调查报告[2]，参加游学的学生中，大多有明确的留学意向，其中，小学和初中阶段的学生中，51.22% 有明确的留学意向，而在高中和本科阶段的学生中，有明确留学意向者达到 85.69%。

专业国际游学机构的优势在于游学产品的设计，通过和国外高校、博物馆、科技馆、文化馆等社会稀缺资源合作，开发游学路线，同时，通过公益性活动等方式对 B 端客户进行营销，以获取以学校和企业为主的大客户，快速占领国际游学市场，如世纪明德和宝贝走天下。而最受家长和学生青睐的国际游学类产品是和背景提升相关的，重在提升学生在申请时的软实力，也从侧面印证了为留学申请做准备是家长和学生选择国际游学项目时的重要考量因素。

---

① 新东方国际游学，艾瑞研究院.2018 中国国际游学行业发展报告［R］.北京：王府半岛酒店，2018.
② 启德教育.启德学游年度调研报告［R］.广州：启德教育集团，2018.

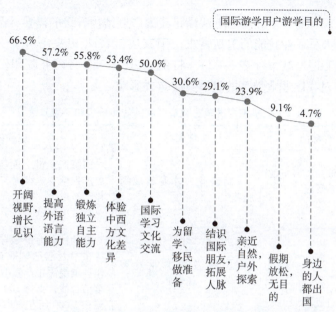

国际游学用户游学目的

66.5% 开阔视野，增长见识
57.2% 提高外语语言能力
55.8% 锻炼独立自主能力
53.4% 体验中西方文化差异
50.0% 国际学习文化交流
30.6% 为留学、移民做准备
29.1% 结识国际朋友，拓展人脉
23.9% 亲近自然，户外探索
9.1% 假期放松，无目的
4.7% 身边的人都出国

图 3－16　国际游学用户游学目的调查情况

【案例分析】

　　新东方国际游学业务自成立以来，已经在全球范围内建立了广泛的知名度和影响力。其业务主要涵盖冬/夏令营、出国游学、海外留学等多个方面。

　　新东方国际游学目前主要的业务范围涵盖了美国、英国、加拿大、澳大利亚等国家，这些国家的知名高校、语言学校以及中小学都与新东方有着紧密的合作。其主要的游学产品包括"名校探访""文化探索""语言学习""职业规划"等多种类型，针对不同年龄段的学生推出个性化的游学方案。

　　未来，新东方国际游学将继续致力于提供优质的游学服务，在现有业务的基础上，进一步拓展海外市场，与更多海外高校、机构合作，提供更加丰富的游学产品。同时，新东方国际游学也将关注学生个性化需求，提供更加专业的服务，包括更精细的行程安排、更专业的指导等。

　　除此之外，新东方国际游学还将积极探索新的业务模式，如线上冬/夏令营、线上职业规划等，利用互联网技术实现全方位的个性化服务。此外，新东方国际游学还将加强国内市场开发，推出更多覆盖全国各地的冬夏令营、出国游学项目。

　　总的来说，新东方国际游学已经在全球范围内建立了良好的品牌形象，未来将继续秉承"以客户为中心"的理念，以更丰富的产品、更专业的服务、更精细的运营来满足不同学生个性化需求，实现自身持续创新与发展。

五、职业教育

　　职业教育的目的是培养应用型人才及具备专业知识技能的劳动者，18 岁以上的成人是在线职业教育的主要用户群体。这类群体在获取学历、求职、考证、技能提升等场景中的学习需求更为强烈。

近几年，由于现有的职业教育已无法满足我国产业结构升级的需要，凸显了发展现代职业教育、提升就业人员职业技能的迫切需求。国家从 2017 年以来出台了一系列促进职业教育发展的法律法规和国家政策（表 3-2）。特别是 2019 年 2 月国务院印发的《国家职业教育改革实施方案》对我国职业教育的发展具有重要影响。

表 3-2 近年来促进职业教育发展的法律法规和国家政策[①]

时间	主管部门	文件名称	主要内容
2016.12	教育部、人力资源和社会保障部、工业和信息化部	《制造业人才发展规划指南》	围绕产业链、创新链进行专业设置，更加强调专业设置与产业同步发展；深化产教融合、校企合作，发挥企业在职业教育中的重要办学主体作用等
2017.01	国务院	《国家教育事业发展"十三五"规划》	鼓励社会力量参与举办职业教育，支持东中西部地区职业学校加强对口合作；围绕深化产教融合、校企合作、工学结合线，支持 100 所左右高等职业学校和 1 000 所左右中等职业学校的建设
2017.12	国务院办公厅	《关于深化产教融合的若干意见》	深化产教融合，促进职业教育发展，加强创新型人才和技术技能人才培养，发展教育对产业转型升级的支撑引领作用，进一步推动教育与经济社会协调发展
2018.02	教育部、国家发展和改革委员会、工业和信息化部、财政部、人力资源和社会保障部、国家税务总局	《职业学校校企合作促进办法》	从 2018 年 3 月 1 日起，我国职业学校可根据自身特点和人才培养需要，主动与具备条件的企业开展合作，积极为企业提供所需的课程、师资等资源；企业则应依法履行实施职业教育的义务，利用资本、技术、知识、设施、设备和管理等要素参与校企合作，促进人力资源开发
2018.04	国务院	推行终身职业技能培训制度	发展民办职业技能培训机构，鼓励企业办职业培训机构，对职务科技成果转化获得的现金奖励实行个人所得税优惠
2018.08	司法部	《民办教育促进法实施条例（修订草案）》（送审稿）	明确加强对民办学校的扶持，进一步保障其在教学、招生、用人、收费方面的自主权

---

① 何周，徐进. 在线教育全景解析：行业、合规、监管与案例精选［M］. 北京：北京大学出版社，2021：106-107.

续表

时间	主管部门	文件名称	主要内容
2019.01	国务院	《关于印发国家职业教育改革实施方案的通知》	鼓励社会力量兴办职业教育，到2020年初步建成300个示范性职业教育集团（联盟），给予税费优惠，加强校企合作
2019.04	人力资源和社会保障部、教育部	《职业技能等级证书监督管理办法（试行）》	对"学历证书＋若干职业技能等级证书"制度提出具体的监督管理办法

在国家法律法规和政策的加持下，在线职业教育市场规模增长迅速。在线职业教育作为提升个人就业竞争力和个人职业能力的重要途径，推动了职业教育行业的发展。其中，非学历教育占多数比例。

非学历教育是指为了进入某个行业从事某种职业或提升工作技能的教育，一般是非全日制的。学生没有特定的年龄限制且毕业时不颁发国家承认的学历证书，分为人才资格考试培训、行业从业资格培训、职业知识技能培训企业培训等。人才资格考试培训包括公务员招录培训、事业单位招录培训、教师资格和招录培训等。行业从业资格培训包括金融会计从业资格培训、司法系统从业资格培训、医疗系统从业资格培训、建筑工程从业资格培训等。职业知识技能培训包括IT职业培训、驾驶培训、营销类培训、语言类培训等。企业培训包括管理培训、创业培训、员工内训等，主要产品包括职业培训课程、技能认证、就业指导和职业规划等服务[1]。

在线职业教育为这些非学历教育培训提供与职业相关的实用知识和技能培训，让学习者通过在线视频课程、模拟实训、在线交流和实践项目等形式学习职业知识和技能、提升实践能力，通过在线交流与教师和同学互动，参与实践项目来应用所学知识。此外，在线职业教育还可以提供就业指导和职业规划的服务，包括职业咨询、简历指导、面试技巧等，帮助学生更好地适应职场和就业市场。一些在线平台还会与企业合作，提供实习和就业机会，增加学生的实践经验和就业机会。

【案例分析】新时代注重技能培养，中公教育打造新生态[2]

（日照新闻网）

如今是数字化的时代，各行各业都需要融入科技与数字化，并且及时转型才是必需。在职业教育方面，中公教育做到了行业中的标杆标准。当下中国数字化人才缺口接近1 100万，所以培养更多的高素质技能型人才至关重要！

数字型的人才培训

当前数字技术变革延伸出的新业态、新模式的产生和发展，不断推动着新职业新工种的涌现，让劳动者的择业观念、企业用工方式也有着更高的标准。在与时俱进方面，中公教育走到了行业的前沿，中公优职平台紧跟数字经济发展趋势，推出了视频剪辑、互联网文案写作、商业插画、短视频脚本写作、跨境电商等百余门在线课程，致力于为C端用

① 何周，徐进．在线教育全景解析：行业、合规、监管与案例精选 ［M］．北京：北京大学出版社，2021：108．
② https://baijiahao.baidu.com/s?id=1776181205064171616&wfr=spider&for=pc．

户提供多元化的新数字职业就业选择。"中公优职"在提升平台提供职场素养、副业兼职、新职业技能、专业技术、兴趣爱好五大类职业技能培训服务中，有着不错的表现，既能满足当前国家支持数字经济发展下高素质职业技能人才培训需求，同时也助力公司及时抓住技能培训需求高增的重大机会。

校企合作的模式开启

为了推进数字职业技能培训领域的规模化进程，打造业务增长点，中公教育在奋力的路上从不停歇。中公职教力图以第三方平台的身份介入以往职业院校的校企合作中。它的优势在于既具备开展职业教育的基础设施、师资、课程研发力量，又能双向对接产业公司和学校，让双方以更低的成本、更灵活的方式落地专业建设，同时，还能随着产业结构变化来调整人才培养方案。如今是合作时代，中公职教校企合作的形式也赢得了不错的成绩，力争通过成为职业教育全产业链服务商来营造职教育人新生态。

多方向全方面的发展

如今中公职教在湖南、湖北、江苏、安徽、河南、山西等地与多所本科、大专、中专学校已经开展了合作。合作模式包括共建数字经济、融媒体、智能制造、数字文创、人工智能和智能航空等六个方向的产业学院。不仅如此，中公教育还有数字化校园、学历提升、技能拓展等合作。这样的合作有什么益处呢？举个例子：在成都高新区落地的网易成都数字产业基地中，中公教育在了解了基地中相关企业的用工需求的基础上，双向对接校企，让专业对口的学生从大一到大四阶段性地参与企业实践。

与时俱进的脚步

基于中公教育生态合作优势，与长沙南方职业学院建设长沙南方职业学院数字经济及智能制造产业学院，同时引入京东、网易等一线产业公司作为教育资源，对学校已有信息类、智能制造类相关专业进行优化升级。在2022年4月15日，教育部产学合作协同育人项目专家组发布了《2022年3月教育部产学合作协同育人项目指南通过企业名单》，中公教育共有90个项目指标获批立项。中公教育一直在行业的前沿紧跟发展趋势，持续提升专业教学及研发能力，并且为新职业群体搭建更加通畅的职业发展通道。

六、 语言教育

在经济全球化的大背景下，语言作为沟通工具的重要性依然无可替代。随着人均收入和消费水平的提升，人们对于升学、留学、求职、升职、转职带来的焦虑，以及知识付费意识的加强，促使更多人开始投身于语言学习的行列，以应对工作、学习、生活中更多的机遇和挑战。在我国语言类学习中，英语是接受程度最高的一门语种，市场上大多数语言机构也是将英语培训作为主营课程业务。

除了留学英语和职业英语外，新时代的家长对基础英语教育也愈发重视了，他们希望能从小培养孩子开口说外语的习惯，甚至愿意付费为孩子提供一个全真的语言环境。因此，面向K12的英语教育，甚至面向婴幼儿的英语启蒙教育均在蓬勃发展。信息科技的持续进步也为语言类在线教育行业带来新的技术支持，直播课+助教、真人1对1、AI纠正发音等多种教学模式，进一步提升了学习效果和学习体验，学生留存率持续升高。

英语教育是中国语言教育最重要的赛道，越来越多的中国年轻人放下应试教育的动机，转而追求国际化的视野和了解不同的文化与生活方式。他们对于英语学习产品的需求也不断提高，从普遍的在线录播和直播课程，到对工具、课程、社区各个类别都有了要求。

1. 工具类产品

在线语言教育的工具类产品用户基数大，但付费转化率却不高。目前，大多数的工具类产品都是以广告收费和增值服务作为盈利模式，以按月付费或一次性消费为主。

工具类产品可以细分为背单词、词典翻译、口语听力三类。

背单词类的产品是语言学习用户最常使用的工具。这类产品技术门槛相对较低，各个企业都利用各自的特点作为营销亮点，竞争激烈。虽然用户量大且需求旺盛，但用户黏性较低，用户可能同时装载几个同类产品或者考试结束后就会卸载产品。

词典翻译类的产品也是语言学习用户常用的工具，这类工具的技术门槛相对较高，竞争壁垒强，多为知名企业所布局，如百度翻译、有道词典等。词典翻译类的产品工具属性强，用户使用时间较短，一般只在有需要的时候才会使用。

口语听力类的产品强调交互性，对实时语音识别等技术要求较高，也是人工智能在在线语言教育领域渗透相对较深的部分。实时语音识别技术要求在海量语料库的基础上对用户的发音进行识别，然后进行分析，给出评分。长期以来，由于中国学校的语言教育偏向于纸笔应试方面，对听力和口语有所忽略。而在实际生活的交流中，听力和口语的重要性远远大于另外两者。因此，这类口语听力类的工具产品具有广阔的市场空间。

2. 课程类产品

课程类产品是在线语言教育中最直接的变现方式，也是目前在线语言教育领域的主流产品。如新东方在线、沪江网校、51Talk、VIPKID 等主流在线语言教育机构也以课程类产品为主营业务。

目前，随着新生代父母教育观念的更新，在线少儿英语是在线语言教育课程类产品中最为热门的赛道，像 VIPKID、DaDa、51Talk 等都是在线少儿英语赛道的佼佼者。即使现在中高考中英语的分数比略有下降，但作为一门国际性通用语言，英语的重要性丝毫没有下降。

在线语言教育课程类产品是目前被市场证明行得通的商业模式。面向 C 端的内容收费和衍生产品收费模式是目前在线语言教育主流的盈利模式。如视频直播一对一课程、直播/录播班课、原创性高质量文档资料等，见表 3 – 3。

表 3 – 3　在线语言教育课程类产品主要商业模式分析①

目标人群	盈利途径	优势	劣势
To C	①内容直接收费/课程学费	盈利方式简单、直接，易于接受，ARPU 值高	付费用户获取难度大 外教类课程单价高，影响消费意愿
	②自营衍生商品	实现线上到线下的盈利拓展 基于教育内容的衍生品易受消费者认可	付费人群转化率低
To B	③品牌/内容授权	避免分散精力，实现专业分工，扩大品牌知名度	内容及服务质量可控性不足
	④第三方平台	增加内容曝光渠道，提升影响力	用户分散在其他平台，难以培养用户忠诚度，阻碍后续盈利模式的拓展

① 艾瑞咨询.2017 年中国在线少儿英语行业研究报告 ［R］.上海：艾瑞网，2017.

3. 社区类产品

在线语言教育社区类产品主要是为语言学习者提供免费的在线交流的社区平台。主要是通过自营或第三方机构的课程提供引流平台的方式，广告收费和会员增值服务是其主要盈利模式，如沪江网、大家论坛、爱语吧等①。

首先，社区类产品最直接的功能是为语言学习者或爱好者提供一个在线交流的平台。用户可以在这个平台上提问，寻求其他用户的帮助和建议。同时，他们也可以回答其他用户的问题，分享自己的经验和知识。这种互动交流的方式有助于用户更好地理解和掌握语言知识，提高语言水平。

其次，社区类产品还具有学习平台的功能。语言学习者可以在社区中了解到最新的学习资讯，获取各种学习资料，如课本、教程、词典等。此外，他们还可以从其他用户的学习经验和方法中汲取灵感，掌握更有效的学习方法。社区类产品通常会提供一系列的学习工具和功能，如在线课程、学习笔记、练习题目等，帮助用户更好地进行语言学习。

最后，社区类产品还是一个引流平台，为自营或第三方的产品引流。通过社区类产品，用户可以了解到更多的语言学习产品和服务，如在线课程、学习软件、语言交流活动等。这些产品和服务通常由社区类产品的合作方或赞助商提供，用户可以通过社区类产品直接购买或参加。

社区的标签化性质比较明显，用户通常会根据自己的兴趣爱好、学习需求、语言水平等因素选择加入不同的社区。这种标签化的特点有助于用户更容易产生一种身份和情感的认同，增强社区的凝聚力和用户黏性。同时，也有利于社区建立潜在用户资源池，挖掘更多的商机。社区类产品可以通过精准的用户画像和个性化推荐等功能，向用户推送相关的产品和服务信息，提高用户的购买率和参与度。

【案例分析】

根据 VIPKID 在线英语外教课程官网的信息，VIPKID 是一家主打青少儿英语学习的在线教育公司。VIPKID 利用其一对一的实时授课、在线视频学习平台和麾下优质的外教资源等特点，吸引了不少家长为孩子报名学习。自 2013 年创立以来，已经服务了超过百万的学员。

VIPKID 的课程内容分为英语语言的艺术课程内容、MC 主修课程和双优课程内容，教材内容都是原版的美国小学教材内容，自主研发的课程体系，挑选较多。适合孩子作为零基础入门学习培训。

截至 2020 年年底，VIPKID 的外教数据显示，其外教数量已达数万名，其中近一半具有硕士及以上学历，博士学历的比重超过 16%，这其中不乏国际名校的毕业生，共计有 7 400 名外教毕业于常春藤大学、耶鲁大学及普林斯顿大学。这些有高学历、国际名校背景的外教，不仅教育质量过硬，而且教学方式上也颇具创新性。一些外教擅长因材施教，能记录下每个学生的性格、喜好及学习情况等信息，有一些外教还擅长运用多媒体教学，每堂课都设计课堂背景和教学主题，为学生打造专属英语课，这都有利于提升学生的学习积极性。正是这样优质的外教资源，为 VIPKID 打下了良好的口碑基础。认证改变家长消

---

① 何周，徐进. 在线教育全景解析：行业、合规、监管与案例精选 [M]. 北京：北京大学出版社，2021：116.

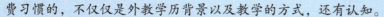

费习惯的，不仅仅是外教学历背景以及教学的方式，还有认知。

在此方面，VIPKID 颇为用心，建立了一种与众不同的教学模式：老师并非向学生"填鸭式"的灌输知识点，而是通过语言这种工具，结合肢体动作及表情，还有辅助教具与学生交流和分享，讨论各种有趣的话题，在潜移默化中让学生了解到其他国家的文化、风土人情。从这样的学习模式，学生不仅学到了英语知识，还极大地拓展了知识面，这让家长们极为认可，也成为许多家长推荐 VIPKID 的原因之一。

但由于《关于进一步减轻义务教育阶段学生作业负担和校外培训负担的意见》（简称"双减"）的影响，VIPKID 在近三年先后陷入裁员和退费的危机。2021 年 4 月，VIPKID 一手筹备上市，另一手在大规模裁员。已经裁掉子业务"大米网校"，启蒙英语业务线和数学思维业务大规模收缩，业务相关员工已经离岗或转岗。VIPKID 不仅对底层员工持续优化，连高层也频繁流动。即使内部人员频繁流动，缩减了部分成本，但 VIPKID 公司的运营情况却还是不容乐观，融资情况停滞不前。2020 年，财政部网站发布了《关于做好疫情防控期间教育收费退付工作的通知》，要求 2019—2020 学年教育收费（含短训班培训费），按规定因疫情原因需办理退付或抵扣手续的，应于 2020 年 12 月 31 日前完成，但直至 2022 年年底还有不少家长仍未退费成功。

根据"双减"政策，培训机构严禁聘请在境外的外籍人员开展培训活动、严禁提供境外教育课程、严禁超标超前培训，这对 VIPKID 的主营业务造成了很大的冲击。目前，VIPKID 的课程开始往 AI 教学方向进行转变。

七、 素质教育

目前，国内的素质教育普遍是指德育、智育、体育、美育和劳育进行有机结合的教育形式。长期以来，国家政策多次支持我国的教育事业应从"应试教育"转向"素质教育"，但由于升学压力等多种因素，校内的素质教育往往拘于形式而无法真正实现。尤其是我国的教育区域发展还存在不平衡的现象，东西部之间、城市和农村之间的教育资源和水平都存在着巨大的差异，而要实现素质教育，就需要一定的经济实力支撑，对比之下，经济发达地区的学生更具有优势。

德智体美劳全面发展是一种教育目标。与校内素质教育相比，校外素质教育市场化程度较高，发展速度较快。目前，国内在线素质教育领域大致分为五大赛道：STEAM 教育、艺术教育、体育教育、生活素养和游学研学（表3-4）。

表3-4 国内在线素质教育的五大赛道①

细分领域	一级赛道	二级赛道
素质教育	STEAM 教育	少儿编程教育、机器人教育、创客教育、3D 打印教育、无人机教育、科学教育等
	艺术教育	音乐教育、舞蹈教育、书法教育、国学教育、美术教育、戏剧教育、播音主持教育等

① 黄莞，田鹏. 在线教育投融资专题：整体复投率升至 42%，在线素质教育站上风口 [R]. 广州：广证恒生证券研究所，2018.

细分领域	一级赛道	二级赛道
素质教育	体育教育	球类运动、棋类运动、水上运动、冰雪运动、体能训练、格斗搏击、武术教育等
	生活素养	生活礼仪、儿童厨艺、情商教育、思维训练、财商教育、全脑开发等
	游学研学	游学教育、营地教育、体验式教育等

在线教育中的素质教育主要采用录播/直播课程、在线真人导师陪练、真人讲师＋AI 助手、在线讨论和项目合作等形式。学生可以通过在线平台学习综合素质培养课程，通过视频课程获取知识和技能，参与实时互动课堂与教师及同学进行实时交流，通过在线讨论和项目合作来培养创意思维、领导力和团队合作能力，关注学生的综合素质发展和人文素养提升。在线素质教育利用科技赋能，使用 AI 技术，取代部分教师，降低了师资成本，有效控制了课程价格，相较于传统教育更具有价格竞争力；也可以凭借此类优势回应三四线城市以及乡镇地区由于师资匮乏、学习成本高昂而无法满足的兴趣艺术类学习需求，向下沉市场推进，实现普惠化、个性化的教育。

此外，素质教育还注重个性化学习方案和个人发展规划，根据学生的兴趣和需求设计学习计划，通过在线平台进行学习进度追踪和反馈，帮助学生发现自身优势和潜力，并提供相应的指导和支持。一些在线平台还会与企业、社会组织合作，提供实践机会和社会参与活动，帮助学生将所学知识和技能应用于实际情境中，培养综合素质和社会责任感。

【案例分析】全方位解析编程猫成长之路

编程猫的核心产品定位于前端，配套 9 级教学体系，利用图形化编程语言引导学生进行学习创造，激发用户兴趣。

编程猫采用了先纵后横的课程培训体系，以及先打好编程基础，培养编程思维，再进行横向学科延展培养。届时，利用已建立的逻辑思维框架，学生能够更快地学习各个学科内容。

在呈现形式方面，利用 PBL 项目制的方式保持活跃度，增加用户黏性。处于少儿编程教育产业链上游的编程猫专业做编程设计教学前端研究与开发，从编程猫 1.0 命令型编程进化到 3.0 游戏化编程，编程猫在产品研发的纵深上，投入了大量时间与精力，将编程教育体系研发到极致。

编程猫在产业链端处于上游，产品专业有深度，客户群定价受众更广，资本方更丰富，相较于其余竞争对手来说，综合壁垒更高。

营销渠道

编程猫产品营销模式，主要是利用线上一对一营销加上线下公立学校合作、机构加盟、渠道商经销等关系营销，极大地压缩了营销成本。同时，又利用口碑营销等宣传方式，放大了宣传效果。选对了营销模式的编程猫更为其迅速扩张推波助澜。

市场潜力＋行业前景＋政策

以上优势已经为编程猫装备了强有力的内部装备，而目前外部市场环境的火爆更是为编程猫的迅速崛起创造了条件。

随着中产阶级规模的扩大，家长结构的年轻化，STEAM教育意识的觉醒。

一方面，教育投资在家庭支出中占比越来越重；另一方面，家长结构的年轻化也带来教育意识的转变，从追求成绩转变为对子女沟通表达能力以及动手操作、逻辑思维能力的培养。而作为国内教育行业的后起之秀，少儿编程自2015年起在国内零星闪现。

2016年更是成燎原之火，迅速发展，据估计，国内少儿编程市场规模或达百亿，发展前景十分广阔。政策的鼓励推动了行业发展：2015年起，教育部就在"十三五"指导意见中提出探索创新教育模式。

2016年教育部发布的工作要点中明确指出加强创新创造教育研究，为创客教育、STEAM课程提供教育装备支撑等。2017年国务院发布《国家教育事业发展"十三五"规划》，提出培养学生创新精神与能力，建设研学旅行基地，提高学生的美育素养等。而2017年浙江省新高考已将信息技术（含编程）纳入高考科目，预计未来将有更多省份将信息技术纳入高考科目，也会有更多激励政策出台。

资本市场热情高涨，为行业发展"打鸡血"。随着政策鼓励与需求崛起，资本开始流入产业。近几年资本方主要涵盖音乐、IT编程、机器人教育等。值得注意的是，近年来，越来越多的产品利用机器人、3D打印等技术让孩子在游戏化学习体验中培养逻辑思维和动手能力。据不完全统计，现目前已有几十亿资本涌入STEAM教育产业，但更多集中在早期轮次。

占尽了天时地利人和的编程猫，就这样迅速地抓住了教育产业各方的关注，成为炙手可热的新星。而在编程猫的官网上，其slogan写着"培养未来创作者"，并表明它们是在为2030年的教育做准备，如此超前的话语不禁让我们期待，编程猫这把星星之火，未来能否照亮少儿IT培训的路，成为新的行业巨头？

【动手实践】

体验在线教育各细分领域中的典型平台，选择其中一个领域的某一平台，分析其特点、不足与改进方向。

课后习作

1. 选择在线教育产业细分领域中的一个领域，制作一个PPT介绍所选领域，并结合个人所学专业和以往的在线课程体验，分析该领域的主要赛道和未来发展状况。

2. 你认为在人工智能技术快速发展和"互联网＋"时代背景下，未来哪个在线教育领域会遥遥领先？结合你的就业意向，谈谈你的想法。

第四章

在线教育的岗位与技能

　　随着社会分工和经济社会中不同产业的快速发展，为了提高企业管理和生产的工作效率与效能，各个行业和企业内部都有着职能和岗位逐步细分的发展趋势。随着"互联网＋"时代的来临，教育教学的形态和方式都发生了巨大的变化，在线教育行业也得到了快速发展和壮大，行业工作也逐步衍生出细分岗位。了解在线教育行业的岗位和技能要求，能帮助在校学生及从业人员尽早明确相关专业领域知识和工作能力要求，进而做好知识、技能、心理等方面的准备，从而提高个人就业竞争力。

知识地图

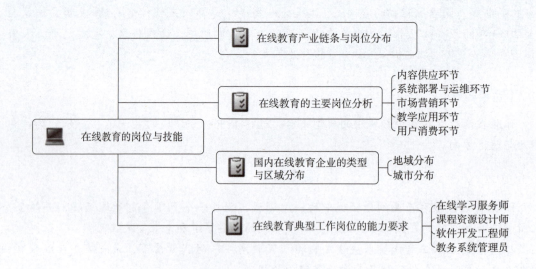

学习目标

　　1. 了解在线教育产业的链条与岗位分布的整体情况。

　　2. 学习在线教育在内容供应、上线部署、市场营销、教学应用和用户消费等核心环节中的工作岗位分布。

　　3. 了解在线教育在国内的主要区域分布，以及典型工作岗位的能力要求。

学习建议

1. 了解一个行业的基本产业链条构成，通过理解当前个人学习与社会分工之间的关系，以更好地明确学习的目标和方向。

2. 在招聘网站查找在线教育产业岗位与技能数据的过程中，了解当前企业对求职者的专业知识、职业能力的要求，从而更早、更好地做好个人的职业规划和学习计划。

第一节 在线教育的产业链条与岗位分布

随着在线教育的产业发展，逐步产生了不同的核心环节，各个环节形成了密切的连接，并对人力资源的再生产提出了新的要求。在产业链条的各个环节中，由于系统分工的不同，对相应岗位的从业人员也提出了不同的能力要求。了解相关岗位的情况，能帮忙从业人员厘清工作的职责及做好知识、能力的准备。

在第二章第一节的内容中，笔者已经详细介绍了在线教育的产业链条。在产业链条中，主要包含了内容供应（含硬件设备供应）、上线部署（系统运维）、市场营销、教学应用、用户消费等环节。按照产业链条上核心环节的主要功能和作用，需要不同的产业从业人员来完成相应的工作职能。在线教育产业链条与岗位分布的情况如图4-1所示。

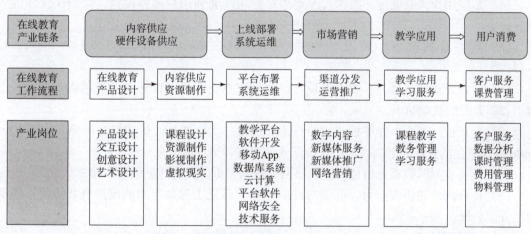

图4-1 在线教育产业链条与岗位分布的情况

第二节 在线教育的主要岗位分析

本节从在线教育的内容供应、上线部署系统运维、市场营销、教学应用、用户消费环节分别介绍各个环节中的重点工作内容和相应岗位的分工，从主要工作职责、专业知识与技能的角度对岗位进行分析。

一、 内容供应环节岗位

（一）产品设计

1. 岗位描述

在线教育产品设计师是指从事在线教育产品设计、研发、运营、维护和优化的专业人员。

2. 主要工作职责

在线教育产品设计师的工作职责主要是作为产品经理的角色，负责完成一个在线教育产业的整体设计，包括功能设计、创意设计、交互设计、艺术设计、运营与管理模式设计等。从产品设计过程的角度来看，他们需要完成的工作包括用户需求和市场需求分析，开展在线教育产品的设计和规划，并参与产品的测试、上线、运营、维护和优化工作。

3. 专业知识与技能

（1）具有在线教育行业知识，理解"互联网＋教育"的内涵和本质特征，了解主要服务领域的教育专业知识。

（2）具有产品创新与设计管理能力，理解在线教育产品设计的管理和生产流程，以及软件工程文档要求。

（3）具有市场营销与商业模式能力，理解在线教育产品的市场需求与商业模式、盈利模式。

（4）掌握用户研究能力，能深入理解用户需求研究和用户体验设计，以确保设计的成功落地。

（5）熟练掌握至少一种设计软件，如 Sketch、Adobe Photoshop、Adobe Illustrator、Auxre 等。

（6）有界面设计基础，了解平面设计、软件用户交互界面设计相关的色彩与构图、造型语言等方面的基础知识。

（7）交互设计能力，能够根据用户行为和反馈，优化产品设计和交互体验，对于 iOS、Android 等平台的设计规范和设计语言有深入的理解和运用能力。

（8）具有良好的数据分析能力，能够通过数据分析，优化产品设计和功能。

（9）良好的沟通协调能力，能够与产品经理、开发工程师等团队成员有效协作，推动产品开发进程。

（二）课程设计

1. 岗位描述

课程设计师是指在教育机构中，负责课程体系的设计规划、教学实施整体策划、建立教学评价体系、提升课程质量的专业教研人员。

2. 主要工作职责

（1）根据机构的课程学科特点、学生能力水平和学习需求，设置教学目标，制订课程体系的教学大纲。

（2）基于教育教学规律和系统科学的课程设计方法，搭建相关课程的整体框架，包括设计课程结构、具体内容、表现形式、教学形式，组织和撰写教学方案、教学案例库，开发题库等配套材料。

（3）根据在线教育的课程设计、教学实施、教材教具、学习评价和质量监控的特点，合理设计网络课程、直播课程的技术形态和平台功能，以及课程表现形式和平面包装，并形成配套的数字化课程资源体系。

（4）根据社会需求和学科的变化，不断探索前沿教学技术、课程形态和学科发展，更新课程素材。

（5）建立教学评价体系，及时、有效地评估教学效果，及时更新和优化课程内容与教学方法。

3. 专业知识与技能

（1）具有专业的课程知识和扎实的课程与教学理论功底，能制订科学、合理的教学大纲。

（2）具有数字化和纸质教材的设计、组织编写能力，具有良好的教学设计和实施能力，能撰写教学设计方案和学员配套学习材料。

（3）理解数字化教育与在线课程的基本特征和技术特点，能合理设计网络课程的内容体系、学习进度安排、教学视频制作需求、习题与练习形式、评价形式和教学质量监控。

（4）具有不断学习更新意识，紧跟学科新的发展，掌握新型教学环境和教材教具的使用方法。例如，在 K – 12 STEAM 人工智能、少儿编程、机器人教学类中，对教具的熟练掌握对课程设计就十分重要。

（5）掌握课程产品开发、概念图制作工具、WPS 或 Office 系统、原型设计软件等赋能工具。

（三）资源开发

1. 岗位描述

教学资源开发工程师。

2. 主要工作职责

教学资源开发工程师主要负责完成在线教育教学所用的数字化教学资源，典型的工作包括教学动画设计、教学视频制作、教学课件 PPT 制作、教学软件设计、数字化教材制作、虚拟现实设计、教学硬件设计等。

3. 专业知识与技能

数字化教学资源的发展经历了单机软件、学习网站、网络课程、大规模在线开放课程、虚拟现实课程等不同的阶段和形态，在不同的阶段中对计算机和网络交互技术的应用并不相同，所以，资源开发工程师的专业知识和技能要求也在不断变化。

从整体来看，在工作中也细分为平面设计类、动画设计制作类、视频设计制作类、课件设计类、软件设计类、教材设计类、虚拟现实制作类等不同的工作领域，这些领域相对独立，但大部分优质教学资源的设计和开发往往需要多个领域的人员的合作。

二、　系统部署与运维环节岗位

在线教育领域和其他互联网企业相似，在系统部署与运维环节中会涉及网络服务申请与接入、IDC 机房服务器安装或云计算服务初始配置、服务器系统安装、业务系统安排、安全配置管理与等级保护、应用系统网络集群和负载均衡、高并发扩容与优化、系统防灾等工作。常见的工作岗位包括服务器运维工程师、网络安全与管理、数据库运行与管理师等，但也有一些中小型企业的工程师人数较少，岗位划分相对不细，他们通常要掌握 1~2 个以上工种的知识和能力。

（一）服务器运维

1. 岗位描述

服务器运维工程师是指在企业负责服务器的网络接入、管理与维护的技术人员。

2. 主要工作职责

（1）负责电信运营商（IDC）机房内服务器主机和存储系统的日常维护工作。

（2）负责云服务的配置与管理、虚拟服务器的配置与管理（例如阿里云、华为云等）、多层虚拟网络的底层配置。

（3）负责服务器系统及相关服务的安装、调试、环境配置。

（4）负责或支持服务器上在线教育业务平台系统的服务安装和数据库安装。

（5）负责服务器的安全配置和等级保护，例如，流量监控、安全漏洞扫描、防止入侵等。

（6）掌握业务系统数据库的备份、数据迁移、数据监控、存储空间清理能力，并能汇总故障问题。

（7）负责公司服务器集群部署，优化负载及容灾应急。

3. 专业知识与技能

（1）熟悉 TCP/IP 协议，熟练掌握网络相关设备的配置技术，如路由器、交换机、防火墙、负载均衡器等，有服务器集群部署相关经验。

（2）了解常用的云计算服务的配置和虚拟子网的配置。

（3）掌握 Windows 和 Linux 系列操作系统的安装与服务配置。

（4）掌握 MSSQL Server、MySQL 等数据库的安装、配置、维护和优化。

（5）了解企业业务系统（如教学平台、教务管理平台等）的安装与配置。

（6）具有面向对象编程知识，了解 Python、PHP 脚本语言。

（7）了解微信公众号与服务号所需的服务器配置和域名设置。

（二）网络安全与管理

1. 岗位描述

网络安全与管理工程师是指在企业负责网络安全、管理与维护的技术人员。

2. 主要工作职责

（1）对企业网络系统和网络架构进行安全评估、加固，形成安全规划与解决方案。

（2）对服务器进行日常维护，在出现网络攻击或安全事件时，能提高服务可靠性，能高效恢复系统和服务，以及调研取证。

（3）负责服务器存储网络等基础平台的技术维护和问题处理。

（4）负责服务器异常或故障的受理、跟踪、解决以及统计分析。

（5）提升整体网络安全等级保护水平，配合安全审计等。

3. 专业知识与技能

（1）熟悉信息安全体系和安全标准，对信息安全体系和安全风险评估有较全面的认识。

（2）掌握 Windows/Linux 上常用网络服务的系统安装配置与使用，掌握操作系统中各种服务相关的安全参数配置。

（3）熟悉网络规划与配置，以及交换机、路由器、防火墙、存储系统等设备的配置与网络连接。

（4）掌握安全技术，如漏洞扫描（端口、服务漏洞、程序漏洞）、权限管理、入侵攻击分析与防护、病毒和木马等。

（5）掌握安全防护软件（防火墙、入侵检测、漏洞扫描、审计文档、系统日志）的使用。

（6）熟悉 TCP/IP 协议，理解 SQL 注入攻击、内存缓冲溢出攻击、异常数据攻击、DDoS 攻击等常见攻击方法和防护。

（7）掌握至少一种语言（如 PHP/Shell/Perl/Python/C/C++ 等），能对业务系统的软件风险（代码漏洞、数据传递、数据库、缓存服务等）进行评审和提出整改建议。

（8）掌握云计算环境的管理和安全维护。

（三）数据库运行管理

1. 岗位描述

数据库运行管理员是指对系统所使用的数据库进行维护及管理等工作的人员。

2. 主要工作职责

（1）安装配置数据库，并进行性能监控，故障诊断、排除等日常维护。

（2）制订、实施与完善数据库的备份还原、复制、镜像等容灾方案。

（3）提出并实施优化数据库性能及数据库集群方案。

（4）了解和改进应用系统的数据库查询代码性能，参与研发部门的数据库设计，保证符合数据库设计规范和性能需求，审查开发人员的查询语句、视图和存储过程等。

（5）研究和实施可靠的监控手段，分配权限，进行信息脱敏保护等。

（6）制订和改进应急预案、策略、相关流程。

3. 专业知识与技能

（1）熟悉数据库原理，熟悉常用数据库（Microsoft SQL Server、MySQL、Oracle、SQL Lite 等）。

（2）熟悉 T–SQL 语句的编程，掌握数据库管理系统的安排和使用。

（3）掌握数据库的用户管理、存储管理、数据与日志的自动备份和还原等。

（4）熟悉数据的并发操作、数据同步和分区存储等数据库机理和实施，熟悉相关监控、故障分析和解决。

三、市场营销环节岗位

（一）市场营销

相关的岗位名称有销售经理（销售主管、销售专员）。

1. 岗位描述

销售经理是课程市场营销团队的负责人，对招生、销售业务进行统筹和管理，并对课程顾问、推广专员等进行培训和管理。

2. 主要工作职责

（1）根据公司下达的招生目标，分解销售指标，带领且激励团队高效达成销售目标。

（2）设计社群增长方案及转化节奏，有效提升社群的活跃度与转化率。

（3）创造性地挖掘用户需求，迭代社群转化素材和话术，有效提升转化效率。

（4）给团队成员提供相应的销售培训和个人辅导，培养和激励下属，打造高绩效强能力的团队。

（5）对转化数据敏感，能及时发现并判断渠道数据效果，提供数据分析，提炼优化方案并推进执行。

（6）对公司提供的意向客户进行邀约及跟进到访工作，提高用户（家长、学员）的体验课到课率。

（7）有效利用体验课和专业知识，同家长面对面沟通，挖掘家长和学员需求，制订合理的学习方案，促进课程签订。

（8）按时完成每日工作任务和月度业绩指标，维护潜在客户和学员数据库。

3. 专业知识与技能

（1）有教育行业或互联网行业销售经验，具有销售管理工作经验。

（2）熟悉新媒体生态下的增长模式，了解基于网络社交媒体的有效销售。

（3）熟悉微信生态下的第三方工具使用，具有良好的产品思维。

（4）良好的项目管理及沟通合作能力。

（二）课程顾问

1. 岗位描述

课程顾问是指从事教学课程介绍、答疑工作，根据学员情况制订课程规划，并完成课程签单或续单的课程销售人员[①]。

2. 主要工作职责

（1）收集、整理区域内有效客户相关信息，负责联系客户，现场或电话邀约客户参加公开体验课程，负责接待到访客户，向客户提供专业的课程咨询、讲解和答疑服务。

（2）根据客户情况，制订课程学习规划，为客户设计专业的课程及个性化的课程体系或安排学习时间，并达成课程销售任务。

（3）完成课程签单或续单，并对信息归档入库。

（4）定期与合作客户进行沟通，建立良好的长期合作关系，包括利用电话和线上的方式，维护现有用户，开拓新用户，促成课程订单。

（5）担当家长和学校之间的沟通角色，为学员或家长就课程学习和安排问题进行答疑解惑。

（6）通过家长群，维护机构与学员、家长的紧密关系，懂得妥当处理紧急危机。

（7）跟进课程费用支付和消费过程，了解和收集课程反馈，提高客户认同感、满意度。

（8）重视收集和分析反馈数据，并与管理人员、教学人员、产品开发人员沟通，进行课程内容和教学服务优化及调整，给出可执行的解决方案。

3. 专业知识与技能

（1）熟练地了解机构的课程体系和服务内容，对学科内容有一定程度的认识。

（2）具有较好的咨询技巧，能为家长提供顾问式销售和体验式销售服务，确保签约率和平均客单价。

---

① 课程顾问. BOSS 直聘［DB/OL］. https://baike.zhipin.com/wiki/s2900720ac05e53290XM~/2022-12-9.

（3）具有良好的沟通能力和服务意识，协助校方和教师管理，完成学员招生及学员服务情况跟踪。

（4）素质上要求个性主动，沟通表达强，思路敏捷，执行力强，学习能力强，有一定的抗压能力。

（5）通常教育行业背景、计算机专业毕业生优先。

（三）市场推广

1. 岗位描述

推广专员是指教育机构或企业中主要负责开拓网络营销资源和渠道，进行线上线下产品推广的工作人员。相关的岗位名称有新媒体推广运营等。

2. 主要工作职责

（1）参与企业网校和教育课程的市场推广。

（2）组织、策划、执行线上和线下推广活动，收集推广反馈数据，不断改进推广效果。

（3）执行和监控各类广告的投放、评估和总结各类广告及活动的效果。

（4）协同销售经理及课程顾问开展招生宣传和推广。

3. 专业知识与技能

（1）掌握市场推广的基本方法，包括推广引流、市场推广、营销活动、线上推广和地面推广等。

（2）了解 SEO 或 SEM 的基本方法，掌握多种网络推广及管理工具的使用，利用合理途径提升网站流量、访问量及转化率等指标。

（3）掌握企业 App 和网站的推广方法，在各大论坛、博客、书签、目录网站做外链。

（4）熟悉新媒体的使用和管理运营，包括微信公众号、微信群、微博、小红书、哔哩哔哩、视频号、抖音、快手等。

（5）具有良好的新媒体方案撰写和素材处理能力，包括图片、视频、剪辑等基本能力。

四、 教学应用环节岗位

（一）教研员

1. 岗位描述

在线教育行业的教研员是教育机构的重要教学骨干力量，具有较高的专业能力和课程教学、教学研究、教学示范能力，通常在教育机构中起带头人的作用，并承担课程体系研究、师资培训、教学资源设计、教学质量评价与监测工作。通常教研员由机构中经验丰富、教学评价优秀、教学改革意识和能力较好的资深教师担任。

2. 主要工作职责

一是开展课程体系设计和教材研究，教研员要根据机构的主要学科内容范围和服务对象的学习需求，为机构设计合理的课程体系，并在课程体系、教具配备和选择、教材编写或选用方面起指导作用，通过开展教学研究，进行课程的迭代升级，从而打造高质量的课程体系。二是进行师资培训，为新进的授课教师进行机构的课程内容、教学、教法培训，并形成培训资质的认定工作，保障师资的质量。三是参与教学资源设计工作，与一线授课教师、教学资源设计和软件开发人员进行教学平台功能和教学资源设计，为教学视频拍摄等提供指导。四是进行教学质量的评价和监测，即对所负责的区域或教学团队的成员的线上教学情况、学生指导情况、家长沟通等提供有效的评价和督导工作。

3. 专业知识与技能

（1）具有独立或协助教员主任进行课程、教材、教具的教学研究和分析的能力。

（2）能指导新进教师熟悉教材、教法和教具，并制订合理的教学进度和计划。

（3）具有师资培训项目设计和实施能力，提高教学团队的教学质量和教学技能，开展新教材、新技术的培训，能完成示范课程的教学。

（4）理解教学质量监控体系的设计，能对教学团队成员的教学质量进行评价和监督。

（二）授课教师

1. 岗位描述

授课教师是指在公立或私立学校、有资质的教育培训机构中，专门从事教育教学工作的专业人员。授课教师是在线教育产业链中最为重要和关键的人力资源与智力资源，他们通常使用公共在线教育平台或机构内部的在线教育平台，以实时直播、视频录播等为主要形式开展教学活动。授课教师与学员之间的关系最为直接，也最为密切。授课教师在线教学的质量对学员的学业成绩，以及对客户服务满意度起到决定性作用。

2. 主要工作职责

（1）承担相应专业领域知识或科目内容的教学任务，备课、授课、批改作业和答疑。

（2）承担命题和批卷工作，对学生进行考试和考核。

（3）为学生提供学习支持，包括心理支持和学业支持，鼓励学生增强自我管理能力和学习韧性，完成相关课程。

（4）开展深度的教学研究和教法研究，提高教学的讲授能力和思维水平，提高在线教学活动中的师生互动水平，促进学习效果的提高。

（5）与学生家长或客户保持良好的沟通和交流互动，共同解决学习问题。

3. 专业知识与技能

（1）具有专业知识和良好的文化素质，能胜任专业信贷或科目知识的教学工作，具有较为广博的文化知识和教学理论基础。

（2）具有良好的技术素养，能熟练使用在线教育系统和直播教学工具，能利用在线教育学习系统顺利开展教学活动的组织和完成课程设计、在线练习和测验、课堂互动等教学活动。能自主管理开展线上教学所需的网络接入、终端设备使用、直播教学音频和视频设备、教学环境布置（如灯光要求）等技术环境要素。

（3）具有良好的教学课件制作能力，能熟练使用学校或企业提供的教学课件系统。

（4）具有较好的课程内容运营和用户运营能力，能与学员及家长开展良好的互动和沟通，提高课程教学质量和服务水平。

（三）学习管理系统管理员

1. 岗位描述

学习管理系统管理员是负责在线教育学习管理系统的日常管理、系统运维、数据管理和安全管理的工作人员。

2. 主要工作职责

（1）负责学习管理系统的系统安装和服务器基本运维，提高系统的稳定性和可靠性。

（2）负责学习管理系统的日常维护和故障处理，保障系统的正常运行。

（3）负责学习管理系统与外部系统的数据交换和信息共享，例如，监管对外支付系统的数据和状态。

（4）负责管理系统用户的管理，以及用户权限的管理和维护。

（5）负责学习管理系统数据的备份和恢复，保证数据的安全性。

（6）参与学习管理系统的建设和改进，提高系统的性能和稳定性。

3. 专业知识与技能

（1）了解网络接入、路由配置、存储设置和操作系统的安装与配置。

（2）掌握数据库管理、备份和恢复，能使用 SQL 语句完成数据的查询、更新、删除等操作。

（3）熟悉学习管理系统和在线教育业务的操作流程，能独立完成学习管理系统的安装、配置和管理。

（4）熟悉学习管理系统与相关业务系统的关联和数据连通方式，如支付系统、直播系统、人事系统的协调。

（5）具有良好的沟通能力和协作意识，能为相关部门提供学习管理系统使用的技术支持和业务协同。

五、　用户消费环节岗位

（一）在线教育服务师

1. 岗位描述

在线教育服务师是指运用数字化学习平台（工具），为学习者提供个性、精准、及时、有效的学习规划和指导服务的人员。

2. 主要工作职责

（1）为学习者提供全方位、全周期的个性化指导、支持和课程管理服务，解决学习者学习过程中的技术、内容、方法等问题。

（2）负责在线学习的班级管理，为学习者建立和维护在线交互社群，激发学习者的学习动机，提高学习兴趣。

（3）运用分析和评价工具对学习者的学习活动和学习成果进行综合评价，并及时反馈。

（4）根据学习者体验，对学习平台、学习工具、学习资源等提出优化建议。

3. 专业知识与技能

在线教育服务师的专业知识与技能分为初级、中级、高级几个等级，分别需要掌握相应的能力。具体在本章第四节的第一点中详细展开。

（二）客服人员

1. 岗位描述

客服人员是指为用户提供产品售后指导和服务工作的人员。客服人员是引流环节中最主要的角色，是学员与机构之间的沟通桥梁，可以解决学员对机构的基础信任问题。

2. 主要工作职责

（1）熟悉公司产品、功能或服务，使用多渠道方式（如电话、短信、邮件等）与客户进行沟通，了解客户需求，解答客户疑问。

（2）为客户提供咨询服务，处理投诉问题，落实解决产品或服务中的问题。

（3）总结用户的意见与建议，进行记录、整理及汇报。

（4）回访客户，了解售后进展情况，接受用户满意度评价。

3. 专业知识与技能

（1）要具备良好的沟通技巧，能很好地与各类学员沟通、交流和答疑，及时跟进，服务学员。

（2）要掌握一定的客服话语技巧和规范用语，熟悉课程体系、平台功能和常见问题，面向客户要做到专业解决问题，高效回答。

（3）有良好的心理素质和抗压能力，有换位思考能力，有同理心，有倾听能力，有良好的情绪调节能力。

【动手实践】

在 BOSS 直聘网的"求职百科"（https://baike. zhipin. com/wiki/）中输入和你所学专业的职业名称，了解相关职业的工作内容、能力要求、薪资变化等基本情况，如图 4－2 所示。

图 4－2　求职百科主页

第三节　国内在线教育企业的类型与区域分布

由于国内社会经济发展水平仍存在一定程度的差异，在地域、城市上相关产业的分布也有一定的差异。本节从地域和城市两个角度介绍在线教育产业的分布情况，以帮忙从业人员了解产业的整体情况，并形成有效的工作预期和拓展意识。

一、　地域分布

（一）整体区域分布

从整体来看，我国在线教育产业主要集中在东部地区，逐步向中西部地区扩散。从区域竞争格局来看，广东在线教育企业密度最高。

根据前瞻产业研究院发布的研究报告①，从我国在线教育产业链企业区域分布来看，我国在线教育企业分布广泛，初步形成了以广东为首的产业集聚区，此外，在安徽、福建、北京等教育发展较为成熟的地区，在线教育产业的发展水平也得到了快速提升。

（二）在线教育上市公司分布情况

从在线教育上市公司的区域分布来看，我国在线教育产业主要集中在广东省、北京、安徽省、福建省、浙江省等地区。其中，广东有腾讯教育、网易有道教育、达内 Tedu、传智教育、火星时代教育、中山能龙股份、汇众教育、中鹏教育、南方 IT 学院、天琥教育、美迪电商教育、新东方烹饪教育、邢帅教育等知名品牌，北京坐拥两大老牌龙头企业好未来（学而思）、新东方，安徽省含有国内领先全品类职业教育机构中公教育以及上游顶尖技术支持企业科大讯飞，福建省有网龙网络控股有限公司旗下教育业务子品牌网龙华渔教育、学大教育等，浙江省则有阿里巴巴旗下的钉钉（中国）信息技术有限公司。

二、　主要企业的类型、省份和城市分布

为了解目前我国在线教育产业骨干企业的类型、省份（含自治区和直辖市）和城市的分布，厘清各地产业发展现状和岗位的分布，帮忙从业人员和在校学生明确就业方向，笔者以国内前瞻产业研究院发布的 2021 年百大在线教育企业数据为基础，通过收集相应品牌所属的公司名称、企业类型、所在省份和城市数据，整理后形成基本的 2021 年国内百大在线教育数据集，然后导入 SPSS 中进行统计分析，得到结果如下：尽管由于市场环境变化、企业经营状态、产权主体变更等原因，个别企业的数据会发生改变，但整体上百大企业具有较强的产业代表性，因此，其数据分析结果会有较强的现实价值和指导意义。

（一）企业类型分布

2021 年百大在线教育企业的类型分布见表 4 - 1。

表 4 - 1　2021 年百大在线教育企业的类型分布　　　　　　　　　%

	类型	频率	百分比	有效百分比	累积百分比
有效	职业教育类	28	28.0	28.0	28.0
	教育服务类	21	21.0	21.0	49.0
	素质教育类	13	13.0	13.0	62.0
	语言类	10	10.0	10.0	72.0
	综合类	9	9.0	9.0	81.0
	K12	9	9.0	9.0	90.0
	高等教育类	5	5.0	5.0	95.0
	早教类	5	5.0	5.0	100.0
	总计	100	100.0	100.0	

由表 4 - 1 可知，目前百大在线教育企业的类型分布中，职业教育类占比最高，为

---

① 前瞻产业研究院．预见 2022：一文深度了解 2022 年中国在线教育行业市场现状、竞争格局及发展趋势［DB/OL］.［2022 - 09 - 02］. https://bg. qianzhan. com/trends/detail/506/220902 - 4578e95c. html.

28%，教育服务类占比为21%，素质教育类占比为13%，语言类占比为10%，综合类占比为9%，K-12占比为9%，高等教育类占比为5%，早教类占比为5%。

（二）所在省份分布

2021年百大在线教育企业的省份（含自治区和直辖市）分布见表4-2。

表4-2 2021年百大在线教育企业的省份（含自治区和直辖市）分布 %

省份（含自治区和直辖市）		频率	百分比	有效百分比	累积百分比
有效	北京市	53	53.0	53.0	53.0
	上海市	25	25.0	25.0	78.0
	广东省	8	8.0	8.0	86.0
	浙江省	7	7.0	7.0	93.0
	江苏省	3	3.0	3.0	96.0
	湖南省	1	1.0	1.0	97.0
	辽宁省	1	1.0	1.0	98.0
	天津市	1	1.0	1.0	99.0
	云南省	1	1.0	1.0	100.0
	总计	100	100.0	100.0	

目前百大在线教育企业的省份（含自治区和直辖市）分布中，前四名为北京市、上海市、广东省和浙江省。北京市占比最高，为53%，上海市占比为25%，广东省占比为8%，浙江省占比为7%，江苏省占比为3%，湖南省、辽宁省、天津市和云南省占比均为1%。从百大在线教育企业的省份分布分析结果来看，在线教育产业的骨干企业的分布与各省的社会经济及教育总体发展水平基本对应。

（三）所在城市分布

2021年百大在线教育企业的城市分布见表4-3。

表4-3 2021年百大在线教育企业的城市分布 %

省份（含自治区和直辖市）		频率	百分比	有效百分比	累积百分比
有效	北京市	53	53.0	53.0	53.0
	上海市	25	25.0	25.0	78.0
	杭州市	7	7.0	7.0	85.0
	广州市	4	4.0	4.0	89.0
	深圳市	4	4.0	4.0	93.0
	南京市	3	3.0	3.0	96.0
	沈阳市	1	1.0	1.0	97.0
	昆明市	1	1.0	1.0	98.0
	天津市	1	1.0	1.0	99.0
	长沙市	1	1.0	1.0	100.0
	总计	100	100.0	100.0	

目前百大在线教育企业的城市分布中，前五名为北京市、上海市、杭州市、广州市和深圳市。北京占比最高，为53%，上海市占比为25%，杭州市占比为7%，广州市和深圳市占比均为4%，南京市占比为3%，沈阳市、昆明市、天津市、长沙市占比均为1%。从百大在线教育企业的城市分布分析结果来看，在线教育产业的骨干企业的分布主要在"北上广深"四大一线城市，以及杭州市和南京市，六个城市的累积占比达到96%。

第四节　在线教育典型工作岗位的能力要求

在线教育的产业链条上形成了不同的产业环节和岗位群，随着初级工作岗位向高级工作岗位的发展，对从业人员的知识、能力和经验也同样提出更高的要求。因此，对在线教育产业中典型的工作岗位进行深入分析，有助于帮忙从业人员理解重点的工作岗位的具体要求。本节重点选取了在线教育产业中在线学习服务师、课程资源设计师、教育软件开发工程师和教务系统管理员等典型的工作岗位进行具体分析。

一、在线学习服务师的岗位能力

（一）在线学习服务师的岗位工作任务

根据国家人力资源和社会保障部于2021年9月发布的《在线学习服务师国家职业技能标准（征求意见稿）》[①]。在线学习服务师是指运用数字化学习平台/工具，为学习者提供个性、精准、及时、有效的学习规划、学习指导、支持服务和评价反馈的人员。

在线学习服务师的主要工作任务如下[②]。

（1）对学习者进行学情分析，提出针对性的学习规划和学习建议；

（2）为学习者提供全方位、全周期的个性化指导、支持和课程管理服务，解决学习者学习过程中的技术、内容、方法等问题；

（3）负责在线学习的班级管理，为学习者建立和维护在线交互社群，激发学习者的学习动机，提高学习兴趣；

（4）运用分析和评价工具对学习者的学习活动和学习成果进行综合评价并及时反馈；

（5）根据学习者体验，对学习平台、学习工具、学习资源等提出优化建议。

（二）在线学习服务师的职业能力要求

根据《在线学习服务师国家职业技能标准（征求意见稿）》的设计，在线学习服务师的职业能力要求分为初级、中级和高级。在线学习服务师的工作要求分为一级至五级，由初级工到高级工，能力要求逐步提高。例如，在标准的"工作要求"中指出五级（初级工），要求从业人员要具备"学情分析""学习指导""动机激励""学习者管理""支持服务""学习测评"六项职业功能。其中，初级能力要求的主要工作内容、知识与技能要求见表4-4。

---

① 中华人民共和国人力资源和社会保障部. 在线学习服务师国家职业技能标准（征求意见稿）[EB/OL].[2021-09-28]. http://www.mohrss.gov.cn/SYrlzyhshbzb/zcfg/SYzhengqiuyijian/zq_zynljss/202109/W020210928321927532560.pdf. 2022-11-3.

② 中华人民共和国人力资源和社会保障部. 关于对拟发布新职业信息进行公示的公告[EB/OL]. http://www.mohrss.gov.cn/SYrlzyhshbzb/zwgk/gggs/tg/202005/t20200511_368176.html.

表4-4 在线学习服务师职业能力要求（初级）

职业功能	工作内容	知识与技能要求
1. 学情分析	1.1 学情数据获取	使用平台系统获取学习者学前、学中、学后的学习数据，开展学情分析；使用问卷采集数据；记录学习过程数据
	1.2 学情数据分类与存储	对学情数据进行分类、转换和存储；使用工具管理数据
2. 学习指导	2.1 辅导答疑	能解答学习过程中的问题；辅导答疑；使用技术工具和系统辅导答疑
	2.2 学习过程记录与保存	能使用工具记录学习者学习活动，并管理相关记录
	2.3 学习方法与工具支持	能为学习者推荐在线学习方法和工具、资源；了解常见学习方法和工具
3. 动机激励	3.1 协助学习者进行目标管理	了解学习目标分析方法和进度管理；帮助学习者做目标分解；督促学习按学习者清单和进度完成任务
	3.2 持续关注学习者	了解在线联络方式的使用（邮件、微信、短信）；基于服务规范，提供定期沟通，记录、解决和转介学习者的困难与需求
4. 学习者管理	4.1 学习者基础信息采集	按规则审核和收集学习者相关材料 进行纸质材料整理与录入
	4.2 学习档案管理	能按学习档案管理要求记录学习者的学习情况及异动
5. 支持服务	5.1 学习任务提醒	根据进度及时对学习者进行督促与提醒； 根据教学任务与授课教师联系，督促其提前准备好授课环境和课件；以合适渠道进行沟通
	5.2 规定性学习任务发布	能在线上平台发布学习活动通知及要求； 按照学习互动规范和授课教师要求在课中发布签到、答题、连麦监控等互动，并做记录； 能根据任务发布要求编辑任务文字信息
	5.3 学习设备与环境落实	能按要求与学习者确认软件下载和安装情况； 配合授课教师准备好授课环境； 课前落实在线学习环境（设备、网络、媒体）
	5.4 平台应用培训	了解在线平台、移动学习平台的应用规范与技巧，并为师生提供指导和讲解
	5.5 技术问题咨询	能解答、处理或转介在线学习平台使用问题处理的方法。记录学习者使用的技术困难与建议
	5.6 问题响应	能根据突发问题的应急预案响应在线学习突发事件；能详细记录突发问题过程；能将常见问题归类整理
6. 学习测评	6.1 作业发布	能按规范发布作业和设置自动批改方式
	6.2 作业反馈	能根据作业批改要求批改作业、发布成绩、反馈结果

【案例分析】

新职业新机遇｜在线学习服务师成为新职业，迎来新发展

（中国网信网综合报道，http://www.cac.gov.cn/2020-07/20/c_1596800711575977.htm）

就业是民生之本，也是社会稳定的根基，做好"六稳"工作的头等大事就是稳就业。近日，人力资源社会保障部联合国家市场监管总局、国家统计局向社会发布了多个新职业，近期火起来的"在线学习服务师"也在其中。

在线学习服务师是指运用数字化学习平台（工具），为学习者提供个性、精准、及时、有效的学习规划、学习指导、支持服务和评价反馈的人员。其主要工作任务包括：对学习者进行学情分析，提出针对性的学习规划和建议；负责在线学习的班级管理，为学习者建立和维护在线交互社群，激发学习者的学习动机，提高兴趣等。

提供全方位、全流程服务

最近几个月，在线学习服务师孙巾一直在忙碌着。"疫情发生以来，大家在线学习热情高涨，我们的业务量也在逐步增加，经常一个班学员能达到七八十人，有三名学习服务师同步指导才忙得过来。"孙巾说。

作为一名广播电视新闻专业的毕业生，孙巾对视频编辑和设计有着浓厚的兴趣。正是这个兴趣，把她带入了在线学习服务师这一职业。

"在线学习服务师是专为在线学员设置的服务岗位，负责全流程跟进学员的学习规划，督促其坚持学习，提升学习兴趣和学习效果。"孙巾说。此外，她还需要负责管理学员的社群，在线为学员一对一答疑解惑，记录学员的成长轨迹。除了睡觉时间外，她都会随时随地在线解答学生的问题。

随着在线学习需求的高涨，在线学习服务的内容也在不断丰富。"我们的课程内容覆盖了电商运营、网页设计、视频制作等方面，学员大部分有着提升自己能力的需求，一般都在下班后或正常学习结束后上课，因此，我的工作多在下午到晚间时间进行。"孙巾说。

二、　在线教育课程资源设计师的岗位能力

（一）平面类课程资源设计师

1. 主要工作任务

平面类课程资源设计师主要负责企业教育产品的视觉表达和软件交互界面设计。此外，还会参与产品的 VI 设计，以及海报、手册和宣传物料的设计。例如，参与产品配套的数字教材中的主题形象和角色设计、教材模板等。部分设计师还会参与教学网站和宣传网站的平面设计、专题活动展示素材设计和制作、新媒体推文图片设计和制作等工作，例如，微信 H5 页面和其他图片的设计与制作。

2. 岗位能力要求

（1）要有平面设计、美术及视觉传达相关专业的基本功，包括优秀的字体设计、平面排版、标识设计以及平面表现能力。

（2）能熟练使用 Adobe 公司的 Photoshop、Illustrator、CAD、Dreamweaver 等相关软件。

（3）能完成 LOGO 设计、图标设计、海报制作、图像处理、网页制作、插画绘制、书

籍排版、印刷出版等工作。

（4）熟悉印刷工艺与物料制作，有一定印刷制作后期的常识。

（二）动画类课程资源设计师

1. 主要工作任务

动画类课程资源设计师主要负责教育资源的二维动画、MG 动画、三维动画的设计和输出工作。

2. 岗位能力要求

（1）对于二维动画从业者，要求有较好的美术功底、较好的手绘能力，有绘制逐帧动画的能力。

（2）能熟练使用 Flash、After Effect、Photoshop、Illustrator 等必要软件绘制动画。

（3）能独立完成分镜草图，后期合成动画；对于三维动画设计人员，则要求能够熟练使用 3ds Max、Maya 三维建模，要求对其中一种比较熟悉，并能使用 UE、Unity 三维动画引擎制作相关教育游戏。

（4）会使用 After Effect、Photoshop、Premiere、剪映等视频剪辑和后期处理软件。

（三）视频类课程资源设计师

1. 主要工作任务

视频类课程资源设计师的主要工作包括教学视频的拍摄、剪辑和包装，以及视频类微课的制作。

2. 岗位能力要求

（1）负责网络视频作品的策划、制作和编辑，实现艺术表达或商业传播目标。

（2）基于所在机构的业务形态和传播需求，策划视频内容，包括短视频、短片、纪录片、访谈、中长片等多种形式。

（3）参与视频脚本撰写，优化文本质量。

（4）参与视频拍摄、剪辑和后期制作，保证成片的高质量呈现。

（5）负责主题视频栏目或商业化内容的策划，突出内容特色，实现业务转化。

（四）课件制作类课程资源设计师

1. 主要工作任务

课件制作类课程资源设计师主要负责课件资源的设计和制作，包括 PowerPoint 类课件、HTML5 交互式课件的设计和制作。

2. 岗位能力要求

（1）与客户或授课教师沟通需求，包括了解客户所在机构的课程和教学内容的整体风格，与客户或教师商定所需的制作内容、设计主题和风格要求，并撰写需求说明文档。

（2）根据教师的要求和教学实际情况，制订课件制作的计划和范围，包括制作时间要求、制作和审查流程、所需人力资源、预算开支等。

（3）根据需求说明文档和用户提供的教学内容素材来设计和制作幻灯片，包括幻灯片的模板设计、文字、图片、音效、插入的动画和视频等，保证内容准确、清晰、生动、有吸引力。

（4）掌握 HTML5 交互式课件设计的技能，会使用木疙瘩等 HTML5 工具。

（5）根据教学内容和用户反馈进行课件的跟进审查和修改，使之内容规范、准确、易读、有条理。

（6）保持与管理者等部门的沟通，协调工作进度，保证制作进度和质量的稳定与高效。

（五）数字教材设计师

1. 主要工作任务

数字教材设计师主要负责企业内部使用的数字教材的策划、组织和编辑工作。

2. 岗位能力要求

（1）了解数字教材设计的基本流程，包括选题策划、教材内容分析，以及数字教材的框架、体例和风格的确定。

（2）熟悉平面制作工具的使用，能运用设计软件制作数字教材的版面和模板。

（3）理解教学设计和教学评估的基本方法，能根据数字教材制作的需求制订配套教学动画的脚本格式，并依据教学策略及学习活动设计配置资源，描绘界面雏形、媒体处理手法、互动内容与顺序，以及符合学习者认知程度的旁白文案。

（4）了解国家出版行业的基本标准要求和三审三校流程工作要求，具备教材的内容审核、修改和校对的能力，能保证内容的质量。

（5）具备初步的教材责任编辑能力，能与出版机构对接，能确保数字教材的质量和规范符合要求。

（6）具备与 UI 平面设计师合作的能力，能参与用户界面的基本设计和测试。

（六）虚拟现实类资源设计师

1. 主要工作任务

虚拟现实类资源设计师主要负责企业的虚拟现实产品的设计、开发和维护，产品包括虚拟现实游戏、培训模拟器、社交交互平台，或者是教育、医疗、娱乐、健康和体育等领域有关的应用。

2. 岗位能力要求

（1）具有高级程序设计语言编程能力（Python、C#、JavaScript 等）。

（2）具有三维建模能力，如使用 3ds Max 建模。

（3）能根据课程资源需要和脚本设计进行三维角色形象建模和场景建模。

（4）能基于虚拟现实开发常用引擎，如 Unity、虚幻引擎（Unreal Engine）进行虚拟现实程序设计和开发。

（5）具有用户交互和界面设计能力，能完成图形渲染和输出。

（6）了解虚拟现实环境搭建、虚拟现实设备的安装和调试等。

三、 在线教育软件开发工程师的岗位能力

（一）在线教育软件开发工程师的岗位工作任务

在线教育软件开发工程师主要负责在线教育类软件的设计和开发，包括但不限于项目管理、平台设计、功能开发等。

从软件工程项目管理的角度来看，产品需求调研、分析和设计，技术方案、项目文档的编写，以及程序编码和软件测试、项目部署等工作的完成，均需要软件开发工程师的参与。

根据工作内容和开发模式的差异，在线教育软件开发工程师的工作岗位也可细分为系统架构师、前端开发工程师、后台开发工程师等。

（二）在线教育软件开发工程师的职业能力要求

1. 系统架构师的职业能力要求

系统架构师是软件工程领域的核心职位，他们主要负责在线教育软件系统的架构设计、模块划分、技术选型等工作，包括系统需求分析、系统架构设计、系统方案评估、系统性能测试、系统开发指导、系统安全性评估、系统集成和调试等步骤。他们通常要求具备以下职业能力：

（1）具备扎实的系统分析和系统架构能力，了解软件的系统构成，能够根据系统的需求和目标制订合理的系统架构设计、技术选型、模块划分、系统测试方案。

（2）具备丰富的项目管理和开发实践经验，了解前沿的技术发展，并能为系统架构提出合理的解决方案，负责系统整体架构设计和核心技术难题的解决，指导开发人员进行具体编码实施。

（3）具备良好的沟通表达和项目培训能力，能清晰地表达自己的设计思路和方案，团结和带领开发团队完成系统的设计和实现，并对技术人员及用户进行培训和指导。

2. 前端开发工程师的职业能力要求

前端开发工程师负责软件界面的实现，包括网站平台和 App 的界面开发，其职业能力要求如下：

（1）理解基于浏览器的网页设计和 App 的原生开发模式（如原生开发、混合式开发）。

（2）掌握各种前端开发技术，如 HTML、HTML5、JavaScript、CSS、CSS3 等基础知识。

（3）理解前端模块化、组件化设计思想，掌握主流的动态网页特效开发用框架，如 jQuery、Vue、React、Angular、Svelte、Alpine、Preact、LitElement、Stimulus、Ember 等。

（4）熟悉网页和 App 开发的页面架构与布局，能够解决各种浏览器和 App 兼容性问题、页面优化和效率调优。

（5）具有良好的代码编写能力，注重代码可读性、复用性。

（6）有较强的沟通理解能力和逻辑思维能力，技术视野广阔，能够独立承担项目开发工作。

3. 后台开发工程师的职业能力要求

后台开发工程师负责软件后台功能的实现，其职业能力要求如下：

（1）熟练掌握至少一门编程语言，如 Java、C#、PHP、Python 等，并有较为丰富的编程经验。

（2）精通常用的开发工具和框架，如 Eclipse、Visual Studio、MyEclipse、Spring、Hibernate 等。

（3）具备良好的数据结构和算法基础，能够独立完成系统设计和开发工作。

（4）能理解在线教育管理系统运行的基本业务，包括系统配置、用户管理、教务安排、用户支付、业绩核算、直播业务、客服管理、物料管理、推广宣传等业务，并完成相关代码功能的实现。

四、 在线教育教务系统管理员的岗位能力

（一）在线教育教务系统管理员的岗位工作任务

在线教育教务系统管理员主要负责教务系统的管理和使用，并承担系统的培训工作。具体工作包括：

（1）负责在线教育教务系统的日常维护与故障排除，保障系统的正常运行。

（2）负责在线教育教务系统用户账号的创建、变更、注销等管理工作，以及用户权限的分配与调整。

（3）负责在线教育教务系统各项功能的规划、设计、开发与优化，不断完善系统功能，提升用户体验。

（4）负责在线教育教务系统数据的备份与恢复，保障数据的安全性。

（5）配合教师、学生以及其他工作人员使用在线教育教务系统，提供必要的技术支持。

（二）在线教育教务系统管理员的职业能力要求

（1）了解教务管理相关的教务排课、用户管理、成绩管理、教师用户绩效核算等工作的业务流程及相应的系统操作。

（2）熟练掌握在线教育教务系统相关的技术和管理知识，能够独立完成系统维护、故障排除、数据备份与恢复等工作。

（3）具有较好的技术能力，掌握操作系统的使用和配置、了解基本的网络配置能力。

（4）熟练掌握数据库系统管理能力，了解数据查询分析、数据备份和还原操作。

（5）具有较好的沟通协调能力，能与教务员、教师、学生、其他工作人员等进行有效的交流与沟通，确保在线教育教务系统的正常运行。

【动手实践】

1. 在智联招聘、前程无忧等招聘网站，注册一个用户，然后根据自己的兴趣，在招聘网站的搜索栏目中查找在线教育产业相关岗位的招聘信息，查看具体的工作职责、工作要求、就业薪酬、能力要求、工作地点、经验要求等信息，并将相关信息保存到个人的网络学习笔记中。

2. 在招聘网站中，查找你期望的工作岗位相关工作的高阶职务和低阶职务，比较其能力要求、薪酬水平差异，并和同学分享你的看法。

课后习作

1. 选择在线教育产业链条的一个细分环节，制作一个PPT，介绍其中一个岗位的从业要求，并结合个人所学专业和就业意向，利用"基础—差距—目标"模型分析自己现有能力准备情况和招聘信息中的目标能力要求，明确自己在知识、技能、素质方面的差距，并写出3~5个自己需要学习的重点内容或需要解决的难点。

2. 基于所做的PPT，与同学分享自己对在线教育工作岗位的认识，并介绍自己的学习规划。

3. 你认为在人工智能和"互联网＋"时代的背景下，要学习和掌握哪些新媒体技术来进行个人品牌的建设？

第五章
在线教育的教与学

在线教育打破了传统教育在时间和空间上的限制，在优化教师教学和学生学习方面具有巨大的潜力。本章将探讨在线教育的教学模式、教学设计、学习理论、学习能力提升，通过本章的学习，教师和学生能够更有效地运用在线教育平台和资源展开教与学。

知识地图

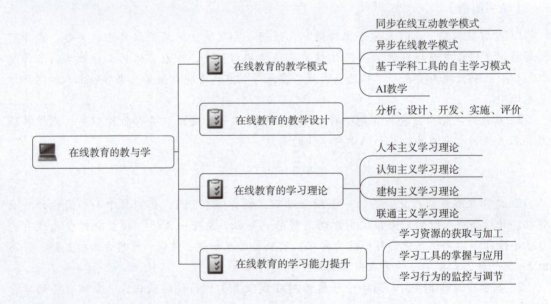

学习目标

1. 了解在线教育的几种基础教学模式以及教学设计的步骤。

2. 掌握在线教育的学习理论，能够运用这几种理论来指导自己的在线学习。

3. 提升在线学习能力，能够更好地获取、加工学习资源，掌握并应用学习工具，对自己的学习行为进行自我监控与自我调节。

4. 了解在线教育学习支持服务的几种方式，有意识地观察、评价自己所使用的在线教育平台（如中国大学 MOOC）如何实现对学习者的支持服务。

学习建议

1. 建议阅读相关的在线教育书籍、学术论文，来深入了解在线教育的基础教学模式以及学习理论。

2. 在学习的过程中，尝试运用不同的理论来指导自己的学习。例如，如果你发现自己在备考某门考试时很难记住知识点，可以尝试使用认知主义的学习理论，通过精加工策略来提高记忆效果。

3. 初步接触到思维导图、云笔记等在线学习工具后，要结合自己的学习习惯进行使用，改善自己的学习体验。

第一节 在线教育的教学模式

北京师范大学余胜泉教授在《常见在线教学模式与工具》的报告中，列举了目前基于互联网工具可以实现的 10 种在线教育教学模式，主要包括同步在线教学模式、异步在线教学模式、基于学习社区的协作学习模式、基于学情分析工具的精准教学模式、在线翻转课堂教学模式、基于学科工具的自主学习模式、基于问卷调查工具的操练与练习教学模式等[①]。研究者进一步发现，目前面向中小学的在线教育平台中，同步在线互动教学模式的平台数量最多，占比达到 64%；其次是基于学科工具的自主学习模式的平台，占比为 17%；然后是异步在线教学模式的平台，占比为 11%，其余平台共占比为 8%[②]。可见同步在线互动教学模式、异步在线教学模式、基于学科工具的自主学习模式是目前最主要的在线教育教学模式。此外，随着人工智能技术的飞速发展，给教育行业也带来了深刻影响，不仅重塑了教育理念，还更新了教育形式，AI 教学模式也处于快速发展中。本节主要介绍同步在线互动教学模式、异步在线教学模式、基于学科工具的自主学习模式以及 AI 教学模式。

一、同步在线互动教学模式

同步在线互动教学模式是指师生利用在线学习平台，在同一时间不同地点开展教学活动，在教学过程中可以实现师生互动、学生之间互动的模式。同步在线互动教学模式强调了同步和互动两个关键词，同步意味着师生需要在同一时间、不同地点开展教学，互动强调了师生授课过程的交互，尽量模拟线下教学，但上课人数不受限制，这也是很多授课类的学习平台采用的授课模式，目前教师授课分为一对一和一对多的授课形式。依托平台技术支持实时互动，最大限度地还原课堂教学，有利于优质资源共享，突破时间空间的局限性，扩大教学规模。同步在线互动教学模式的教学流程及对应师生活动如图 5-1 所示。

同步在线互动教学模式主要在直播系统和视频会议平台进行。此类平台集成了群体授课所需的多人视音频交流、演示文稿展示、文字研讨三大功能，并且能够电脑、手机、平板多平台显示。目前，常用的直播类教学工具有钉钉、腾讯会议、CCtalk 等。

① 余胜泉. 常见在线教学模式与工具［EB/OL］.（2020-03-24）［2023-09-18］. https://www.cse.edu.cn/index/detail.html?category=141&id=2803.

② 邢宏光. 中小学校外在线教育的教学模式及用户需求研究［D］. 重庆：西南大学，2021.

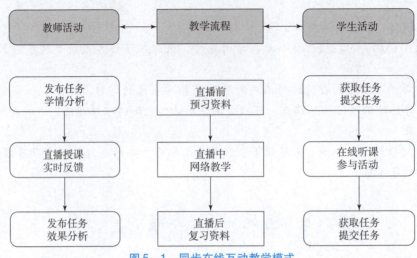

图5-1 同步在线互动教学模式

同步在线互动教学模式的实施策略和注意事项如下：

第一，以任务驱动提高学生的自我调控学习能力。直播教学环境下，让学生保持注意力是保证教学效果最重要的基础。通过设定一个共同的任务活动中心，可以让学生在强烈的问题动机的驱动下，主动、积极应用学习资源。

第二，巧用在线点名和在线提问等功能。在线课堂中，学生更倾向于文本类型的互动，老师可以提前适应这种在线交流形式。当提问后，没有学生在线响应时，可以使用在线点名功能，指定学生作答，或者在预习阶段布置一些思考题，让学生提前预习并思考，或者举几个示例启发学生作答。

第三，可以使用在线投票、随堂测的功能，实时查看学生对知识的掌握情况。另外，在讨论区作答的问题可以主观题为主，减少客观题，避免学生复制答案。

第四，使用功能集合性强的平台。避免一会用QQ作业打卡，一会儿用CCtalk直播，一会儿用智学网布置作业，导致教师和学生都要在多种软件之间来回切换，影响学习效果①。

【案例分析】

目前国内教师在采用同步在线互动教学模式时，常用的平台包括ClassIn、CCtalk、腾讯会议、钉钉。

> ClassIn是一个较为专业的在线教育平台，为教学流程做了很好的支持，包括课前（资源库和云盘）、课中（举手上台、抢答器、分组讨论、随机选人、小黑板、发奖杯）、课后（课后作业、在线测验、数据看板）等。除了UI和交互上有一些限制之外，ClassIn在功能上相当完善。只是，以ClassIn为代表的在线教室服务的直接对象是辅导机构和院校，个人教师需要在使用前预充值，使用门槛较高。

---

① 余胜泉. 常见在线教学模式与工具［EB/OL］.（2020-03-24）［2023-09-18］. https://www.cse.edu.cn/index/detail. html?category=141&id=2803.

CCtalk 同样是一个功能强大的在线教育平台，拥有强大的教学功能与营销工具，以及功能齐全的后台服务，吸引了很多专业网师入驻。不过对于大多数个人老师来说，讲师认证、开课、课件操作、白板操作等流程较为烦琐，用起来不是很方便，适合注重课程营销的专业网师使用。

腾讯会议、钉钉的重点业务是支持会议、办公场景，但近年来也针对上课场景做了一些优化。钉钉新推出了一个钉钉在线课堂，支持操作白板、展示 PPT、录制回放。但是依然有一些不足之处，比如笔迹缩水抖动、PPT 不支持显示动画，App 里面有一堆和教学不相干的功能，视觉观感较乱。腾讯会议新增支持分享白板进行书写、计时器等插件，但是板书体验不佳。在线教学场景中，经常需要在文档上进行板书，腾讯会议这方面有待提升。

（https://zhuanlan.zhihu.com/p/491913018）

二、 异步在线教学模式

异步在线教学模式是指师生利用在线学习平台，在不同时间不同地点进行教学，这种模式的优点是师生教学互相独立，不受时间的限制，教师提前录制好课程后，学生在自己的空余时间随时观看。异步在线教学模式主要以录播课的形式体现，与同步在线互动教学模式不同的是，教师不能根据学生情况调节上课内容，因此这种模式需要学生有良好的自觉性和意志力，能够跟上教师上课节奏。与直播在线授课相比，录播可以进行后期修剪和增添元素，使讲授的呈现效果更好或者更具特色[①]。异步在线教学模式的流程如图 5-2 所示。

异步在线教学模式主要可以分为以下两种：

1. 单纯在线学习的 MOOC

大规模开放式网络课程（MOOC）通常通过在线资源库发布，而在线资源库就是包含了学习资源的数字化数据库。课程开发人员、教师和学习者可以在这些资源库中搜索、查看和下载学习资料，并获得元数据。大规模开放式网络课程由视频、作业、讨论区、互动环节、附加学习资源等部分构成。此外，还具有规模大、开放性、学生的个性化学习形式、学习行为和过程的即时记录等特点。

大规模开放式网络课程是一种开放教育资源（OER）。开放教育资源是指"保留在公共领域的或者保留在根据开放式许可证发布的版权下的，允许他人无偿获取、使用、改编和重新发布的任何媒介——数字或其他形式的学习、教学和研究资料"。开放教育资源的愿景是为每个人提供免费和开放的教育资源。根据学习者的特点、学习内容和学习所需的资源，大规模开放式网络课程也可以作为混合式学习的附加资源。课程开发人员和教师可以创建一个混合式课程，在其中添加其他创作者制作的大规模开放式网络课程。

2. 线上线下反转课堂学习的 SPOC

SPOC 是小规模在线课程（Small Private Online Course），其中，"Small"是指学生规模一般在几十人到几百人；"Private"是指对学生设置限制性准入条件，达到要求的申请者才能被纳入 SPOC 课程。对于符合准入条件的在线学习者学习 SPOC 课程，有学习强度和时间、

---

① 邢宏光. 中小学校外在线教育的教学模式及用户需求研究［D］. 重庆：西南大学，2021.

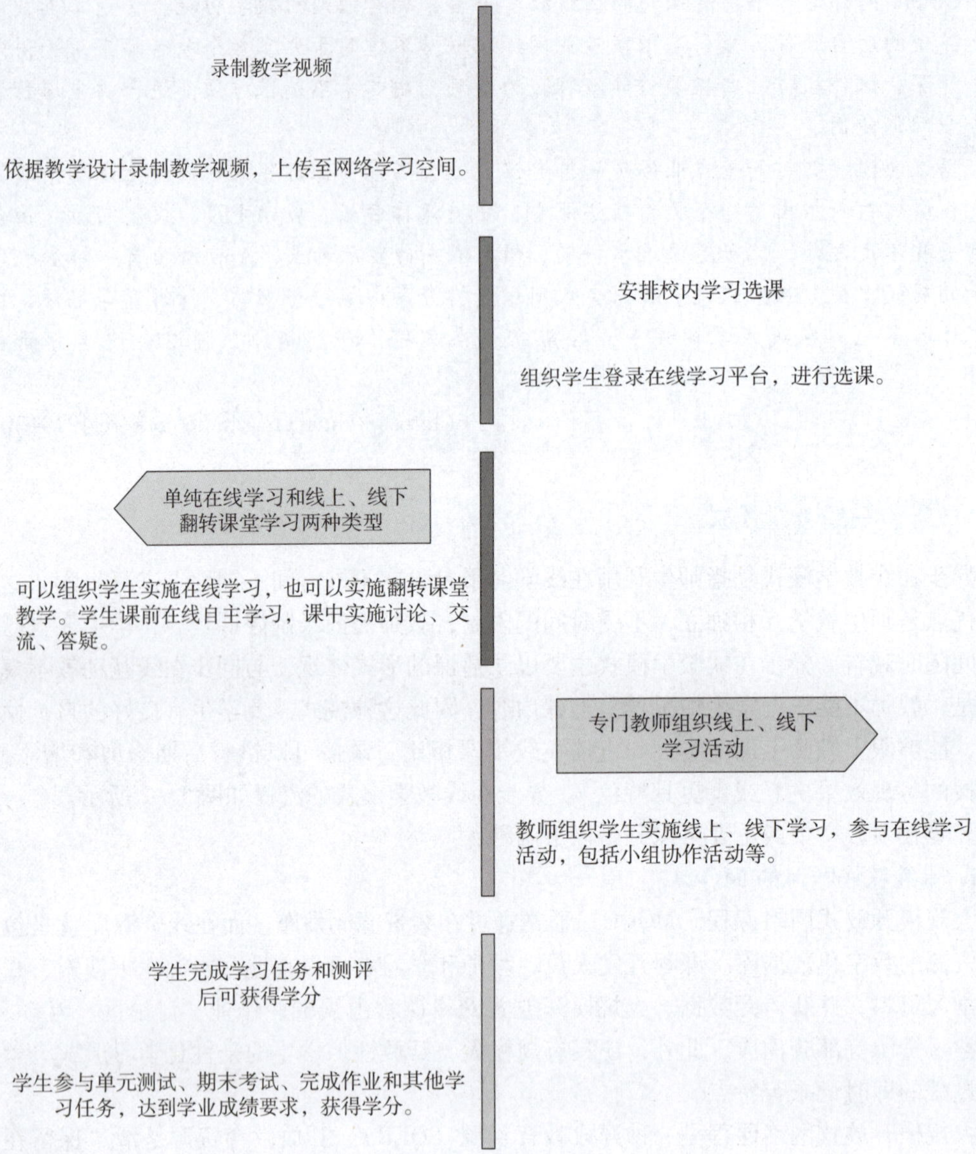

录制教学视频

依据教学设计录制教学视频，上传至网络学习空间。

安排校内学习选课

组织学生登录在线学习平台，进行选课。

单纯在线学习和线上、线下
翻转课堂学习两种类型

可以组织学生实施在线学习，也可以实施翻转课堂
教学。学生课前在线自主学习，课中实施讨论、交
流、答疑。

专门教师组织线上、线下
学习活动

教师组织学生实施线上、线下学习，参与在线学习
活动，包括小组协作活动等。

学生完成学习任务和测评
后可获得学分

学生参与单元测试、期末考试、完成作业和其他学
习任务，达到学业成绩要求，获得学分。

图 5-2　异步在线教学模式的流程

参与在线讨论、完成作业和考试要求，合格后获得证书。

SPOC 是对 MOOC 的发展和补充，简单理解为 SPOC = MOOC + 课堂，不仅弥补了 MOOC 在学校教学中的不足，还将线上学习与线下相结合的一种混合式教学模式，采用 MOOC 视频实施翻转课堂教学。

SPOC 的主要教学过程是：教师根据教学大纲，每周定期发布视频教学材料，布置作业和组织网上讨论。学生在学习清单的引导下按照时间点完成视频观看、作业和参加讨论。在课堂上教师进行课堂授课，处理网络课程答疑，并进行课堂测试。SPOC 利用 MOOC 技术支持教师将时间和精力转向更高价值的活动中，如讨论、任务协作和面对面交流互动等。

SPOC 是融合了实体课堂与在线教育的混合教学模式，既融合了 MOOC 的优点，又弥补

了传统教育的不足。

异步在线教学模式的实施策略和注意事项如下：

异步教学的关键是要有完整教学活动设计，不是堆砌资源，而是从内容开放到教育过程开放，要从面向内容设计到面向学习过程设计。

在视频录制之前，教师应做好详细的教学设计，并对学习内容保持持续更新。

学习支持服务非常关键，要组织讨论、答疑、作业、作品展示等系列的在线交互活动，激励学生进行学习投入，保持学习的持续性。

在课程开始前，教师需要结合课堂目标设计好评价方案，并确保每个学生知道学习评价方式，能够采取一些激励性的评价措施调动学生的学习主动性①。

【案例分析】

异步在线教学模式的典型之一是中国大学 MOOC。

> 中国大学 MOOC 提供了大量的录播课程，覆盖多个学科领域。课程涉及计算机、心理学、经济管理、外语、艺术、工学、理学、生命科学、法教育学等多种学科，学生可以根据自己的兴趣和需求选择感兴趣的课程，通过观看录播视频进行学习。这种录播教学模式使学生可以根据自己的时间和地点自由选择学习，同时也提供了丰富的学习资源和专业的教师团队，提高了学习的质量和效果。

三、 基于学科工具的自主学习模式

基于学科工具的自主学习模式是指依托在线学科工具，辅助学生自身开展学习活动，学习者自己围绕特定的教学目的，设计教学活动，自定步调、自我监控，适当调节学习活动（图 5−3）。这种教学模式具有自主性和开放性，学生可以根据自身实际情况开展学习活动，适用面比较广，方式灵活，不受时空限制。但在组织教学中需要注意明确学习目标和使用的学习工具，培养自我管理能力，充分调动学习动机②。

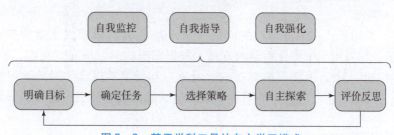

图 5−3 基于学科工具的自主学习模式

目前市面上有很多学习工具可支持学生的自主学习。语文类如"西窗烛""唐诗别苑"，英语类如"英语流利说""多邻国""有道词典"，数学类如"小猿搜题""洋葱数学""作

---

① 余胜泉. 常见在线教学模式与工具 ［EB/OL］. (2020−03−24) ［2023−09−18］. https://www.cse.edu.cn/index/detail.html?category=141&id=2803.

② 邢宏光. 中小学校外在线教育的教学模式及用户需求研究 ［D］. 重庆：西南大学，2021.

业帮"等。

基于学科工具的自主学习模式的实施策略和注意事项如下：

为学习者提供优质的自主学习资源。在选择学科类工具时，要考虑学科特点，以及学科工具与教学内容的融合程度。

提高学生的自主学习意识和能力，采用同伴助学、教师指导、脚手架等策略加强学生自主学习。

为学习者提供操作训练机会，通过练习或测验强化学生知识获得，促进学生知识迁移。

在自主学习过程中，应加强学习交互，鼓励学生与教师、学习同伴交流讨论。

自我效能感是影响自主学习的内在因素之一，教师应帮助学生建立良好的自我效能感。

【案例分析】

> 洋葱学园的专家团队遵循国家课程标准，集体研发数字学习资源，深度融合认知科学与数字媒体技术，实现知识脉络的可视化、情景化和趣味化。每部动画类课程资源平均5~8分钟浓缩知识精华，从大概念出发设计，并适配全国各版本教材目录配套精选习题和学案，充分激发学生兴趣和培养自主学习能力，促进教师数字化教学设计和高效开展精准教学活动。教学内容接近生活常识，易于被学生接受①。

四、AI 教学

将 AI 融入在线教育，可以实现个性化学习辅导，尊重学习者认知需求，提供适当的活动和反馈。AI 教学主要有以下几种形式：①线上教学：通过在线平台或应用程序进行课程传授和学习。②混合式教学：结合线上和线下教学，通过教师和 AI 助手共同完成教学任务。③线上自主学习：学生可以根据自己的兴趣和需求自主选择学习内容与学习进度。AI 技术可以对学生的学习数据进行整理和分析，了解学生的学习情况和需求，利用算法技术提供个性化的学习推荐和指导，及时对学生的学习情况进行监测和评估，并提供反馈和建议，以满足学生的学习需求。

（一）AI + 编程

编程猫是一款用于儿童编程学习的应用程序，通过 AI 教学模式来帮助孩子学习编程，如图 5 - 4 所示。它采用了个性化教学的方式，根据孩子的学习情况和兴趣，智能推荐相应的编程课程和活动。AI 助手会根据孩子的学习进度和反馈，提供实时的学习指导和建议。同时，编程猫还采用了游戏化教学的形式，通过趣味的游戏和挑战，激发孩子的学习兴趣，提高学习效果。

（二）AI + 体育

天天跳绳是一款利用 AI 技术辅助跳绳的应用程序。它通过手机摄像头检测和识别用户的跳绳动作，然后通过 AI 算法进行分析和评估，提供实时的跳绳指导和反馈。AI 助手会根据用户的跳绳姿势、频率和节奏等方面的表现，给出针对性的建议和改进方案。同时，用户还可以通过应用程序记录自己的跳绳成绩和进步，与其他用户进行比较和竞争，提高学习动力。

---

① 洋葱学园（原洋葱数学）. 教育数字化服务专业机构［EB/OL］.（2020 - 03 - 24）［2023 - 09 - 18］. http://yangcong-xueyuan.com/digital - resource/.

图 5 - 4 编程猫界面

（三）AI＋音乐

小叶子钢琴是一款钢琴学习应用程序，通过 AI 技术辅助用户学习钢琴。它提供了丰富的钢琴教学资源和曲目，用户可以根据自己的水平和兴趣选择适合的学习内容。通过应用程序，用户可以观看钢琴视频教学，模仿演奏，同时，AI 助手会根据用户的演奏情况，提供实时的评估和反馈。AI 助手还可以根据用户的学习进度和特点，智能推荐适合的练习和曲目，帮助用户提高钢琴演奏技巧。

【动手实践】

打开编程猫网页，选择《奔跑的森林鹿王》案例，学会代码编写中重复执行的操作，优化脚本数量，体验 AI 是如何实现个性化的编程教学的。

第二节　在线教育的教学设计

教学系统设计的概念出现在 20 世纪 50 年代早期。ADDIE 第一次出现在 1975 年，它是由美国佛罗里达州立大学的教育技术研究中心为美国陆军设计和开发的培训模型，主要包括分析、设计、开发、实施、评价五个阶段。如今，ADDIE 模型已经成为教育技术解决问题的一种方法论，在国内外的组织培训领域产生了广泛的影响[1]。

ADDIE 教学设计模型如图 5 - 5 所示。其基本特征是：第一，模型包括分析、设计、开发、实施、评价五个阶段，其中，评价阶段既是一个独立的阶段，又渗透于其他四个阶段当中，即每个阶段都需要形成性评价；第二，模型中每个阶段又包涵相应步骤，而每个步骤又有具体的操作子步骤；第三，该模型在实际应用过程中既要求系统性和整体性，但结合不同的应用环境，又具有灵活性和动态性。在具体的应用情境，起点不一定必须从分析阶段开始。每个阶段的子步骤具有因地制宜特征，不同的应用情境，各子步骤可以不同。

---

① 卜彩丽. ADDIE 模型在课程设计中的应用模式研究［J］. 教学与管理，2014（24）：90 - 93.

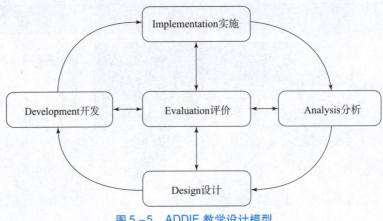

图 5-5　ADDIE 教学设计模型

一、分析

分析阶段包括四个方面的分析，分别是学习需求分析、学习者特征分析、学习内容分析以及资源和约束条件分析。

（一）学习需求分析

课程制作的起点必须从学习需求分析开始，当学生的学习现状不能满足和达到学校、教师及学生自身期望的时候，就会产生学习需求。在实际教学过程当中，学习需求来源于以下两个方面：首先是学生在课前、课中、课后的反应；其次是教师的教学经验，教师对课程知识体系中的重点、难点一般都有比较清晰的把握，教师可以根据已有的经验来确定学生的学习需求。

（二）学习者特征分析

课程制作需要考虑以下两点：①观众是谁？②怎么样保证观众轻松、愉悦地听完和听懂该课程？如果以上两点都考虑到了，教学效果就会得到最基本的保证。

学习者特征分析包括：学习者一般特征和起点水平分析。

学习者一般特征分析在这里主要包括年龄、认知发展水平、生活经验。不同年龄的学习者，他们的认知发展水平不同，对学习指导的数量、教师讲授语言、教学方法的要求也不一样，比如，针对小学生的课程就要尽量简单、生动，如果是录屏式课程，多媒体课件要形象、生动，如果是录像式课程，教师的动作、教态要和蔼可亲，语言也要尽量符合儿童学习的需求。学习者的生活经验也是课程制作需要考虑的特征，建构主义学习理论告诉我们：学习者对知识的理解建立在自己的原有经验基础之上。

（三）学习内容分析

学习内容分析主要解决两个问题：

第一，确定课程内容的学习结果类型。罗伯特·加涅将学习结果分为五大类：言语信息、智力技能、认知策略、态度、动作技能。其中，言语信息、认知策略、态度三种学习结果类型不适合采用课程的形式去表达，而智力技能和动作技能这两种学习结果需要较高的认知能力和较复杂的操作步骤，较适合采用线上课程的形式去表达和传播。

第二，确定学习内容的深度和广度以及各部分内容之间关系。这一点对课程的设计和开发尤为重要，在短短的几分钟时间，讲清楚某个知识点，并达到相应教学目标，平衡学习内容的广度和深度就显得非常重要。

（四）资源和约束条件分析

资源和约束条件分析主要包括时间、人员、工具、辅助资源等。根据学习者和相关部门需求，课程需要在什么时间完成，以便于确定设计、开发、实施与评价所需的时间。有哪些人员参加课程的制作和评价工作？如果只是录屏类的课程，在此环节会比较简单，但是如果课程属于录像类的，就需要相关人员配合来完成，如摄像人员、后期制作人员等。工具和辅助资源在课程的教学设计过程中是相当重要的，根据前期分析的结果，可以确定课程的表现形式，课程的表现形式大体上分 3 种：录屏类、PPT 自动播放类、录像类，而不同的表现形式所需的工具和辅助资源也不一样。

二、　设计

设计阶段包括确定教学目标、制订教学策略、安排教学顺序、设计辅助资源、选择视频制作工具五个步骤。

（一）确定教学目标

一开始直接告诉学习者教学目标是非常重要的，罗伯特·加涅在《教学设计原理》一书中讲到：教师不要以为学生知道教学目标，或者让学生猜测教学目标，教师应该非常明确地告知学生教学目标。在课程的实际制作过程中，授课教师可以根据课程内容，用一两句简单明确的话阐明教学目标。

（二）制订教学策略

教学策略按其功能划分，可以分为组织策略、传递策略和管理策略。教学设计主要关注组织策略和传递策略。组织策略在这里主要表现在根据所选知识点确定如何组织教学内容，关键是如何用最短的时间配合最佳的教学内容取得最好的教学效果。

（三）安排教学顺序

教学顺序是课程整个教学过程的安排。罗伯特·加涅的 9 个教学事件理论，对课程的教学顺序安排具有非常重要的指导意义，这 9 个教学事件理论包括：引起注意、告知目标、复习旧知、讲授新知、提供指导、组织练习、提供反馈、评定行为表现和增强记忆与促进迁移，其中，在课程教学过程中应该具备以下环节：引起注意、告知目标、讲授新知、提供指导等。最后，应该加上课程的结语部分，概括要点，帮助学习者梳理思路。

（四）设计辅助资源

课程的表现形式不同，需要的辅助资源也不同，需要的辅助资源主要有：高质量的 PPT 课件；根据学习内容分析，以及所采用的教学顺序，设计纸质或电子版的教学过程脚本。有些课程还需要简单的测试题，这里的测试题形式主要包括：需要学生进一步思考的问题，针对知识点的辅助练习题等。

（五）选择视频制作工具

可以支持课程的制作工具很多，根据不同的表现形式，可以选择不同的视频制作工具。录屏类、录像类、动画类的制作工具见表 5 – 1。

表 5-1　在线课程视频制作工具

课程类型	制作工具	辅助设备	辅助教学资源
录屏类	录屏软件（EV 录屏、Camtasia Studio 等），剪辑软件 Premiere，写字板	电脑、摄像头、耳机、话筒等录音录像设备	PPT 课件、教学过程脚本
录像类	录像机、手机、录播教室的全自动录播系统	电脑、三脚架、领夹麦克风、投影设备、操作平台	PPT、故事板、教学过程脚本
动画类	万彩动画大师，Fousky，或者综合使用特效软件 Ae、剪辑软件 Pr、Procreate 绘制素材、Arctime Pro 添加字幕	电脑、麦克风	教学过程脚本

三、开发

开发阶段是课程制作的核心阶段，主要步骤包括制作多媒体课件 PPT、开发课程脚本、编制测试题、开发课程。同样，不是所有的课程在开发阶段都需要这四个步骤。

（一）制作多媒体课件 PPT

课件是教学过程中最常用的课件形式，开发课程之前制作高质量的 PPT 课件是非常重要的一个步骤。PPT 课件也是一种"产品"层次的教学系统设计应用，它的设计和开发同样需要教学设计理论指导。高质量的 PPT 课件的特征包括：课件具有美感，给人一种简单、美观、风格统一、舒适的视觉感受；课件具有较好的逻辑结构，应具备基本封面页、教学目标页、内容页、结束页；课件应具备适当的交互和动画部分，适当的交互和动画可以启发学生思考、演示原理过程，辅助教师更好地讲授教学内容，确保较好的教学效果。

（二）编制测试题

测试题的编制不是所有课程制作过程的必要步骤，但是，对于中小学教学设计者，建议提供必要的思考题、练习题。思考题可以在教学过程中提出来，教师不是直接告诉学生答案，而是通过启发学生思考，通过教师艺术化的教学语言告诉学生答案。练习题可以在课程的最后呈现出来，这里的练习题一般要求和学生面对面的同步课堂结合起来效果更好，比如翻转课堂教学模式的顺利实施就需要此类课程。

（三）开发课程

经过前面一系列的分析、设计以及辅助资源的开发，所有开发课程的条件已经具备，确保了课程的顺利录制。在课程的录制过程中，需要注意以下两点：

首先，根据不同学习者的特征，教师要使用恰当的语言和措辞，甚至可以是幽默的。特别是对于中小学生，面对一段教学视频，如果听到的是教师冷冰冰的，没有感情和亲和力的讲述，就很难激发学生持续的学习动机。

其次，对于操作性知识的讲授，语速适中，操作过程要简单明了，不要有太多琐碎的动作，比如不断转动手中的写字笔、屏幕上乱晃鼠标等；录制视频的环境要安静，不要有噪声。

四、实施

在线课程的实施主要有三种形式：第一，教师直播教学，师生同步在线互动。第二，学生观看录播课程，自主学习。第三，线上线下混合式教学。

（一）直播教学

在采用直播教学形式时，教师可以采用 ClassIn、CCtalk、钉钉、腾讯会议等在线教学平台，或者综合使用两个及以上的平台。

例如，有教师结合使用腾讯会议和雨课堂开展网页设计与制作课程的直播教学。腾讯会议可容纳 300 人，服务器稳定，语音、视频传输效果好，可以双向多通道语音、视频通信，并通过"共享屏幕"功能，实现操作教学类课程的在线演示和学生指导。雨课堂方便教师开展实时答题、弹幕互动、匿名反馈等多种在线互动环节。充分利用雨课堂中的互动工具，可以活跃气氛、调动学生积极性，及时获得学生的知识掌握情况，进而可以随时调整教学安排，激励学生参与课堂互动，使每个学生都有发言的机会，让传统的填鸭式教学逐步转变为互动讨论式教学①。

（二）学生观看录播课程，自主学习

录播课程在实施之前，需要将课程视频及配套教学资源上传到网站上。课程制作者可以选择如下几种上传途径：

第一种是上传至课程制作者的网易云课堂或者 B 站等公共服务平台上。

第二种是上传至学校公共的学习资源平台上。

第三种是上传至上一级教育管理部门的学习资源管理平台上。

前两种上传和传播形式占多数。第一种上传和传播方式的学习者不够集中，但是任何学习者都可以学习和观看，受益的学习者范围比较广；第二种上传和传播模式学习对象集中，学习者的准入机制不够开放，学习者收益面小而窄；第三种上传和传播模式是一种可以弥补上面两种问题的比较好的方式，网易公开课、爱课程、中国大学 MOOC 等公共服务平台可以让更多的学习者从课程中受益。

以中国大学 MOOC 平台上的国家级精品课程新媒体营销为例②，录播课程的典型实施方式如下：

1. 观看微视频

新媒体营销课程提供 2 ~ 8 分钟的多段微视频，每段微视频讲述一个知识点。学生可以按照从前往后的顺序全部观看，也可以有选择地跳跃式看。

2. 讨论

新媒体营销在线课程以项目为中心，由多个项目组成，每个项目又分为若干个学习任务，每个学习任务都会有一个特定的讨论主题，如"新媒体的概念""新媒体行业的新兴风口有哪些？哪些人从江湖脱颖而出？"等。教师引导学习者在讨论区展开讨论，并留下书面回复。

---

① 柴媛媛，王卫国. 基于腾讯会议和雨课堂的在线教学模式探索 [J]. 计算机教育, 2020 (11)：48 - 52.

② 中国大学 MOOC. 新媒体营销课程 [EB/OL]. [2023 - 09 - 20]. https://www.icourse163.org/learn/GDIT - 1206311831?tid = 1470993446&learnMode = 0#/learn/content?type = detail&id = 1255274231&cid = 1287173083.

3. 测验与作业

有些微视频中有交互性问题，回答正确才能继续观看。教师会不定期安排课后作业，主要是通过作业的形式，让学生对本周的学习内容进行回顾与练习。

4. 课程考试

在课程结束时，会有一个针对整个课程内容的考试[①]。可能是以考卷的形式，让学生回答客观选择题，以考查知识点掌握情况；也可能是作品考核方式，让学生自主完成一个相应的课程作品。

（三）线上线下混合式教学

线上线下混合式教学的实施过程主要包括课前学生线上学习、课中教师线下授课、课后辅导等环节。

1. 课前学生线上学习

教师根据教学大纲，每周定期发布视频教学材料，设置截止时间，推送给学生，并布置作业和组织网上讨论。学生在学习清单的引导下，按照时间点完成视频观看，结合教材、参考书目等自学资料进行课前学习，并完成作业。教师通过后台监测并适时在学习交流群里督促提醒学生。

2. 课中教师线下授课

在课堂上，教师进行课堂授课，点评学生的课前作业完成情况，并基于学情对重难点和高出错率的知识点进行重点讲解，促进学生认识水平、技能水平的进一步提高。

3. 课后辅导

上课过程中仍有疑问的学生，可在课后咨询教师，教师通过微信、QQ、电话或视频对此类学生进行指导[②]。

五、 评价

课程评价的重点是形成性评价。形成性评价是指在课程上传至网络推广使用之前，先在一个小范围内进行试用，目的是发现问题，评价和修改课程。根据课程的特点，其形成性评价主要包括三个阶段：

（一）自评阶段

课程开发者本人即教师在录制完课程之后，先进行自我评价，发现问题，修改完善。

（二）专家评价阶段

专家可以包括学科专家、教学设计专家或其他相关领域专家开展评价。这个阶段很重要，根据专家的建议，再次修改课程。

（三）一对一评价阶段

选定 3~8 个试用对象试用课程，教师通过学生观看课程的表情，简单访谈，提出修改意见，修改课程。形成性评价是课程臻于完善的过程，以使其更好地适用于学习者。

【动手实践】

欣赏 2022 年中国大学生计算机设计大赛全国一等奖获奖作品《汉语言文学微课——边

---

① 何克抗. 关于 MOOCs 的"热追捧"与"冷思考"[J]. 北京大学教育评论，2015，13（03）：110－129＋191.

② 郗朋，马瑞欣，石常省，等. 以直播为特征的混合式教学设计与实施 [J]. 高教学刊，2020（15）：10－13＋19.

塞诗》。根据自己的专业特长，依据 ADDIE 模型设计一个时长 5~10 分钟的微课，完成分镜头脚本设计①。

第三节　在线教育的学习理论

学习理论揭示了人类如何学习以及如何优化学习过程的自然规律，可以帮助我们理解学习者获取、加工和应用知识的过程与机制，理解在线教育过程中学习者的认知、情感和行为方面的需求。掌握学习理论，有助于我们更有效地设计并开展在线教育活动，构建高质量的学习支持服务系统。本节主要介绍人本主义学习理论、认知主义学习理论、建构主义学习理论和联通主义学习理论。

一、人本主义学习理论

人本主义心理学兴起于 20 世纪 60 年代，倡导者是被称为"人本主义心理学之父"的美国心理学家马斯洛和美国教育心理学家罗杰斯。人本主义理论的核心思想是：学生具有天赋潜能，教师是"学习的促进者"，教学要以学生为中心，要重视师生关系中的情感和态度。

（一）以学生为中心的教学

人本主义理论认为，人类具有天生的学习愿望和潜能，这是一种值得信赖的心理倾向，它们可以在合适的条件下释放出来：每个人在其内部都有一种优秀的自我实现的潜能，而学习就是这种天生的自我实现的表现。

人本主义理论要求学校和教师必须把学生当主体——人来看待，真正尊重学习者，突出学生的主体性，倡导以学生为中心的"非指导性教学"。以学生为中心，就是要重视学生在教学中的作用，相信学生本身具有一种内在的成长能力，只要给予适当的、自由的环境，学生就能够发展自己的潜能，进行自我实现。而教学的过程实际上就是推动学生进行自我实现的过程。因此，人本主义倡导：教学必须是以学生为中心的，教师是学生学习的"促进者"②。

（二）教师是学习的促进者

人本主义理论认为，教师的角色应当是学生学习的促进者。教师的任务不是教学生知识，而是要为学生营造自由的学习环境，提供有效的学习手段，至于如何学习，则由学生自己决定。

作为促进者的教师，在教学中主要承担以下任务：为学生营造自由的学习气氛和良好的学习环境；了解学生的学习目的，进而激发学生的内驱力，推动学生实现学习目标；组织广泛而易于利用的学习条件；要使自己成为学习的参与者，真诚、自由、平等地与学生交流思

① https://www.bilibili.com/video/BV1ad4y1T7Vm/? spm_id_from = 333.788&vd_source = 8f2dd479bbccaa4a7a5859212da08a83.
② 高海霞，段宏毅，寻云杰. 人本主义与建构主义——信息化教学的理念支撑与模式选择 [J]. 北京工业职业技术学院学报，2015，14（04）：83 - 85 + 92.

想；要推动学生进行自我评估①。

（三）情感、态度对学习成败至关重要

人本主义学习理论认为，学习是一个情感与认知相结合的整个精神世界的活动。人本主义学习理论对教育的一个主要认知就是：在教育、教学过程中，在学生的学习过程中，情感和认知是学习者精神世界的不可分割部分，是彼此融合在一起的。教学不能脱离学习者的情绪感受而孤立地进行②。

因此，人本主义学习理论强调营造一种平等的、开放的、自由的心理氛围。在教学过程中，教师要以真诚的态度倾听学生的意见，重视学生的情感需求和情感表达，维护学生的尊严。教师的作用不仅是创设良好的学习情境、提供学习材料，作为教学的促进者，教师还必须致力于创造良好的师生关系，站在学生的角度思考，尊重学生的情感、意愿和个性，使学生在自由的氛围中形成知识和技能的"自我实现"，从而达成教学目标。

人本主义学习理论对在线教育有如下启示：第一，要注重激发学生的学习动机。在线学习对学生的学习自主性有很高的要求，学生只有具备较强的学习动机，才能真正开始有效学习。第二，在线课程的设计要重视学生的需求，教师只是课程的发起者和引导者，要根据学生的现有知识基础来设计教学内容和教学进度。第三，要营造有利于学生学习的平等、开放、灵活的学习氛围，为学生提供人性化的学习服务，真正实现以学生为中心③。

二、 认知主义学习理论

认知主义学习理论认为，学习是一个认知过程，是学习者主动地形成认知结构的过程。

（一）学习是主动地形成认知结构的过程

认知主义学习理论认为，人是主动参加获得知识的过程的，是主动对进入感官的信息进行选择、转换、存储和应用的。也就是说，人是积极主动地选择知识的，是记住知识和改造知识的学习者，而不是一个知识的被动的接受者。

学习包括三个几乎同时发生的过程，这三个过程是：新知识的获得，知识的转化，知识的评价。这三个过程实际上就是学习者主动地建构新认知结构的过程④。

（二）强调对学科的基本结构的学习

认知主义学习理论非常重视课程的设置和教材建设，无论教师选教什么学科，务必要使学生理解学科的基本结构，即概括化了的基本原理或思想，也就是要求学生以有意义地联系起来的方式去理解事物的结构。所有的知识都是一种具有层次的结构，这种具有层次结构性的知识可以通过一个人发展的编码体系或结构体系（认知结构）而表现出来。人脑的认知结构与教材的基本结构相结合会产生强大的学习效益。如果把一门学科的基本原理学通了，则有关这门学科的特殊课题也不难理解了。

在教学当中，教师的任务就是为学生提供最好的编码系统，以保证这些学习材料具有最大的概括性。教师不可能给学生讲遍所有内容，要使教学真正达到目的，教师就必须使学生

---

① 高海霞，段宏毅，寻云杰．人本主义与建构主义——信息化教学的理念支撑与模式选择［J］．北京工业职业技术学院学报，2015，14（04）：83－85＋92．

② 刘宣文．人本主义学习理论述评［J］．浙江师范大学学报，2002（01）：90－93．

③ 王薇．MOOC教学设计原理探析［D］．济南：山东大学，2016．

④ 谢婧．认知主义学习理论概述［J］．文教资料，2006（28）：101－102．

能在某种程度上获得一套概括了的基本思想或原理。知识的概括水平越高，知识就越容易被理解和迁移①。

（三）通过信息加工更好地掌握知识

认知主义学习理论强调新旧知识之间的联系，认为信息加工能够帮助学习者更好地掌握知识。

奥苏贝尔认为，有意义学习"就是符号所代表的新知识与学生认知结构中已有的适当知识建立非人为的、实质性的联系过程"。在奥苏贝尔对有意义学习理论概念的阐述中很明确地提炼出关键因素：一是新知识与原有知识之间的联系是非人为的，二是建立的联系是实质性的、非字面上的。换句话说，也就是新的知识符号要在人的原有意识中找到与之相等的印象，使二者在意识中自动地建立联系，并产生心理意义的过程。比如：幼儿已经在图画书中认知了"羊"的基本特征，当再次看到田间的"羊"时，引起了他原有意识中对羊的知识，于是现实的"羊"与意识中的"羊"产生了共鸣，最终建立起了有意义的联结②。

加涅的信息加工理论进一步指出，有机体的信息加工过程大致分为以下四个阶段：第一阶段是注意刺激。外界刺激通过感受器转变为神经信息到达感觉登记器。信息在感觉登记器中保留的时间为 2.5～3 秒。第二阶段是信息编码。编码不仅是对短时记忆中的信息进行精加工和积极转换，也是对大脑中原有的信息结构进行重组或改建。第三阶段是存储信息。对信息进行编码是为了存储到长时记忆中，信息编码有助于对信息的理解，而且有助于信息存储以及在需要应用时成功地提取或检索。第四阶段是提取信息。提取信息的过程是回忆和重现存储在长时记忆中的信息的过程。信息能否被快速、准确地提取，主要取决于两方面的因素：一是记忆痕迹的强弱；二是提取线索与存储在长时记忆中信息的距离。另外，还有两个重要的因素影响着学习的过程，分别是"预期"和"执行监控"。它们共同发挥着激活和调节信息流程的功能。

认知主义学习理论主张教与学的程序化。首先，激发兴趣，明确目标。其次，关注内容，提炼信息。最后，信息编码，有效存储。一方面，可以采用分析说明、叙述结构、识别范式、归类和分块、框架结构图示、概念匹配图示、精细加工等方法组织信息；另一方面，通过形成网络、概念图、类比、复诵、记忆术和其他各种图示，提供引导性问题和提示，运用记住每一个步骤的方法，监督问题解决过程是否成功，用不同方式表现问题等，有效存储信息③。

认知主义学习理论对在线教育有如下启示：第一，明确在线课程的目标，包括知识目标、技能目标和情感目标，以目标为中心线，对各个知识点进行有机的串联和整合，帮助学生建立完整的知识体系。第二，重视学生的个体因素。在讲解新的知识点时，要注意与学生现有的背景知识相联系，尊重学生的个别差异性，选取贴近他们生活的活动内容，让学生更容易接收新的知识点。第三，对课程内容进行合理的加工与解构，采用小步调教学，对知识进行组块，逐步增加学习内容，避免一次性呈现过多信息。第四，在教学过程中，引导学生进行深入的思考、讨论，鼓励学生借助深度加工的方式将信息转移到长时记忆中。

---

① 谢婧. 认知主义学习理论概述［J］. 文教资料，2006（28）：101－102.

② 申倩琳，曾彬. 辨析奥苏贝尔与罗杰斯的有意义学习理论及其启示［J］. 集宁师范学院学报，2018，40（05）：89－93.

③ 万星辰. 加涅的信息加工理论与教学实践简述［J］. 教书育人（高教论坛），2015（06）：74－75.

三、 建构主义学习理论

建构主义的最早提出者可追溯至瑞士的皮亚杰（J. Piaget）。他是认知发展领域最有影响的一位心理学家。皮亚杰认为，学习者是在与周围环境相互作用的过程中，逐步建构起关于外部世界的知识，从而使自身认知结构得到发展。建构主义关于教学的思想内容主要有以下四点：

（一）学生是意义的主动建构者

学生不是外部刺激的被动接受者和被灌输的对象。学生被看成形成有关现实理论的"思想家"，学习是学习者内部控制的过程。因此，教学目标具有很大的灵活性，它不应该强加给学习者，而应该是同学习者商量决定，或由学习者在学习过程中自由调整。建构主义理论同时认为，教师不应该被看成"知识的授予者"和"灌输者"，而是学生建构知识过程的帮助者、促进者、组织者和向导。教师的责任是在整个教育体系与教育对象之间发挥重要的中介作用。

（二）注重在实际情境中进行教学

建构主义强调创建与学习有关的真实世界的情境，这种情境应具有多种视角的特征，使学习者在相关情境中解决现实问题，并为他们提供社会性交流活动。

（三）注重协作学习

建构主义认为，学习者以自己的方式建构对于事物的理解，使不同的人看到事物的不同方面；但学习者之间的合作使对问题的理解更加丰富和全面；教学应该提倡师徒式传授及学生间的相互交流、讨论和学习；提倡学生和教师进行对话与协商，这样对解决学生提出的疑难问题很有帮助。

（四）注重提供充分的资源

建构主义强调要营造好的教学环境，为学生建构知识的意义提供各种信息条件。

在上述教学思想的支配下，建构主义提出了许多教学方法与模式，其中最有影响的有下列四种模式：

一是随机通达教学设计。指学习者可以随意通过不同途径、不同方法进入同样教学内容的学习，从而获得对同一事物或同一问题的多方面的认识和理解。

二是支架式教学设计。基于建构主义关于概念框架的观点（Conceptual Frame Work），它借助建筑行业中使用的"脚手架"（Scaffolding）作为概念框架的形象化比喻，利用概念框架作为学习过程中的脚手架。学生可以沿此支架由最初的教师引导逐步过渡到自己调控并一步步攀升，不断进行更高水平的认知活动，最终完成对所学知识的意义建构。

三是抛锚式教学设计，也称为情境式教学设计。认为学习者要想完成对所学知识的意义建构，最好的办法是到现实世界的真实环境中去感受、去体验，而不是仅聆听别人关于这种经验的介绍和讲解。因此，教学应使学习在与现实情境相类似的情境中发生，以解决学生在现实生活中遇到的问题为目标。学习内容要选择真实性的任务，确定这类真实事件或问题被形象地比喻为"抛锚"，因为一旦这类事件或问题被确定了，整个教学内容和教学进程也就被确定了（就像轮船被锚固定了一样）。由于抛锚式教学要以真实事例或问题为基础，所以有时也被称为实例式教学或"基于问题的教学"。

四是自上而下式的教学设计。建构主义者批判传统的自下而上的教学设计，认为它是使教学过程过于简单化的根源，主张自上而下的教学设计模式，即首先呈现整体性的任务，同时提供理解问题进而解决问题的工具，让学生尝试进行问题的解决①。

建构主义学习理论对在线教育有以下启示：第一，尽可能创设一个真实的学习情境，将学习内容与学生的实际生活联系起来，帮助学生更好地理解和应用所学知识。第二，创建学习社区，方便学生进行讨论和交流，开展合作学习，主动参与到学习过程中。第三，提供丰富的学习资源，包括电子图书、数字化学习软件等，以便学生获取所需知识和技能，更好地进行知识的意义建构。

四、　联通主义学习理论

随着 Web 2.0、社会媒体等技术的快速发展以及知识迭代的日新月异，乔治·西蒙斯于 2005 年提出了联通主义学习理论，从全新的角度提出了解释开放、复杂、快速变化、信息大爆炸时代学习如何发生的问题，因契合当前的时代特征和知识特性而受到了国际社会的普遍关注。

联通主义学习理论主要包括以下 8 条原则：

（1）学习和知识存在于多样性的观点中。这些多样性观点不仅来源于课程创建者所创建和组合的学习对象，也存在于学习者与内容互动时所留下的批注、评论等内容中。

（2）学习是与特定节点和信息资源建立连接的过程。随着教师和学习者将新的资源、个人见解和他们创造与发现的内容连接到学习对象中，学习对象不断生长。

（3）学习也可能存在于物化的应用中。学习者不仅通过创建新资源建立连接，还通过其个人资料、评论以及邀请其他学习者参与等建立连接。

（4）学习能力比掌握知识更重要。联通主义学习理论重视那些能增强人们对任意复杂问题理解的动态的、持续的人与物化的资源。联通主义学习者意识到人永远也无法掌握所有的知识，但是最重要的能力是持续学习以及在相关情境中应用所学知识的能力。

（5）为了促进持续学习，我们需要培养和维护连接。在联通主义学习过程中建立的关系没有必要在课程结束时终止。联通主义学习在开放的机构（包括学校）中发生得最好，这些机构不会因为学习者毕业了，就将他们从网络中剔除。

（6）发现领域、观点和概念之间关系的能力是最核心的能力。联通主义工具例如概念图、数据挖掘、协作创建和批注工具，可以帮助学习者建立内在和外在观点、情境和人之间的连接。

（7）流通（准确、最新的知识）是所有联通主义学习的目的。联通主义学习的内容从来不是静止的，而是保持没有完成的状态。内容通过学习者与教师以及其他学习内容之间的交互而不断编辑、增长、进化。

（8）决策本身是学习的过程。由于信息决策环境在改变，可能当时正确的信息到了第二天就错了。学习者根据正在变化的信息选择学习内容并判断所获信息的意义。真正自主、联通的学习者会突破学期的限制持续开展学习。教师和设计者应设计一些允许学习者展示他们对某一主题的掌握程度和持续探究与学习能力的任务和活动。

乔治·西蒙斯对这 8 条原则做了补充，分别为：

---

① 杨维东，贾楠．建构主义学习理论述评［J］．理论导刊，2011（05）：77－80．

（1）在理解中将认知和情感加以整合非常重要。思维和情感会相互影响，单一的学习理论只考虑了学习活动的一小部分，而忽视了更大的部分——学习如何发生。

（2）学习有最终的目标：发展学生"做事情"的能力。这种能力是一种实践技能（使用新软件、工具的技能），或其他在知识时代发挥重要作用的能力（自我意识、个人信息管理等）。学习不仅是获得技能和理解，还包括行动。

（3）课程不是学习的主要渠道，学习发生在许多不同的方式中，如电子邮件、社区、对话、网络搜索、邮件列表和阅读博客等。

（4）个人学习和组织学习是相互整合的过程。个人知识组成网络，该网络又融于组织和机构的学习中；反过来，组织和机构的学习又反馈入个人网络中，并继续为个人学习提供支持。联通主义试图理解个人和组织是如何相互学习的。

（5）学习不仅是消化知识的过程，也是创造知识的过程。学习工具和设计应抓住学习的这一特性①。

联通主义学习理论对在线教育有以下启示：第一，鼓励学生建立自己的知识网络，通过连接不同的知识点和信息源，形成自己的知识体系。第二，及时更新课程内容和学习资源。数字化时代的知识处于动态的发展变化之中，应当留意知识的发展前沿并不断更新课程内容，避免使用陈旧的信息。第三，促进学生之间的知识共享和交流。联通主义认为，学习是在社会网络中进行的，人与人之间的连接能够推动知识的更新和人类的持续学习。因此，在线教育应该注重学习者之间的交流和合作。

第四节　在线教育的学习能力提升

为什么要进行在线学习？

首先来了解一个物理学概念——熵。这个概念是用来衡量系统的紊乱程度的，系统越混乱，熵越高，系统越有序，熵越小。按照自然规律，一个封闭的没有外界干预的系统，总是倾向于熵增，越来越混乱，越来越崩溃，直至最后走向毁灭。比如，如果房间不打扫，只会越来越乱。每一个人都可以视作一个系统，如果我们不持续从外界汲取知识和能量来整理内心的秩序，最后很容易精神崩溃，失去自我。

身处数字化的时代，知识迭代速度加快，科技更新日新月异，只有树立终身学习的理念、保持不断学习的习惯，才能够跟上时代的浪潮。学习不应该仅仅是发生在校园里的行为，在我们毕业之后，也要养成坚持学习的习惯。

幸运的是，数字化的时代既强调了学习的必要性，同时也为我们创造了学习的条件。古代人的学习机会来之不易。以明代开国名臣文宪公宋濂为例，宋濂小时候虽然喜欢读书，却苦于买不起书籍、找不到老师，只能从别人家里借书来读，自己抄录下来，要想找一个老师，必须步行去百里之外，背着行囊走在深山巨谷里，适值严冬，寒风刺骨，手足皲裂。现如今，学习资源极大丰富，在线学习工具层出不穷。求知的路不再那么崎岖。只要我们愿意，就能让这些资源随时随地为我们所用。但是要想用得更好，还需要提升我们自身的在线

---

① 王志军，陈丽. 联通主义学习理论及其最新进展［J］. 开放教育研究，2014，20（05）：11－28.

学习能力。

2020 年，有研究者针对我国规模化在线学习现状展开调查，全国共 3 148 名学生参与调查。调查结果显示，学生们认为，制约在线学习效果的个人因素主要包括：因不是在教室学习，在线学习没有自制力；线上学习资源获取有难度；不熟悉在线学习设备、较难完成在线学习要求①。鉴于此，本节将从学习资源的获取与加工、学习工具的掌握与应用以及学习行为的监控与调节三个方面，讲述如何提升在线教育的学习能力。

一、　学习资源的获取与加工

数字化时代，信息量急剧增加。我们每天都面临着海量的信息，文字、图像、音频、视频等各种形式的学习资源铺陈开来，乱花渐欲迷人眼。要想从浩瀚的信息之海中更快速、更有效地找到自身所需要的信息，从而提升效率，我们必须掌握一定的获取、加工学习资源的能力。本书主要从两个方面来介绍：第一，如何更好地使用搜索引擎；第二，常用的文献数据库以及中国知网的检索式。

（一）搜索引擎

1. 排除干扰项

【检索式】关键词＋空格＋减号（－）＋减去的内容

例如，搜索锤子，出现很多锤子手机的条目。倘若我们不想了解锤子手机，只想了解作为工具的锤子，输入关键词"锤子－锤子手机"，就会屏蔽干扰项了。

2. 精准搜索

【检索式】"关键词"（双引号＋关键词）

使用双引号后，会完全匹配引号内的关键词，搜索结果中必须包含和引号中完全相同的内容。

例如，输入"孤注一掷好看吗"，所出现的内容就是包含了整个问句的检索结果。

3. 指定网站内搜索

【检索式】关键词＋空格＋site＋英文冒号＋网址

例如，输入"专升本 site：zhihu. com"，会出现知乎网站上的关于专升本的内容。

有时候，如果知道某个站点中有自己需要找的东西，就可以把搜索范围限定在这个站点中。此方法常用于一些教务网站、政务网站，有些网站的站内搜索能力比较差，可以将大众搜索引擎作为一个外置的搜索工具。

4. 指定文件类型搜索

【检索式】关键词＋空格＋filetype＋英文冒号＋文件类型

文档检索，就是在搜索时，加上要找的文件的类型。只支持 5 种文件类型：DOC、PPT、XLS、PDF 和 RTF。

例如，输入"竹枝词 filetype：PPT"，会出现很多关于《竹枝词》的 PPT 课件。

5. 指定标题搜索

【检索式】intitle＋英文冒号＋关键词

加了 intitle 后搜索出来的标题，会有你输入的全部关键词。

---

① 万昆，郑旭东，任友群. 规模化在线学习准备好了吗？——后疫情时期的在线学习与智能技术应用思考［J］. 远程教育杂志，2020，38（03）：105－112.

6. 指定正文搜索

【检索式】intext+英文冒号+关键词

和 intitle 类似，一个是将搜索范围锁定在标题，另一个是将搜索范围锁定在正文。

注意：

①检索式里的所有冒号都是半角。

②关键词之间要有空格。

③提取关键词很重要。

（二）文献数据库

常用的中文文献数据库包括中国知网（https://www.cnki.net/）、万方数据知识服务平台（https://www.wanfangdata.com.cn/）、维普网（https://wwwv3.cqvip.com/）、读秀（duxiu.com）等。中国知网是中国最大的综合性文献数据库，包含学术期刊、硕博论文和会议文献等。万方数据库涵盖学术期刊、学位论文、会议论文等。维普数据库涵盖了学术期刊、硕博论文、印刷版报纸等文献资源。读秀主要为用户提供深入到图书章节和内容的知识点服务，部分文献的少量原文试读，以及高效查找、获取各种类型学术文献资料的一站式检索。

以中国知网为例，分析如何检索文献。

1. 一框式检索

总库提供的检索项有主题、篇关摘、关键词、篇名、全文、作者、第一作者、通讯作者、作者单位、基金、摘要、小标题、参考文献、分类号、文献来源、DOI。将检索功能浓缩至"一框"中，根据不同检索项的需求特点采用不同的检索机制和匹配方式，操作便捷，检索结果兼顾检全和检准。

在平台首页选择检索范围，下拉选择检索项，在检索框内输入检索词，单击"检索"按钮或按 Enter 键执行检索，如图 5-6 所示。

图 5-6　中国知网首页

2. 高级检索

高级检索的入口如图 5 - 7 所示。

图 5 - 7　高级检索的入口

高级检索支持多字段逻辑组合，并可通过选择精确或模糊的匹配方式、检索控制等方法完成较复杂的检索，得到符合需求的检索结果。多字段组合检索的运算优先级，按从上到下的顺序依次进行。例如，在主题词一栏输入"远程教育"，在作者一栏输入"陈丽"，可以得到陈丽关于远程教育的研究文献 162 篇，如图 5 - 8 所示。

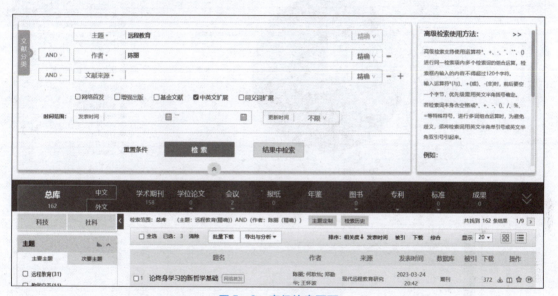

图 5 - 8　高级检索页面

3. 研究主题所有文献的可视化分析

例如，以"在线教育"为关键词进行检索，选择对全部检索结果进行可视化分析（详见图 5 - 9），可以得到在线教育研究领域目前的研究概况，包括发表年度趋势、主要主题分布、学科分布、研究层次、研究来源分布、机构分布等，有助于快速掌握研究领域的热点、前沿与进展（详见图 5 - 10）。

二、　学习工具的掌握与应用

掌握合适的学习工具，有助于提升学习效率，完善学习体验。本节主要介绍素材处理工具、云笔记工具以及以 ChatGPT 为代表的大语言模型的应用。

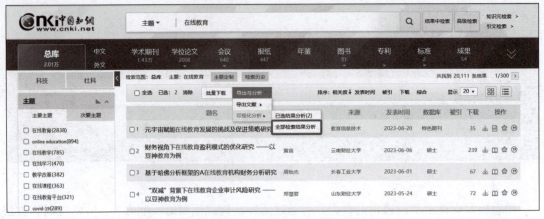

图5-9　文献可视化分析操作界面

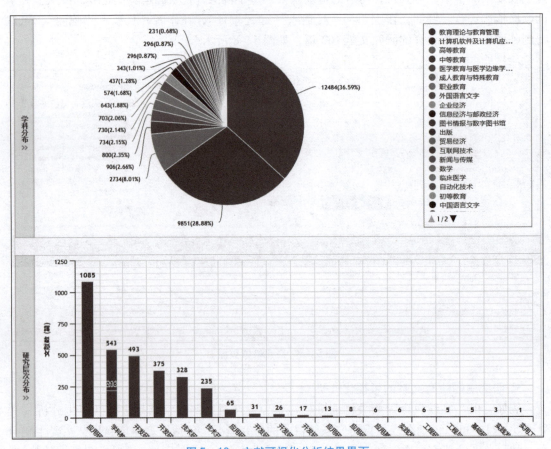

图5-10　文献可视化分析结果界面

（一）文本、音频、视频素材处理工具

1. 文本处理工具

第一，文字识别。目前，手机自带的相机、微信以及各种小程序都能很轻易地实现文字识别和提取功能。白描App不仅可以迅速将图片转为文档，识别准确率更高，还可以实现中/英文翻译。传图识字微信小程序还具备图片转文档、拍照翻译、图片转Excel表格等功能。

第二，文本转换。需要将PDF文档转换成Word或PPT时，可以使用Adobe Acrobat DC。

此工具有以下功能：文档格式转换；修改、编辑 PDF 文件；多个文件组合成 PDF 文件；在文档中插入新内容。

2. 音频处理工具

当需要将课堂录音或者会议录音转换成文本时，可以使用飞书妙记或网易见外工作台。飞书妙记和网易见外工作台能够实现快速的线上语音转文字，协助我们撰写会议纪要、将线上课程老师的讲述转换成文字笔记等。

3. 视频处理工具

当需要提取长视频的字幕，整理成一个文本时，可以使用 VideoSubFinder，识别视频内嵌字幕。当需要为视频生成字幕，提升观看体验时，可以将视频导入剪映，自动识别语音，生成字幕，导出带字幕的视频；也可以使用剪映工具生成 SRT 字幕文件，将该字幕文件及视频源文件导入专业剪辑软件 Premiere 中，生成带字幕的视频。

（二）云笔记

在线云笔记方便用户随时随地进行记录，记下自己的灵感来源，汇总线上学习资料，收集各个网站的重要内容，组建自己的工作素材库。云笔记的检索功能也很强大，让我们能够快速调用某个关键信息，不定期回顾知识点，提高学习效率。此外，云笔记能够做到多平台云同步，可加密，可导出，易于和其他人分享，便于展开团队交流讨论。常用的云笔记工具包括有道云笔记、石墨笔记、印象笔记、幕布、浮墨 flomo 等。本节以幕布为例来阐释云笔记类工具的具体用法。

第一，记笔记。

幕布的界面较为简洁，直接单击主界面的" + "图标即可新建空白笔记文档，用于记录会议纪要、听课笔记、读书心得等。

第二，理结构。

幕布可以一键生成思维导图，让文字内容的结构清晰明了地展开在我们面前，协助我们厘清较为复杂的概念。具体操作如图 5 – 11 所示。

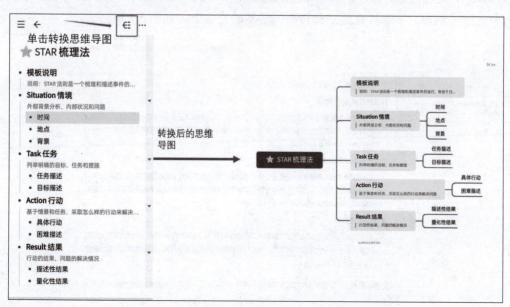

图 5 – 11　幕布转换大纲笔记为思维导图的具体操作

第三，做待办。

幕布社区为使用者提供了很多工作清单、学习任务的模板（图5-12），可以在模板的基础上，列出自己的年度、月度或者每周工作计划、待办事项，分析任务的轻重缓急，每完成一项，就把这一项划去，这样能够做事更加有条不紊、更有效率。

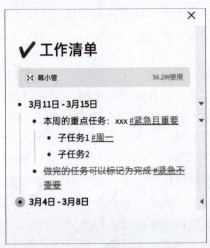

图5-12　幕布待办事项记录

（三）ChatGPT等大语言模型

大语言模型是指具有大规模参数和复杂计算结构的机器学习模型，如ChatGPT、通义千问、文心一言、讯飞星火等，本质上是使用海量数据训练而成的深度神经网络模型，因其具备巨大的数据和参数规模，展现出类人的智能。本书以ChatGPT为例，说明大语言模型在在线学习过程中的作用。

1. 智能客服

ChatGPT随问随答的特性，可以帮助迅速获得某个问题的答案，厘清某个概念，或者了解研究前沿。例如，了解教育数字化转型的最新研究成果，如图5-13所示。

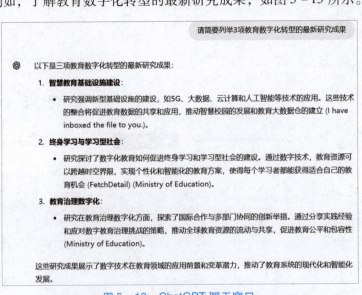

图5-13　ChatGPT聊天窗口

2. 辅助内容创作

在面向 ChatGPT 输入指令时，主要包含四个要素：角色、背景、任务、要求，通过给 ChatGPT 设定一个角色，并提供任务背景、详细的任务描述及要求，能够尽可能地让 ChatGPT 给出我们想要的答案。以小红书标题为例（图 5 – 14）：

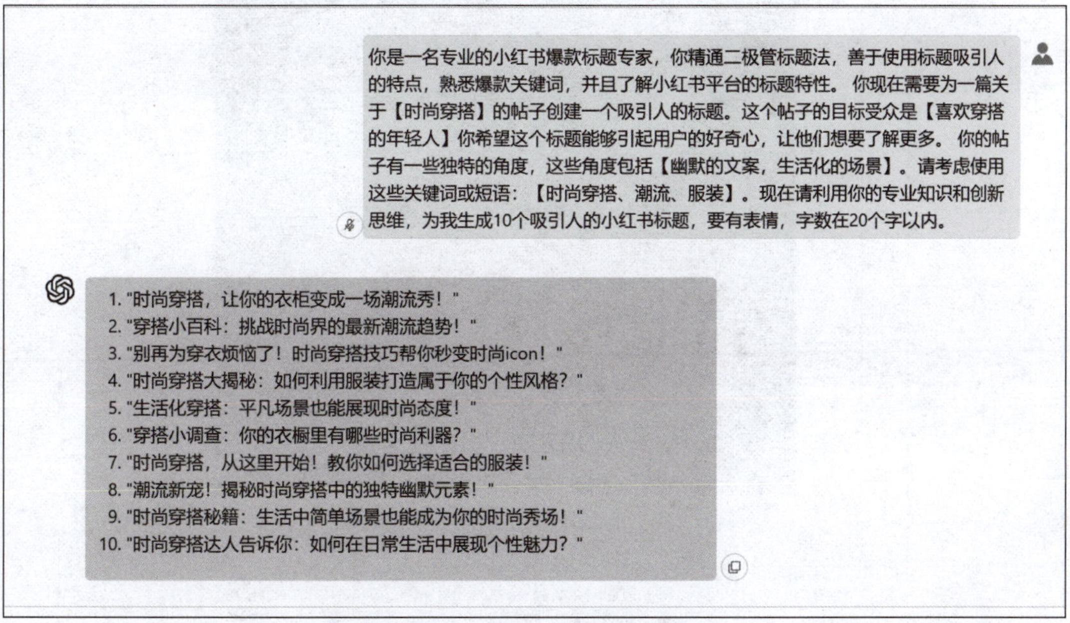

你是一名专业的小红书爆款标题专家，你精通二极管标题法，善于使用标题吸引人的特点，熟悉爆款关键词，并且了解小红书平台的标题特性。你现在需要为一篇关于【时尚穿搭】的帖子创建一个吸引人的标题。这个帖子的目标受众是【喜欢穿搭的年轻人】你希望这个标题能够引起用户的好奇心，让他们想要了解更多。你的帖子有一些独特的角度，这些角度包括【幽默的文案，生活化的场景】。请考虑使用这些关键词或短语：【时尚穿搭、潮流、服装】。现在请利用你的专业知识和创新思维，为我生成10个吸引人的小红书标题，要有表情，字数在20字以内。

1. "时尚穿搭，让你的衣柜变成一场潮流秀！"
2. "穿搭小百科：挑战时尚界的最新潮流趋势！"
3. "别再为穿衣烦恼了！时尚穿搭技巧帮你秒变时尚icon！"
4. "时尚穿搭大揭秘：如何利用服装打造属于你的个性风格？"
5. "生活化穿搭：平凡场景也能展现时尚态度！"
6. "穿搭小调查：你的衣橱里有哪些时尚利器？"
7. "时尚穿搭，从这里开始！教你如何选择适合的服装！"
8. "潮流新宠！揭秘时尚穿搭中的独特幽默元素！"
9. "时尚穿搭秘籍：生活中简单场景也能成为你的时尚秀场！"
10. "时尚穿搭达人告诉你：如何在日常生活中展现个性魅力？"

图 5 – 14　ChatGPT 辅助内容创作

输入指令：

你是一名专业的小红书爆款标题专家，你精通二极管标题法，善于使用标题吸引人的特点，熟悉爆款关键词，并且了解小红书平台的标题特性。

你现在需要为一篇关于【时尚穿搭】的帖子创建一个吸引人的标题。这个帖子的目标受众是【喜欢穿搭的年轻人】，你希望这个标题能够引起用户的好奇心，让他们想要了解更多。

你的帖子有一些独特的角度，这些角度包括【幽默的文案，生活化的场景】。请考虑使用这些关键词或短语：【时尚穿搭、潮流、服装】。现在请利用你的专业知识和创新思维，为我生成 10 个吸引人的小红书标题，字数在 20 个字以内。

3. 代码编写

可以要求 ChatGPT 写一段功能比较明确、集中的代码。例如，要求 ChatGPT 写一段代码，将文件夹里的 MP4 文件批量转成 MP3 文件，如图 5 – 15 所示。

输入指令：你现在是一位 Python 程序员。现在要你写一段代码，要求：把本地文件夹 "C:\Users\coco\Desktop\音频剪辑" 里的所有 MP3 格式文件的名称都加上前缀 "20230820"。

4. 英文辅导

输入提示词，让 ChatGPT 成为我们的英语私教（图 5 – 16）：

在接下来的对话中，你要帮助我学习英语。因为我的英语水平有限，所以拼写可能会不准确，如果语句不通顺，请猜测我要表达的意思。在之后的对话中，除了正常理解并回复我的问题以外，还要指出我说的英文中的语法错误和拼写错误。

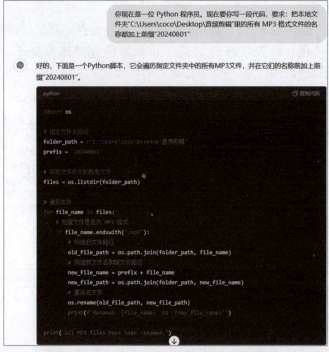

图 5-15　ChatGPT 协助进行代码编写

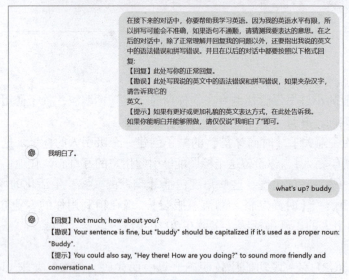

图 5-16　ChatGPT 协助进行英文辅导

并且在以后的对话中都要按照以下格式回复：

【回复】此处写你的正常回复。

【勘误】此处写我说的英文中的语法错误和拼写错误，如果夹杂汉字，请告诉我它的英文。

【提示】如果有更好或更加礼貌的英文表达方式，在此处告诉我。

如果你能明白并能够照做，请仅仅说"我明白了"即可。

5. 生成思维导图

第一步：使用 ChatGPT 生成 MarkDown 格式的思维导图大纲。输入提示词：

你是一个专业的短视频导演，现在要制作一个关于信息技术学院的宣传片，请撰写一个视频脚本，内容尽量详尽，使普通人能够理解，能够实际指导拍摄，要求以 MarkDown 源码格式输出。ChatGPT 会提供一段 md 格式的文本（图 5 - 17）。

图 5 - 17　ChatGPT 生成 md 格式的文档

第二步：将 ChatGPT 给出的文本复制粘贴到 txt 记事本文档中，通过修改记事本后缀为"md"的方式，获得 MarkDown 格式的文本。

第三步：将 MarkDown 文本导入思维导图软件 MindMaster 中，即可生成思维导图，如图 5 - 18 所示。

图 5 - 18　一键生成思维导图

要注意，ChatGPT 有时会出现一些胡编乱造的答案，这就需要我们自己应用自身的知识和批判性思维加以甄别，不能对 ChatGPT 生成的答案全盘接收。例如，当你问出"勾三股四弦五是什么"，正确答案应该是勾股定理的一个特例，但对面会给出一个让人啼笑皆非的答案（图 5 - 19）。

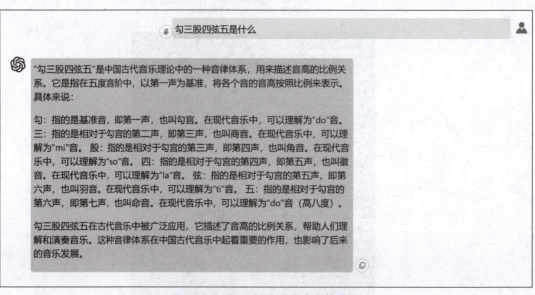

图 5 - 19　ChatGPT 可能会回答错误

三、　学习行为的监控与调节

在进行在线学习的过程中，学习者很难保持长时间的全神贯注，这并不是某个人学习习惯不好的原因，主要还是在线学习的特点导致的。

（1）无限的诱惑：在进行在线学习时，社交媒体、电子游戏、电视等诱惑因素会让学习者很容易分心，转移注意力。

（2）缺乏监督：在线学习通常是自主学习的形式，学习者没有实时的监督和指导。在没有外界的压力和监督下，学习者更容易懈怠和分心。

（3）缺乏互动和交流：在线学习大多是个人学习，缺乏与他人的互动和交流。没有及时的反馈和讨论，学习者容易感到孤独和无聊，从而分散注意力。

（4）技术问题：在线学习需要使用电脑、网络等技术设备，但是技术问题可能随时出现，例如断网、电脑死机等。这些问题会打断学习者的学习过程，导致注意力转移。

为了更高效地开展在线学习，可以采取以下措施。

（一）定向

在线学习有着海量的信息，如果我们没有明确的学习目标，容易迷失在五花八门的信息里，浏览了一堆碎片化的信息，而实际上却一无所获。因此，在开展在线学习之前，必须设定一个明确的学习目标。明确的学习目标和计划，可以帮助我们集中注意力，减少分心。

值得注意的是，学习目标应当根据我们现有的水平而定。太难、太远的目标会让我们自己心生畏惧，不敢开始。

（二）定量、定时

设定一个专注的时间段，给自己设定一个学习任务，在规定时间段内专注于完成任务，避免来自外界的诱惑和干扰。例如，"今天下午这一个小时，我要了解夸美纽斯教学论的基本观点"，或者"今天下午一个小时，我要熟悉 PR 的基本界面，并且学会素材的导入与导出操作"。对学习任务明确的量化规定和学习时间的精准设置，能够保证有效学习的时长，并且提升我们自己的学习效能感。

（三）定点

虽然理论上在线学习是随时随地都可以进行的，但还是需要一个让我们能够开展沉浸式学习的物理环境。世上有少数的天才能够做到，不论外界环境如何，都能静心学习，诗人贾岛在街市上骑着毛驴，心里还念着自己的诗歌，以至于冲撞了韩愈的仪仗队。但我们大多数人毕竟是普通人，最好不要太考验自己的意志力。一个适合学习的环境，可以让在线学习事半功倍。这个地点最好是学校或者家附近的图书馆、自习室，也可以是自己家里的书房。

（四）多与他人互动

寻找学习伙伴和互动机会。学习者可以积极参与学习社群、参加线上讨论等，与他人进行互动和交流，增加学习的趣味性和动力。一方面，将自己所学的新知识表达出来，与他人交流，是巩固所学的最好途径。当我们能够条理清晰地将一个概念或者一种技术讲述出来，就证明我们真正掌握了这个概念或者技术。另一方面，数字时代的知识处于不断变化更新中，通过与他人交流，我们可以接触到多种看待问题、思考问题的角度，拓宽自己的视界，让自己的认知水平更上一层楼。

（五）最重要的是开始学习

万事开头难。在线学习之旅，最难做到的是启程这一段。当我们拥有了一段闲暇时间时，我们经常会想，不如先刷一会儿抖音，不如先玩一局游戏，过十分钟再开始学习，这样一来，不知不觉间几个小时就溜走了。事实上，只要我们对自己说，先坐下来学习十分钟，那么我们可能就开启了专心学习、收获满满的一天。

第六章
主流在线教育平台分析

　　随着互联网技术和教育技术的革新，各种类型的在线教育平台如雨后春笋般涌现，为不同年龄段、不同层次的学习者提供了多样化的学习选择。本章将深入分析各种主流在线教育平台，探讨其主要功能、教学机制，挖掘不同类型在线教育平台的优势和不足，加深读者对各类型的在线教育平台的认识和理解，为进一步推动在线教育的发展提供参考。

知识地图

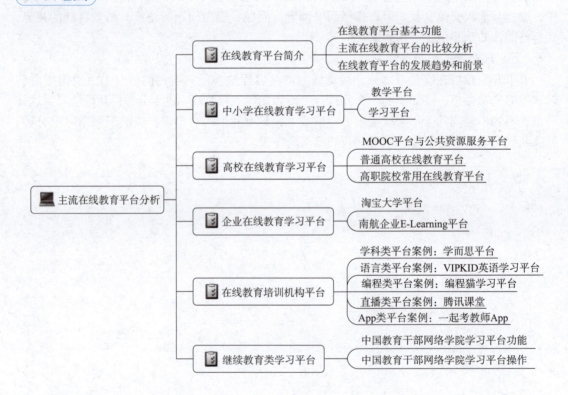

学习目标

1. 了解在线教育平台的基本功能，能够对主流在线教育平台进行比较分析。
2. 了解主流中小学在线教育学习平台，能够熟练使用典型中小学在线教育学习平台。

3. 了解主流高校在线教育学习平台，能够熟练使用中国大学慕课平台和中国智慧职教平台等。

4. 了解主流企业在线教育学习平台。

5. 了解主流在线教育培训机构平台，能够熟练使用典型主流在线教育培训机构平台。

6. 了解主流继续教育类学习平台，能够熟练使用中国教育干部网络学院等继续教育学习平台。

学习建议

1. 阅读相关的行业报告和研究，了解在线教育平台的发展情况，了解其商业模式和运营策略。

2. 熟悉各类主流在线教育平台的功能及主要操作流程。

3. 通过阅读相关的新闻报道、行业分析和企业案例，关注在线教育平台的典型案例，了解其经验和成功之道。

第一节　在线教育平台简介①

在线教育平台是一种融合现代信息技术与教育理念的新型教育服务系统，主要是通过互联网、移动通信网络等数字化媒介，为学习者提供跨越时空限制的、个性化或集体化的学习资源、教学活动、学习支持服务及学习管理功能。在线教育平台不仅集成了丰富多样的数字教育资源，如电子书籍、视频课程、在线模拟实验、虚拟学习环境等，还利用云计算、大数据、人工智能等先进技术，实现教学内容的精准推送、学习进度的智能跟踪、学习成效的即时反馈以及师生间的高效互动，打破了传统教育模式的物理界限，促进教育资源的均衡分配，提升学习效率与效果，满足不同学习者的多元化学习需求。

一、 在线教育平台基本功能

（一）利用网络丰富的信息资源上课

课前教师根据教育目标、教育内容收集相关材料，制作成网页；课上教师交代课堂任务，让学生根据自己对任务的理解、掌握情况，针对自己的薄弱环节，自主探索、寻求、交流问题的答案或解决的办法；然后教师给出问题的答案或解决问题的方法。这种上课方式充分地使学生由知识的被动接收者向知识的探索者转变；学生根据自身的情况重点解决自己尚未掌握的知识，从而避免了以往课堂上已经掌握了知识的学生无事可干或者尚未掌握前一部分知识的学生无所适从的被动局面。网络课最善于解决目前班级授课制之中的分层次教育问题、个性化教学问题。网络教育允许一部分同学先行一步，使学生因材施教成为可能，教育效率必将得到大幅度提高。这正是班级授课制前提下，网络教育的最强生命力之所在。

上好一堂网络课最重要的是教师对各层面学生应有更深的了解，这样才能设计出符合各

---

① 佑信咨询 . 2022 年中国在线教育行业发展报告［EB/OL］.［2023 - 10 - 09］. https://zhuanlan. zhihu. com/p/583261805.

层面学生学习的网络课教案。

（二）利用网络先进的技术上课

网络课上，教师将部分课堂任务用 BBS 或电子邮件发布，同学们用 BBS 或在线聊天进行课堂交流，学生用 BBS 或电子邮件的形式交课堂作业。

网络有先进的 BBS、在线聊天等实时交流技术，它为各个使用者提供了一个平等交流的机会。网络教育使交互式学习成为可能，为他们创设一种相互交流、信息共享、合作学习的环境。网络教育使师生之间在教育中以一种交互的方式呈现信息，学生在网络中不仅接收信息，同时也在表达信息。教师可以根据学生的反馈情况调整教育。学生可以与教师发生交互作用，向其提出问题，请求指导，并且发表自己的看法；学生之间也可发生这种交互作用，从而有利于发挥小组学习的作用，进行协同式学习。这种交互式的教育加强了师生间和学生间的交流，对提高教育质量和学习效果产生了积极的作用。

二、 主流在线教育平台的比较分析

在线教育行业参与者主要包括六类：传统线下教育机构、出版传媒公司、新兴在线教育机构、大型互联网公司、教育硬件公司、政府机关单位/政企合作。这六类参与者都有各自的特点，在行业中处于不同的位置。其中，出版传媒公司、大型互联网公司、教育硬件公司和政府机关单位/政企合作发展态势较好。出版传媒公司以凤凰传媒、皖新传媒等教育出版社为主，主要目的是扩展业务，在传统出版业务的基础上，打造数字出版生态。这类企业的优势在于拥有丰富的教育内容和资源，目前主要布局于数字内容和教育平台的搭建。在2019 年，南方传媒就与广东省政府合作，搭建了学教翔云数字教材应用平台，将广东省中小学阶段的课本教材电子化，以班级为单位提供优质的课堂资源服务，帮助中小学的师生更好地互动学习。大型互联网公司以 BAT、网易、字节跳动为主，其主要特点是拥有丰富的流量资源，资金雄厚、技术能力强。以腾讯出品的腾讯课堂为代表，在 2020 年疫情暴发初期，腾讯课堂推出免佣金政策支持线下教育机构在线授课；同时，免费支持各类院校在线授课的服务。加之微信、QQ 等通信平台的推动，腾讯课堂迅速抢占了大量市场。QuestMobile 发布的《2020 年 Q1 中国移动互联网黑马榜》中，腾讯课堂周日均活跃用户规模跃居教育学习行业第一，复合增长率位居教育学习行业排行榜 TOP2，增长率为 38.6%。教育硬件公司以华为、步步高、科大讯飞等公司为代表，主要尝试通过硬件产品涉足在线教育市场。以华为为例，借助旗下产品搭建专属的华为教育中心。以华为平板、华为小精灵学习智慧屏等硬件为核心，吸引相关教育品牌的入驻，如有道精品课、宝宝巴士、洪恩教育等。

政府机关单位/政企合作在线教育平台，包括中国大学 MOOC、智慧树、学堂在线等，这一类平台内的多数课程免费公开，具有公益性质，如图 6-1 所示。2022 年 3 月，国家高等教育智慧教育平台正式上线，由教育部倾力打造，目前是全球规模最大、门类最全、用户最多的高等教育平台，覆盖 13 个学科门类、92 个专业类，面向高校生和社会学习者开放精品课程。同时，还整合多家在线教育平台，使课程资源进一步多样化。这一类平台的出现，填补了市场的空白，也是在线教育行业重要的组成部分。

三、 在线教育平台的发展趋势和前景

（一）在线教育资源的开放性将会进一步增强

以国家高等教育智慧教育平台为代表的开放资源平台成为主流，并为广大教育者所认识

图 6 - 1　主流在线教育平台

和接受。政策方面，政府也出台了相关政策文件，如《教育信息化"十三五"规划》《教育管理信息化建设与应用指南》《教育部关于推进中小学信息公开工作的意见》等，对教育数据开放工作进行了初步规范与指导。可以预见的是，随着我国教育治理能力的提升，相关部门会制定更专门的教育数据开放政策，用于全面、细致地指导我国在线教育市场健康可持续地发展。

（二）在线教育的智慧性将会得到进一步提高

新时代的在线教育与人工智能、大数据等新兴科技紧密结合，进入了智慧 + 教育的发展阶段。以国内人工智能行业的领先企业科大讯飞为例，其深耕智慧教育领域 17 年，依托人工智能的核心技术，形成了一系列的行业标杆产品。例如，讯飞智能学习机 Q10，借助人工智能大数据分析技术，通过 1 对 1 的 AI 家庭教师的方式，帮助学生快速找到薄弱环节，进而有针对性地学习和巩固，科学、高效地提高学习成绩。随着技术的不断突破，智慧教育将成为未来教育的主流。

（三）在线教育市场的格局将会多元化

一方面，商业化的腾讯课堂、有道精品课等在线教育平台，提供多样化的产品服务；另一方面，公益性质的国家智慧教育平台等，填补市场空白，弥合资源不均衡造成的鸿沟。双方具有不同的特点，覆盖了不同的在线教育行业领域，为用户提供多样化的选择。

第二节　中小学在线教育学习平台

中小学在线教育学习平台有国家中小学智慧教育平台、国家教育资源公共服务平台、一师一优课，一课一名师、学习强国 App、中小学语文课文示范诵读、国图公开课、科普中国、中国数字科技馆、首都科学讲堂、学堂在线等。按功能分类，可以分为教学类平台，例如，国家中小学智慧教育平台、国家公共资源服务平台等；学习类平台，例如中小学网络学习空间、广东省粤教翔云等。下面将对这两类平台重点举例介绍。

一、 教学平台

（一） 国家中小学智慧教育平台[①]

"国家中小学智慧教育平台"是教育部在总结"国家中小学网络云平台"运行服务经验的基础上，研究制定的《国家中小学智慧教育平台建设与应用方案》，并将原云平台改版升级为"国家中小学智慧教育平台"，于2022年3月1日上线试运行。

国家中小学智慧教育平台目前有专题教育、课程教学、课后服务、教师研修、家庭教育和教改实践经验等6个版块，现有资源总量达到2.8万余条。其中，课程教学版块上线了19个版本、452册教材的19 508课时资源。

截至2020年12月，原国家中小学网络云平台浏览次数达到24.6亿，访问人次20.22亿，用户覆盖包括港澳台在内的全国所有省（区、市）及全球174个国家和地区。

自2022年3月1日试运行以来，国家中小学智慧教育平台累计浏览量达7.2亿，日均浏览量2 888万以上，最高日浏览量达6 433万。

1. 建设背景

按照《中共中央国务院关于深化教育教学改革全面提高义务教育质量的意见》有关精神，教育部在2020年疫情突然暴发的情况下，紧急开发建设了"国家中小学网络云平台"，主要提供专题教育和课程教学两大类优质资源，为支撑疫情期间"停课不停学"和学生平时自主学习、教师改进课堂教学发挥了重要作用，至今累计浏览次数达64亿，特别是2021年7月"双减"政策实施以来，日均浏览数量显著增加，受到师生、家长和社会广泛好评。

当前，信息技术快速发展，为构建网络化、个性化、数字化、终身化的教育体系创造了有利条件。我们要充分利用科技赋能，加速推进教育信息化进程。特别是随着"双减"工作的深入实施和推进基础教育高质量发展，对共享优质教育资源、以信息化助力教育现代化提出了迫切要求，亟须进一步加强建设与应用、拓展平台功能、丰富平台资源，更好地服务学生自主学习、服务教师改进教学、服务农村共享优质教育资源、服务家校协同育人、服务应急"停课不停学"等。按照教育部推进教育数字化战略行动的总体部署，适应新形势新需要，进一步升级"国家中小学智慧教育平台"，使之成为助推基础教育现代化的重要驱动和有力支撑。

2. 总体考虑

第一，坚持"四个原则"，即坚持需求牵引，统筹考虑学生、教师、家长和学校等方面使用需求，注重以用为本，大力加强资源建设与应用；坚持共建共享，注重系统谋划、整体设计、部门协同、上下联动，切实提高资源建设共享效益和运行保障水平；坚持育人为本，以促进学生全面发展、健康成长为中心，注重德智体美劳全面培养，严格资源质量标准和技术规范，确保资源专业化精品化体系化；坚持集成创新，适应课程教学改革和信息技术发展，加快教育资源数字转型和智能升级步伐，不断丰富、完善、更新资源，升级迭代服务功能。

---

① 百度百科. 国家中小学智慧教育平台 [EB/OL]. [2023 - 10 - 09]. https://baike.baidu.com/item/%E5%9B%BD%E5%AE%B6%E4%B8%AD%E5%B0%8F%E5%AD%A6%E6%99%BA%E6%85%A7%E6%95%99%E8%82%B2%E5%B9%B3%E5%8F%B0/60189871.

第二，重点实现"四化目标"，经过 2~3 年的努力，实现平台体系协同化，基本形成定位清晰、互联互通、共建共享的国家基础教育平台体系；网络运维顺畅化，基本具备支撑平台稳定运行、性能可靠、信息安全的基础设施条件；精品资源体系化，基本建成导向正确、科学专业、覆盖广泛的高质量基础教育资源体系；融合应用常态化，基本实现信息技术与教育教学深度融合，利用平台资源教与学成为新常态。

第三，重点完成"三项任务"，即系统完善平台整体架构，"国家中小学智慧教育平台"重点承载面向中小学的各类优质教育教学资源，建立资源分发共享机制，将平台资源按各省（区、市）需要分布式部署到省级平台，不具备条件的省份可直接使用这个平台；开发汇聚各类优质资源，聚焦服务全面育人，开发汇聚包括专题教育、课程教学、课后服务、教师研修、家庭教育、教改实践经验等 6 个版块的优质资源；深入推进教育教学应用，充分发挥"国家中小学智慧教育平台"在教育教学中的重要作用，大力推进信息技术与教育教学深度融合。

3. 发展历史

2020 年 2 月 17 日，为做好疫情防控工作，教育部开通国家中小学网络云平台，为学生居家学习提供支持和服务；2 月 24 日，升级后的平台上线运行。

2022 年 3 月 1 日，为深入实施国家教育数字化战略行动，大力促进基础教育高质量发展，有效支撑"双减"和疫情期间"停课不停学"工作，教育部在原"国家中小学网络云平台"基础上改版升级了"国家中小学智慧教育平台"，并正式上线试运行。

2022 年 3 月 28 日，包含国家中小学智慧教育平台在内的国家智慧教育平台正式上线运行。

2022 年 3 月 29 日，教育部召开新闻发布会，介绍国家智慧教育公共服务平台建设和应用进展成效。平台试运行以来，3 月 1—25 日，累计浏览总量达 7.2 亿，日均浏览量 2 888 万以上，与 2021 年同期相比，提高了 40 倍，最高日浏览量达 6 433 万；平台用户不仅覆盖了全国各省区市，还有 180 多个国家和地区的用户也使用了平台资源。

4. 主要内容

升级后的平台进一步丰富了原有的专题教育和课程教学资源，并新增加了课后服务、教师研修、家庭教育、教改实践经验等 4 类资源，共有 6 个版块，进一步凸显了服务"双减"工作的需要。平台资源建设得到了文旅部、国家体育总局、中国科协、中国文联、《人民日报》、新华社和北京、上海、江苏等省份教育行政部门及有关高校的大力支持。平台现有资源达到 21 334 条，其中，新上线 10 335 条，比原来增加接近一倍，另外，还外部链接了 60 个专业网站共享有关资源，资源总量得到大幅增长。下一步还将通过多种方式不断丰富扩充资源。

专题教育资源包括党史学习、爱国主义教育、宪法法治教育、品德教育、劳动教育、中华优秀传统文化教育、生命与安全教育、心理健康教育、生态文明教育等 9 类资源。

课程教学资源在原有的国家统编教材和人教版教材教学资源基础上，新增加了北京版、苏教版、北师大版、教科版、外研版等 7 个版本 116 册教材的课程教学资源，同时，上线了 66 家出版单位的 1 834 册电子版教材。下一步将全面上线各教材版本的教学资源。

课后服务资源包括科普教育、体育锻炼、文化艺术、经典阅读、研学实践、影视教育等 6 类资源。

教师研修资源包括通识研修、学科研修、作业命题、幼教研修、特教研修等资源。

家庭教育资源包括家庭教育观念、家庭教育方法和家庭教育指导等3类资源。

教改实践经验包括各地中小学党建德育、落实"双减"、学前教育、义务教育、普通高中、特殊教育、教学成果、教育信息化、综合改革等9类典型经验。

5. 发展保障

第一，保障运维条件。把"国家中小学智慧教育平台"运维纳入国家教育数字化战略行动，优化完善基础设施，因需配备服务器和带宽资源，保障平台畅通运行。指导地方加大学校终端设备配备力度，适度增加学校和班级网络带宽，确保学校有效、便捷地使用平台的资源。强化"国家中小学智慧教育平台"网络安全管理，明确等级保护要求，落实网络安全技术保障，健全网络安全责任制，确保平台网络运行安全和数据安全。

第二，严把资源质量。区别不同类型资源，分别制定资源建设质量标准，健全资源质量审核机制，坚决防范意识形态风险，切实把好政治关，坚持科学性，注重规范化；充分运用人工智能、虚拟现实、增强现实等技术手段，最大限度地还原真实场景，丰富资源呈现形式，助力提高资源使用实效性。鼓励有关单位和个人积极参与"国家中小学智慧教育平台"资源建设工作，对于入选平台的优质资源，教育部将颁发相应证书；对于观看次数多、评价反映好、使用效益高的资源，对提供者给予一定的奖励；把资源提供和使用情况作为教学成果评定、职称评聘和评优评先等方面的重要依据。

第三，强化平台应用。面向战线全面部署，指导各地各校将充分应用"国家中小学智慧教育平台"资源作为深化教育教学改革、提高教育教学质量的重要途径和有力抓手。加强使用培训指导，将"国家中小学智慧教育平台"资源的有效使用纳入各级教师培训，作为全国中小学教师信息技术应用能力提升工程2.0的重要内容，强化依托平台资源开展应用培训；加强学生使用平台资源的指导，培养学生提高使用能力。健全应用激励机制，"国家中小学智慧教育平台"各类资源全部免费使用，将平台资源常态化应用纳入学校教学管理基本要求和教育督导评价重要内容，及时评估应用成效；建立教师应用资源跟踪考评机制，引导教师积极学习借鉴平台提供的优质资源改进教育教学，不断总结经验，重点推广一批应用成效显著的典型案例。加大宣传交流力度，促进家长和社会全面了解"国家中小学智慧教育平台"的内容、功能作用和使用方法；加强与中央主流媒体沟通，积极开展对外交流与合作，不断扩大平台的国内国际影响力。

6. 国家中小学智慧教育平台界面简介

平台网址为 https://basic.smartedu.cn/。网页端界面如图6-2所示。

手机端App界面如图6-3所示。

大家可以在网页端或手机端注册、登录和使用。为确保数据安全性，用户先注册账号，选择用户身份（教师、学生或家长）并完善相应信息。未注册的账号只能浏览部分资源。

平台中资源丰富，实用性强，包含德育、课程教学、体育、美育、劳动教育、课后服务、教师研修、家庭教育、教改经验、教材和温馨提示等11个版块。

德育资源包括党史学习、爱国主义、宪法法治、品德教育、思政课程、优秀传统文化、生命与安全、心理健康、生态文明等9类资源（图6-4）。

图 6-2　国家中小学智慧教育平台网页端界面

图 6-3　国家中小学智慧教育平台手机端 App 界面

图6-4 国家中小学智慧教育平台德育资源页面

课程教学资源方面，涵盖了从小学、初中、高中等学段的不同科目的所有内容，能够为学生自主学习和教师备课授课提供支持（图6-5）。

图6-5 国家中小学智慧教育平台课程教学资源页面

体育资源包括体育与健康课程、运动技能、体育活动、健康服务等4类资源（图6-6）。

图6-6 国家中小学智慧教育平台体育资源页面

美育资源包括艺术课程、艺术技能和艺术活动等3类资源（图6-7）。

图6-7 国家中小学智慧教育平台美育资源页面

　　劳动教育资源包括劳动光荣、劳动导航和劳动智慧等3类资源（图6-8）。

图6-8　国家中小学智慧教育平台劳动教育资源页面

　　课后服务资源包括科普教育、体育锻炼、文化艺术、经典阅读、研学实践、影视教育等6类资源（图6-9）。

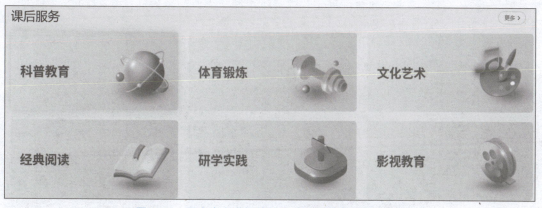

图6-9　国家中小学智慧教育平台课后服务资源页面

　　教师研修资源包括师德师风、通识研修、学科研修、作业命题、幼教研修、特教研修、国培示范、院士讲堂、名师名校长等9类资源（图6-10）。

图6-10　国家中小学智慧教育平台教师研修资源页面

家庭教育资源包括家庭教育观念、家庭教育方法和家庭教育指导等3类资源（图6-11）。

图6-11　国家中小学智慧教育平台家庭教育资源页面

教改经验资源包括各地中小学党建德育、"双减"工作、学前教育、义务教育、普通高中、特殊教育、教学成果、教育信息化、综合改革等9类典型经验（图6-12）。

图6-12　国家中小学智慧教育平台教改经验资源页面

教材资源包括67家出版单位的2 004册电子版教材、28 568条学习资源（图6-13）。

温馨提示包括第三套全国中小学系列广播体操小学版和中学版完整示范，还有护眼活动的内容（图6-14）。

（二）国家公共资源服务平台①

"国家教育资源公共服务平台"是中央政府提供教育基本公共服务的一次创新。

自2012年12月28日开通试运行开始，中央电化教育馆网络部承担平台从V1.0到V2.0的运行维护工作，并建立了平台的门户网站，设立新闻、资源、活动、培训、导航、发现等网站频道，着力于教育信息化的工作进展、教育资源的推送推广、各类教育活动的举

---

① 百度. 国家教育资源公共服务平台 [EB/OL]. [2023-10-09]. https://baike. baidu. com/item/% E5% 9B% BD% E5% AE% B6% E6% 95% 99% E8% 82% B2% E8% B5% 84% E6% BA% 90% E5% 85% AC% E5% 85% B1% E6% 9C% 8D% E5% 8A% A1% E5% B9% B3% E5% 8F% B0/24294232.

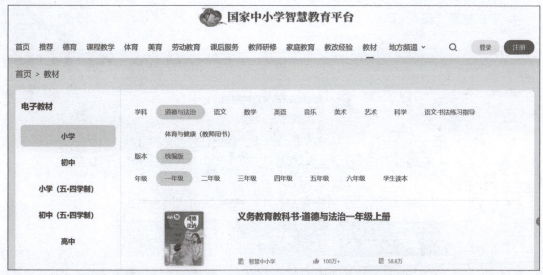

图6-13　国家中小学智慧教育平台教材资源页面

图6-14　国家中小学智慧教育平台温馨提示页面

办实施、教育资源信息的智能导航。同时，开通了客服400服务呼叫中心，设立实时监控，加固及加速网络服务设施。

1. 发展历程

2012年12月28日，国家教育资源公共服务平台开通试运行。

教育部宣布拟于2020年2月17日开通"国家网络云课堂"，以部编教材及各地使用较多的教材版本为基础，向小学一年级至高中三年级提供网络点播课程。以教学周为单位，建立符合教学进度安排的统一课程表，提供网络点播课程。

2. 平台特色

国家教育资源公共服务平台充分依托现有公共基础设施，利用云计算等技术，逐步推动与区域教育资源平台和企业资源服务平台的互连互通，共同服务于各级各类教育，为资源提供者和资源使用者搭建起网络交流、共享和应用环境。将国内教育优势地区的名校、名师资源集中起来，为全国师生提供个性化的空间和服务。促进"优质资源班班通"和"网络学习空间人人通"，让优质资源和创新应用惠及人人。

3. 平台网址（**https：∥www. eduyun. cn／**）

4. 平台首页（**图 6 – 15**）

图 6 – 15　国家教育资源公共服务平台首页

二、 学习平台

（一）中小学网络学习空间

从 2012 年开始，"网络学习空间人人通"平台建设经过很多公司及专业人员的努力和探索，从理念到产品本身，正在得到不断的升华和完善。其遵循"软件即服务"的原则，一些优秀的产品在实现教育现代化方面正在起着基础性、支撑性的重要作用。

"网络学习空间人人通"对教育教学改革产生越来越深刻的影响。一是将会给教育教学带来前所未有的机遇和挑战。有形的，将会带来新的"教材"、新的"课堂"、新的"教师"、新的学习过程、新的教学模式等；无形的，将会带来新的教育教学观念、新的教育教学体制机制、新的教学论、新的学习论、新的人际关系、新的思维方式等。这些都是教育发展史上前所未有的，这就迫使学校的管理者、教师要重新找准自己的角色定位，重新构建管理和教学的原子结构。结构的变革是重要的改革，结构的重组会产生新的力量。二是在所有中小学教育教学改革的热点中，"网络学习空间人人通"都将起到强大的助推作用。例如，在"智慧教育""智慧学校""智慧课堂"建设中，"网络学习空间人人通"将起到枢纽作用；在"翻转课堂"教学实践中，"网络学习空间人人通"将起到基础性支撑作用。三是在一些先进理念的达成方面，"网络学习空间人人通"将发挥前所未有的作用，例如，合作探究式学习、研究性学习、个性化教学、体验型学习等，都会比传统手段效果更好。四是在任何学科教学改革方面，"网络学习空间人人通"都会产生难以想象的作用，例如，在资源检索、数据统计、音视频利用等许多方面，都会给学科教学改革提供你所能想到的任何帮助。

"人人皆学、处处能学、时时可学"是学习型社会的一个形象描述。"人人皆学"反映出学习者的主动性、全面性，是教育普及化、终身化、个性化的体现。"处处能学、时时可学"反映出学习环境的泛在性，体现出信息化社会"碎片化学习"的特征，是信息化发展，乃至智慧城市、智慧教育建设的结果。"人人皆学、处处能学、时时可学"是"培养大批创新人才"的基础，"大批创新人才"一定是产生在主动的、广泛的、深入的学习之上的。具体到中小学，只有构建强大的"网络学习空间人人通"体系，才能实现"人人皆学、处处能学、时时可学"的目标。

在推进中小学教育信息化的过程中，还要进一步彰显"网络学习空间人人通"的作用。

一是实现超融合。优秀的"网络学习空间人人通"应该是几个维度的融合。

（1）各种终端设备的融合。即在台式机、笔记本电脑、Pad、手机等设备上界面统一、风格一致，运行稳定。

（2）管理、教学、学习等各种功能充分融合。通过大数据统计、资源推送、提供学习工具等，为应用者提供综合性更强的服务。

（3）数字化管理、数字化资源融合。为应用者提供班级管理、组群管理、社交管理机制以及一定量的静态资源、海量的动态资源等。

（4）各种介质的高度融合。文本、音频、视频、照片等流畅运行。

（5）与各种应用程序的兼容。开放系统，与各种现存、先进的App融合。

二是做到"低门槛"。专业的事情让专业人员去做，让应用者只是运用技术而不用学习技术，这已经成为信息技术发展的一个趋势，"低门槛""微信化"是"网络学习空间人人通"的必然选择。

三是确保精准性。针对每一个空间、每一个人、每一个项目，都做到数字化推送服务。精准的数据统计分析是"网络学习空间人人通"的一个优势，这个优势在未来的实践中会越来越明显。

"人人皆学、处处能学、时时可学"只有在实践中不断完善"网络学习空间人人通"，使之发展、丰富、成熟、内化，才能从根本上达成"人人皆学、处处能学、时时可学"这个顶层目标。

（二）广东省粤教翔云

粤教翔云教育平台3.0学生端是一款主打学习教育的软件，提供了丰富的内容，用户可以在线学习到更多的知识，其中有着人教版、北师版等多个版本地教材，可以很好地满足广大用户朋友的学习需求，让学习更加轻松（图6-16）。

1. 平台特色

教师资源：实现资源互动共享，资源上传/下载。

学生模块：为学生提供教科书搜索和下载功能以及在线学习功能。

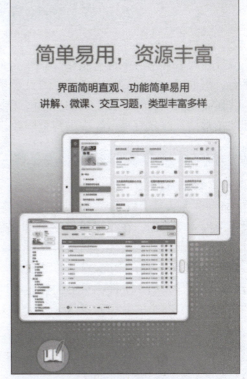

图6-16　粤教翔云教育平台App界面

家长花园：可以接收校园发布的各种信息。

成长记录：记录学生在校学习情况，实现一键式查询。

成绩查询：学生可以查询自己的学业成绩信息。

2. 软件亮点

课堂记录：家长可掌控、可参与的教育领地。

家长便捷接收孩子课堂上的一切动态——教学素材、课堂作业、课堂全程录制等，轻松知晓孩子的课堂答题和作业完成情况。

多方沟通：协同助力孩子的成长和未来。教师、家长可快速创建备课组、育儿组等，围绕教学、教育实时交流；还可随时随地进行班级圈分享、互动，孩子在家与校穿梭时的学习和生活状况尽收眼底。

校园管理：校园管理校园移动办公，管理轻松有序。

3. 软件优势

在教学点、农村中小学数字教育资源全覆盖实施中，粤教翔云数字教材平台将学科教学与信息技术深度融合，为广大师生提供了优质、专业、正版课程核心资源，如音频、视频、动画等丰富的多媒体资源。

平台为翻转课堂、主题探究、基于问题学习等信息化环境下教学模式定制了相应的流程和功能，帮助教师更好地了解、应用基于网络的创新教与学模式。

粤教翔云数字教材平台在教学点的深入应用，为提升全体教师信息化技术应用水平提供了有力支撑。

第三节　高校在线教育学习平台

高校在线教育学习平台有很多，按平台的功能分类，可分为 MOOC 平台与公共资源服务平台，例如 Coursera、Udacity、中国大学慕课平台 iCourse、爱课程（中国大学 MOOC）等。普通高校在线教育平台，例如清华雨课堂、各高校基于 Moodle 开源系统的学习平台等。高职院校常用在线教育平台、中国智慧职教、职教在线平台等。

一、MOOC 平台与公共资源服务平台

（一）Coursera[①]

Coursera 是大型公开在线课程项目，由美国斯坦福大学两名计算机科学教授创办，旨在同世界顶尖大学合作，在线提供网络公开课程。Coursera 的首批合作院校包括斯坦福大学、密歇根大学、普林斯顿大学、宾夕法尼亚大学等美国名校。

截至 2024 年 7 月，Coursera 为学生提供 5 400 余门课程，这些课程来自全球著名高校以及行业合作伙伴，为学生提供重要的技能培训，帮助学生为未来的就业做好准备。根据该平台的调研结果，88% 的受访雇主认为，拥有 Coursera 课程证书的求职者相较于不具备课程

---

① 百度 . Coursera ［EB/OL］. ［2023 － 10 － 09］. https：//baike. baidu. com/item/coursera/3361355？starNodeId ＝ 508cb2fb235a27169509eeef.

证书的求职者更有优势。90%的学生认为，Coursera 所颁布的证书有助于自己获得工作机会[①]。

2020 年 8 月，Coursera 以 70 亿元人民币市值位列《苏州高新区·2020 胡润全球独角兽榜》第 351 位。

平台网址为 https://www.coursera.org/。

平台首页如图 6-17 所示。

图 6-17　Coursera 平台首页

（二）Udacity[②]

Udacity 隶属于优达城有限公司。Udacity 设计的教育内容包括人工智能、数据科学、自动驾驶、自然语言处理、计算机视觉、AI 量化投资、区块链、云计算等。优达学城 Udacity 是来自硅谷的前沿技术平台，由 Google 无人车之父 Sebastian Thrun 创立，与 Google、Facebook、Amazon 等全球顶尖技术公司联合开发了一系列的专业认证项目，为前沿技术领域培育了数万名顶尖专业人才，已与百度、腾讯、滴滴出行等中国前沿技术企业开发了一系列的课程项目。

与其他尝试普及高等教育的课程不同，Udacity 不只是提供课堂录像。Sebastian Thrun 将 Udacity 的课程描述得几乎和游戏一样。他说："我们避免了传统的填鸭式、满堂灌的教学模式，而是通过巧妙设问以及开展小测验的方式，改善课堂效果。"在 Udacity 的课堂中，教授简单介绍主题后，便由学生主动解决问题。他解释道："我们认为寓教于练比寓教于听更

---

① Coursera. Coursera for campus［EB/OL］.［2024-07-08］. https://www.coursera.org/campus? utm_campaign = website&utm_content = c4cf - top - banner - dotorg&utm_medium = coursera&utm_source = home - page.

② 百度. Udacity［EB/OL］.［2023-10-09］. https://baike.baidu.com/item/Udacity/5872264?fr = ge_ala.

重要。"这种模式类似于"翻转教室"（flipped classroom），有些人认为这是教育的未来。它认为"书本教学"是灌输真正知识的一种过时又无效的方式。

平台网址为 https://www.udacity.com/。

平台首页如图 6 – 18 所示。

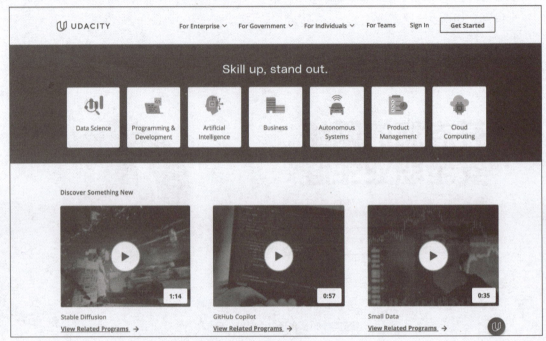

图 6 – 18　Udacity 平台首页

（三）中国大学慕课平台 iCourse

中国大学 MOOC 是高等教育出版社有限公司旗下的软件。

2022 年 8 月 10 日，网易有道与高教社携手推出的中国大学生 MOOC 承载了一万多门开放课、1 400 多门国家级精品课，与 803 所高校开展合作，已经成为最大的中文慕课平台。下面介绍平台手机端的使用。

1.　安装学习工具

在手机应用商店中搜索"中国大学 MOOC"，下载并安装（图 6 – 19）。

2.　注册并登录学习账户

打开"中国大学 MOOC" App，选择"账户"，单击"登录/注册"按钮。有账户的，直接登录；没有账户的，先注册（图 6 – 20）。

3.　完善账户信息

在账号页面单击右上角的 ⊙ 图标，进入"个人信息设置"界面，修改昵称（统一格式：姓名＋学校（单位）；例如：张三＋南宁职业技术学院），身份类型选择"其他"（图 6 – 21）。

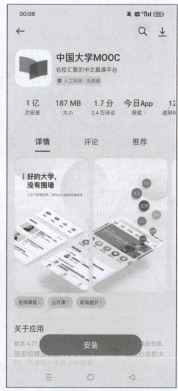
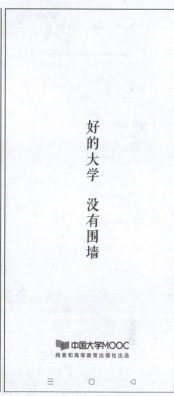

图 6 –19　下载并安装"中国大学 MOOC"

图 6 –20　登录/注册界面

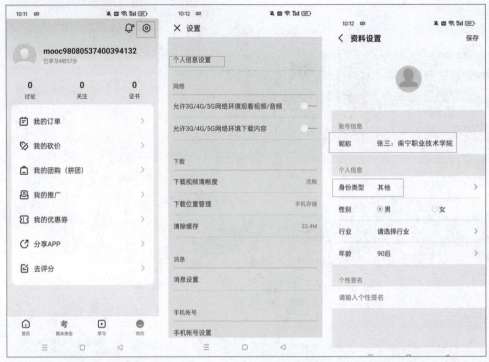

图6-21　完善账户信息界面

4. 选课学习

在首页顶部搜索框输入课程名称，单击对应慕课进入课程，单击"立即参加"按钮进行选课（图6-22）。

图6-22　选课学习界面

二、普通高校在线教育平台

（一）清华雨课堂①

雨课堂是清华大学和学堂在线共同推出的新型智慧教学解决方案，是教育部在线教育研究中心的最新研究成果，其致力于快捷、免费地为所有教学过程提供数据化、智能化的信息支持。

雨课堂由学堂在线与清华大学在线教育办公室共同研发，旨在连接师生的智能终端，将课前—课上—课后的每一个环节都赋予全新的体验，最大限度地释放教与学的能量，推动教学改革。

雨课堂将复杂的信息技术手段融入 PowerPoint 和微信，在课外预习与课堂教学间建立沟通桥梁，让课堂互动永不下线。使用雨课堂，教师可以将带有 MOOC 视频、习题、语音的课前预习课件推送到学生手机，师生沟通，及时反馈；课堂上实时答题、弹幕互动，为传统课堂教学师生互动提供了完美解决方案。雨课堂科学地覆盖了课前—课上—课后的每一个教学环节，为师生提供完整、立体的数据支持，以及个性化报表、自动任务提醒，让教与学更明了。

雨课堂能够连接师生的智能终端，将课前—课上—课后的每一个环节都赋予全新的体验，快捷、免费地实现大数据时代的智慧教学，包括师生多元实时互动，教学全周期数据分析等。

课上：创新师生互动

课堂弹幕——轻松组织讨论，活跃班级气氛；
匿名反馈——学习遇到困难，匿名反馈教师；
限时测试——随堂知识检测，结果实时统计；
PPT 同步——不再拍照抄写，专注听课思考。

课后：轻松翻转课堂

随时推送预习材料 + 语音讲解；
内置免费名校慕课视频；
难点报告反馈，师生随时沟通；
课后推送作业题目。

平台网址为 http://www.yuketang.cn/。

平台首页如图 6 - 23 所示。

（二）基于 Moodle 开源系统的学习平台

Moodle 是一个开源的在线学习平台，它提供了一系列的教学工具和资源，包括在线课程管理、学习内容管理、课程交流、在线测试等，能够帮助教师更好地管理课程和学生，同时，也为学生提供了更加灵活、个性化的学习方式（图 6 - 24）。而中国国内的线上教学平台包括了很多不同的产品，如钉钉、腾讯会议、华为云课堂等，它们各自有着自己的优势。

以下是 Moodle 与中国国内的线上教学平台在一些方面的优势比较：

开源性质：Moodle 是一个开源平台，用户可以自由地修改和定制平台功能，同时，也

---

① 百度．雨课堂［EB/OL］．［2023 - 10 - 09］．https://baike.baidu.com/item/% E9% 9B% A8% E8% AF% BE% E5% A0% 82/19780063？fr = ge_ala。

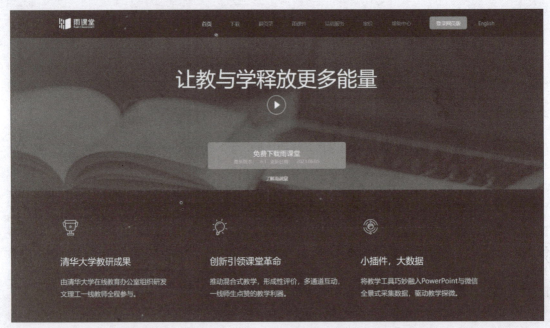

图 6–23　雨课堂平台首页

图 6–24　基于 Moodle 开源系统的学习平台

可以分享和使用其他用户的功能和插件。而国内的线上教学平台大多数是商业化的，用户无法自由地定制平台功能。

自由度：Moodle 提供了更加灵活、个性化的学习方式，学生可以按照自己的节奏学习，而国内的线上教学平台大多数是按照固定的学习计划进行学习。

教学资源：Moodle 拥有丰富的教学资源和插件，用户可以根据自己的需求选择不同的插件，以满足不同的教学需求。而国内的线上教学平台教学资源相对较少，需要用户自己去搜索和整理。

互动性：Moodle 提供了讨论区、在线测试、在线作业等功能，可以帮助教师和学生更好地互动交流，提高教学质量。而国内的线上教学平台的互动性相对较弱，主要以传递信息为主。

安全性：Moodle 有较高的安全性，用户数据和教学内容都得到了很好的保护。而国内的线上教学平台因为使用的是商业化产品，用户数据和教学内容安全性难以保证。

需要注意的是，在中国国内使用 Moodle 可能存在网络不稳定、访问速度较慢等问题，因此，在实际使用中需要根据具体情况进行选择。同时，由于国内的线上教学平台种类繁多，也需要根据自己的需求和情况进行选择。

三、　高职院校常用在线教育平台

国家职业教育智慧教育平台等在线教育平台在高等职业教育领域发挥着举足轻重的作用，目前，高职教育已将在线教育平台作为重要的教学辅助手段。本章主要介绍国家职业教育智慧教育平台与广外艺优课网这两个在线教育平台。对这两个平台的研究与探索，有助于我们深化对当前高职院校在线教育平台的理解，更好地发挥科技对教育的推动作用。

（一）国家职业教育智慧教育平台①

国家职业教育智慧教育平台是由高等教育出版社运维的平台，是国家智慧教育公共服务平台栏目之一。

1. 建设内容

国家职业教育智慧教育平台有四大版块：第一个版块是"专业与课程服务中心"，服务学习者享有优质、便捷的职业教育数字化资源，提高职业教育数字化资源使用效率。第二个版块是"教材资源中心"，服务职业教育教材开发、选用、监管和评价等需要。第三个版块是"虚拟仿真实训中心"，服务职业教育实训教学、技能鉴定和竞赛考试等应用需要。第四个版块是"教师服务中心"，服务职业教育干部职工培训内容优化、培训质量提升。

这四大版块，通过一站式搜索模块和监测运行分析模块，既满足教师系统教、学生系统学数字资源需要，又服务于职业院校专业建设、教学改革。概括而言，具有以下三个特点：

一是多主体开发建设。平台资源主要由优质职业院校联合优秀企业共同开发的标准化课程、示范性课程以及各种拓展资源组成，充分体现了职业教育"产教融合、校企合作"的办学特色，譬如，每个国家级专业教学资源库平均有 17.5 所优质职业院校 16 家头部企业参与开发，促进了教育链、创新链与产业链、人才链的深度融合。

二是多维度个性应用。平台资源基于颗粒化开发供给，教师可以直接使用其中的标准化课程，也可对课程内容和拓展资源自行编辑，形成适合学生学习的个性化课程，促进因材施教，保证教学效果。截至目前，平台已有教师自建课程超 17.8 万门，为"大规模个性化"培养技术技能人才提供了可能。

三是多层次提供服务。在提供丰富多样教学资源的同时，所有资源均同步设计了练习、

① 百度. 国家职业教育智慧教育平台 ［EB/OL］. ［2023 - 10 - 09］. https：//baike. baidu. com/item/%E5%9B%BD% E5%AE%B6%E8%81%8C%E4%B8%9A%E6%95%99%E8%82%B2%E6%99%BA%E6%85%A7%E6%95%99%E8% 82%B2%E5%B9%B3%E5%8F%B0/60558327？fr＝ge_ala.

复习、随堂测试等，学生可通过平台进行自学和学习自测。平台自动记录学生的线上学习、课堂互动、课后复习数据，由此计算出学生的知识掌握率、课堂互动率、教师响应率、线上活跃率等，为教师改进教学效果提供依据。资源使用数据、教学反馈情况等又能面向教育行政管理部门等提供多维度数据分析服务，赋能职业教育现代高质量体系建设。

2. 后续举措

"国家职业教育智慧教育平台"分三期建设。2022 年 3 月 28 日上线的是专业与课程服务中心，6 月底完成其他各中心的开发和上线，12 月底完成平台各规划功能的开发与上线。

一期上线的专业与课程服务中心包括专业资源库、在线精品课、视频公开课 3 个模块。其中，专业资源库模块以专业为单位，为各类学习者和教师提供成完整系统的专业课程资源和学习包，包括全国优质职业院校优势专业联合企业共同开发的标准化、示范性课程以及各种拓展资源，教师也可以根据需要选择和编辑课程资源，形成符合自己需要的个性化课程；在线精品课模块覆盖所有行业门类，汇集职业教育领域优质的 MOOC 课程，供教师教、学生学；视频公开课模块以职业教育国家级获奖项目的课程资源为基础，为职业院校提供可选用、可观摩的课程。

下一步，教育部将加快推进数字化进程，落实工作任务，围绕建成"优质职教资源共建共享平台、学生学习与交流的平台、教师教育教学与备课交流的平台"，陆续上线虚拟仿真实训中心、教师能力提升中心、教材资源中心。

一是要丰富资源供给，建立更完善的国家、省、校三级互补的优质专业与课程资源共建共享体系。

二是要开发搜索引擎，建立基于大数据和人工智能技术的资源库数字化学习资源搜索引擎以及智能资源推送服务，促进资源跨平台、跨学校、跨区域应用。

三是要加强应用监测，建立专业与课程资源完善的监测机制，科学引导资源开发、更新和淘汰。

3. 价值意义

一是革新传统治理模式。新技术不断迭代升级，对职业教育现代化治理体系和治理能力提出了更高要求。通过数字化转型升级，有助于职业教育加大数据分析应用的力度、深度和效度，实现个性化、精准化资源信息的智能推荐和服务，为管理人员和决策者提供及时、全面、精准的数据支持，逐步形成"数治职教"治理新模式，解决好管理部门多、工作链条长、信息衰减快的问题。

二是革新传统评价模式。教育评价一直面临着科学性不足、反馈作用发挥不充分的窘境。通过数字化评价技术和手段，能够实现学生学习行为全数据采集分析，真实地测评学习者的认知结构、能力倾向和个性特征等，构建以学习者核心素养为导向的教育测量与评价体系，实现实时采集、及时反馈、适时干预，促进学习者的全面发展。

三是革新传统学校模式。数字化时代，职业院校将突破传统的"围墙"限制，成为形式上更丰富、本质上更自主、时间上更弹性、内容上更定制、方式上更混合的"技术技能学习中心"，为学生提供智能开放教学及实训环境，实现泛在学习。此外，数字技术还能促进城乡之间、区域之间、校校之间、师生之间优质职业教育资源的均衡。

4. 平台网址

网址为 https://vocational.smartedu.cn/，平台首页如图 6-25 所示。

图 6 – 25　国家职业教育智慧教育平台首页

5. 国家职业教育智慧教育平台使用方法

1）注册用户、注册用户管理

第一步：登录平台首页，单击"注册"按钮（图 6 – 26），进入用户注册页面。

图 6 – 26　国家职业教育智慧教育平台注册入口

网址为 https：//www. icve. com. cn/。

第二步：进入注册页面，输入注册信息，输入完成后，单击右下角的"注册"按钮完成注册（支持四种不同的职业/身份用户注册：教师、学生、社会学习者、企业用户）。用户注册页面如图6-27所示。

图6-27 用户注册页面

第三步：注册完成后，需要登录邮箱激活。激活后，用户才能登录系统。

第四步：注册用户登录系统，登录进入学习中心。

2）选择课程

在顶层展示区单击资源库，在下拉列表中选择"课程"，进入课程列表展示页（图6-28）。

图6-28 课程列表展示页

第一步：在课程页面的搜索框中查找自己所需的课程（图6-29）。

图6-29　在课程页面的搜索框中查找自己所需的课程

第二步：单击课程封面或者课程名称，进入课程基本信息展示页面，如图6-30所示。单击"加入课程"按钮，进入课程学习界面。

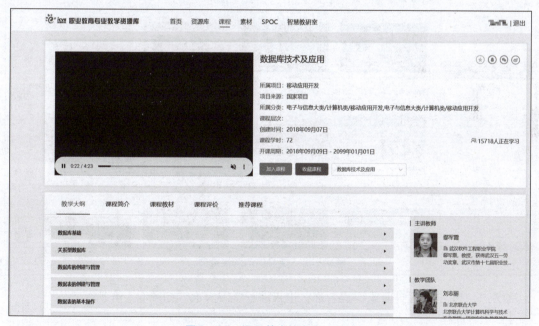

图6-30　课程基本信息展示页面

3）查看课程

第一步：单击首页上方的"我的学习中心"，进入个人中心页面，如图6-31所示。

第二步：单击"我的课程"→"学习中的课程"，可查看到所有正在学习中的课程，如图6-32所示。

图6-31 个人中心页面

图6-32 学习中的课程页面

第三步：单击课程封面或课程名称，进入课程学习页面，如图6-33所示。

4）学习课程

第一步：查看公告。

在这里，学生可以即时查看到教师发布的课程公告内容，如图6-34所示。

第二步：查看课程内容。

此部分是学习课程的核心内容，在这里，学生可以学习视频（包括视频中弹出的题目）、随堂检测、文档、富文本、讨论，如图6-35所示。

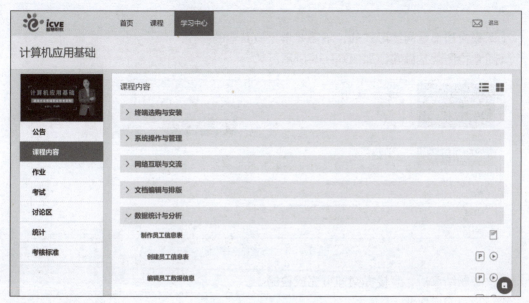

图 6 −33　课程学习页面

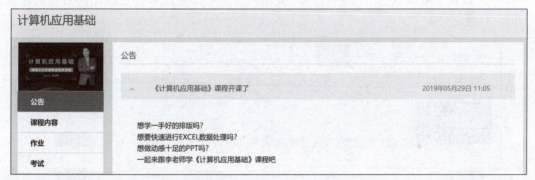

图 6 −34　课程公告页面

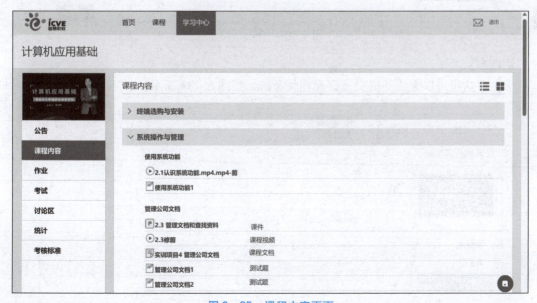

图 6 −35　课程内容页面

注：

①课程文档都是阅读形式的，不需要学生做其他的操作。

②随堂检测就是做题，如图6-36所示。

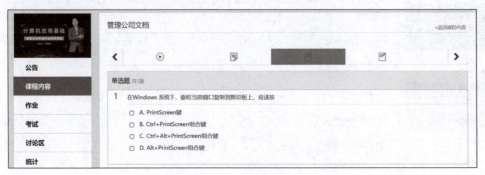

图6-36　随堂检测页面

学生答题结束后，直接提交即可完成检测。

第三步：完成作业。

学生可以在菜单区单击"作业"进入页面，这里可以完成并提交该课程布置的作业，如图6-37所示。

图6-37　作业页面

第四步：考试。

学生在这里可以完成并提交该课程相关考试，如图6-38所示。

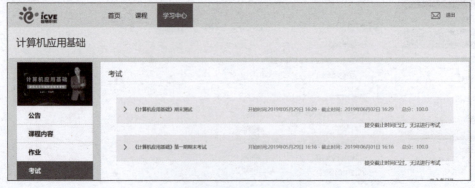

图6-38　考试页面

第五步：参与讨论。

讨论区给学生的学习提供一个互动的地方，学生可在这里发表言论，参与讨论，如图 6 – 39 所示。

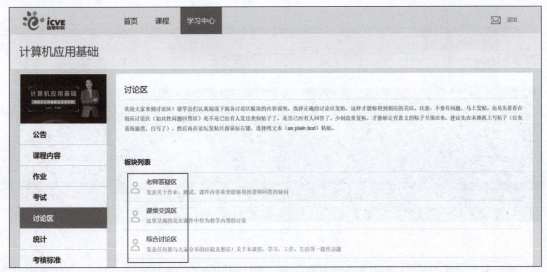

图 6 – 39　课程参与讨论页面

第六步：查看统计情况。

学生统计包括作业统计、随堂测验统计、讨论统计、考试统计、视频资源统计、其他资源统计 6 个部分。

以视频资源统计为例，学生进入相应课程的学习中心，单击左侧菜单"统计"→"视频资源统计"查看这门课程所有的视频，视频资源统计下有关于此门课每个视频的视频时长、学生浏览时长以及完成率，如图 6 – 40 所示。

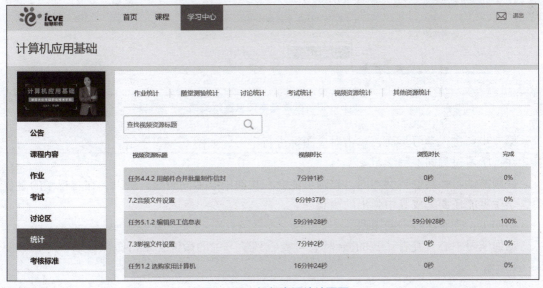

图 6 – 40　视频资源统计页面

5）微课学习

第一步：在顶层展示区单击"微课"，进入微课列表展示页；若用户已登录进入学习中心，可单击"首页"，返回前台页面，再单击"微课"，进入微课列表页面，如图 6 – 41 所示。

图 6 –41　微课列表页面

第二步：单击微课封面或者微课名称，进入微课基本信息展示页面，单击"参加学习"按钮，进入微课学习界面，如图 6 – 42 所示。

图 6 –42　微课基本信息展示页面

第三步：进入学习页面，单击对应图标进行学习，如图 6 –43 所示。

注：学习过程同课程学习。

视频的学习和其他类型不同，教师可能会在视频中添加测验题，所以，在看视频的过程中，学生可能还要完成其中弹出的测验题。

第四步：查看学习中的微课。

返回学习中心，查看"我的微课"，可查看到学习中的微课，单击微课继续学习，如图 6 –44 所示。

图6-43 微课学习页面

图6-44 我的微课页面

（二）广外艺优课网

广外艺优课网是一款广东省外语职业艺术学院推出的线上教育学习软件，有网站学习平台和手机App，随时可以通过网站平台（图6-45）或手机App（图6-46）进行线上课程学习。广外艺优课拥有海量线上的学习课程，一键就能进行搜索。广外艺优课丰富的课程可以丰富大家的学习知识，使大家了解更多课堂上没有的新知识。

优课网的功能：

【直播教学】在线视频，名师陪伴，班级管理，足不出户就学到知识。

【互动课堂】该平台集成了自助式问答系统、实时课堂连麦交互功能及电子黑板技术，旨在创造一种新颖且高效的学习环境，有效提升学习的趣味性。

图 6-45　优课网平台界面

【专业讲解】构建了一个由主讲教师与助教团队共同支撑的教学框架，辅以详尽的学习策略与技巧解析，确保学习者能够及时获取所需知识，填补知识空白。

【班级管理】通过引入抖屏提醒、倒计时管理、在线点名及学习成效排行榜等先进管理工具，培养学生在远程学习环境下的自律性与积极性，营造一种竞争与合作并存的良好学习氛围。

【课后辅导】配备专业的教学辅助团队，实施精细化分散管理策略，提供一对一或小组形式的答疑解惑与个性化学习支持服务。

优课网的特色：

（1）录播课程：高清视频、支持倍速播放、自定义清晰度、支持离线缓存。

（2）题库功能：章节练习、模拟考试、考前押题、万人模考、高分密卷等。支持错题收藏、笔记、随时随地轻松刷题，每道题配有短视频解析。

（3）便捷的掌上学习平台：为学生提供了更多自由学习的空间。

（4）个人中心：课程、题库、缓存及练习记录。

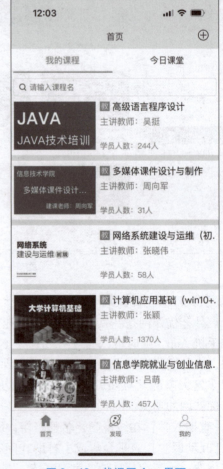

图 6-46　优课网 App 界面

第四节　企业在线教育学习平台

企业学习培训系统平台已经是很多中大型企业的必备培训工具了，合适的企业培训系统平台可以提高员工技能、激发创新思维和保持企业领先地位。企业在线教育学习平台种类繁多，本节主要介绍淘宝大学平台和南航企业 E - Learning 平台。

一、淘宝大学平台[①]

淘宝大学是阿里巴巴集团旗下核心教育培训部门。淘宝大学以帮助电商成长为己任，历经 7 年的积累和沉淀，通过分析电商行业脉动，立足电商成长所需，整合阿里集团内外及行业内优势资源。2014 年，淘宝大学已成为一个线上线下多元化、全方位的电商学习平台。无论是淘宝掌柜、电商从业者还是电商企业主，都可以通过在线学习平台学到一线实战卖家分享的各类干货内容。

2018 年 3 月 8 日，淘宝大学正式成立魔豆妈妈电商学院，通过特色课程、专属师资建设、线上学习系统，体系化帮扶，定制逆境女性的专属学习方案。

淘宝大学线下培训注重深度挖掘各阶段电商的"瓶颈"、问题，在发展中逐渐形成了针对未来电商（学生、电商求职者）的"电商创业系列课程"；针对在职电商（淘宝、天猫平台的电商为主）的"电商精英""电商经理人"课程和针对电商企业主（TOP 电商、传统转型电商企业）的"电商 MBA"这三位一体的课程体系。

（一）教学体系

1. 淘宝大学手机 App

这是淘宝卖家随身的成长工具，也是专为移动端卖家群体打造的在线教学视频产品，随时随地可以看到精品优质的课程。淘宝大学互动直播培训为卖家提供与老师在线沟通、学习、成长的路径，在听课中遇到的问题能在课堂上得到直接、快速的解答。

2. 电商创业系列课程

基于淘宝天猫平台店铺实际运作状况，帮助零起步卖家轻松完成电商入门，提供从 0 晋升到 1 的培训课程。课程内容包括开店、装修、引流、服务等，旨在帮助入门级卖家在最短的时间内掌握店铺运作技巧。

3. 电商精英

构建电商人才体系的一门标准化的岗位驱动课程。为企业新入职的客服、美工、推广员工带来高标准的实战干货，切实帮助新员工提升岗位适应力，寓教于练，让学员在训练中提升技能。

4. 电商经理人

这是淘宝大学培育网店经营者最重要的项目之一，课程帮助电商经营者避开盲目的店铺操盘行为，改变大多数产品驱动型店铺的现状，回归商业零售的本质，达成整店的经营突破。

---

① 百度．淘宝大学［EB/OL］．［2023 – 10 – 09］．https://baike. baidu. com/item/% E6% B7% 98% E5% AE% 9D% E5% A4% A7% E5% AD% A6/5104099？fr = ge_ala．

5. 电商 MBA

这是针对高端电商的研修班，学员为淘宝网中年交易上千万的淘品牌或是类目排名前列的电商企业或品牌商家的负责人，课程整合阿里巴巴集团及淘宝网高层、专家、成功电商、知名培训师。其从消费洞察、策略与规划、团队塑造、管理与执行、影响力传播这五大模块入手，通过现场授课、圆桌会议、课题答辩、校友会、系列方向班等方式，全力打造最具领导力的电商。

（二）使用方法

目前淘宝教育没有单独 App，用户只能通过在淘宝 App 中搜索"淘宝教育"才能进入页面。PC 端可通过淘宝网搜索"淘宝教育"进入主页面。

淘宝教育目前提供的课程分类仅有技能类课程、语言类课程以及生活兴趣类课程三类。分类集合在首页导航栏，没有单独放在标签栏。首页还集成了热门课程、推荐专题和课程排行榜等。

流程方面，如果是之前购买过的课程，用户可直接通过"我的课程"标签选择课程继续听课。若未购买或想学习新的课程，则在"发现好课"标签中浏览课程并购买即可。购买、咨询课程流程同淘宝其他商品购买、咨询流程，只是这里购买的是听课的权限，购买后的听课流程则像是一般的在线视频 App，操作简单易上手。由于淘宝教育并不是独立 App，在单击标签或课程过程中，都需要刷新页面，有时会造成图片或页面的延时，用户体验不好。淘宝教育课程购买流程如图 6-47 所示。

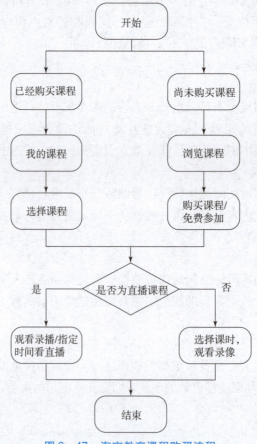

图 6-47　淘宝教育课程购买流程

平台入驻方面，淘宝教育的课程发布审核流程相较于其他平台有些不同，如用户已有店铺，可直接发布课程，进行课程审核；如果没有店铺，即个人发布课程，在发布课程时，不需要上传个人证件，只要相关资质证件（不论是否为本人证件），如教师资格证、专业资格证、高等学历证书，便可发布课程。在课程审核部分，不仅审核课程内容，还会审核发布者资质等。

二、 南航企业 E – Learning 平台

中国南方航空股份有限公司（以下简称南航）的总部设在广州，是中国航线网络最发达、年客运量最大的航空公司，拥有厦门、河南、贵州、珠海等 7 家控股公共航空运输子公司，新疆、北方、北京等 21 家分公司，在杭州、青岛等地设有 21 个境内营业部，在新加坡、纽约、巴黎等地设有 53 个境外营业部。南航年旅客运输量最高达到 1.52 亿人次，连续 43 年居中国各航空公司之首。南航年旅客运输量居亚洲第一、世界前列，货邮运输量世界前十[1]。截至 2021 年 12 月，南航拥有波音 787、777、737 系列，空客 A330、A320 系列及商飞 ARJ21 等型号客货运输飞机超过 860 架。南航每天有 3 000 多个航班飞往全球 40 多个国家和地区 224 个目的地，航线网络 1 000 多条，提供座位数超过 50 万个[2]。

（一）南航发展 E – Learning 的必要性

一是南航内部拥有庞大的企业组织，企业需要持续开展内部和外部培训。南航内部设有总经理办公室、财务部门、运营部门（航空运营、地面运营、飞行安全和客户服务）、营销与市场部门、人力资源部门、技术部门和管理部门（物流管理和办公室管理）等，企业职位包括管理、飞行、机务、航务、信息、营销、职能、航卫、地面服务、空中服务、支持、作业、后勤 13 个族系。二是通过发展 E – Learning 促进企业内部学习型组织和员工的持续发展，企业的发展最宝贵的就是人才，南航要实现持续不断的创新与发展，重中之重就是人才的学习与发展，需要创新的思维、领先的服务理念以及不断改善的业务流程来创新人才培养模式。三是有效整合企业内外资源，形成学习文化。借助信息化的手段加强全员学习的管理，整合内外部资源，加速内部人才培养步伐，同时辅助建立南航企业学习文化，为学习型组织建立奠定基础。因此，南航发展 E – Learning 是健全南航人才培养体系，规范人才培养的流程和模式的重要步骤，为企业的持续发展打下了坚实的基础。

（二）南航 E – Learning 发展的三个阶段

1. 第一阶段：建立 PC 端学习平台"南航 e 学"

南航于 2006 年上线 E – Learning 1.0 系统，2014 年上线 E – Learning 2.0 系统。PC 端"南航 e 学（http://elearning. csair. com）"面向所有员工，以课程中心、考试中心、社区中心、个人中心为框架，提供岗位技能类、职业素质类等海量课程。南航与华南师范大学教育技术研究所及相关企业开展了理论研究和课程资源开发合作，在国内航空交通领域，最早形成了基本的企业 E – Learning 理论框架和实践体系。在 E – Learning 1.0 系统中，集成了企业岗位与能力分析系统、企业培训申请系统、E – Learning 管理系统（E – Learning Management System，EMS）和企业知识管理系统等基础系统，为南航的企业培训从线下走向线上，实现企业混合培训提供了基础，也大大降低了企业培训的成本和节省了人力时间资源。

---

① 数据来源：国际航协。
② 中国南方航空. 公司简介［EB/OL］.［2023 – 10 – 09］. https://www.csair. com/cn/about/gongsijianjie/.

早期的 PC 端网络课程主要将传统线下课程进行数字化和网络化，以图文、音频、视频、动画等为载体，开出不同专业部门的课程；"个人中心"保存学员学习记录和学习概况；"社区中心"下设群组、论坛、知识中心；"平台数据统计"下设课程排行榜、积分排行榜、学习排行榜、投票、调查问卷等。

在此阶段，通过在线教育开展员工的常规培训和日常训练，大大降低了传统面授的线下培训成本，并扩大了企业内部资源的重复利用，从整体上建立了 E-Learning 管理系统和知识管理平台。"南航 e 学"通过"PPPCD"即精细策划（Plan）、痛点营销（Pain points）、游戏化设计（Play）、社区化交流（Community）、数据分析（Data analysis）的运营策略，在一定程度上提升了学员上线率、学习完成率。例如，针对乘务岗位的英语学习，提供"English for Cabin Crew""乘务员英语""初级乘务英语""新乘英语""空中服务实用英语""公务舱五星服务英语""服务英语—明珠篇""服务英语—中转篇""乘务岗位英语一级、二级、三级样题"等网络课程。

2. 第二阶段：建立"南航学习在线"企业微信公众号

微信公众号"南航学习在线（CSAIR-ONLINE）"是专门针对乘务岗位的泛在式 M-Learning 平台。该公众号于 2013 年 10 月上线，至 2017 年 4 月，该公众号关注人数达 3.4 万人。该公众号于 2021 年 8 月认证为"南航培训"。微信公众号能满足员工"随时随地、碎片化学习"的需求，尤其适合乘务员值乘航班和时间高度离散的工作性质及时间需求。

在微信公众号中，建有"实训园区""乐学乐享"和"乐藏"栏目。其中，"实训园区"主要介绍"南航广州产教融合实训基地"的信息，而"乐学乐享"则有"最新资讯""乘务培训""语言学习""法语微课""师生情"等学习版块。其中，"语言学习"版块内置了新乘英语、核心词汇、测试指南、二级攻略和客舱广播等子版块。核心词汇版块提供飞机构造与设施设备、餐饮、服务产品、飞行阶段与情况、广播词等资源；测试指南和二级攻略针对乘务岗位英语能力进行测试。公众号也针对性地发布了固定推送的专业微课，充分发挥了微信公众号用户黏性高、系统速度快、运营成本低和覆盖面广等优势。在此阶段，开发高质量、短时间、有趣的微课成为短视频课程开发的重点。例如，"四张图秒懂乘务运行代码""寨卡病毒通告录音""免税品销售技能""机上儿童礼包产品中英文介绍"等与业务需求及岗位典型场景结合的微课就有极高的阅读指数。而微信公众号的统计功能也使推文的图文阅读次数、收藏分享转发量、受欢迎的课程标签，以及用户学习时长、搜索关键字、课程完成率、用户评论、学业测评结果、培训后效等实时传送至后台服务，形成了一种短、平、快的在线学习模式。当然，微信公众号本身也有明显的局限性，该公众号主要使用推文形式进行课程推送，并未接入涵盖更多业务部门和内容的培训系统。因此，公众号的主要作用是对原有"南航 e 学"进行补充，如图 6-48 所示。

3. 第三阶段：开发"南航移动学习 App"

针对移动和泛在学习的快速发展，"南航移动学习 App"于 2016 年上线。该 App 集成了移动微课、移动考试、在线评估、实操考核测试、后台学习管理、知识管理等功能，成为支持一体化学习平台和混合式培训的工具。App 对原有"南航 e 学"的内容进行整合，并增加了"全局搜索""扫一扫""我的学习""我的课程""排行榜"等功能。App 能根据学员所在部门岗位、个人特征与喜好、搜索需求，有针对性地提供专属学习资源，帮助学员解决业务痛点和问题；App 中采用了"严肃游戏"的设计理念，结合了游戏化学习中高用户投

图6-48 "南航学习在线"企业微信公众号的课程

入度、忠诚度和参与度的优势,结合业务场景和职业发展设计了"闯关游戏",让员工在游戏化闯关的过程中提升学习效能和职场成长;App专门设立了"专题培训",有序集中相同专题的微课内容,形成专门的课程包,解决了移动端学习微课碎片化和体系化不足的问题;在"我的课程"模块中,学习者可根据部门岗位及个人意愿完成专业性选课和管理学习进度;App中的学习交流功能也鼓励学习者与平台之间、学习者与学习者之间的互动关系,建立持续交流的学习圈子,促进深度探讨,并允许学习者自创内容,进入一个分享共建的正向循环。此外,App还集成了面授培训的管理功能。例如,在一个培训项目中,学员报名、签到、日程查询、线上学习、考试、评估、学员互动等都通过移动学习平台来进行,提高了管理效率和系统价值。与微信公众号的开放资源相比,"南航移动学习App"打通了人力资源系统和培训管理系统,也提高了信息安全管理水平。在系统中,用户数据、用户活跃度、部门信息、课程排名、内容评价等多维度数据报表一键导出,为运营决策提供了数据支持。

第五节 在线教育培训机构平台

在线教育现已成为传统教培机构转型的一个方向,线下教育机构将面临平台搭建、在线教学技能培养及互联网营销技能培养等多方面的压力。因此,除了机构师资、服务外,有着完备的在线教培体系构建经验的机构更受当前家长们的青睐。在线教育培训机构平台种类多，有学科类平台，例如学而思平台等；语言类平台，例如 VIPKID 英语学习平台等；编程类平台，例如编程猫学习平台等；直播类平台，例如腾讯课堂等。本节将对这些平台做简单的介绍。

一、 学科类平台案例：学而思平台

学而思网校是好未来教育集团（原学而思）旗下的中小学在线教育品牌，为 6～18 岁孩子提供小、初、高全学科课外辅导，学生人数遍及全国 300 多个城市（图 6–49）。

图 6–49　学而思平台首页

学而思网校采用"直播＋辅导"的双师直播教学模式，将自主研发的表情识别、语音识别、语音评测等 AI 技术作为辅助教学手段引入课堂，实现随堂测试、实时互动、语音测评、及时答疑等，有效提升在线学习的趣味性及互动性（图 6–50）。

2019 年 12 月，《2019 中国中小学普惠型在线教育白皮书》数据显示，学而思网校以 65% 的市场份额，占据综合网校类第一梯队地位，成为最受学生/家长认可的品牌之一。

二、 语言类平台案例：VIPKID 英语学习平台①

VIPKID 创立于 2013 年年底，由长江商学院孵化，北极光、经纬中国、创新工场、红杉资本和真格基金联合投资，该公司围绕教育、科技、服务三大内核，通过其国际化和专业性的内容，为全球家庭提供一站式在线语言学习服务。

2014 年 6 月 1 日，VIPKID 学习平台上线。VIPKID 拥有北美外教资源，使用的教材也是

---

① 百度. VIPKID［EB/OL］.［2023－10－09］. https：//baike. baidu. com/item/VIPKID/19514636?fr＝ge_ala.

图 6 –50　学而思平台 App

符合 CCSS（美国小学课程标准）的教材。

2017 年 8 月，VIPKID 推出全球首个 100% 浸入式教学在线少儿中文教育平台 Lingo Bus，正式发力中文出海业务。

截至 2019 年 8 月，VIPKID 平台付费学生规模超过 70 万人，北美外教数量超过 9 万人。

2020 年 8 月 3 日，VIPKID 正式宣布与英国牛津大学出版社签约，获得《牛津阅读树》（Oxford Reading Tree）系列读本，以及基于动画片《爱探险的朵拉》（Dora the Explorer）、《鸣咪 123》（Team Umizoomi）、《旋风战车队》（Blaze and the Monster Machines）改编的英语系列读物《星星阅读屋》（Reading Stars）的电子版权授权。截至 2024 年 7 月，VIPKID 的学员已经遍布全球 50 个国家，累计完课 2 亿余节。

VIPKID 平台网页端与手机端页面分别如图 6 –51 和图 6 –52 所示。

图 6-51　VIPKID 平台网页端页面

图 6-52　VIPKID 平台手机端页面

　编程类平台案例：编程猫学习平台①

编程猫是中国本土的编程教育软件，是深圳点猫科技有限公司自主研发的一款图形化编程工具平台，面向 7~16 岁青少儿，专注于研发适合中国儿童的编程教学体系，以"工具＋内容＋服务"产品形态培养孩子逻辑思维、计算思维和创造性思维，提升综合学习能力。其旗下明星课程类型包括小火箭编程课、探月少儿编程课、深空编程个性化班课。

编程猫一方面采取寓教于乐的教学方式，让青少年通过有趣的图形化编程模块，学习复杂的程序语言逻辑，让编程简单得像搭积木；另一方面为教师、学校、教育主管部门打造智能化教学互动、班级管理、效果评估与分析的"未来教室"。旗下编程教育工具包含源码编辑器 Kitten、编程猫 Nemo（移动版）、海龟编辑器 Turtle、神奇代码岛 Box、CoCo 编辑器、编程过家家 Code Opera 等。

通过学习编程猫，青少年用户可以较为轻松地创作出游戏、软件、动画、互动故事等作品，全方位锻炼逻辑思维能力、任务拆解能力、跨学科融合能力、审美能力和团队协作能力等综合素养，建立起坚实的 STEAM 学科基础。

编程猫学习平台网页端与手机端页面分别如图 6-53 和图 6-54 所示。

图 6-53　编程猫学习平台网页端页面

①　百度. 编程猫 ［EB/OL］. ［2023-10-09］. https：//baike. baidu. com/item/% E7% BC% 96% E7% A8% 8B% E7% 8C% AB/19937223？fr = ge_ala.

图 6-54　编程猫学习平台手机端页面

四、　直播类平台案例：腾讯课堂①

　　腾讯课堂是腾讯推出的综合性在线终身学习平台，聚合大量优质教育机构和名师，下设职业培训、公务员考试、托福雅思、考证考级、英语口语等众多在线学习精品课程，打造老师在线上课教学、学生即时互动学习的课堂。

　　腾讯课堂作为综合性在线终身学习平台，一端连接有学习需求的用户，一端连接可以提供优质教学内容的教育机构或老师，聚合 IT 互联网、设计创作、兴趣生活、语言留学等多领域的职业教育课程，帮助广大学员提升职业和就业技能。2020 年 8 月 27 日，腾讯课堂在广东汕头市举办了主题为"聚众智、启未来"的首届生态峰会，现场公布最新平台数据：腾讯课堂累计服务学员超过 4 亿，平台课程数量超过 30 万门，每周有超过千万的用户在平台上在线学习，服务教培机构、学校、企业及公共部门超过了 30 万家，帮助了非常多的学员成功就业、创业。

　　腾讯课堂 App 有首页、学团、课程表及我的四个模块。首页即课程页面，集成了课程分类、推荐、专题等，用户可以通过搜索来选择课程，也可通过分类浏览来选择课程。课程分类则以四种形式存在于首页，顶部的导航栏、banner 下的分类模块、分类课程展示区以及底部的分类人气排行榜给予用户多个入口，并且分类课程展示区会根据用户喜好进行个性化

---

　　① 百度．腾讯课堂［EB/OL］．［2023 - 10 - 09］．https://baike.baidu.com/item/% E8% 85% BE% E8% AE% AF% E8% AF% BE% E5% A0% 82/14594498?fr = ge_ala.

推荐。学团模块类似于贴吧，营造学习氛围。腾讯课堂上课流程如图 6-55 所示。

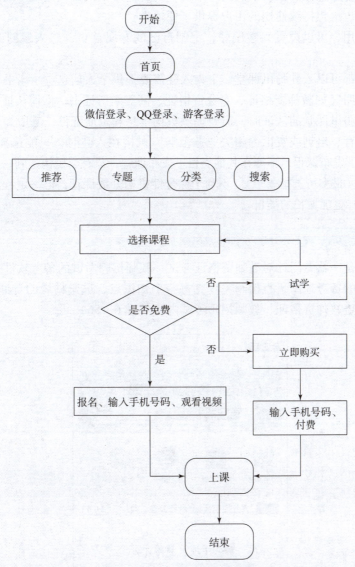

图 6-55　腾讯课堂上课流程

加入学团后，便可在学团内发表作品、进行学习与讨论，每个学团也会有自己相关的 QQ 群或部落群，用于学员之间交流学习。

除了从腾讯课堂 App 进入，还可从 QQ 进入。在 QQ 动态模块中，集成了腾讯课堂功能，这样既可减少用户下载成本，又能借助 QQ 巨大的流量进行导流。

从 QQ 客户端进入腾讯课堂，只能同步用 QQ 登录的课程，即便微信登录时使用的报名电话和 QQ 登录一样，也不能同步。QQ 端模块和 App 端基本一样，不同的是，取消了导航栏，并将菜单栏集成在搜索框右侧。

图 6-55 主要梳理了腾讯课堂上课流程。进入腾讯课堂后，必须登录才能浏览课堂内容。有三种登录方式：QQ、微信和游客。以游客身份登录也可以购买和收藏课程，只有咨

询是需要用 QQ 或微信登录的。如果后期正式登录了，也可以将游客登录模式下的数据直接导入。对不想登录又想先体验一下的用户来说，游客登录模式无疑是最好的选择，并且后面数据的一键导入也给想持续使用的用户提供了便捷性。

登录之后，用户可以设置兴趣偏好，定制自己的专属首页，感兴趣的课程就会显示在首页。

个人和机构都可以入驻腾讯课堂，个人入驻需要提供个人信息、承诺书、教学经历、成果和相应资质证明（如教师资格证、专业资格证、高等学历证书、微博认证等）。

机构在申请腾讯课堂的认证时，需要提供机构信息和资质证件，其所提交的营业执照必须明确标注有教育、培训或资讯等相关业务范畴。机构在入驻时，只能选择一个主营类目，只能在所选类目下发布课程，不能在其他类目下发布课程，只有当机构达到一定星级后，才可以选择副营类目（最多可选择 3 个）。不利于综合性机构开展课程，但一定程度上提高了课程质量，机构会选择更加擅长的类目。

五、App 类平台案例：一起考教师 App

一起考教师是一款专门针对教师资格证考试、教师招聘考试的备考软件。其利用游戏化改造来创建精美的备考地图，直接闯关攻克每一个知识点，逃避枯燥的背诵与记忆，笔试、面试二合一，涵盖教师资格证、教师招聘考试内容（图 6-56）。

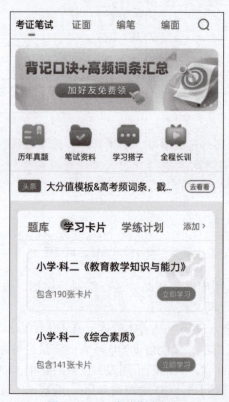

图 6-56 一起考教师 App

软件特色：

（1）海量题库，全面覆盖教师资格证、教师招聘考试内容。

（2）游戏闯关答题模式，快乐学习，让学习更高效。

（3）直播课程，全程陪考，详细讲解重、难点知识。

（4）错题库功能，归纳错题，节省时间，提高学习效率。

（5）支持离线使用，下载离线题包，随时随地做题。

第六节　继续教育类学习平台

随着科技的不断发展，线上继续教育已成为一种越来越流行的学习方式。它可以为学生提供更多的学习资源，同时也能够更灵活地适应个人的学习需求，本节将以中国教育干部网络学院为例，介绍线上继续教育平台的功能及使用方法。

中国教育干部网络学院[①]是国家教育行政学院为贯彻落实党的十八大精神和中央及教育部关于大规模培训干部的要求，根据教育部党组的指示精神，在 2005 年建设的中国教育干部培训网的基础上开发建设的培训各级各类教育干部的大型专业网院。

中国教育干部网络学院以邓小平理论、"三个代表"重要思想和科学发展观为指导，全面贯彻落实《教育规划纲要》，紧密结合教育改革发展的实际，遵循干部成长和教育干部培训规律，运用先进的网络技术，整合优质的培训资源，以提高培训质量为核心，切实提高干部培训的针对性和实效性，为教育改革发展服务，为干部成长提高服务，形成教育干部培训新格局。

中国教育干部网络学院设干部培训资讯、培训资源、交流互动与成果展示四大功能版块。栏目有学院概况、我的课堂、课程总库、培训项目、培训专题、案例库、专家方阵、明星学员、互动社区、直播课堂、数字文献等，充分发挥"大规模""泛交流""自主化"网络培训的优势。

中国教育干部网络学院具有在线学习、培训管理、教学考核、交流互动、信息发布、数据统计等功能，可满足教育干部网络在线学习、移动学习等多种学习方式，也可满足各地、各高校及培训机构开展培训信息管理、培训需求调研、全程过程管理等需求。

一、　中国教育干部网络学院学习平台功能

1. 培训学习功能

中国教育干部网络学院按照中央领导关于"党和政府的工作重心在哪里，培训的重点就在哪里"的指示精神和"服务大局，以人为本，按需施训"的干部培训要求，本着"干什么，学什么；缺什么，补什么"的培训原则，面对各级各类教育干部开展网上大规模培训；同时，可根据合作单位的组织需求、学员的岗位需求和个人需求"量身定做"，开展教育干部分岗、分类、分层培训；可配合教育部中心工作、各地各高校的工作开展不同规模的专题专项培训；可结合教育干部不同成长阶段，开展任职资格培训、在职提高培训、高级研修培训等。

---

① 百度. 国家教育行政学院 ［EB/OL］.［2023 – 10 – 09］. https：//baike. baidu. com/item/% E5% 9B% BD% E5% AE% B6% E6% 95% 99% E8% 82% B2% E8% A1% 8C% E6% 94% BF% E5% AD% A6% E9% 99% A2/5117275?fr = ge_ala.

2. 教学管理功能

中国教育干部网络学院可通过培训需求调研、培训计划制订、培训过程管理、培训数据统计、培训信息发布、培训档案管理、培训评估及分析结果反馈等手段，实行科学严谨的教学管理，提高培训质量。

中国教育干部网络学院在教学考核管理上能实现学时或学分考核（学时学分可相互转换）、文本考核（作业考核、研修成果考核）、互学考核（班级专题研讨、社区论坛交流）、线下考核（线下笔记、线下试卷），多种考核方式可自由组合，考核环节权重比例可灵活分配。

3. 交流互动功能

中国教育干部网络学院具有班级交流、班级专题研讨、社区论坛、博客、在线辅导、专家答疑等多种形式的交互功能，能促进学员之间、学员与辅导教师之间、学员与专家之间的交流互动。

4. 信息发布功能

中国教育干部网络学院实时发布和更新教育新闻、培训动态、网院简报、公告通知及各种培训动态数据。

二、 中国教育干部网络学院学习平台操作

如果没有此平台的学习账号，则先注册，如图 6–57 所示。在中国教育干部网络学院首页单击"立即注册"按钮，进入注册页面。

图 6–57　中国教育干部网络学院学习平台首页

第七章

在线教育的服务与质量

　　在线教育的服务与质量是确保学习者获得良好学习体验和教育质量的关键。为了提供全面的支持，在线教育平台需要建立完善的服务体系与质量监控体系，同时，还需拥有教育数据挖掘与学习分析技术，以保障学习者与教师得到高质量的服务。

　　除以上三个方面外，法律问题和监管也是实现高质量在线教育服务的重点。在线教育平台需要遵守相关的法律法规，确保教育资源的合法性和学习者的合法权益。同时，监管机构应对在线教育进行监督和管理，确保教育质量和教学安全。

知识地图

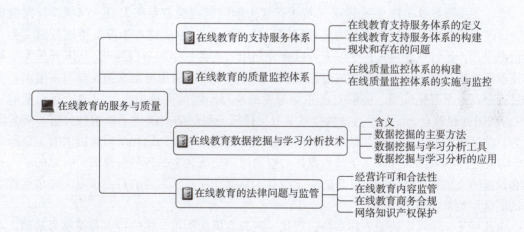

学习目标

1. 了解在线教育的支持服务体系和相关的发展状况。
2. 了解在线教育的质量监控体系。
3. 学习在线教育的数据挖掘与分析技术，了解其在此产业中的实际应用。
4. 了解在线教育涉及的主要法律问题和应对的监管措施。

学习建议

1. 通过了解在线教育的主要体系，加深对该产业的后端环节的了解和认识，并能应用到实际岗位中。

2. 掌握在线教育的数据挖掘与分析技术，了解其在企业中的哪些具体环节进行应用，并学以致用。

第一节　在线教育的支持服务体系

通过前面章节了解到在线教育各大典型平台和其各环节的关系后，构建在线教育支持服务体系的意义显而易见。在线教育支持服务体系包含技术支持、学习支持和教学支持。其中，技术支持主要负责解决学习者在使用在线平台过程中遇到的技术问题；学习支持提供学习资源的管理和筛选，同时，为学习者提供学习辅导和指导；教学支持则负责为教师提供在线教学资源和教学指导，有利于提高在线教育的教学质量和学习者的满意度，同时，树立良好的品牌形象，促进在线教育的发展。本节将对在线教育支持服务体系的定义、构建、发展现状和存在的问题展开详细介绍。

一、在线教育支持服务体系的定义

学习支持服务这个概念是 1978 年英国开放大学的远程教育专家大卫·西沃特首次提出的，该观点逐步成为在线教育界的热点问题。在 1993 年，西沃特将学习支持服务定义为一种组织形式，通过这种形式，学习者可以充分利用机构的教学服务设施①。英国开放大学教育技术研究所主任、远程教育领域专家玛丽·索普将学习支持服务定义为在学习发生前、学习过程中以及学习完成后，能够对已知学习者或学习小组的需求做出反应的所有元素的集合②。我国远程教育学专家丁兴富教授对学习支持服务系统的内涵做了系统性分析，将其定义为：学习者的学习支持服务是远程教学院校及其代表教师等为远程学习者提供的，以师生或学习者之间的人际面授和基于技术媒体的双向通信交流为主的各种信息的、资源的、人员的和设施的支助服务的总和，其目的在于指导、帮助和促进学习者的自主学习，提高远程学习的质量和效果③。

由此可见，学习支持服务体系是以现代远程教育机构所招学生的特点和需求为基础，对学生自学方式提供全方位的有效的支持与服务，从而帮助学生攻克难关的各种手段和方式的综合整体。这一体系可以帮助学习者提高学习效率，掌握更多的知识技能，提升学习的主观能动性。另外，建立学习支持服务体系也是适应教学整合发展的需求、学习者学习的要求，

①　Sewart D. Student Support Systems in Distance Education［J］. Open Learning：The Journal of Open，Distance and E - Learning，1993（3）：3 - 21.

②　Thorpe M. Rethinking Learner Support：The Challenge of Collaborative Online Learning［J］. Open Learning：The Journal of Open，Distance and E - Learning，2002（17）：105 - 119.

③　丁兴富. 论远程教育中的学生学习支助服务（上）［J］. 中国电化教育，2002（3）：56 - 59.

更为建设学习型社会和创建多元化远程学习文化提供了有力保障①。

二、在线教育支持服务体系的构建

（一）在线教育支持服务体系的构建原则

在线教育的学习环境是开放的，这就要求学习者有较强的自我学习能力和自我约束力，所以，在构建在线教育支持服务体系时，应当以指导、帮助和促进学习者的自主学习为主要目的，提供完善、高效和到位的学习支持服务。在线学习支持服务体系应包含门户网站和学习平台两个主要要素，要想搭建出有利于学习者且完全服务于学习者的体系，就需要遵循以下几个构建原则。

1. 以学生为中心原则

以学生为中心是远程教育的本质特征和核心思想，也是学习支持服务体系构建的最重要和最基本的原则。这个原则强调的是，在设计和实施过程中，应充分考虑学生的需求和习惯，提供符合他们实际需要和支持他们全面发展的服务。具体来说，这意味着要理解学生的知识水平、学习风格和时间安排，为他们提供个性化的学习资源和支持。此外，还需要设计易用且直观的用户界面，使学生能够轻松地访问和使用这些资源。同时，要提供多样化的学习方式，如互动演示、在线讨论、实时反馈等，以满足不同学生的学习需要。

2. 综合性原则

综合性原则是指学习支持服务体系的设计和构建，在内容和形式上都要体现出整体优化。通过要素的取舍、功能的划分、资源的配置、媒体的选择以及关系的协调等的统筹规划和综合考虑，使学习支持服务体系能充分发挥其整体功能，获得最大的服务效应。学习支持服务体系应综合各种教育资源和要素，包括学习材料、教学辅导、设施设备、技术支持等，以便为学生提供全面的学习支持。同时，这个体系还需要整合不同的教学策略和学习方式，满足不同学生的需要。除了考虑各种教育资源和要素的整合外，综合性原则还涉及如何将这些资源和服务以更有效的方式提供给学生。这意味着要建立一个支持教师、学生和管理人员有效互动的环境，以促进学生的学习和发展。同时，还需要考虑如何通过这种互动来提高教学质量和效率，例如通过数据分析和反馈来改进教学方法。

3. 服务性原则

学习支持服务体系需要以服务为导向，服务于学生的学习和生活，帮助他们解决学习中遇到的各种问题，同时也要服务于教育机构，帮助他们提高教学质量和效率。这个原则强调的是服务的提供者应具备服务意识，主动去了解和满足学生的需求。这意味着要建立一种有效的学生服务体系，其中包括对学生问题的快速响应、对学生需求的深入理解、对学生行为的及时跟踪等。同时，还需要提供多样化的服务形式，如在线咨询、心理辅导、就业指导等，以满足学生不同阶段的需求。

4. 经济性与实用性相结合原则

系统的设计、实施应尽最大可能节省项目投资，设计在线教学系统性能优良，价格合理，具有较好的性能价格比。设计面向实际，注重时效，坚持实用、经济的原则，充分合理利用现有设备和信息资源，帮助用户节省投资。除了考虑到节省项目投资之外，还需要考虑

---

① 蒋丹. "互联网＋"时代构建现代远程教育学习支持服务体系的研究［J］. 中国管理信息化，2021（1）：94.

如何通过在线教育支持服务体系来提高教育教学的效率和质量。例如，通过智能化的教学管理系统，可以自动化处理大量的学生事务，减少人工成本，同时提高处理效率和质量。另外，利用云计算和大数据技术，可以实现教育资源的集中管理和优化分配，提高资源的使用效率。

除了以上四个构建原则外，一个完善且高效的在线教育支持服务体系还需与时俱进。在确保系统数据安全一致、高度可靠的前提下，要注重信息资源的共享和更新。例如，利用最新的技术手段来提高在线教育支持服务体系的性能和效率，并做好保护师生隐私数据的保障工作。同时，还要注重用户界面的友好性和易用性。例如，系统应具备简单、直观的操作界面，无论是教师还是学生，都能轻松上手。系统应具备多种访问方式，如网页、移动应用等，以满足不同用户的需求。

（二）在线教育支持服务体系

西沃特界定了远程教育学生支持服务模式，他认为，模式构建必须适应学生的不同需要，其模式取决于所在地区和院校的教育理念、学生群体的分散程度、资源的构成、课程制作团队的课程内容设置和课程材料状况等因素，这些因素决定了学生群体的总体差异。

2002 年，英国开放大学的奥蒙德·辛普森指出，学习支持服务是除课程材料开发之外用于支持学生学习过程的其他所有措施，并将其归类为学术性支持与非学术性支持两种类型[①]。学术性支持主要涉及对学生在具体某门课程或一组课程当中在认知、智力和知识等方面的支持；非学术性支持主要包括情感性和管理性的支持[②]。

1. 学术性支持服务

学术性支持指那些与教学辅导相关的活动，即确定课程领域、讲解课程内容、开展课程测评、跟踪学习进度、开发学习技能、引导深入探究、扩展课程内容等诸多方面。

学习支持在学术性支持中是非常重要的一环。在线教育支持服务体系中的学习支持是指为学生提供学习指导、答疑解惑和学习资源的服务，以帮助他们取得更好的学习成果。

除了答疑解惑，学习支持还可以提供学习计划和学习建议，帮助学生制订合理的学习目标和学习计划。例如，在在线学习平台上，学习支持团队可以为学生提供个性化的学习建议和学习路径，根据学生的学习进度和能力水平，推荐适合的学习材料和学习活动。团队还会定期为学生做好学习反馈和评估服务，帮助学生了解自己的学习情况，发现问题并及时调整学习策略。

【案例分析】

在一个在线学习平台上，一位学生在学习过程中遇到了数学难题，无法理解其中的解题步骤。学生通过在线平台的学习支持渠道提出了问题，描述了问题的具体内容和困惑之处。学习支持团队及时回复了学生的问题，并为学生提供了详细的解题步骤和思路。他们还附上了相关的学习资源，如教学视频和习题讲解，以帮助学生更好地理解和掌握解题方法。学生通过学习支持团队提供的指导和资源，成功解决了数学难题，并加深了对该知识点的理解。

---

① Simpon O. Supporting Students in Online, Open and Distance Learning [M]. London：Kogan Page, 2002：132.
② 邹范林. 远程教育保障：学习支持与策略 [M]. 北京：中央广播电视大学出版社, 2009：242－243.

除了学习支持以外，教学支持在学术性支持服务中也起着重要的作用。在线教育支持服务体系中的教学支持服务是指为教师提供教学指导、课程设计和教学资源的服务，以提升他们的教学效果和教学质量，使学生获得更好的学习体验和学习成果。

除了教学指导和课程设计以外，教学支持还可以提供教学技巧和教学培训。例如，在在线教育平台上，教学支持团队可以为教师提供教学技巧的培训和指导，例如，如何有效地进行在线授课、如何与学生互动和评价学生的学习成果。此外，还可以组织教师间的教学交流和分享，让教师们互相学习和借鉴，提升教学水平和专业素养。

【案例分析】

在一个在线教育平台上，一位教师在进行远程教学时遇到了教学内容设计的困惑。教师通过在线平台的教学支持渠道提出了问题，描述了自己的教学目标和教学材料的选择困难。教学支持团队及时回复了教师的问题，并与教师进行了沟通和讨论。他们了解了教师的教学需求和学生特点，并根据教师的要求和平台提供的资源，为教师提供了教学指导和课程设计建议。他们还为教师提供了相关的教学资源和教学活动示例，帮助教师更好地设计和组织教学内容。教师通过教学支持团队的帮助，成功解决了教学设计上的困惑，提升了自己的教学效果。

2. 非学术性支持服务

非学术性支持主要包含提供咨询和技术服务等内容。例如，在提供建议上，可以提供信息、探讨问题、确定方向；在开展评定上，对学生非学术方面的能力和技巧给予反馈；在采取行动上，为促进学生学习提供实际的帮助；在提出倡议上，为学生筹措资金，书写证明；在宣传鼓励上，促使机构内部变革，为学生带来利益；在管理上，对学生的支持服务进行组织管理。

非学术性支持为学习者提供方便、快捷的技术支持。在线教育平台面向全球范围的学习者，他们在使用平台过程中可能会遇到各种技术问题。技术支持为在线学习提供快速响应和解决问题的方案，确保学生、教师和管理员能够顺利使用和操作教育平台，解决技术问题。

除了故障排除和问题解答，技术支持在在线教育中还承担着软件升级和更新的重要任务，保障网络稳定性和安全性。例如，当教育平台发布新功能或修复漏洞时，技术支持人员将向用户推送更新通知，并为用户提供升级和更新的步骤与指导。他们还会及时修复和更新教育平台中存在的技术问题，确保用户能够获得最佳的使用体验。为满足学生的学习需求，技术支持服务还提供开发各类在线学习工具的服务，如在线测试、学习统计、在线交流等，并对其进行维护和更新，同时，在后续的在线学习中，对学习资源进行审核、整理和优化，为学生提供优质的学习体验。

【案例分析】

在一个在线学习平台上，一位教师在使用视频会议功能时遇到了问题。教师通过在线平台的技术支持渠道提交了问题报告，并详细描述了问题的具体情况。技术支持人员及时回复了教师的报告，并通过远程连接和屏幕共享的方式与教师进行沟通。他们发现，教师的电脑缺少了必要的音视频驱动程序，导致无法正常使用视频会议功能。技术支持人员通过远程操作为教师安装了驱动程序，并提供了一些操作建议，例如，如何优化网络连接和调整摄像头设置等。最终，教师成功解决了问题，能够顺利使用视频会议功能进行在线教学。

非学术性支持还为学习者提供了有关在线学习的各种问题的解答和帮助，包括提供学习指导，指导学生制订合理的学习计划；解答学习问题，帮助学生克服学习中遇到的困难；提供专业咨询，针对学生的专业选择、职业规划、就业前景等问题提供咨询和建议，帮助他们做出明智的决策；心理咨询服务，帮助学生解决在学习过程中可能出现的心理问题，如学习焦虑、考试压力、学习动力不足等；提供招生咨询服务，帮助学生顺利完成报名和申请。

三、　现状和存在的问题

（一）国内外现状

在线教育支持服务模式随着远程教育形式的转变而不断演变。

在函授教育和多媒体教学的大规模工业化远程教育时期，学习支持服务模式主要依赖一对一交互形式，从师生通过书信往来的方式寻求帮助及反馈建议，到教师通过电话、网络等与学生进行一对一互动，如利用邮件和论坛答疑解惑、在线作业的提交与反馈等。这些给学生提供持续个性化指导与帮助的方式是传统的学习支持服务模式，突出体现了学生支持以学生为中心的核心理念[①]。

随着网络教育的普及与发展，在新的技术环境、市场需求、教学理念等因素的推动下，在线教育支持服务模式逐渐向信息化、智能化转变。首先，互动模式逐渐丰富，除一对一互动外，还有教师与学生小组之间、学生小组与学生个体之间的互动。随着大规模在线课程的兴起，支持服务的主体也不仅仅是单一的教师，学习小组、学习社区等形态的服务模式受到欢迎。学习者们自发加入在线学习社区。在社区内，同伴互相分享知识，互相提供帮助与支持，形成同伴互助与支持的新模式。同时，在线学习社区具有开放、共享的特征，学习者之间容易形成密集的交互网络，而且同伴关系能够有效消除学习的孤独感。例如，许多 MOOC平台建立了讨论社区，一方面，可以减轻教师答疑和咨询工作的压力；另一方面，可以加强学生的学习参与度，当学习者遇到问题向社区进行求助时，其他学习者通常比教师更快地回应，并且能够提出多样化的解决方案[①]。

如今，基于学习分析的智能化学习支持服务成为发展新趋势。随着数据挖掘技术和学习分析技术的发展与应用，越来越多的在线教育机构或课程团队通过智能化分析学生的特征数据、交互数据、学习数据等来为学生提供个性化指导，使智能化支持服务成为可能。一方面，可以降低人工成本；另一方面，可以提升学习支持服务的效率和质量。

然而，国内外的在线教育支持服务体系也都面临着不同程度的问题。在国外，首先，语言和文化差异可能导致一些学生和教师在使用和理解支持服务时存在障碍。其次，由于不同国家和地区的教育制度和课程内容的差异，一些教学支持服务可能不够贴合当地的教育需求。此外，一些国际在线教育平台可能在技术支持和学习支持方面存在时差的问题，影响了教师和学生的教学与学习效果。在国内，首先，由于在线教育行业的快速发展，部分平台在

① 陈丽. 在线教育原理 [M]. 北京：北京师范大学出版社，2021：79－81.

支持服务方面可能存在人员不足或不专业的情况，导致教师和学生无法得到及时和有效的支持。其次，由于在线教育的跨地域特性，不同地区的教育资源和支持服务可能存在差异，一些地区的学生和教师可能无法享受到高质量的支持服务。最后，部分学生和教师可能对在线教育平台的使用和技术操作存在困惑，需要更加普及和提供更加详细的使用指南与培训。

（二）提升支持服务的对策

针对国内外在线学习支持服务的现状和问题，不断提升学习支持服务是保障教学效果和平衡教育资源不平衡的重要措施。基于目前互联网和信息技术的发展，当前在线学习支持服务趋于智能化、社会化、个性化。

随着科技的不断发展，智能化成为各行各业发展的重要趋势。对于在线学习支持服务而言，智能化发展同样具有重要意义。通过引入人工智能、大数据等先进技术，可以进一步提升在线学习支持服务的效率和质量，为学生提供更加个性化的服务，具体体现在学生交互智能化、学习过程分析的评价智能化和个性化服务推送的智能化[1]。

首先，通过交互分析，学习支持团队可以挖掘学生的互动网络、话题演变、情感体验和认知投入等，发现学生的问题，从而为学生及时提供相应的问题解决方案。

其次，不同于传统学习评价，在线学习平台记录的大量学习行为数据蕴含学生学习投入和认知过程等宝贵信息，在学习分析技术的支持下，在线教师能够更直观地实时监控学生的学习状态，对学生进行学习预测和预警，并且能够实现更科学、更高效的基于学习过程的电子化评价。

最后，在"互联网＋"时代背景下，随着在线教育教学理念从认知行为主义向建构主义和联通主义演变，社会性学习成为在线学习的重要方式，这就要求学习支持服务更加社会化。早期的学习支持服务供应都是层级式分布，即总部院校—地区中心—学习中心。在这种组织架构下，由于地区差异性和信息差，院校总部较难及时根据各地区情况进行整体规划与调整。如今，借助互联网技术，在线教育机构需要整合机构之外的支持服务资源，通过社会化协同[2]的方式，将原本在机构内的支持服务工作拓展到机构之外，整合机构外的专业力量，分担自身的支持工作，从而将机构内有限的资源投入机构本身更擅长的支持工作，如建设和改进课程、进行教学辅导等。

当下，基于大数据的个性化学习支持服务通过大数据为学习支持服务赋能，以数据捕捉个体学习需求，准确获取学习支持服务时机，实现精准化、适切化、智能化的学习支持服务，提高服务的供需对接水平。其实现途径主要有：通过系统构建大数据驱动的积极学习支持服务理念、系统构建大数据驱动的积极学习支持服务理念、系统构建大数据驱动的积极学习支持服务理念和系统构建大数据驱动的积极学习支持服务理念[3]，简而言之，即是注重学习者的心理体验与情绪体验，在引导学习者保持自信心和积极情绪的同时，提供优质的物化资源支持（如辅助材料等）、非物化资源支持（如虚拟同伴等）和学习支付服务工具（如自适应路径规划工具等）[4]，并根据学习者的学习经历和参与学习支付服务过程中的数据，形

① 陈丽．在线教育原理［M］．北京：北京师范大学出版社，2021：80－83.

② 社会化协同：是指在线教育机构将部分支持服务业务委托给其他机构或个人，与其他机构或个人基于互联网为学生协同构建一体化的支持服务体系。

③ 邹煜，吴南中．基于数据的在线学习个性化学习支持服务模式构建与实现途径［J］．中国职业技术教育，2023（07）：34－40.

④ 姜强，赵蔚，李松，等．个性化自适应学习研究——大数据时代数字化学习的新常态［J］．中国电化教育，2016（02）：25－32.

成学习者的整体画像，从而对学习者进行精准的个性化指导与服务。

另外，还有一些提升在线服务质量的具体措施，如提升教师在线教学的技能和素养，强化教师培训；针对不同的学习需求和水平，提供多样化的学习资源；引入开放教育资源（OER）和学习管理系统（LMS），为学生提供更丰富和灵活的学习选择；建立有效的反馈机制，及时收集学生对在线学习支持服务的评价和建议，以便不断优化服务内容和质量等。

第二节　在线教育的质量监控体系

一、在线质量监控体系的构建

在线质量监控体系，也称为质量管理体系，是指为了确定和实现质量方针、目标和职责，通过质量体系中的质量策划、控制、保证和改进来对其实现的所有活动。它是组织内部建立的，为实现质量目标所必需的、系统的质量管理模式，是组织的一项战略决策。在线质量监控体系将资源与过程结合，以过程管理方法进行系统管理，根据企业特点选用若干体系要素加以组合。

（一）构建意义

在线质量监控体系的构建意义主要体现在以下几个方面。首先，该体系能够确保在线教育的教学质量。通过监控教师的教学方法、教学内容和教学效果，可以及时发现和纠正教学中存在的问题，保证教师全面贯彻国家教育方针和素质教育的自觉性，最终达成学校的培养目标。其次，在线质量监控体系有利于学生的全面发展。通过对学生的学习情况和学习需求进行及时了解，可以为每个学生提供个性化的教学服务和支持，使学生得到全面、生动、健康、和谐的发展。再次，在线质量监控体系还能够提高教学管理效率。通过实现教学管理的数字化和智能化，可以大幅度提高教学管理的效率和精度，使教学管理更加科学、规范和透明。最后，在线质量监控体系是教育信息化发展的重要组成部分。构建该体系可以推动教育的数字化转型和升级，促进教育的现代化发展，具有重要的历史意义和现实意义。

在线质量监控体系的构建对于提高在线教育的教学质量、促进学生的全面发展、提高教学管理效率和推动教育信息化发展都具有非常重要的意义。在线质量监控体系的构建确保了在线教育的质量和有效性，提供一个可持续发展的监控机制，从而提高教学效果和学习体验。对于在线教育的各个领域来说，建立教育质量监控体系有利于大大提高在线教育的教学质量。

（二）构建原则

在线质量监控体系的构建从学生的个人发展、教师教学方式、教学管理和教育信息化等多角度进行考量，因此，构建在线质量监控体系需要综合考虑，从整体出发，把教学对象、主体和场所有机融合，做到高效、可行。

在线质量监控体系的构建需考虑以下四个方面[①]：

1. 全员性原则

人才培养是学校的基本任务，教学工作是学校的中心工作，教学质量离不开全体师生员

---

① 韩理安，张斌，刘绍勤．高等教育教学质量监控体系的总体设计［J］．中国高教研究，2002（10）：77–78.

工的共同努力，其中领导是关键，职能部门是核心，系部、教研室和教师是基础和保证，学生则是教学的主体。因此，人人都是质量监控体系中的一部分，也可能是被监控的对象，只是在质量监控体系中由于所处的位置不同而变换成不同的角色。

2. 系统性原则

教学质量涉及教师、学生、教学设施和设备教材，还与学校定位、培养目标和管理等有关，是一个系统共同作用的结果。由学校、系部、职能部门、教研室和班级等所构成的多层次、纵横交叉的网络是一个完整的高校教学管理系统。作为教学主体的学生，其入学—培养—就业也是互相联系、相互影响的系统过程，因此，监控体系的设计必须贯彻系统性原则。

3. 全过程性原则

教学质量是在教学实施过程中形成的，不是靠最后的评价检查出来的。因此，质量监控体系应能对教学的全过程进行监控，做到事先监控准备过程，事中监控实施过程，事后监控整改过程，然后进入下一循环的监控过程。

4. 可行性原则

在设计质量监控体系时，必须特别注意其可行性：一是时间上可行，不需要耗费过多的时间和精力；二是财力上可行，尽量避免花费较多的经费；三是操作上可行，有较明确、便于操作的监控标准；四是效果上可行，易于为广大师生员工所接受。

（三）体系内容

教学质量监控确实是有目的地对教学质量系统进行评判、监督和施加作用，使教学质量达到预期目的。教学质量监控体系由教学质量和监控两部分组成，其中，教学质量由教师教学质量、学生学习质量以及由教与学质量进而形成的课程质量、学科专业质量、学校整体教学质量等组成，监控部分由评判、反馈、纠偏与鼓舞等组成[①]。

随着互联网技术的发展，在线教育的在线质量监控体系除了对教学、课程和管理进行质量监控外，还对技术进行了质量监控。为了保障在线教育系统或平台的顺利运行，监控在线教学平台的运行情况，包括平台的稳定性、功能完善性、用户体验等方面，成为在线质量监控体系的第四个内容。图7-1所示为在线质量监控体系的完整结构。通过分析，可以看出各个环节之间的相互关联以及每个环节的重要性。教学质量和课程质量是教育在线化的核心，而管理质量和技术质量则是有利的后勤保障。因此，对在线教育平台来说，需要全面地考虑和平衡这些因素，才能提供高质量的在线教育服务。

教学质量监控方面，不仅要监控教师的教学能力和教学行为，包括教师的专业素养、教学态度、教学方法、教学资源等方面，还要对学生的学习效果进行定期检测和反馈，监控学生的学习情况和学习效果，包括学生的参与度、学习成绩、学习反馈等方面，以便更好地指导学生改进学习方法。在课程质量监控方面，对课程设计的合理性和完整性，包括教学目标的设定、教材选择、教学方法等方面要重点监控。在管理质量监控方面，对学校、机构和在线平台的管理人员/部门要有明确的分工设置，制定高效的管理制度和管理方式。在技术质量监控方面，对学校和在线平台里师生的隐私数据做好安全监控，在保障平台安全和稳定的情况下，保持更新最新的技术，给使用者带来更大的便利和更完善的服务。

① 黄秋明，王正，龚蓓. 高等学校教学质量监控与评价体系研究［J］. 职业技术教育，2003（1）：5.

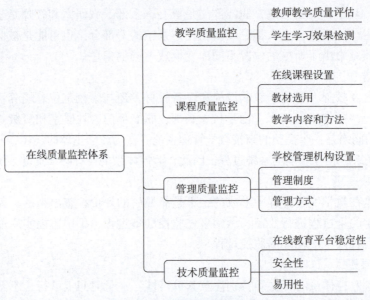

图7-1　在线质量监控体系

二、 在线质量监控体系的实施与监控

在线质量监控体系既然是一个完整的系统，就必须采用具有整体性、全面性、结构层次性、相关性、动态平衡性、综合和分析统一性等特点的系统分析方法，将监控内容、方法、机构、标准加以整体分析综合，构成一个封闭而通畅的回路，从而保证质量监控的有效运行。监控体系的运行包括确定控制目标、进行教学实施、收集反馈信息和监控标准、与监控标准比较教学实施结果、确定偏差、分析产生偏差的原因、采取对策、纠正偏差直至达到监控标准等程序，如图7-2所示。

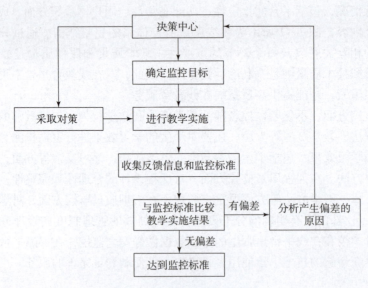

图7-2　教学质量监控体系①

---

① 韩理安，张斌，刘绍勤. 高等教育教学质量监控体系的总体设计 ［J］. 中国高教研究，2002（10）：77-78.

从确定监控目标、进行教学实施到达到监控标准，是一个反复循环、不断完善的过程。教学质量即使达到了监控标准，也只是反映了教学实施结果与监控标准之间的相对平稳。随着监控目标的提高和监控标准的重新确定，又会产生新的不平衡。教学质量随着监控目标和标准的调整而不断提高。

监控的核心是反馈。有效的信息反馈是质量监控的基础。反馈的信息要及时、准确和完整，就必须依靠健全的监控机构采用有效的监控方法获取信息，经过去伪存真的分析，并快速地传递给决策中心，及时采取措施来进行控制。各个学校可以建立各种不同的信息反馈通道①。

【案例分析】

"智慧线"在线学习分析云平台是由北京师范大学远程教育研究中心开发的在线教育数据分析平台。"智慧线"的核心功能是挖掘在线教育机构日常教学和管理数据的价值，通过对数据的汇聚、建模、分析和可视化，为机构用户提供精准管理的数据支持，帮助用户监测机构运行、发现深层规律、预警潜在风险，进而优化工作和管理效率。

作为在线教育大数据服务平台，"智慧线"首先通过数据抽取工具抽取、汇聚在线教育机构使用的应用系统中的数据，其核心是体现教学行为和管理行为的动态数据。"智慧线"还需要使用数据 ETL（extract – transform load）工具，抽取并汇聚机构基本信息、静态教学与管理、动态教学与管理等数据，能够动态表征机构管理与教学状况的数据是汇聚的重点。数据汇聚后，通过数据清洗和标准化，将不同来源、不同类型的数据加以整合，并存储至数据仓库。数据分析师则基于汇聚的数据来构建针对机构的定制评价、预测模型。基于构建的数据模型机构可以获得教学与管理状况的分析结果。这些分析结果会以数据分析报告的形式通过 Web 端或移动终端（智能手机软件）定向推送给用户，不同角色的用户将收到与其业务相关的数据分析报告，如招生部门会收到招生数据分析报告，教师会收到教学报告，决策者会收到机构工作综合分析报告。

【案例分析】

百度教育大脑 3.0 是将数据挖掘和人工智能技术应用于教育行业的系统平台。基于百度教育大脑 3.0 的三大核心能力——教育知识图谱、教育用户画像、教育数据智能，百度智慧课堂能够串联、匹配优质教育资源，有效提高教育资源流通效率，推动区域化教育资源共享。针对区域教育资源难以互通的问题，百度智慧课堂构建网络学习空间，以个人空间、教学空间、区校空间的形式帮助教师实现云端资源管理，协助学校积累校本资源，从而实现区域教育资源优势互补。

---

① 韩理安，张斌，刘绍勤. 高等教育教学质量监控体系的总体设计 [J]. 中国高教研究，2002（10）：77 – 78.

第三节　在线教育数据挖掘与学习分析技术

一、含义

（一）教育数据挖掘技术

从定义上看，教育数据挖掘主要是将学习数据分解成较为微观的分析模块或从学习过程中提取某些维度的行为特征，利用算法在数据中寻找新的规律和构建新的模型，并通过系统或软件将分析的结果自动化地反馈给学习进程，达到优化学习路径或者促进个性化学习的目的[1]。教育数据挖掘利用大数据和人工智能等技术，从海量的教育数据中提取有价值的信息和知识，以优化教育过程、提升教育质量和效率。因此，它更侧重于计算机自动化地分析范式和赋能给机器来优化学习路径[2]。

教育数据挖掘技术可以涵盖从数据预处理到模型构建和应用的全过程。数据预处理包括数据清理、集成、转换、归一化、可视化等步骤，为后续的分析和建模做准备；模型构建可以利用各种机器学习、深度学习等技术，选择适当的算法和方法，构建能够从数据中发现规律和模式的模型；应用阶段则将得到的模型应用于预测、优化、推荐等实际场景中，以提升教育教学的效果和效率。

教育数据挖掘技术的应用范围广泛，并且对教育领域的各个方面都有重要的影响和价值。例如，通过分析学生的学习行为、成绩、反馈等数据，可以得出学生的学习特点、兴趣爱好和能力水平等信息，为教师提供更全面、深入的了解，帮助他们更好地制订教学计划和方案，提高教学效果和学生的学习体验；通过分析教师的工作数据，可以得出教师的教学风格、能力和需求等信息，帮助学校管理者更好地了解教师队伍的情况，及时调整和优化管理策略；通过分析学校运行数据，可以得出学校的办学水平、管理效率和发展方向等信息，帮助学校更好地制订发展规划和决策。

同时，教育数据挖掘技术还可以促进教育公平和提升教育质量。例如，通过对学生的学习行为进行分析，教师可以更好地了解学生的学习特点和需求，为他们提供更有针对性的教学支持；通过对学生的成绩数据进行分析，学校可以更好地了解学生的学习进度和整体教育质量，及时发现和解决潜在的教育问题，提高教育质量。

教育数据挖掘技术是当前大数据时代背景下教育领域中非常重要的研究方向和实践领域，它通过运用多种技术和方法从海量的教育数据中提取有价值的信息和知识，以优化教育过程、提升教育质量和效率。

（二）学习分析技术

学习分析技术是一种利用大数据、人工智能等新兴技术，从教育领域大量的数据和信息中提取有价值的信息和分析结果，以改善学生的学习体验和提升教育效果的方法。学习分析

---

[1] Bienkowski M, Feng M, Means B. Enhancing teaching and learning through educational data mining and learning analytics: An issue brief [J]. US Department of Education, 2014.

[2] Siemens G, Baker R S. Learning analytics and educational data mining: Towards communication and collaboration [J]. ACM, 2012: 252-254.

重在将已知算法、模型和工具应用于教学系统中，强调教育的系统性，注重教育系统中的每个环节[①]，其强调以人的决策为中心、不能忽视教育问题的整体情境以及赋能给人（教师和学生等）进行教学干预[②]。

学习分析技术可以为学生提供更加精细化和个性化的学习计划，为教师提供更准确和及时的教学反馈，为学校管理者提供更全面和深入的学校管理与发展策略。例如，通过对学生的学习行为进行分析，教师可以更好地理解学生的学习特点和需求，及时发现学生的学习困难和问题，并针对性地调整教学策略和方法；通过对学生的成绩数据进行分析，学校可以更好地掌握学生的学习进度和整体教育质量，及时发现和解决潜在的教育问题，提高教育质量。

学习分析技术也可以促进教育公平和提升教育质量。例如，通过对学生的学习行为进行分析，教师可以更好地识别学生的学习特点和需求，为他们提供更有针对性的教学支持；通过对学生的成绩数据进行分析，学校可以更好地了解学生的学习进度和整体教育质量，及时发现和解决潜在的教育问题，提高教育质量。

二、　数据挖掘的主要方法

当学生在在线教育系统或平台中学习时，系统和平台就会产生大量数据，这些海量数据使数据挖掘有了丰富的数据基础，同时，高性能计算机和高速率网络的支持也给数据挖掘技术提供了坚实的保障。因此，数据挖掘技术在在线教育中有了更大的用武之地。

数据挖掘是一种通过分析大量数据来发现隐藏在其中的有用信息和模式的过程。常用的数据挖掘的方法有很多，除了在线教育领域之外，也可以应用于各个领域，包括金融、医疗、零售等，这些数据挖掘方法可以单独使用，也可以结合使用，以帮助我们更好地发现和理解数据中的信息和模式，如图7-3所示。

除了图7-3所示的数据挖掘方法外，还有一些比较常见的在线教育数据挖掘方法。

（一）连接分析（Link Analysis）

连接分析是一种以图形理论为基础的数据挖掘方法，它通过分析不同实体之间的关系来发现隐藏的模式和关联。在在线教育领域，连接分析可以用于发现学生、教师、课程等不同实体之间的联系和规律，为优化教育资源、提高教育质量提供决策支持。例如，可以通过分析学生选课数据，来发掘学生兴趣爱好和课程之间的连接关系，帮助学生在选课方面获得更个性化的推荐和建议。同时，教师也可以利用这些数据更好地了解学生的学习需求和特点，针对性地设计课程内容和教学方法。

（二）OLAP分析（On-Line Analytic Processing）

OLAP分析是一种多维数据分析技术，它通过从数据仓库中提取数据并对其进行聚合、筛选、排序、分组等操作，帮助用户从多个角度和维度来分析与挖掘数据。在在线教育领域，OLAP分析可以用于对大量的学生数据进行分析，以发现隐藏在其中的潜在规律和问题。

通过OLAP分析，可以按照不同的年级、专业、性别等维度对学生的学习成绩、选课情况、学习行为等数据进行多角度的分析和挖掘。这样可以更加准确地了解学生的学习需求和特点，帮助教师更好地把握教学重点和难点，针对性地改进教学质量。

（三）序列分析（Sequence Analysis）

序列分析是一种分析时间序列数据的方法，它通过研究时间序列数据的模式和趋势来发

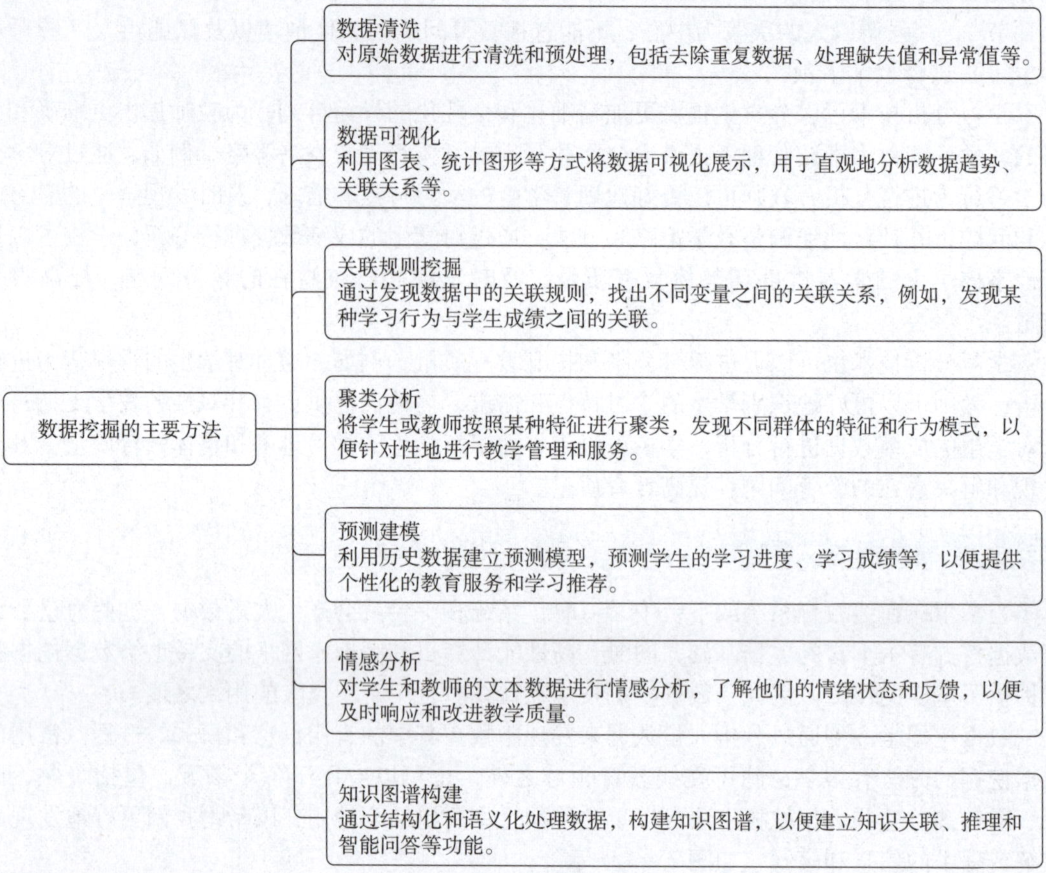

	数据清洗 对原始数据进行清洗和预处理，包括去除重复数据、处理缺失值和异常值等。
	数据可视化 利用图表、统计图形等方式将数据可视化展示，用于直观地分析数据趋势、关联关系等。
	关联规则挖掘 通过发现数据中的关联规则，找出不同变量之间的关联关系，例如，发现某种学习行为与学生成绩之间的关联。
数据挖掘的主要方法	**聚类分析** 将学生或教师按照某种特征进行聚类，发现不同群体的特征和行为模式，以便针对性地进行教学管理和服务。
	预测建模 利用历史数据建立预测模型，预测学生的学习进度、学习成绩等，以便提供个性化的教育服务和学习推荐。
	情感分析 对学生和教师的文本数据进行情感分析，了解他们的情绪状态和反馈，以便及时响应和改进教学质量。
	知识图谱构建 通过结构化和语义化处理数据，构建知识图谱，以便建立知识关联、推理和智能问答等功能。

图 7-3　数据挖掘的主要方法

现隐藏在其中的规律和趋势。在在线教育领域，序列分析可以用于对学生的学习行为、学习时间等数据进行时间序列分析，以发现学生学习行为的模式和趋势。

通过序列分析，可以发现学生在不同时间段内的学习行为的变化和趋势，从而更好地了解学生的学习需求和学习习惯。这样可以帮助教师更好地安排教学内容和教学计划，提高教学效果和学习效果。

三、数据挖掘与学习分析工具

数据挖掘与学习分析工具是一种用于处理和分析教育数据的软件工具。这种工具通常用于收集、存储、处理和可视化教育数据，并帮助教育工作者、学习者或决策者更好地理解数据，以改进学习过程和提高教育效果。本节将为大家介绍一些比较普遍使用的数据挖掘与学习分析工具[①]。

首先是三种非常适合数据的操作、清理及创建的工具：Microsoft Excel、Google Sheets 和 EDM 工作台。接下来讨论 Python 和 SQL 在编程中所扮演的角色。

Microsoft Excel、Google Sheets、EDM 工作台可用于清理、组织和创建数据集。Microsoft

---

① 曲智丽，张海，杨絮．当前流行教育数据挖掘与学习分析工具概览［J］．中国信息技术教育，2019（06）：77-80．

Excel 是最容易访问的工具，它在数据可视化方面做得很好。近来基于网络的数据处理工具 Google Sheets 也加入了易用工具的群体。这些工具并不适合非常大的数据集。Excel 和 Google Sheets 擅长在可视化的界面中清晰地显示数据，这使识别数据中的结构或语义问题变得很容易。这些工具还可以非常直接地设计新变量，快速地将这些变量应用到整个工作表中，并通过一系列数据直观地检查这些变量，以获得适当的功能。

EDM Workbench 是一个用于自动提取和数据标记的工具，它的许多自动化功能可以解决 Excel 和 Google Sheets 的多方面不足，如生成复杂的序列变量、数据采样以及标记。EDM 使研究人员能够基于 .xml 创建变量，提取现有文献和智能辅导系统。在数据标记方面，EDM 具有创建文本回放的功能，这是由研究人员或其他领域专家根据行为类别标记编写的人类行为的片段。EDM 支持采样、评估器之间的可靠性检查，以及标签和变量之间的同步。

许多人认为 Python 是实现这些目的的一种特别有用的语言。工程文件在 Python 中比在 Excel 或 Google Sheets 中更容易实现。另一种是 Jupyter Notebook，它记录所有的分析和中间结果，按顺序显示每个用户操作。尽管有这样的优势，Excel 或 Google Sheets 可视化地检查创建的数据和变量仍然更容易。丢失的数据、重复的案例或不寻常的值在数据集中尤其难以识别，而且对于新手程序员，Python 和 Jupyter Notebook 的验证可能更耗时。此外，Python 能够处理许多不同类型的数据格式，如 MOOC 和其他在线学习平台。虽然 Python 在计算上比前面介绍的电子表格工具更强大，但它在这些领域的能力并不是无限的。Python 能够容纳比以前的工具更大的数据集，但它仍然受到大小限制。

SQL 用于组织一些（但不是全部）数据库。SQL 查询是一种提取所需数据的强大方法，有时跨多个数据库表进行集成连接。在 SQL（或其他数据库语言，如 Hadoop 或 Spark）中，许多基本的过滤任务（如选择特定的学生子集或从特定的日期范围获取数据）比上述任何工具都要快得多。然而，对于在工程文件过程中创建复杂的变量，SQL 可能是一种笨拙的语言。SQL 可以与前面提到的其他工具有效地结合使用：SQL 擅长批量排序和筛选任务，这些任务在 Excel 或 Python 中非常缓慢。

还有一些是用于视觉分析的通用工具和方法，这些工具和方法支持构建交互式的视觉界面，以便从数据中获取知识，以及教师向学生传达学习的重要含义。

Tableau 提供了一系列用于交互数据分析和可视化的产品。虽然 Tableau 工具集的主要关注点是支持商业智能，但它已广泛应用于教育环境中，用于分析学生数据、提供可操作的见解、增强教学实践和简化教育报告。Tableau 的主要优点是不需要编程知识来分析大量数据，并提供了连接或导入数据的功能。Tableau 还具有构建丰富的交互式的功能，能够向最终用户显示实时可视化。然而 Tableau 的功能仅限于此，它不支持预测分析或关系数据挖掘。此外，Tableau 作为一种商业工具，是不可扩展的，也不支持与其他软件平台的集成。

D3.js（数据驱动文件）是一个 JavaScript 库，它允许操作数据驱动，使研究人员和实践者能够构建复杂的交互式数据可视化，这些可视化需要进行数据处理，并且是针对现代 Web 浏览器的。它有几个优点：在构建各种数据可视化方面具有相当大的灵活性，不需要安装，支持代码重用，并且是免费开源的。然而，其在教育研究目的采用方面存在着挑战。作为一种技术，D3.js 需要广泛的编程知识，并且存在兼容性问题，以及对较大数据集的一些性能限制。最后，它不提供对可视化用户隐藏数据的任何方法，需要数据预处理来确保隐私和数据安全。

研究人员和实践者在开始使用教育数据挖掘和学习分析时需要考虑的一个关键问题是，没有一种工具能够完美地从开始到结束分析大多数数据集的整个过程。不同的工具适用于不同的任务。例如，一个研究人员可能在一个流行的 MOOC 中拥有 6 000 万次系统交易的数据。从这个数据集中，他只选择一个特定的数据（SQL），然后细化数据集，计算系统中的总学习时间（Excel），在拟合预测模型（RapidMiner）中分析论坛的帖子，回复学生（CohMetrix）。最后，研究人员可能会找出可视化社交网络数据（Gephi）中最有趣的学生集群。

每种工具代表了解决不同问题的不同方法，每一种方法都有其独特的优缺点。通过工具的组合，可以实现复杂的分析，并可以做出有用的发现。这是一个快速变化的领域，新的工具不断出现。

【动手实践】

利用数据挖掘技术分析在线教育平台中的用户行为，并根据分析结果优化平台设计和教学策略。

四、 数据挖掘与学习分析的应用

数据挖掘与学习分析工具在教育领域中的应用具有重要意义。这些工具可以从大量数据中提取有价值的信息，帮助教育者更好地理解学生的学习需求、行为和表现，从而有针对性地制订教学策略和优化教学资源。通过数据挖掘并分析后的教育数据，对学生的个人发展、教学质量和管理的改进都有积极的促进作用。数据挖掘与学习分析在教育中的具体应用可从以下五个方面体现。

（一）学业表现预测与干预

通过收集和分析学生的历史学业数据，数据挖掘与学习分析工具可以预测学生在未来的学业表现，并提供早期干预措施。例如，教育机构可以利用这些工具预测哪些学生的学习成绩可能下降，从而及时采取干预措施，如提供额外的教学支持或调整课程设置，以防止成绩下滑。

【案例分析[①]】

> **成绩预测模型**
>
> 你是否有过这样的经历：出于某种学习需求（如参加英语等级考试），下载安装了一个应用程序，设置了短期或长期的学习计划，但由于时间、习惯或自制力等问题，没能坚持完成日常学习，甚至"辍学"放弃。事实上，在国外高校的学分制学习体系中，学生的辍学率一直是困扰教学人员的难题，随之而来的是研究者们对于新生保有率（Retention

---

① 郑勤华. 教育数据挖掘与学习分析［M］. 北京：北京师范大学出版社，2022：101-102.

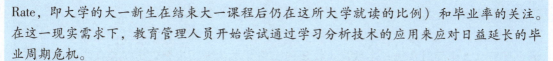

Rate，即大学的大一新生在结束大一课程后仍在这所大学就读的比例）和毕业率的关注。在这一现实需求下，教育管理人员开始尝试通过学习分析技术的应用来应对日益延长的毕业周期危机。

根据学生的学习行为表现等数据，对其正在参与的课程所能取得的成绩进行预测，以达到警示效果，这是目前较为通用的方法。通过挖掘学习管理平台、教学平台、学生电子档案等处的数据，结合预测学生学习成功算法，如 SSA 算法（Student Success Algorithm，学生成功算法），将数据转化成对学生目前课程学业风险系数的评估等级，能够更加直观地呈现学生可能遇到的学业危机，同时，成绩预测结果也可用于指导教育机构改进其目前实施的教学策略，提高教学质量。SSA 算法由四部分组成：①课程表现，迄今为止，学习者在课程学习中获得的学分百分比；②努力程度，学习者在教学管理平台上的交互情况、在学习伙伴中的水平；③前期学业历史，包括学术准备、高中的平均学分绩点（GPA）和标准化测试分数；④学习者特征，如居住地、年龄或预期修满的学分等。每一部分被赋予相应的权重，以纳入算法中，最终得到学生的学业预测结果。

（二）个性化学习路径

通过分析学生的兴趣、能力和学习风格等数据，这些工具可以为每个学生提供个性化的学习路径。例如，学生可以依据自身能力和感兴趣的课程进行选择，或者得到针对个人弱点的定制化学习建议，从而更好地满足学生的学习需求，提高学习效果。

（三）教学质量评估

数据挖掘与学习分析工具可以收集和分析教师的教学数据，包括教学方法、课程设计、学生互动等，以评估教学质量。这有助于发现教学效果不佳的教师，及时对其进行培训和指导，同时也可以表彰和推广优秀教师的教学方法与策略。

（四）学校管理决策支持

学校管理者可以利用这些工具分析学校运营数据，包括学生人数、教师人数、教育资源利用等，以制定更科学、合理的学校管理策略。例如，通过分析学生人数和教师人数的比例，可以优化教学资源分配，提高学校运营效率。

【案例分析①】

学生失联与行为预警机制分析模型

"学生无故失联"是高校辅导员最大的诉求问题之一。学生作为高等院校中的个体存在于高等院校这个空间中，不可避免地会产生各种数据痕迹。要对学生失联信息提前预警并及时获知，可以依赖于大数据挖掘分析机制。

学生离不开吃饭、饮水、洗澡等消费，一卡通消费数据就是分析学生日常是否在校的第一个维度；学生来学校的主要工作就是上课，依赖于上课签到系统日志数据，从中提取学生的上课签到信息，可作为分析学生日常是否在校的第二个维度；学生在宿舍生活，离不开对校园网的使用，从校园网认证系统中提取学生的上网日志，可作为分析学生日常是否在校的第三个维度；学生进出宿舍，要刷卡进行准入和准出操作，从一卡通门禁系统中

① 郑勤华. 教育数据挖掘与学习分析［M］. 北京：北京师范大学出版社，2022：267－268.

提取学生的出入信息，可作为分析学生日常是否在校的第四个维度。

基于此，通过在高等院校数据中心构建大数据存储交换平台，挖掘并分析学生一卡通消费数据、上课签到系统日志数据、校园网上网日志数据、宿舍进出门禁日志数据，然后从学校各个业务系统中抽取相关数据到大数据存储及分析平台，设计数据分析模型和预警策略，进行数据清洗和归并，可以构建学生失联与行为预警机制分析模型。

该模型会及时将超过值的异常信息，借助短信、邮件、微信等技术介质推送给管理学生的辅导员，并在学工部门备案。失联预警信息能够呈现学生失联的可能信息（如关联学工系统请假记录、在外租房记录、校医院就医记录等），以减轻辅导员线下核实信息的工作量，同时，能够辅助辅导员及时了解学生动向，为学生失联与异常行为提供预警服务，并为高等院校管理者做出及时且科学的决策提供依据。

（五）心理健康与行为分析

在学生的心理健康和行为方面，数据挖掘与学习分析工具也可以发挥重要作用。例如，通过分析学生的社交媒体数据和校园安全系统数据，可以评估学生的心理健康状况和校园安全情况。同时，还可以利用这些工具跟踪和预测有心理问题或者行为问题的学生，及时为他们提供帮助和支持。

除了在以上5个方面有所体现外，数据挖掘与学习分析工具还可以被应用在各个教育系统和平台上，有利于各个系统进行数据更新和优化（表7-1）。

表7-1　数据挖掘与学习分析的应用平台

工具/系统	描述	主要功能
Moodle	开源在线学习管理系统	学习日志、学生活动跟踪、学习者反馈等学习分析功能
Canvas	主要用于在线教育的学习管理系统	学习者活动追踪、学习者表现预测、学习者群体分析等丰富的学习分析工具
Blackboard Analytics	由 Blackboard 公司开发的学习分析工具	学习者活动追踪、学习者表现分析、学习者群体比较等，支持教学管理和决策制定
Tableau	数据可视化和分析工具	将在线教育平台的数据进行可视化展示，支持教师和决策者理解与分析学习数据
R	编程语言，用于数据分析和机器学习	丰富的数据挖掘和学习分析库及工具，如 Caret、MLR 等
Python	编程语言，广泛用于数据处理和分析	丰富的数据挖掘和学习分析库及工具，如 Scikit-Learn、TensorFlow 等

数据挖掘与学习分析工具在教育领域中具有广泛的应用前景，它们能够帮助教育者更好地理解学生及学校运营情况，为学业表现预测与干预、个性化学习、教学质量评估、学校管理决策支持、心理健康与行为分析等方面提供强有力的支持。随着技术的不断发展和应用场景的不断深化，这些工具将在未来的教育领域中发挥越来越重要的作用。

【动手实践】

设计一个完整的学习分析流程。这个流程应该包括哪些步骤和环节？

第四节　在线教育的法律问题与监管

目前，我国尚未出台关于在线教育的统一的法律或者行政法规，有关在线教育的监管散见于不同部门颁发的国家或地方层面监管文件。2021年，中国网络社会组织联合会在线教育专业委员会58家成员单位向全国在线教育同行发出《促进在线教育行业健康发展倡议书》，倡议同行立德树人，诚信经营，规范办学，质量第一，坚持安全底线，强化信息保护。即使我国尚未出台只针对在线教育的法律法规，但国家为保障经营者和消费者的合法权益，相继出台了一系列针对校外培训的文件与政策，如《教育部关于发布智慧教育平台系列两项教育行业标准的通知》《关于规范面向中小学生的非学科类校外培训的意见》《校外培训行政处罚暂行办法》和《关于进一步减轻义务教育阶段学生作业负担和校外培训负担的意见》等，这些文件与政策既保障了学习者的权益，从平台建设、资金、师资等各方面确保在线教育合法、有序经营，也对教育培训行业造成了重大的冲击。

在教育培训机构、平台运营过程中，经营许可和合法性、在线教育内容监管、在线教育商务合规、网络知识产权四个方面是常见的法律问题。具体包括网站域名、增值电信服务、互联网文化活动、网络传播视听节目、网络出版服务与出版物经营、网络信息安全与隐私保护、广告、外籍教师、校外线上培训及机构在线课程标准等方面[①]。

一、经营许可和合法性

在线教育机构和平台依托互联网进行经营与盈利，但若对相关办法不了解，则很容易触犯法规，给企业造成不必要的损失。2021年7月，中共中央办公厅、国务院办公厅印发的《关于进一步减轻义务教育阶段学生作业负担和校外培训负担的意见》（即"双减"政策）中提到：坚持从严审批机构。将原备案的线上学科类培训机构改为审批制。各省（自治区、直辖市）要对已备案的线上学科类培训机构全面排查，并按标准重新办理审批手续。未通过审批的，取消原有备案登记和互联网信息服务业务经营许可证（ICP）。这对许多线上培训机构都造成了影响。而早在2018年国务院办公厅就印发的《关于规范校外培训机构发展的意见》中也明确提出，校外培训机构须经县级教育部门审批取得办学许可证后，再按所属类型到相关部门申领登记证书或营业执照。跨县域设立分支机构或培训点的，需到分支机构或培训点所在地县级教育部门履行审批手续。经过国家的监管，教育培训机构和线上学科培训机构对于获得经营许可审批的难度越来越大。因此，不少与经营许可相关的法律问题涌现。

我国目前常见的六类与经营许可相关的法律和监管问题有：网站域名的监管、增值电信业务的监管、互联网文化活动的监管、广播电视节目制作经营的监管、网络传播视听节目的监管和网络出版服务与出版物经营的监管。

（一）网站域名的监管

通常由域名注册管理机构（例如ICANN）及相关的互联网监管机构负责。根据2017年

---

① 何周，徐进. 在线教育全景解析：行业、合规、监管与案例精选［M］. 北京：北京大学出版社，2021：163 – 237.

8月工业和信息化部颁布的《互联网域名管理办法》，在中国境内设立域名根服务器及域名根服务器运行机构、域名注册管理机构和域名注册服务机构的，应当取得电信管理机构的相应许可。域名是指互联网上识别和定位计算机的层次结构式的字符标识，与该计算机的 IP 地址相对应。域名根服务器是指在域名体系中起根节点功能的服务器（含镜像服务器），而域名根服务器运行机构是指依法获得许可并承担域名根服务器运行、维护和管理工作的机构。因此，在中国境内申请设立域名根服务器及域名根服务器运行机构、域名注册管理机构和域名注册服务机构，应当取得工业和信息化部或省、自治区、直辖市通信管理局的许可，并按照管理部门的相应条件与要求进行申请。

（二）增值电信业务的监管

根据《中华人民共和国电信条例》规定，国家对电信业务经营按照电信业务分类，实行许可制度。经营电信业务的，必须根据《中华人民共和国电信条例》的规定取得国务院产业主管部门或省、自治区、直辖市电信管理机构颁发的《电信业务经营许可证》。《中华人民共和国电信条例》将电信业务分为基础电信业务和增值电信业务。基础电信业务是指提供公共网络基础设施、公共数据传送和基本语音通信服务的业务。增值电信业务是指利用公共网络基础设施提供的电信与信息服务的业务。在线教育机构提供的服务属于互联网信息服务业务，因此需要具备增值电信业务类的许可证。

（三）互联网文化活动的监管

根据文化部颁布的《互联网文化管理暂行规定》第三条的规定，互联网文化活动分为经营性和非经营性两类。经营性互联网文化活动是指以营利为目的，通过向上网用户收费或者以电子商务、广告、赞助等方式获取利益，提供互联网文化产品及其服务的活动。非经营性文化活动是指不以营利为目的，向上网用户提供互联网文化产品及其服务的活动。国家对设立经营性互联网文化活动的单位实行审批制，对设立非经营性互联网文化活动的单位实行备案制。因此，设立经营性互联网文化活动的单位应当向省、自治区、直辖市人民政府文化行政部门申请取得《网络文化经营许可证》。

在线教育机构是否需要申请《网络文化经营许可证》，关键在于其提供的产品是否会被认定为互联网文化产品。如新东方在线网站的运营主体北京新东方迅程网络科技股份有限公司持有北京市文化局 2016 年 5 月 4 日颁发的编号为京网文〔2016〕1303－16 号《网络文化经营许可证》。也就是说，尽管新东方在线在招股说明书中表明，根据其法律顾问提供的依据，不需要取得《网络文化经营许可证》，但为了保证合法合规运营，依然办理了《网络文化经营许可证》。

（四）广播电视节目制作经营的监管

国家广播电影电视总局①颁布的《广播电视节目制作经营管理规定》第四条规定，设立广播电视节目制作经营机构或从事广播电视节目制作经营活动应当取得《广播电视节目制作经营许可证》。在京的中央单位及其直属机构申请《广播电视节目制作经营许可证》，报国家广播电影电视总局审批；其他机构申请《广播电视节目制作经营许可证》，向所在地广播电视行政部门提出申请，经逐级审核后，报省级广播电视行政部门审批。凡是广播电视节目制作经营机构或者业务涉及专题、专栏、综艺、动画片、广播剧、电视剧等广播电视节目

---

① 国家广播电影电视总局已被撤销，与国家新闻出版总署重组为国家广播电视总局。

的制作和节目版权的交易、代理交易等活动行为的机构，都需要取得《广播电视节目制作经营许可证》。在线教育机构的业务如果涉及上述范围，依法应当申请《广播电视节目制作经营许可证》。

（五）网络传播视听节目的监管

国家广播电影电视总局与信息产业部颁布的《互联网视听节目服务管理规定》第七条规定，从事互联网视听节目服务，应当依照本规定取得广播电影电视主管部门颁发的《信息网络传播视听节目许可证》或履行备案手续。互联网视听节目服务，是指制作、编辑、集成并通过互联网向公众提供视音频节目，以及为他人提供上传、传播视听节目服务的活动。申请《信息网络传播视听节目许可证》的主体必须是国有独资或国有控股单位，国有控股单位包括多家国有资本股东股份之和绝对控股的企业及国有资本相对控股企业（非公有资本股东之间不能具有关联关系），不包括外资入股的企业，并且所经营的业务必须符合广播电影电视主管部门确定的互联网视听节目服务总体规划、布局和业务指导目录。

在线教育机构是否需要取得《信息网络传播视听节目许可证》，关键在于其服务是否被认定为互联网视听节目服务。首先，在线教育机构提供的是学习类的教育产品，而非互联网视听节目服务中一般的音视频节目。其次，在线教育机构课程的目标受众为特定的人群，而非互联网视听节目服务定义中的一般公众。最后，在线教育机构通过互联网提供音视频类的课程，仅仅是利用互联网这种工具实现教学的目的，而非通过互联网向公众传播其制作编辑、集成的音视频节目。在线教育产品与互联网视听节目服务的边界在何处，目前并没有权威的文件说明。

（六）网络出版服务与出版物经营的监管

国家新闻出版广电总局、工业和信息化部颁布的《网络出版服务管理规定》（以下简称《管理规定》）第七条规定，从事网络出版服务，必须依法经过出版行政主管部门批准，取得《网络出版服务许可证》。网络出版服务，是指通过信息网络向公众提供网络出版物。网络出版物是指通过信息网络向公众提供的，具有编辑、制作、加工等出版特征的数字化作品。

在线教育机构是否需要持有《网络出版服务许可证》，关键在于其提供的产品或服务是否属于"网络出版物"。实践中，大多数在线教育机构并不确定自己是否需要持有此证，根源在于无法准确理解"网络出版物"的概念。根据总局相关负责人接受记者采访时的表示，网络出版与传统出版在本质上具有高度的一致性，可以看作传统出版在网络上的延伸和发展。《管理规定》中也明确网络出版物需要具备编辑、制作、加工等出版特征，同时列举了三类典型的网络出版物：第一类是文学、艺术、科学等领域内具有知识性、思想性的原创数字化作品，核心在于要具有知识性、思想性且具有原创性。第二类是与已出版的出版物内容相一致的数字化作品，核心在于要使出版物的内容数字化。第三类是将前两类作品通过选择、编排、汇集等方式形成的网络文献数据库。

从多起公布的行政处罚执法案例中可以看出，当前阶段行政主管部门对网络出版物的认定依然比较谨慎，并没有随意扩大网络出版物的范围，但在线教育机构依然面临着较大的合规风险。2018年12月初，《南方都市报》新业态法治研究中心从主体资质、教育资源版权保护、个人信息和隐私安全、教学与师资、游戏广告的内容审核、校内推广、特殊技术设计这7个方面对市场上30家热门K12在线教育类App进行测评，测评结果显示，提供网络出版物的平台共有 10 家，均未公示《网络出版服务许可证》，在线教育类 App 面临较大的合规风险。

二、 在线教育内容监管

在线教育内容监管不仅仅是对课程质量和内容的监管，更多的是对在线教育主体和参与者的监管，通过对教育网站与网校、现代远程教育校外中心（点）、外籍教师、校外线上培训及机构、教育 App、在线课程标准等的监管，规范教育教学环节中的人和课。

（一）教育网站与网校的监管

2016 年 2 月以前，《教育网站和网校暂行管理办法》规定，凡是在中国境内申报开办教育网站和网校的，必须向教育行政部门申请，经审查批准后方可开办。2016 年 2 月 3 日，国务院公布《关于第二批取消 152 项中央指定地方实施行政审批事项的决定》，取消教育网站和网校的审批事项。这样就意味着，开展教育网站和网校不再需要专门的许可。

教育网站和网校的审批虽然取消了，但是并不意味着国家对教育网站和网校的监管放松了。取消教育网站和网校的审批，是根据国务院"放管服"的改革精神，对新兴产业实施包容审慎监管，将事前监管改为事中事后监管。

2017 年 3 月，教育部发布《教育部关于教育网站网校审批取消后加强事中事后监管工作的通知》，对教育网站和网校的监管工作做出了部署。

首先，教育部要求各级教育行政部门严格落实国务院文件的规定，一律不得对教育网站和网校再行审批或变相审批。对于违法违规审批的，上级教育部门要责令改正；对直接负责的主管人员和其他直接责任人员，按照国家规定给予处分。

其次，教育部要求各地教育行政部门做好教育网站和网校审批取消后的后续衔接工作。取消审批只是监管方式发生变化，并不意味着监管的减弱。教育网站和网校涉及面广、服务对象多，取消审批后，需要尽快出台新的政策文件，采取切实有效的措施，做好事中事后监管。

最后，教育部要求各地教育行政部门和部门有关司局参照线下教育的管理办法，对教育网站和网校办学条件、教学内容、教学质量、证书资质等方面的合法、合规性加强监管。同时，要求各地教育行政部门和部门有关司局配合网信、工信、公安等部门做好教育网站和网校违法违规查处工作。

2020 年 8 月 1 日，教育部等六部门发布了《关于联合开展未成年人网络环境专项治理行动的通知》，就当前未成年人沉迷网络游戏、网络不良信息、网络不良社交等突出问题提出了治理目标、工作任务、工作步骤及工作要求，致力于集中整治未成年人沉迷网络问题、不良网络社交行为、专项治理低俗有害信息，加强对企业的监督监管、对教育的宣传引导。

（二）现代远程教育校外学习中心（点）的监管

校外学习中心（点）是指经教育部批准开展现代远程教育试点的高等学校（以下简称"试点高校"）自建自用或共建共享的校外学习中心（点），以及经教育部批准开展现代远程教育教学支持服务的社会公共服务体系（以下简称"公共服务体系"）所建设的校外学习中心（点）。根据教育部办公厅发布的《现代远程教育校外学习中心（点）暂行管理办法》（教高厅〔2003〕2 号），校外学习中心（点）依托建设的单位应当具有事业或企业法人资格，具备从事教育或者相关服务的资格，能独立承担相应的法律责任。

直到 2015 年 10 月 11 日，国务院印发《关于第一批取消 62 项中央指定地方实施行政审批事项的决定》（国发〔2015〕57 号），取消校外学习中心（点）的审批。虽然设立现代远程教育校外学习中心（点）不再需要专门的审批，但《现代远程教育校外学习中心（点）暂行管理办法》依然有效，且校外学习中心（点）的设置标准依然具有重要的参考意义。

校外学习中心（点）应当遵守国家计算机与网络安全管理条例，有专人负责计算机网络、有线电视及其他通信网络的信息安全，配备网络安全设施和相关的系统软件，防止非法信息的传入和扩散，防止计算机病毒攻击等人为破坏。试点高校设立、指导和管理校外学习中心（点）的情况，是评估试点高校现代远程教育工作的重要内容。省级教育行政部门负责监督，并对校外学习中心（点）进行检查和评估。

（三）外籍教师的监管

目前，国内对来华工作的外籍人员实行就业许可制度，只有获得就业许可方能来华工作。根据《外国人在中国就业管理规定》（以下简称《外国人就业规定》）第二条的规定，外国人在中国就业是指没有取得定居权的外国人在中国境内依法从事社会劳动并获得劳动报酬的行为。只要满足上述条件，用人单位就要承担为该外国员工办理工作许可证的法定义务。《外国人就业规定》第五条规定，用人单位聘用外国人须为该外国人申请就业许可，经获准并取得《外国人工作许可证》后方可聘用。

具体到外籍教师，关于《外国人工作许可证》，存在以下几种情况：①拟聘用外籍教师未在国内申请过《外国人工作许可证》，在线教育等教育机构应当为其申请办理该证后方可聘用；②外籍教师之前在国内其他用人单位办理过《外国人工作许可证》，如果属于在发证机关规定的区域内变更用人单位并从事原职业，在线教育等教育机构只需为其办理该证的变更手续即可，无须重新申请；③外籍教师之前在国内其他用人单位办理过《外国人工作许可证》，如果属于在发证机关规定的区域外变更用人单位但从事原职业或者属于在发证机关规定的区域内变更用人单位但从事不同职业的，在线教育等教育机构则需要为其重新申请该证。在线教育等教育机构未为其外籍教师申请《外国人工作许可证》就聘用的，教育机构与外籍教师都将面临承担行政法律责任的风险。

2019 年 7 月 15 日，教育部等六部门联合发布的《关于规范校外线上培训的实施意见》规定，聘用外籍人员须符合国家有关规定。校外线上培训机构要在培训平台和课程界面的显著位置公示培训人员姓名、照片和教师资格证等信息，公示外籍培训人员的学习、工作和教学经历。

对于语言类培训在线教育平台而言，外教是重要的师资力量，也是平台宣传的重要依据。根据恒大研究院的研究报告，截至 2018 年 9 月 20 日，VIPKID、51Talk、DaDa、vipJr 四家国内较为领先的在线少儿英语教育机构在外教规模、外教来源国、外教是否固定、外教获取途径等方面存在不同程度的区别。对于是否要求持证，总体而言，四家公司并未严格要求外教持证。DaDa 在其中文版官网上宣传外教持证，但在其英文版外教招聘页无该项要求。针对该情况，2019 年 8 月 5 日广东省教育厅发布了《关于进一步加强外籍教师管理工作的通知》，从严遵守外国人来华工作法律法规、加强外籍教师的培训和管理及对聘用外籍教师情况进行专项检查三个方面规范对外籍教师的管理。

（四）校外线上培训及机构的监管

在线教育是互联网与教育的结合，作为互联网产业的一种形式，在线教育既要接受法律法规对互联网的一般监管，又要接受法律法规对在线教育的特殊监管。一般监管包括网站域名的监管、增值电信服务的监管、互联网文化活动的监管、网络传播视听节目的监管、网络出版服务的监管、出版物经营的监管、广告的监管、网络信息安全与隐私保护的监管等。

2018 年，教育培训监管增强，新政策频出，整顿重点主要集中在校外线下培训机构方面。2018 年 11 月 26 日，国务院办公厅发布的《关于健全校外培训机构专项治理整改若干工作机制的通知》首次提出按照线下培训机构管理政策，同步规范线上培训机构。要求校外线上培训机构向住所地的省级主管部门备案，并将教师的姓名、照片、教师班次及教师资格证号在其网站显著位置予以公示。2019 年 7 月 15 日，教育部中央网信办工业和信息化部公安部、全国"扫黄打非"工作小组办公室等六部门发布《关于规范校外线上培训的实施意见》（以下简称《校外线上培训实施意见》，教基函〔2019〕8 号）。这是第一份国家层面系统规范面向中小学生、利用互联网技术实施的学科类校外线上培训活动的意见。

《校外线上培训实施意见》从培训内容、培训时长、培训师资、信息安全、规范经营五个方面进行了系统的规范。但对于教师资格证问题，目前仅要求从事 K12 学科知识培训的教师具备教师资格证，对于学科外知识培训的教师则没有严格的要求。这里的"学科"指的是语文、数学、英语、物理、化学、生物等国家法定的课程，体育、美术、音乐虽然也是国家法定的课程，但属于素质类课程，不是文化类课程。《关于规范校外培训机构发展的意见》鼓励发展以培养中小学生兴趣爱好、创新精神和实践能力为目标的培训，坚决禁止应试、超标、超前培训及与招生入学挂钩的行为。

在对义务教育阶段的在线教育监管方面，除了要符合"双减政策"对全行业规定的"从严治理，全面规范校外培训行为"，以及要"强化常态运营监管"等要求外，"双减政策"还对在线教育提出了具体的监管内容，包括"线上培训要注意保护学生视力，每课时不超过 30 分钟，课程间隔不少于 10 分钟，培训结束时间不晚于 21 点，积极探索利用人工智能技术合理控制学生连续线上培训时间。线上培训机构不得提供和传播'拍照搜题'等惰化学生思维能力，影响学生独立思考，违背教育教学规律的不良学习方法"。此规定一出，许多知名教育培训机构旗下的 App 均纷纷下线了"拍照搜题"等功能。

（五）教育 App 的监管

2019 年 9 月 5 日，教育部等八部门联合印发《关于引导规范教育移动互联网应用有序健康发展的意见》（教技函〔2019〕55 号，以下简称《规范教育 App 的意见》），这是国内首个国家层面全面规范教育 App 的政策文件。

教育 App，又称为教育移动互联网应用程序，是指以教职工、学生、家长为主要用户，以教育、学习为主要应用场景，服务于学校教学与管理、学生学习与生活及家校互动等方面的互联网移动应用。

随着在线教育的发展，教育 App 发展迅速、应用广泛，在提高教学效率和管理水平、满足学生个性化学习需求和兴趣发展、优化师生体验等方面发挥了积极的作用。但是，一些学校出现了应用泛滥、平台垄断、强制使用等现象，一些教育 App 存在有害信息传播、广告丛生等问题。因此，《规范教育 App 的意见》从备案制度、内容建设、数据管理和网络安全几个方面对教育 App 进行规范。

在教育 App 迅速发展的同时，一些含有色情暴力、网络游戏、商业广告及违背教育教学规律等内容的 App 进入中小学校园，影响学生的身心健康和正常学习，引发社会各界的高度关注。为营造良好的"互联网＋教育"的育人环境，保障中小学生健康成长，针对面向中小学生校园学习类 App 存在的上述问题，有必要专门制定监管措施。2018 年 12 月 28 日，教育部办公厅发布《关于严禁有害 App 进入中小学校园的通知》（教基厅函〔2018〕102 号，以下简称《通知》），从全面排查、严格审核、日常监管、长效机制四个方面采取有效措施，坚决防止有害 App 进入校园。

（六）在线课程标准

根据国家市场监督管理总局、国家标准化管理委员会发布的 GB/T 36642—2018《信息技术学习、教育和培训在线课程》（以下简称《在线课程国家标准》，于 2018 年 9 月 17 日发布，并于 2019 年 4 月 1 日起实施），我国在线教育课有了国家标准。

国家标准分为强制性国家标准（GB）和推荐性国家标准（GB/T）。强制性国家标准是指含有强制性条文或全文均为强制性内容的国家标准。强制性国家标准是保障人体健康、人身和财产安全的标准与法律及行政法规规定强制执行的国家标准。推荐性国家标准是指全文为推荐性条文的国家标准，不具有强制性。推荐性国家标准是指生产、检验、使用等方面，通过经济手段或市场调节而自愿采用的国家标准。《在线课程国家标准》属于推荐性国家标准，不具有强制性，但具有重要的参考价值。

《在线课程国家标准》中提出，在线课程平台应实现在线课程学习者、教学团队管理者的相关功能操作，支持各种客户端设备包括移动设备的访问，提供在线课程信息安全保障。对教学团队的支持方面，为了满足教学团队的需求，在线课程平台应支持备课、开课、课程资源管理、数据统计分析、消息提供等功能。对学习者的支持方面，为满足学习者的需求，在线课程平台（包括移动终端）应支持基本信息、选课、学习课程、交流、证书、移动终端数据同步支持等功能。对管理者的支持方面，该标准指出，为了满足管理者的需求，在线课程平台应支持系统管理、课程管理、教学机构管理、系统统计及分析、成绩与证书管理等功能。对系统安全方面，该标准指出，在线课程平台应当遵守国家网络与信息安全管理规范，建立全方位安全保障体系，对网络安全、内容安全、数据安全、运行及服务进行规范管理。对评价方案方面，《在线课程国家标准》将课程信息完善度、课程建设维护、课程设计、课程参与度等维度纳入评价体系。

三、　在线教育商务合规

在线教育电子商务的合规与监管是为了约束经营者的经营方式、规范交易方式，以及保障消费者和用户的信息安全、隐私权和知情权。主要涉及的法律监管问题有电子商务产品的监管、电子合同与电子签名的签署、网络信息安全与隐私保护的监管、广告的监管四类。

（一）电子商务产品的监管

2019 年 1 月 1 日起，历经五年四审的《中华人民共和国电子商务法》（以下简称《电子商务法》）正式实施。随着这部法律的实施，中国电商行业正式进入有法可依的时代。

电子商务是指通过互联网等信息网络销售商品或者提供服务的经营活动。互联网、电信网、移动互联网、物联网等信息网络是电子商务所依托的技术。销售商品既包括有形产品，也包括在线课程、数字音乐、电子书等无形产品。随着电子商务和在线教育的发展，越来越多的在线教育机构在淘宝网等第三方平台或自建平台销售课程或者提供服务。在线教育产品和服务应符合电子商务的相关监管要求。

（二）电子合同与电子签名的签署

电子合同与纸质合同具有同等法律效力。《中华人民共和国民法典》（以下简称《民法典》）规定了合同有书面、口头和其他三种形式。其中，书面合同是指合同书、信件和数据电文（包括电报、电传、传真、电子数据交换和电子邮件）等可以有形地表现所载内容的形式。因此，电子合同是书面合同的一种，与纸质合同具有同等的效力。

电子合同的订立与履行，除了适用《民法典》《电子签名法》等法律的规定外，涉及电子商务的，还要符合《电子商务法》的特殊规定。在订立电子合同的过程中，电子商务经营者应当清晰、全面、明确地告知用户订立合同的步骤、注意事项、下载方法等事项，并保证用户能够便利、完整地阅览和下载，且应当保证用户在提交订单前可以更正输入错误。

电子签名是指数据电文中以电子形式所含、所附用于识别签名人身份并表明签名人认可其中内容的数据。其中，数据电文是指以电子、光学、磁或者类似手段生成、发送、接收或者存储的信息。可靠的电子签名与手写签名或者盖章具有同等的法律效力。

并非所有的电子签名都需要第三方认证，如指纹、密码等，需要认证的电子签名一般指的是数字签名。所谓数字签名，是指通过使用非对称密码加密系统对电子记录进行加密、解密变换来实现的一种电子签名。《电子商务法》规定，电子签名需要第三方认证的，应当由依法设立的电子认证服务提供者提供认证服务。

（三）网络信息安全与隐私保护的监管

通信自由与通信秘密是《宪法》赋予中国公民的权利，除因国家安全或者追查刑事犯罪的需要，由公安机关或者检察机关依照法律规定的程序对通信进行检查外，任何组织或者个人不得以任何理由侵犯公民的通信自由和通信秘密。大数据时代，公民的隐私保护格外重要。近年来，网络信息安全与隐私保护受到普遍关注，在线教育机构作为网络运营者，也要遵守网络信息安全与隐私保护的法律法规。

《网络安全法》是我国第一部网络安全的基础性法律，遵循网络空间主权维护、网络安全与信息化发展并重、网络安全综合治理、网络安全重点保护四项基本原则，确立了网络安全等级保护、网络产品和服务管理、网络实名、个人信息保护、网络信息和应用管理、关键信息基础保护（含国家安全审查、个人信息和重要数据境内存储）、监测预警和应急处置等七项基本制度，规定了执法协助、危害行为规制、责任追究三项要求。

网络实名是加强网络信息安全与隐私保护监管的重要举措。《网络安全法》第二十四条规定，网络运营者为用户办理网络接入、域名注册服务，办理固定电话、移动电话等入网手续，或者为用户提供信息发布、即时通信等服务，在与用户签订协议或者确认提供服务时，应当要求用户提供真实身份信息。用户不提供真实身份信息的，网络运营者不得为其提供相关服务。

2017年，23岁的东北大学毕业生李文星通过互联网招聘平台BOSS直聘拿到一家名为"北京科蓝公司"的录用通知书，疑似遭遇"李鬼"公司，最终付出了生命的代价。调查发现，BOSS直聘在为用户提供信息发布服务的过程中，违规为未提供真实身份信息的用户提供了信息发布服务，而且未采取有效措施对用户发布传输的信息进行严格管理，导致违法违规信息扩散，违反了《网络安全法》第二十四条、第四十八条的规定。

（四）广告的监管

根据全国人民代表大会常务委员会颁布的《中华人民共和国广告法》（以下简称《广告

法》，于 1994 年 10 月 27 日发布，并于 2015 年 4 月 24 日修订，于 2018 年 10 月 26 日修正）第二条第一款的规定，在中华人民共和国境内，商品经营者或服务提供者通过一定媒介和形式直接或间接地介绍自己所推销的商品或服务的商业活动，都应遵守与广告相关的法律法规的规定。

广告主是指为推销商品或者服务，自行或委托他人设计、制作、发布广告的自然人、法人或者其他组织。在广告产业链中，狭义的在线教育机构一般是广告主，广义的在线教育机构还可能是广告发布者。

根据《广告法》，广告内容必须真实，因此，以虚假或者引人误解的内容欺骗、误导消费者的广告是被禁止的。根据《广告法》第二十四条针对教育、培训的特殊规定，首先，教育、培训广告不能对教育、培训的效果以明示或暗示的方式作出保证，如"通过培训一定能考取某某学校""通过培训成绩一定能提高多少分"等。其次，教育、培训广告不能明示或暗示考试机构或相关人员参与教育、培训，如"某某命题老师亲自授课""某某考试机构考级定点单位"等。最后，教育、培训广告不能利用科研单位、学术机构、教育机构、行业协会、专业人士、受益者的名义或形象作推荐、证明，如利用往期培训学员进行推荐等。

四、网络知识产权保护

网络知识产权，又称电子知识产权，是指由数字网络发展引起的或者与其相关的各种知识产权。网络知识产权是针对知识产权在互联网时代产生的新内容所提出的概念。

近年来，因信息技术的快速发展和互联网的便捷性，许多在线教育平台试图侵犯作者的知识产权，如未经同意私自上传某作者的所有成果并供所有用户免费下载等。网络知识产权也因屡次的侵权行为得到了大众广泛的认知。但如今网络知识产权仍是一个容易踩过线的法律区域，包括互联网著作权和网络不正当竞争等。如今，大多数机构与平台通过各类技术手段，如加水印、信息加密、网络防火墙等方法，保护网络知识产权的安全和完整性。

（一）互联网著作权

互联网作品可分为两类：一类是将传统的作品数字化，这种作品在进入网络前已经存在于纸、磁带等传统载体上，只是通过计算机组织、加工、存储并以网络形式表现出来；另一类是数字式作品，是从其被创作之时起就直接以数字形式在网络上传播。

对于第一类作品，互联网信息服务活动中直接提供互联网内容的行为，直接适用《中华人民共和国著作权法》（以下简称《著作权法》）进行保护。对于第二类作品，互联网信息服务活动中根据互联网内容提供者的指令，通过互联网自动提供作品、录音录像制品等内容的上传、存储、链接或搜索等功能，并且对存储或传输的内容不进行任何编辑、修改或选择的行为，适用《互联网著作权行政保护办法》。

（二）计算机软件著作权

国务院颁布的《计算机软件保护条例》第七条规定，软件著作权人可以向国务院著作权行政管理部门认定的软件登记机构办理登记。国家版权局于 2002 年 1 月 1 日发布第 9 号公告，认定中国版权保护中心为办理计算机软件著作权登记的登记机构，软件著作权人可以到该机构办理计算机软件著作权登记。计算机软件著作权登记机构发放的登记证明文件是登记事项的初步证明。

软件著作权人通过中国版权保护中心官网上公布的申请指南指引，准备好与登记类型相符合的登记申请材料，即可前往版权登记大厅或通过邮寄的方式提交申请材料。根据《计算机软件著作权登记办法》第三条的规定，计算机软件著作权登记有三类，分别是：软件著作权登记、软件著作权专有许可合同登记和软件著作权转让合同登记。申请人通过登记申请，提交身份证明和软件开发的材料，可以帮助申请人理顺开发者和其他参与方的关系，明确计算机软件著作权的归属。

（三）网络不正当竞争

不正当竞争行为，是指经营者在生产经营活动中，违反相关规定，扰乱市场秩序，损害其他经营者或者消费者的合法权益的行为。网络不正当竞争是指经营者直接或者间接通过信息网络实施不正当竞争行为。

网络不正当竞争行为的表现形式包括：

（1）通过网络销售仿冒知名商品特有的名称、包装、装潢的商品，假冒他人注册商标的商品、冒用他人企业名称的商品以及具有虚假表示的商品；

（2）利用网络对商品的质量性能、产地、生产者等做引人误解的虚假宣传；

（3）网络交易中的欺骗性有奖销售、巨奖销售；

（4）利用互联网侵害竞争对手的商誉；

（5）网页抄袭；

（6）侵犯商业秘密；

（7）域名纠纷；

（8）利用信息网络实施的其他不正当行为。

在互联网时代，著作权保护与不正当竞争行为的界限越来越模糊。很多互联网企业为了获取市场份额和利润，采取了不正当的手段，如盗用他人作品、抄袭创意等行为，这些行为既侵犯了他人的著作权，也构成了不正当竞争行为。因此，在实践中，需要加强对互联网著作权和网络不正当竞争行为的监管与打击力度，维护良好的网络市场秩序。

【案例分析】

91 岁教授赵德馨谈知网被罚 5 000 万元

2023 年 9 月 6 日傍晚，听到知网因为违法被罚款 5 000 万元的消息，中南财经政法大学 91 岁教授赵德馨在电话中告诉长江日报记者："因为他们（知网）做得太过分了，他们根本就没有想到法律这个问题。"

2022 年 6 月 23 日，网络安全审查办公室约谈同方知网（北京）技术有限公司负责人，宣布对知网启动网络安全审查。

经查实，以知网（CNKI）为主要运营主体的公司有 3 家，这些公司运营的手机知网、知网阅读等 14 款 App 存在违反必要原则收集个人信息、未经同意收集个人信息、未公开或未明示收集使用规则、未提供账号注销功能、在用户注销账号后未及时删除用户个人信息等违法行为。

中国网信网 6 日发布消息说，国家互联网信息办公室依据法律法规，对知网（CNKI）依法作出网络安全审查相关行政处罚的决定，责令停止违法处理个人信息行为，并处人民币 5 000 万元罚款。

被称为"撬动知网第一人"的赵德馨教授，因为状告知网维权一事，引发公众对知网涉嫌行业垄断问题的关注，《长江日报》累计刊发了100多篇报道跟进。其间，《长江日报》记者先后4次给国家市场监督管理总局留言，反映知网涉嫌行业垄断问题并获得回复。

经国家市场监督管理总局立案调查，2014年以来，知网滥用该支配地位实施垄断行为。2022年12月26日，国家市场监督管理总局依法作出行政处罚决定，责令知网停止违法行为，并处以其2021年中国境内销售额17.52亿元5%的罚款，计8 760万元。

同期，知网公布了15项整改措施，如着力解决知网与著作权人，以及期刊、高校等主体之间的授权链条不完整、不规范问题，依法合规取得著作权人授权。不过，赵德馨教授之前被知网下架的论文，至今在知网上仍检索不到。

那么知网整改情况如何了呢？8月18日，国家市场监督管理总局反垄断执法一司在回复《长江日报》记者留言时表示，"知网目前正积极推进相关整改工作，我们将持续关注相关领域市场竞争状况，督促知网切实高质量完成整改工作，维护相关市场竞争秩序。"

……

【动手实践】

分析网络知识产权保护中存在的技术难题和法律问题，利用互联网思维和现代技术手段设计一个网络知识产权保护的体系架构。

课后习作

1. 假设你是一位教育数据分析师，你被委托对一家在线教育平台"课程在线"的数据进行挖掘和分析，以提供教学策略优化建议。请你完成以下任务：数据收集与预处理、描述性统计分析、相关性分析、分类分析、异常值检测、数据可视化。

2. 针对在线教育法律与监管问题，你认为还有哪些方法可加强管理和规范？

3. 谈一谈保护网络知识产权的意义，列举还有哪些技术手段可防范被侵权。

4. 香港大学已明令禁止使用ChatGPT及其他AI工具上课、做作业和考试，请讨论如何规避使用ChatGPT的侵权风险。

第八章

在线教育的产品设计与开发

在线教育的产品设计与开发是在线教育产业中最为重要的一个环节。设计和开发一个成功的在线教育产品也是一个系统工程，不仅需要开展充分的市场分析，还要设计和开发出合理的教学功能软件与教学服务体系。在本章中，我们将重点学习在线教育的产品设计与开发的概念、设计过程，以及典型产品的开发。

知识地图

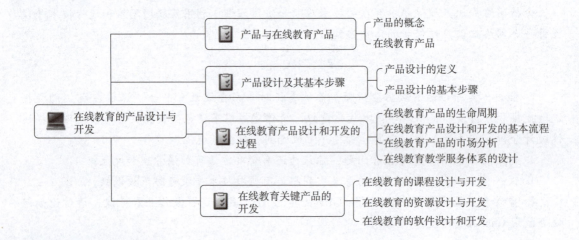

学习目标

1. 了解产品、教育产品与在线教育产品的概念和基本特征。

2. 了解产品设计及产品设计的基本步骤。

3. 了解在线教育产品的设计过程，包括在线教育产品的生命周期、市场分析、产品设计和开发基本流程、服务体系的设计。

4. 学习在线教育关键产品的开发过程，包括在线教育的课程开发、资源设计与开发、学习管理系统设计等。

学习建议

1. 从产品到在线教育产品，在线教育产品的设计和开发也有规律可循，深入了解在线教育产品的设计和开发的一般过程，有助于从业者快速了解工作过程，并通过产品的创新设计推动产品的发展和优化服务的水平。

2. 在线教育产品的设计和开发是一种综合性过程。一个优秀的在线教育产品，不仅在技术上要满足用户和市场的需求，提供优秀的软件功能和技术服务，更要在内容设计上充分体现"教育性"，不断优化知识内容、传播过程和教学方法，从而促进用户（学习者）的发展。

第一节 产品与在线教育产品

一、产品的概念

（一）产品的定义

在我国《现代汉语规范词典》（第三版）中，将产品定义为劳动所创造的物质资源，包括生产资源和生活资料，广义也指人类创造的精神财富①。这是从社会生产角度做出的定义。

在营销管理领域中，将产品定义为引起注意、获取、使用或者消费，以满足欲望或需要的任何东西②。在企业管理领域中，则将产品定义为人们在实现需求的过程中，与实现需求相关的全部感知事物及意象的集合。

在 ISO 9000：2005 标准（GB/T 19000—2008/ISO 9000:2005）中，将产品（Product）界定为"将输入转化为输出的相互关联或相互作用的一组活动"的结果，即产品是"过程（process）"的结果。

（二）产品的类别

在 ISO 9000:2005 标准中，将"产品"分为服务、软件、硬件、流程性材料四种通用的产品类别。

1. 服务

服务通常是无形的，是为满足顾客的需求，供方（包括提供产品的组织和个人）和顾客（包括接受产品的组织和个人）在接触时需要完成至少一项活动所产生的结果。例如，医疗、快递物流、贸易、教育、咨询等。服务的提供可能需要完成的活动类型有：为顾客提供的有形产品（如装修好的房子或制造的商品实体）上所完成的活动；为顾客提供的无形产品（如为准备商务进出口报关所需的物料表）上所完成的活动；无形产品的交付（如在线教育中学习服务师提供的知识信息和学习支持）；为顾客创造氛围（如在主题假日酒店中提供的环境设计和活动场景）。服务的特性则包括安全性、保密性、环境舒适性、信用、文

---

① 李行健. 现代汉语规范词典（第三版）［M］. 北京：外语教学与研究出版社，2014：141.
② 百度百科. 产品［EB/OL］. https://baike. baidu. com/item/产品/105875. 2022－11－2.

明礼貌及等待时间等。

2. 软件

软件由信息组成，是通过支持媒体表达的信息所构成的一种智力创作，它通常是无形产品，并以方法、记录或程序的形式存在。例如计算机程序、字典、文档、信息记录等。

3. 硬件

硬件通常是有形产品，其量具有计数的特性，往往用计数特性描述。例如电视机、硬盘、电子元器件、建筑物、机械零部件等。

4. 流程性材料

流程性材料通常是有形产品，是将原材料转化成某一特定状态的有形产品，其状态可能是流体、气体、粒状、带状，其量具有连续的特性，往往用计量特性描述。例如润滑油、实验溶剂、布匹等。

许多产品由分属于不同产品类别的成分构成，其属性是服务、软件、硬件或流程性材料，取决于产品的主导成分。例如，产品"汽车"是由硬件（如车身、轮胎、发动机、电池等）、流程性材料（如润滑油、燃料、机油、冷却液等）、软件（如中控系统、发动机控制软件、驾驶员手册等）和服务（如售前咨询服务和售后维护和保修服务）组成的。

在现实中，硬件和流程性材料经常被称为货物。被选择称为硬件或服务则主要取决于产品的主导成分。例如，快递物流公司主要为顾客提供物流服务，但在运输货物过程中也提供包装箱、温控系统等硬件。

二、 在线教育产品

（一）教育产品

1. 教育产品的定义

教育产品是指教育部门和教育单位所提供的产品，这种产品又称教育服务[1]。教育这种产品，在消费上具有特殊性，即消费效用有直接效用与间接效用之分。

也就是说，在理论上，教育属于一种准公共产品，它兼有公共产品和私人产品的某些特征。但在现实生活中，根据教育类别和层次的不同，义务教育和非义务教育又具有不同的属性特征。尤其是义务教育，它被确定为是一种公共产品，确切地说，是制度安排使其成为公共产品的。在大部分国家里，义务教育都是一种制度性共有资源，即法律规定其有非排他性，但仍然具有竞争性。非义务教育则无可厚非的属于准公共产品，其消费存在着排他性。

2. 教育产品的分类

在经济学中，通常根据服务的提供来源的不同，形成不同的产品分类。例如，公共产品是指政府向居民户提供的各种服务的总称，由政府提供经费而实现的义务教育服务就是一种典型的公共产品。而私人产品则指居民户或企业通过市场而提供的产品与服务。例如，由社会教育机构企业提供的教育服务就是一种私人产品。因此，教育产品本身也可以分为公共产品性质的教育服务、准公共产品性质的教育服务和私人产品性质的教育服务等。

公共产品性质的教育服务主要指由政府作为提供者，包括义务教育、特殊教育、公共广播和电视的公共教育、政府提供经费的学前教育、各类成人教育、各类高等学校、中等专业

---

[1] 厉以宁. 关于教育产品的性质和对教育经营的若干思考［J］. 教育科学研究，1999（03）：3－11.

学校、普通高中、职业技术学校提供的教育。

准公共产品性质的教育服务主要指由社会团体、集体组织、协会、企业，主要以自己的职工及其子弟作为招生对象而建立的各种学校、培训班和补习班等。

私人产品性质的教育服务主要指由私人或私营企业承办的教育机构，以及个人充当家庭教师、个人建立学校补习班、职业培训班等提供的服务。这种教育服务通常具有严格的排他性，且教育服务所需的一切费用都是由享用这种教育服务的人承担。

3. 教育产品的基本特征

教育产品的基本特征是教育产品具有教育属性、教学性、社会性、商品性、效果性等。

（1）教育产品具有教育属性，服务于人的全面发展。教育属性是教育产品最为本质和最为重要的基本特征。

（2）教育产品具有教学性，服务于教与学。教学性是教育产品履行的核心使命。

（3）教育产品具有社会性，服务于人类生产力的再生产。教育产品的定位要明确公有性或私有性。

（4）教育产品具有商品性，投资的收益有潜在性和远期性。教育产品在受益上具有排他性[1]。例如，人们通过选拔性的入学考试和收费等方式，可以很容易地达到入学上的排他目的。教育投资来源是多方面、多渠道的，主要包括国家投资、社会投资和受教育者家庭或个人投资。

（5）教育产品具有效果性，要重视教育质量的监测与保障。教育产品的成功与否要看教学效果和目的是否达成。对教育质量的保障很重要。

（二）在线教育产品

1. 在线教育产品的定义

在线教育产品指由教育部门和教育机构提供的，基于网络为学习者提供教育服务的产品。在线教育产品具有教育产品和互联网产品的共同特征与属性，也有人认为在线教育产品涉及技术服务（平台工具）、教育服务（教学教研）和电商服务（营销服务）三个主要领域的叠加[2]。

在线教育行业是教育技术变革的产物，在互联网和移动智能设备的发展和普及下，在线教育使得传统教育的时空限制被打破，使教育得到技术、内容、形式及主体等全方位的改变，真正做到因材施教。在线教育产品天然地既包含互联网产品，又包含教育产品的属性。

从产品的形态来看，在线教育产品既可以是录制好的音频/视频课程、直播课程，也可以是互动式文字/语音教学、社群教学、AI 教学等，只要是能将知识交付给学员，让学员在线上有效学习的，都属于在线教育产品[3]。

2. 在线教育的分类与定位

尽管在线教育产品的构成具有多元性和综合性，但从整体来看，本质上，在线教育也属于一种服务，但在实现上由教学服务、教学软件、教材教具、学习终端、学习平台、网络接入等要素共同构成。

---

[1] 杨明. 中国教育产品提供方式的现状分析和政策选择［J］. 浙江大学学报（人文社会科学版），2007（6）.

[2] 人人都是产品经理. 在线教育的产品，真的是那个"产品"吗？［DB/OL］. https://baijiahao.baidu.com/s?id=1668927042473693032&wfr=spider&for=pc.

[3] 程中凯. 在线教育运营之道［M］. 北京：清华大学出版社，2021：86.

根据前文所述的教育产品的划分方法，在线教育产品主要分为公共在线教育产品和私有在线教育产品两种类型。前者的服务提供主要由政府提供资金，而后者则需要受教育者个人承担相应教育的费用。

（三）在线教育产品的基本特征

1. 产品主要依托互联网或物联网运行

在线教育产品的首要特征就是产品依托互联网。在传统的学校教育场景下，教育传播主要集中在班级课堂当中，传播的范围相对较小，师生的交互受到时间和空间的限制。引入互联网后，在线教育的教和学与传统教育相比发生了巨大的变化：一是极大地扩展了教学活动的时间和空间，学习者可以通过互联网参与教学过程，不必一定出现在线下课堂，学习者可自主控制学习进度和选择学习内容；二是极大地扩大了教育传播的范围，传统的课堂面授，参与教学的人数一般很少，基本在百人之内，而在在线教育的应用场景中，则可能一场线上直播教学就有数万人同时在线；三是实现教学资源的共享，数字化的优质教学资源可以被多人使用，并实现学习者对资源使用的自主控制，对促进知识的推广的教育公平有重要价值。

例如，在视频网站 B 站（bilibili）上有一个 Python 程序教学视频，最多有 2 400 万人单击查看，实现了知识的广泛传播和快速扩散。同样，在线教育产品的应用以互联网或物联网运行为基础，也反过来推动了移动互联网的发展。例如，2020—2023 年疫情期间，在线学习的广泛应用也反过来推动了我国移动通信网络的 5G 技术应用和基础设施建设水平，以及促进了大规模实时在线视频处理和云端存储等新型技术的发展。

2. 教学资源以数字化多媒体资料存储与传播

在线教育产品的教学资源的设计、存储和传播都是数字化的。与传统教育产品所依赖的纸质教材、物理实体教具、教师的语言和肢体表达等要素不同，在线教育产品的资源发展与互联网的发展是同步的，天然地带有数字化的基因，其发展历经了多媒体课件、专题学习网站、网络课程、精品课程、在线开放课程、大规模开放课程（MOOC）、SPOC、直播视频教学、虚拟现实资源，乃至最新的数字人和元宇宙资源，其本质的数字化、虚拟化和智能化特征日渐明显，也提高了资源的可获得性、便利性和共享性。无论形态如何发展，在线教育的实施总是建立在对各种网络化与数字化的教育技术和媒体资源的开发与应用的基础之上。

3. 师生在时空上处于分离状态

"教师与学生在时空上的相对分离"是在线教育的本质特征之一。区别于传统教育的连续面授教学，在线教育的参与主体，即教师、学生在时空上是处于分离状态的，教师通过提供数字化的课程文本和课件、教学视频、习题和动画等教学资源，以及直播教学、线上讨论等形态开展教学。而学生则可能身处天南海北，可以选择自主学习，或者参与直播课堂的实时教学和研讨来开展学习，也可以通过网络社交媒体参与教学活动或师生互动。

4. 具有典型的同步或异步服务属性

在线教育的实施过程中，存在典型的同步和异步属性。例如，在进行基于直播视频的教学活动、基于网络社交媒体（如微信群、钉钉群）的教学讨论、基于共享文档编辑的共同创作和研讨（如金山文档实时共享编辑）时，师生之间、学生之间、师生与教学资源之间的交互都是同步的。除了实时程度较高的同步交互以外，在线教育还存在大量的异步交互和服务存在。例如，学生自主学习网络课程资源，可以完成教师布置的作业，或者给教师或同学留言，然后通过教学测试系统进行考核，这些交互则是异步的。

5. 教学的开展依托虚拟教学环境

虚拟教学环境是开展在线教育活动的基础条件和技术支持。与传统课堂面授不同，在线教育活动的开展、师生的交流互动、教学资源的传递、教学评价活动的实施等课程教学核心要素都是依托虚拟的网络教学环境实现的，在线教育本身的网络化、数字化和虚拟化特征在给学习者的学习带来了可获得性、便利性的同时，也有一些明显的挑战，包括在线教育对学习者的自主学习能力、学习目标和时间管理能力、学习沟通能力、学习韧性等有较高的要求，还存在着辍学率高、完成度低、学习注意力下降、学业成绩可能下降等问题。为了提高教学效率，保障学生的学习效果和学业成绩，有必要引入功能完善的虚拟教学环境，并重视提供学习状态分析和有效监管服务，提高在线教育的教学质量。

6. 教学形态从线上走向线上线下融合（OMO）

逐步走向线上线下融合是在线教育发展的重要趋势。OMO 即 Online – Merge – Offline，也叫线上融合线下，是线上线下的全面整合，线上线下的边界消失。教培行业的 OMO 模式主要是通过互联网、AI 技术和大数据等先进的技术，打通用户在线下和线上不同阶段的数据，使线上和线下能够更好地融合，用户的学习路径也更加完善，既能得到标准化带来的优势，又不失个性化的指导，从而改善用户的学习效果和体验的感知度①。长期以来，教育存在着单纯的线下（Offline）教育、单纯的线上（Online）教育和混合学习（Blended Learning）模式（表 8 – 1），但随着互联网教育的发展，以及疫情期间各级教育管理部门、各类学校积极制订在线教学方案，响应教育部"停课不停学"的号召，各类线上课程纷纷上线，掀起在线教育全员参与的"实战热"。在全民开展线上教学的促进和普及作用下，腾讯、阿里、钉钉等企业纷纷推出各自的在线教学平台，还有专业做在线教育平台的如百家云、ClassIn、Zoom 等，为线上机构提供了完善的线上教学平台和工具，中小学和机构的教育逐步走向线上融合线下模式。

表 8 – 1　各种教学模式的比较

类别	线下教育	线上教育	混合学习	OMO 同步教学
学习方式	课堂面授 + 现场活动	网络自学 + 面对面指导	网络学习 + 面对面课堂	远程直播 + 面对面课堂
教学结构	授导型为主	自学 – 指导	自主学习 – 知识传授/知识应用	直播与现场同步互动
教师角色	讲授者、组织者	指导者、组织者	指导者、讲授者、组织者	组织者、讲授者
学生角色	参与者	学习参与者、自我管理者	学习参与者、自我管理者	学习参与者、自我管理者
技术、工具	课堂多媒体、实物教具和挂图等	PC/移动终端	PC 端/移动终端	直播平台、PC 端/移动终端、直播环境

7. 教育服务的供给主体、用户呈现多元化

新的学习需求和教育生态驱动教育服务供给主体呈现多元化。伴随新一轮科技革命、消

---

① 　三个皮匠报告 . OMO（线上融合线下）［EB/OL］. ［2023 – 05 – 29］. https://www.sgpjbg.com/news/32315.html.

费及需求升级，教育服务产业已经快速发展为一种新的现代服务业，并成为市场配置教育资源的重要方式。

在传统的面授课堂时代，传统教育资源一般由正式的学校或教师提供，而在"互联网+教育"的时代，学校的老师、教育培训机构、互联网企业、学习者个人都能成为学习资源和服务的提供者，同时，他们也是教育服务的使用者。例如，在青少年喜欢的视频网站bilibili上，有大量的up主（主播）提交各种各样专业和主题的教学视频，并能通过点赞、投硬币等方式获得相关的收益（图8-1）。

图8-1　视频网站bilibili上的教学视频

【案例分析】2022年感动中国银发知播老年up主①

感动中国2022年度人物·银发知播

2023年3月4日，"感动中国2022年度人物"揭晓，颁奖盛典在央视一台隆重播出。由两院院士、大学教授和中小学老教师组成的"银发知播"群体入选年度名单，其中包括清华大学文科资深教授柳冠中。

"银发知播"群体共13人，平均年龄77岁，他们借助短视频与直播，将毕生所学授以青年，孜孜不倦地通过网络传播知识，包括天文、地理、美学、文学……"时光不老，他们不老，是中国向上的力量"。

《感动中国》2022年度人物"银发知播"颁奖辞写道：

"春蚕不老，夕阳正红，

没有墙壁的教室，不设门槛的大学，

白发人创造的流量，

汇聚成真正的能量，

---

①　感动中国2022年度人物·银发知播. 中国青年报［EB/OL］.［2023-03-29］. http://news. cyol. com/gb/articles/2023-03/21/content_lbV9xNiWAQ. html.

知播，知播，

传播知识与文化，

始终是你们执着的方向。"

讨论案例，并完成以下分析：

①为什么"银发知播"的主题会乐于在网络上进行知识的分享？

②如何从多元化的视角理解"银发知播"的教育功能和社会价值？

第二节　产品设计及其基本步骤

一、产品设计的定义

产品设计是指为了满足用户需求，从策划到实现的过程中创造和选择一系列适宜的方案、方法与工具的过程。其目的在于为用户提供理想的体验，提高产品的附加值，增强其在市场上的竞争力。产品设计是一个复杂的过程，需要综合考虑市场需求、用户研究、竞争分析、品牌策略、视觉设计、用户体验等多个方面的因素[①]。

市场需求是产品设计的重要依据和基础，设计师要了解市场趋势和用户需求，提出符合市场需求的产品设计方案。用户研究则是为了通过了解和分析用户的真实需求、价格偏好、使用习惯和产品反馈，以改善用户体验和采纳意向。竞争分析则是通过了解和分析市场上类似产品的特点和竞争力，提出自身的独特竞争优势。品牌策略则是通过确定的产品品牌形象和价值定位，明确品牌推广的方式，以增强产品的市场竞争力和产品附加值。视觉设计则是为了确定产品的外观设计和视觉效果，以提高产品的识别度和视觉吸引力。用户体验则是为了确定产品是否符合用户的需求和期望，以提高用户的采纳意向、满意度和使用体验。

产品设计在 2012 年被列入普通高等学校本科专业目录。从专业定义来看，产品设计是一门涉及科学、艺术和经济等涵盖多个领域、多个学科的综合性边缘学科。产品设计是信息化时代的创新设计，是技术、艺术与文化转化为生产力的核心环节，是现代服务业的重要组成部分[②]。

二、产品设计的基本步骤和产品创新设计的驱动模式

（一）产品设计的基本步骤

产品设计的基本步骤通常包括项目的前期沟通、市场调查、产品策划、概念设计、外观设计、结构设计、电子电路设计、软件设计、试产跟踪、市场反馈等环节[③]，如图 8 – 2

---

① 艺格策划. 产品设计的定义是什么呢？——艺格分享［EB/OL］.［2023 – 8 – 01］. https://baijiahao. baidu. com/s?id = 1770659094532301417.

② 华东理工大学. 艺术设计与传媒学院［EB/OL］.［2023 – 8 – 01］. https://art. ecust. edu. cn/portal/page/index/id/43. html.

③ 百度百科. 产品设计［EB/OL］.［2023 – 8 – 01］. https://baike. baidu. com/item/产品设计/22391621.

所示。

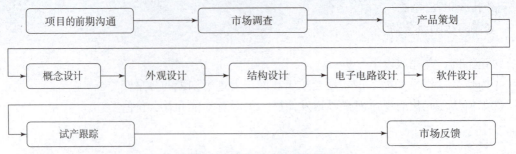

图 8-2　产品设计基本步骤图

项目的前期沟通。前期沟通是项目立项的前提和资料输入来源。产品设计必须和客户就设计方向、设计内容、设计风格等进行深入沟通，以明确产品设计项目的可行性和经济性。

市场调查。市场调查在产品设计中极为重要，涉及产品最终是否能被市场接受和产生必要的利润，使产品得以在激烈的竞争中生存下来。市场的调查要充分考虑发展趋势、宏观政策影响、用户需求、市场规模、竞争产品、产品价格等要素，以及产品的创新可能。

产品策划。产品策划是产品实现产业化的核心，产品的策划包括产品分析、产品定位、产品功能和价值、品牌策略、产品决策等工作。

概念设计。概念设计的主要工作是形成创意，企业通过前期调研产生的信息资料进行分析总结，提出具有创新性的解决方案，提出产品概念、创意和设想，分析产品的使用场景和生产环境、用户界面等，完善改进创意，形成产品的概念原型。

外观设计。主要是企业在对创意的可行性认证的基础上，从美观要求、使用场景、用户习惯、自然环境等角度对产品外观进行优化，协调该产品的外观、颜色、细节、特性以及功能，使其更具有可操作性，提高易用性。同时，通过外观模型和概念设计原型的制作，使用三维辅助设计软件完成产品设计，完成样品。

结构设计。在综合考虑产品的功能结构、物理实现及机械结构等要素的基础上，使用3D软件设计和模拟产品的内部结构，并对实现结构所需的零件材质、表面状态、结构强度、模具优化等要素进行分析，明确其产品生产的规格和技术，测算材料和制造成本，并寻找相应的供应商。

电子电路设计。在电子类产品中，一个系统均会涉及电子元器件、电源、主机或电路板的组合，产品设计的功能要想实现，就要从电路安排、空间布局、使用安全的角度对电子电路进行设计和开发。例如，我国广东汕头盈佳玩具实业有限公司（AMWELL）生产的家庭智能宠物机器狗就是一种深受幼儿喜欢的智能教具（图8-3），它具有触摸互动、劲歌热舞、说话唱歌、动作编程、学习知识（简单数学和英语）和讲科普故事等诸多功能[①]。其作为一种智能教育教具，就涉及各种传感器、控制器、执行器和系统主机的电子电气集成。

---

① 京东商城．产品详情［EB/OL］．［2023-8-11］．https://item.jd.com/100002681752.html.

图8-3　盈佳（AMWELL）家庭智能宠物机器狗

软件设计。软件设计主要涉及产品的人机交互界面、产品控制软件、产品信息和后台数据管理软件等。对于在线教育管理平台而言，软件本身的设计和开发是最为重要的工作环节，软件设计要遵循软件工程领域中的基本开发原则和开发模型。

试产跟踪。产品的试产是指在投入大规模批量生产之前的小批量、小客户数测试的产品。产品的测试中，要检查产品的结构和功能是否达到设计的要求，以及发现产品的功能性、耐用性和易用性存在的问题，通过必要的修改和完善使之成为完整的产品，并想办法提高生产的效率和降低成本。

市场反馈。通过用户调研、售前需求征集、客服和售后部门等多种途径获取市场的反馈，并根据实际情况对产品及服务进行必要的后续改进，延长产品的生命周期。

（二）产品创新设计的驱动模式

产品创新设计的三种驱动模式如下。

1. 需求驱动的产品创新设计

人的需求是产品进行创新的最大原始动力，产品是为了满足人的某种需求而产生的。随着需求的变化和发展，产品也需要不断地创新设计，在功能、外形、材质、结构、品质上不断地进行改进，提高产品价值。以暖壶为例，早在北宋后期，我国就出现了酒楼或茶馆使用的暖水瓶；在民国年间，则出现了国产的玻璃双层保温的暖水瓶[1]；在 20 世纪 80 年代，风靡全国的上海产"双喜"暖水瓶则承载了几代人的温暖回忆；时至今日，面向宝妈冲奶需求的恒温水壶，则具有恒温、消毒和烘干等功能，成为育儿的必备装置，解决了传统水壶调温困难的麻烦[2]，暖壶的发展很好地体现了需求在不断提高，进而驱动了产品的创新设计（图8-4）。

---

① 知乎. 中国 zui 全的热水壶历史，第 5 个破防，第 8 个惊叹！［EB/OL］. https://zhuanlan.zhihu.com/p/536174987.
② 京东商城. 产品详情［EB/OL］.［2023-8-11］. https://item.jd.com/100034805697.html.

图8-4　水壶的发展

2. 市场驱动的产品创新设计

使用经典的市场供需和价格的原理，可以很好地理解市场对产品创新的影响。按照马克思政治经济学的观点，价值就是凝结在商品中无差别的人类劳动，即产品价值。而产品价值是由顾客需要来决定的。价值工程涉及价值、功能和成本三个要素，其相互之间的关系为：价值＝功能/成本。想要提高产品价值，就要想办法提高和稳定功能，并控制或降低成本。通过提高产品的价值，就能让产品在市场竞争中处于更有利的位置，从而占有更大的市场份额。

多数企业的产品研发都是为了尽可能满足日益增长的用户多样化和个性化需求，以应对不断变化的市场应用环境，尽可能占有市场份额，从而获得最大收益[①]。产品研发活动包括市场驱动导向和驱动市场导向两种设计模式，后者是各大、中型企业，甚至一些小企业生存和发展的必然选择和挑战[②]。小的企业要适应市场，而大中型企业则会想办法创造新的市场。

例如，近年来，我国的电动汽车产品在经过多年的政策扶持、技术沉淀和产业发展的基础上，逐步在国际上取得了新的发展优势。2020年以来，我国新能源汽车，尤其是电动汽车与传统燃油汽车的市场规模占比发生了巨大变化，新能源汽车的规模不断扩大。据工信部消息，2022年，自主品牌新能源乘用车国内市场销售占比达到79.9%，同比提升5.4个百分点；新能源汽车出口67.9万辆，同比增长1.2倍。在全球新能源汽车销量排名前10的企业集团中占据3席，在动力电池装机量前10企业中占据6席。在政策和市场的双重作用下，2022年我国新能源汽车依然保持爆发式增长，全年产销量分别为705.8万辆和688.7万辆，同比分别增长96.9%和93.4%，连续8年位居全球第一[③]。我国自主品牌新能源汽车的发展，大大推动了电动汽车产品在电池、电机和电控三大技术，以及汽车外观设计、智能主

---

① Alberto Bucci, Carmelo Pierpaolo Parello. Horizontal innovation - based growth and product market competition [J]. Economic Modelling, 2009, 26 (1)：213 - 221.

② 万延见，饶宾期，梁喜凤，等．一种驱动市场导向式产品创新设计方法 [J] 计算机集成制造系统，2017，23 (07)：1369 - 1376.

③ 百家号．2022年我国新能源汽车销量达688.7万辆，市占率达25.6% [EB/OL]．[2023 - 9 - 2]．https://baijiahao. baidu. com/s?id = 1754815239930606859.

机、无人驾驶等领域的技术发展和产品创新。例如，比亚迪汽车的仰望 U8 就是其中一个代表产品。仰望 U8 拥有易四方和云辇-P 智能液压车身控制系统两大顶级技术，具备四轮独立扭矩矢量控制能力，能够实现极限操稳、爆胎控制、应急浮水、原地掉头、敏捷转向等场景功能[1]（图 8-5）。

图 8-5 国产仰望 U8 新能源越野汽车

3. 变革驱动的产品创新设计

从产品生命周期来看，产品的设计都是受到外部环境和内部因素的影响的，外部环境和内容因素的变革都会给产品带来改变，而这些改变会直接驱动产品的创新设计。

那么常见的变革有哪些类型呢？从人类社会的发展来看，主要的变革包括技术变革、政策变革、组织变革等。

技术变革。技术变革是指在新技术引入的情况下，原来的技术被淘汰，替代现有技术的过程。随着人类技术的不断发展，技术变革正在发挥着越来越重要的作用。信息技术、人工智能技术、新能源技术和生物技术被视为 21 世纪将对人类社会和经济发展带来巨大影响和变革。以信息技术领域为例，5G 移动通信技术、新型人工智能技术、大数据和云计算、物联网技术等新型技术在我国各行业的广泛应用，给产品设计带来了大量新的需求和机遇。

例如，在线教育学习者所使用的学习终端和网络接入技术均发生了巨大的变化。近 20 年来，学习终端历经了个人 PC（台式机）、笔记本电脑、Tablet PC（平板电脑）、功能手机、智能手机和智能一体机等阶段（图 8-6）。在 2023 年，国内在校大学生同时使用手机端和笔记本电脑进行在线学习已发展为常态。与此同时，学习者使用的网络环境也发生了变化，网络带宽从 64 Kb/s 发展到了千兆光纤，接入方式也从有线接入发展到了泛在无线接入。这些技术变革给在线教育产品的创新带来了巨大的机遇和挑战。

政策变革。政策的变革往往来自政府的顶层设计，政府通过对原有的制度进行改变，以适应当前发展的形式而采取措施，并通常以各级政府部门正式发布的文件或规章制度形式进行固化。地方教育的发展理念、目标要求、资源投入、技术使用、组织管理等都会不断根据

---

① 百度百科. 仰望 U8 [EB/OL]. [2023-10-2]. https://baike.baidu.com/item/%E4%BB%B0%E6%9C%9BU8/62531693.

图 8-6　学习终端的变化

政策进行必要和及时的调整，因此，政策变革也会直接推动教育产品的创新和变化。

　　例如，随着我国教育信息化的发展，有不少的学科教育产品 App 得以进入校园，并得到广泛应用，一方面促进了教育信息化的发展，另一方面也带来了监管的问题。由于不少教育 App 的开发者是私营企业，为了达到营利的目的，会在教育 App 内部引入付费模块，或者部分内容没有经过必要的审核，带来了教育公平的争议，以及内容科学性和政治审查等方面的风险。为解决这些在发展中出现的新问题，教育部和广东省分别出台了《教育部等八部门关于引导规范教育移动互联网应用有序健康发展的意见》（教技函〔2019〕55 号）、《广东省教育厅关于从严规范教育 App 的选用工作的通知》（粤教监管函〔2022〕9 号）等文件①对教育 App 的选用进行了规范。

　　组织变革。一般而言，组织变革会带来组织结构、管理机制、资源分配、技术应用、业务流程等方面的变化。一是组织变革可能会改变产品应用和研发的组织结构，如用户的属性、产品研发的团队结构和管理层次等，组织结构的调整会影响产品研发的决策效率、团队协作与信息沟通。二是组织变革会影响管理机制的设计和实施。例如，教育管理部门在行政管理体系中的权力和属性不同时，在教育产品的引入、推广和应用方面会存不同的管理机制，很大程度上会直接影响项目能否有效落地和实施。三是组织变革对资源分配有直接影响，包括人力资源、财务资源、技术资源等。资源的重新分配可能会影响产品研发的进度、

---

　　①　广东省教育厅. 广东省教育厅关于从严规范教育 App 选用工作的通知［EB/OL］.［2022-10-27］. http://edu. gd. gov. cn/zwgknew/gsgg/content/post_4038223. html.

质量与成本。四是组织变革可能会影响产品研发的技术应用。如引入新的技术框架、开发工具和实现路径，会影响产品研发的效率和质量。

对于教育产品的研发而言，组织变革会影响教育产品的设计理念和思路、设计目标和方向、内容和素材、技术和工具、用户体验和反馈等因素。

组织变革可能涉及引入新的教育理念和设计思路，例如，从信息技术条件下课堂教学模式由以教师为主转向以学生为中心，会直接影响教育产品的设计理念和思路。

组织变革可能改变教育产品的设计目标和方向，例如，从注重应试能力到注重综合素质培养，这可能会影响教育产品的设计方向和重点。

组织变革可能涉及对教育产品的内容和素材进行调整，例如，引入新的学科、新的教材、新的内容、新的教学方法等，会影响教育产品的内容设计和素材要求。

组织变革可能涉及对设计技术和工具的调整，例如，引入新的技术手段、软件工具等，这可能会影响教育产品的设计技术和工具。

组织变革可能改变用户体验和反馈的方式与机制，例如，建立用户反馈渠道、推广在线评价等，这可能会影响教育产品的用户体验和反馈。

【案例分析】政府从严规范教育 App 选用案例分析

《广东省教育厅关于从严规范教育 App 选用工作的通知》（粤教监管函〔2022〕9 号）指出，各级各类学校选用（使用）的所有教育 App 一律建立备案审查制度，要将教育 App 通过教育部备案作为信息化建设的基本条件。

凡是以教职工、学生、家长为主要用户，以教育、学习为主要应用场景，服务于学校教学与管理、学生学习与生活以及家校互动等方面的互联网移动应用（教育 App），一律建立备案审查制度，由教育 App 提供者向省教育厅提出申请，通过后列入教育部教育移动互联网应用程序备案管理平台予以公布。

①请同学们分析这个政策对促进广东省的各级学校的教育信息化发展有什么影响。
②从企业的角度分析，如何合理应对此政策对教育产品研发和推广的影响？

第三节　在线教育产品设计和开发的过程

一、在线教育产品的生命周期

（一）产品生命周期的产生与演化①

产品生命周期的概念最早出现在经济管理领域，是由 Dean 和 Levirt 提出的，提出的目的是研究产品的市场战略，当时对产品生命周期的划分也是按照产品在市场中的演化过程，分为推广（进入）、成长、成熟和衰亡（衰退）阶段，如图 8－7 所示。产品生命周期（product life cycle）②，也称"商品生命周期"，是指产品从准备进入市场开始到被淘汰退出

---

① 黄双喜，范玉顺．产品生命周期管理研究综述［J］．计算机集成制造系统－CIMS，2004（01）：1－9．
② 百度百科．产品生命周期［EB/OL］．［2023－3－1］．https://baike.baidu.com/item/产品生命周期．

市场为止的全部运动过程，是由需求与技术的生产周期决定的。其是产品或商品在市场运动中的经济寿命，也即在市场流通过程中，由于消费者的需求变化以及影响市场的其他因素所造成的商品由盛转衰的周期。

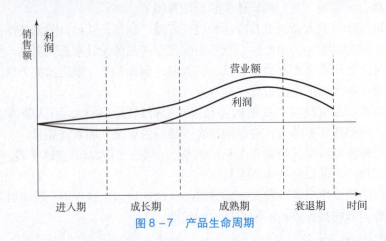

图 8 - 7　产品生命周期

经过 50 多年的发展，产品生命周期的概念和内涵也在不断发展变化。其中，最大一次变化发生在 20 世纪 80 年代。并行工程的提出，首次将产品生命周期的概念从经济管理领域扩展到了工程领域，将产品生命周期的范围从市场阶段扩展到了研制阶段，真正提出了覆盖从产品需求分析、概念设计、详细设计、制造、销售上市、售后服务，直到产品报废回收全过程的产品生命周期的概念。随着 PLM（产品生命周期管理）软件的兴起，产品生命周期开始包含需求收集、概念确定、产品设计、产品上市和产品市场生命周期管理。就像人的生命周期把父母前期的准备和孕育的过程、分娩的过程也定义到其中一样。

近现代很多优秀的企业觉得上述两种生命周期并不能完全概括产品生命周期。在基于产品管理概念的基础上，把产品生命周期概括为产品战略、产品市场、产品需求、产品规划、产品开发、产品上市、产品退市生命周期管理 7 个部分[1]。

（二）在线教育产品的生命周期

对在线教育产品而言，从进入市场开始，到最终退出市场之间所经历的过程就是其产品生命周期。在线教育产品的基本生命周期也同样存在进入期、增长期、成熟期和衰退期。

1. 在线教育产品的进入期

将新的教育产品投入市场，便进入了产品的进入期。一种新的在线教育产品如果没有在投放市场之前进行有效的产品验证，则很可能会面临失败的风险。因此，需要进行严格的市场需求调研，明确教育产品自身的独特价值和用户需求，进而通过产品的功能模型开发充分体现真实需求，并在上线之前在企业内部进行产品的功能和业务的验证，才能真正将产品上线。

在产品进入期时，由于用户对产品的整体情况还不了解，通常只有少量区域试点用户或感兴趣的用户会通过宣传推广途径购买，产品的销售量相对较低。为了扩大销售量和提高用户的转化率，需要投入大量成本和人力用于产品的免费试用、低价促销、产品宣传和市场推广。在此阶段，由于在线教育产品有着前期研发成本和推广费用较高的特点，在课程设计研

---

① 　郭毅，等. 市场营销学原理［M］. 北京：电子工业出版社，2008.

发、平台运行、网络资源和学习资源等项目前期投入较大的情况下，用户数量相对较少，导致单客成本处于高位水平，销售额增长缓慢，企业如无法获得足够的利润，则可能会存在亏损。此外，产品也有待进一步完善。在此阶段，要重点关注产品的优化和口碑的传播。产品的优化主要是通过教学平台的系统数据、客户反馈、客服反馈、用户访谈等优化系统和服务。

2. 在线教育产品的增长期

在增长期中，由于已有用户对在线教育产品的功能和服务均已比较熟悉和认可，通过宣传和推广及口碑的扩散，会有大量的新顾客使用和购买产品，市场逐步扩大。在此阶段，在线教育产品的成本主要集中在师资费用、平台运营和用户运维，通过增加付费用户数量，提升整体销售额，可相对降低生产成本，利润也迅速增长。在此阶段中，由于同业竞争者看到有利可图后会参与竞争，同类产品的供给量增加，产品价格随之下降，企业利润增长速度逐步减慢。在增长期，需要运营者想方设法获取新用户，具体包括围绕产品策划和执行必要的宣传与推广，进一步提升产品的知名度和用户的人气。另外，还要通过多种渠道共同发力，扩大用户的基数，以降低单客成本。

3. 在线教育产品的成熟期

在线教育产品成熟期阶段，由于市场需求趋向饱和，潜在新顾客较少，销售额增长缓慢，直至转而下降，标志着产品进入了成熟期。在这个阶段，同类产品的竞争逐渐加剧，产品售价逐步降低，促销费用增加，企业利润下降。企业的工作主要是想办法"促活和转化"，即要保持原有用户的活跃度，并努力提高用户的课程续费水平和服务转化率，并注意高价值用户的维护。

4. 在线教育产品的衰退期

在"互联网＋"时代，随着新型技术的发展和应用，或者受到企业战略调整、外部环境和政策变化、网络产品监管调控等外部因素变化的影响，新的在线教育产品和服务不断出现，会使用户的消费意愿和使用习惯发生改变，转向其他产品，使原来产品的销售额和利润额迅速下降。于是，产品就进入了衰退期。在这个阶段，要重点关注产品的转型升级和用户导流，通过送优惠、发消息、做活动、发福利等方式引导用户转到企业的新产品中。

在线教育产品的成功，是希望在成本可控的范围内，尽可能在产品的生命周期内获得最大的社会价值和经济价值。对产品生命的管理和规划就要控制好产品的更新速度和节奏。在"互联网＋"的时代，在线教育产业的市场竞争也很激励，各类教育产品不断更新和迭代，形成了快速演进的趋势，新的产品和新的功能层出不穷，做好产品的生命周期管理是一个极为重要的工作。

【案例研讨】

案例1：教育部发文，要求学科教育周末和假日不补课，对在线教育的发展有什么影响？

案例2：Moodle是一个在线学习管理平台，它是一棵在线教育的长青树，在国际上得到广泛的应用，请登录Moodle的网站，了解其发展的历史，分析一下为何它能历经近20年而长盛不衰。

二、 在线教育产品设计和开发的基本流程及项目落地

（一）在线教育产品设计和开发的基本流程

综合来看，在线教育产品本身就结合了教育产品、互联网、在线教育的多种特征，从产品设计的角度来看，其设计和开发的过程还涉及信息技术、软件工程、项目管理等多个工程领域的要求。在一线教育机构和服务供商的在线教育产品开发实践中，课程、资源和软件这三种主要的产品的开发流程也存在细节上的差异，但从整体来看，一项在线教育产品设计和开发，通常会包括市场调查、产品策划、概念设计、项目立项、软件设计开发、上线运营、迭代改进等基本步骤，如图 8-8 所示。

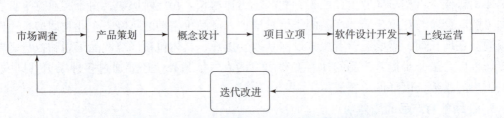

图 8-8 在线教育产品设计和开发的基本流程

市场调查。 在市场调查阶段，主要结合企业已有的优势和资源或企业发展战略，进行在线教育产品的市场现状，包括开展整体市场趋势分析、受众分析和竞品分析，了解已有同类产品或竞争对手的特点和不足、真实的用户需求、可行的技术方案，以及最有可能成功的商业模式或预期营利方式等。市场调查是进行在线教育产品投资和立项开发计划的重要基础。

产品策划。 在产品策划阶段，主要对预期的产品的核心功能、资源（资金、人力和物力）投入要求、运行平台、形象 LOGO 和核心广告语、潜在用户、设计理念、预期推广形式和分销渠道等进行策划。

概念设计。 在概念设计阶段，主要需要完成产品的创意概念和基本设计表达。在创意概念部分，要形成有效的概念性功能结构设计和预期核心业务体系设计。在设计表达方面，要通过视觉和原型设计，向用户、客户、开发团队表达设计的思路。

项目立项。 在项目立项阶段，主要完成项目计划、项目审批、团队组建和文档标准制定工作。在项目计划的部分，需要制订详细的项目计划，包括项目目标、时间表、资源分配、预算等，确保项目能够按时、按质完成。项目审批主要涉及项目资金预算、项目目标确认、项目进度计划的批复。团队组建方面主要涉及产品经理、开发人员、设计师、测试人员等在内的项目开发团队，以及课程开发和内容研究团队。文档标准制定主要涉及项目过程文档的要求和标准化，用于保障开发过程的沟通和各阶段生成文档的审核及确认，其中，项目开发合同、监理合同等项目合同的管理要严格按企业规定执行。

软件设计开发。 在软件设计开发过程，主要对课程、资源和软件等产品进行软件的设计和开发，在此过程中会涉及用户需求分析、系统概要设计、系统详细设计、系统编码、系统测试、系统部署、应用与反馈、产品更新迭代等环节。

上线运营。 在上线运营阶段，主要进行在线教育产品的教学应用、产品运营和系统运维。这个阶段通常重点关注教学应用功能与系统运行的稳定性。在产品运营部分，要开展内容运营、用户运营、活动运营、数据运营等工作。

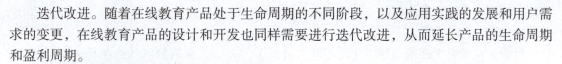

迭代改进。随着在线教育产品处于生命周期的不同阶段，以及应用实践的发展和用户需求的变更，在线教育产品的设计和开发也同样需要进行迭代改进，从而延长产品的生命周期和盈利周期。

（二）在线教育产品项目落地的三种形态

1. 自建系统

自建系统的方式通常适用于大中型在线教育企业或机构。由于自建系统需要由企业内部团队完成整个项目的调研、策划、立项、设计、开发、测试、上线和维护等阶段全流程的运作，在现实中还会遇到技术方案选择、解决技术难题能力、网络接入条件、服务器购置和运维、维持项目开发技术团队等方面的种种问题。

2. 外包开发

外包开发的方式通常适用于规模较小、技术开发能力较弱的在线教育企业或机构。这种方式主要是通过广泛、深度的市场调研，在明确己方的产品需求的基础上，将开发任务外包给专业的在线教育软件公司和团队，并通过合同约束产品交付物的时间、功能和价格。在外包开发时，要确认承担开发任务的企业的真实技术水平、产品功能、售后服务、运维托管等方面的细节，并明确开发产品成果的知识产权归属和源代码授权方式等，避免潜在风险。

3. SaaS 服务

SaaS 是软件即服务（Software – as – a – Service）的简称，是一种服务租赁模式。对于缺乏开发和运维能力的在线教育企业或个人，通过找到专业的教育 SaaS 软件服务商，购买所需的服务即可。根据功能按年收费，即可快速搭建系统平台和使用域名，减少了购买软硬件、建设机房、招聘技术团队和运维人员等成本，通过服务租赁的方式完成项目的实施。

三、 在线教育产品的市场分析

（一）整体市场分析

进行整体市场分析的目的是厘清所要研发的在线教育产品的市场定位和宏观市场形势，如果一个在线教育产品能符合国内外的整体发展趋势，又得到政府相关政策的支持，并且符合目标客户的消费水平和期望，则会有较大的成功概率。市场分析主要涉及整体趋势、技术分析、消费者分析等领域。

1. 整体趋势

1）发展前景

随着信息技术的快速发展，人类走进了数字经济时代，在线教育具有良好的发展前景。在终身学习理念日益普及的背景下，大众学习的个性化需求不断增强，在"互联网＋教育"的时代，数字化社会和经济的全面发展为在线教育提供了广阔的发展前景。互联网技术能有效突破时间和空间的限制，信息技术在教育领域的应用逐步走向信息技术与教育教学深度融合创新发展的阶段，全面推动了各类教育资源实现开放共享。2020 年年初爆发的疫情一方面给传统的线下教育事来了巨大冲击，导致传统的学校教育的课堂面授无法正常开展，同时，绝大多数的教育培训机构也同样无法正常开课；另一方面，在教育部的领导下，全国中小学和高校全员动员起来，共同努力，实现了"停课不停教，停课不停学"，在疫情中全面、广泛地推动线上教学，疫情过后，线上线下融合的教学日益成为常态，通过疫情的磨炼，我国"互联网＋教育"的基础设施全面得到优化，全体师生也接受和掌握了线上学习的理论和实践，为在线教育产业的持续发展提供了广泛的社会和经济基础。

2）政策方向

目前，在国家全面推动数字化转型的大背景下，在线教育政策红利持续释放。近年来，国家高度重视教育现代化建设，不断通过政策文件积极引导在线教育发展，先后印发了《国务院关于加强数字政府建设的指导意见》（国发〔2022〕14 号）及《教育信息化十年发展规划（2025—2035 年）》《教育信息化 2.0 行动计划》《关于促进在线教育健康发展的指导意见》等文件，明确指出要充分运用现代信息技术手段，提供在线教育服务，丰富现代学习方式，加快建设学习型社会。《中华人民共和国国民经济和社会发展第十四个五年规划和 2035 年远景目标纲要》提出，迎接数字时代，激活数据要素潜能，推进网络强国建设，加快建设数字经济、数字社会、数字政府，以数字化转型整体驱动生产方式、生活方式和治理方式变革。时代的发展，要求我们加快数字化发展，建设数字中国。国家"十四五"规划和 2035 年远景目标的建设都对教育的现代化提出了明确要求，在线教育将持续利好。

3）企业数量

随着产业规模的发展和壮大，在线教育企业呈现井喷式增长。国内在阿里巴巴、腾讯科技、百度科技等互联网龙头企业的引领带动下，重点围绕 K12 教育、学前教育、职业培训、高等教育和终身教育等细分领域不断探索和深耕细作，积极布局在线教育新模式。学而思网校、华图教育等内容服务型，腾讯课堂、中国慕课等平台服务型，腾讯会议、ClassIn、奥威亚等直播服务平台，小猿搜题、扇贝等工具服务型线上教育培训企业不断涌现。在政策利好、资本助力、需求释放的环境下，市场上催生了大批的新型"独角兽"企业，根据腾讯营销洞察（TMI）于 2020 年发布的《数字化时代的 K12 与学前教育行业趋势洞察》报告显示，2020 年线上教育机构数量已突破 23 万家[①]，说明产业的整体规模和体量已经十分巨大。

2. 技术分析

随着新型移动通信技术、云计算、人工智能技术、大数据技术的广泛应用，"互联网＋教育"促使在线教育的技术迭代不断加速。在线教育领域中，高清直播技术、课堂视频交互技术、学习分析技术、人工智能技术、虚拟现实技术、区块链技术等得到应用。

在高清直播技术领域，4K/8K 超高清直播已经成为直播教学的新趋势，相比于传统的 1080P 直播，4K/8K 直播的清晰度更高、画面效果更好，在 5G 技术的加持之下，教学的实时性和沉浸性得到增强，带来了更好的视觉体验。

在课堂视频交互技术领域，系统的高并发和稳健性得到大大增强。在疫情期间，随着全国高校和中小学全面切换到在线教育模式，国内阿里巴巴、腾讯、华为等头部企业形成了不少支持高并发、大容量、强实时性的技术解决方案，在视频压缩、实时交互、并发存储等方面取得了新的突破，不仅实现了世界上最大规模的 ICT 教育应用，还大大推动了我国教育信息化基础设施的高速发展和全域完善。

在学习分析技术方面，学习管理平台和系统的应用，使教与学的数据的分析和应用成为可能。数据分析从信息采集和互动性、可视化等方面进行创新，对改进学习评测具有重要作用，不仅给教师和学生提供详尽、科学的分析，还推动教学决策的改进，同时，也推动了教学方式和教学环境的改善。

---

① 界面新闻 . 2020 年线上教育机构数量已突破 23 万家［EB/OL］.（2020 – 8 – 05）. https：//baijiahao. baidu. com/s？id = 1674174391737064433.

在人工智能技术方面，大数据信息处理与语义分析、深度学习技术、语音识别和评测技术、语音生成技术、图像识别和视频处理、知识图谱技术和智能推荐算法等多种技术的应用，使在线教育的应用场景更为宽广，教育越来越个性化，越来越智能化。

在虚拟现实技术方面，虚拟现实技术给教学带来了更好的沉浸感、交互感和参与度，5G技术、数字人与元宇宙技术的发展将给在线教育方式带来大的提升和改变。

在区块链技术方面，区块链的应用为在线教育行业提供了更权威的评测体系、更开放的教育资源共享，也更好地促进了教育行业的知识产权保护和知识创新。

3. 用户规模

在线教育用户规模持续扩大。根据中国互联网络信息中心（CNNIC）数据统计，截至2020年3月，我国在线教育用户规模达到4.23亿，较2018年年底增长了110.2%。据中研普华产业研究院发布的《2024—2029年中国教育AI产业运行态势及投资规划深度研究报告》预测，2024年中国AI教育市场规模将突破7 993亿元。

（二）受众分析

1. 用户人群定位

人群定位，也叫市场定位，是指企业针对市场，明确产品所面向的真正的客户群体，以及客户群体中最有价值的人群。用户人群定位是开展产品销售和运营的基础，没有清晰的、用户基数较大的潜在和意向客户，则产品研发出来后，在推广时很可能会遇到挫折或失败。例如，在我国有大量的学生会学习钢琴演奏，为了解决学习钢琴过程中一对一指导师资课酬高、在家练习难以实时指导、学生自我纠音等问题和痛点，小叶子（北京）科技有限公司就专门针对钢琴学习者用户需求，研发了小叶子智能陪练App，首创的智能陪练模式，能通过AI纠错，科学高效练琴，打开了一个全新的市场，成为在线教育在音乐教育领域的新"独角兽"，如图8-9所示。

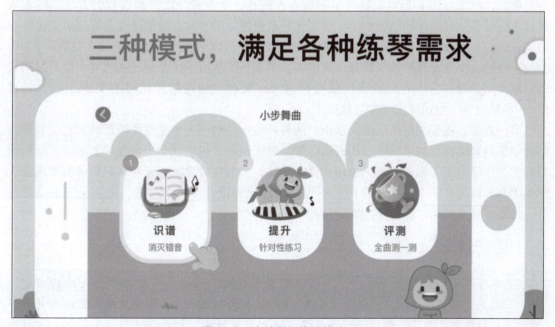

图8-9　小叶子智能陪练App

2. 消费能力分层

消费能力分层是指在做市场细分时，要主要针对不同类型、不同区域、不同领域、不同水平的客户提供与客户群体的消费能力相匹配的产品价格。产品价格要在产品功能、产品质量和产品成本之间取得平衡，不仅要尽可能满足客户的需求，也要让产品能生存下来，并进一步发展壮大。例如，在大学考取教师资格证的群体中，不少人会使用 App 进行考前练习和课程辅导，这些人群同样分为不同的用户消费层次，一种是免费用户，一种是试听课程用户，一种是力求考前突破且志在必得的用户，这三种用户的消费能力水平截然不同，因此，具体的产品价格也不相同。在线教育课程产品的可接受的价格则要通过成本核算、大量的调研和实践修正来正确评估。

3. 应用场景分析

应用场景是指不同的用户在不同的时间、地点、环境或心境下引发的不同心境、行为或需求。用户应用场景分析是一种深度分析产品和描述用户需求的方法。可以使用用户、时间、地点、任务四个要素来进行应用场景的分析。例如，有不少在线教育的用户喜欢在上下班坐车的时间刷教学文档，由于公交或地铁比较拥挤，他们通常一手拿手机，一手保持平衡，在此情境下，要考虑单手对 App 的操作。

4. 目标输出要求

目标输出要求是指用户购买或使用产品之后的预期状态和获得的收益。对于不同类型的在线教育产品，用户的目标输出要求是不一样的。但总体而言，他们参加在线教育学习的目的也不同。在分析产品的目标输出时，可以采用利益相关者的视角进行分析。

一方面，首先要考虑的是产品的直接用户的目标输出，即学习者为什么要参加这个学习，他们要求达到的目标是什么，产品的功能和服务能否满足或在什么程度上满足这个要求。

例如，对于参加 K12 素质教育中的机器人编程，学生希望能掌握编程的方法，理解人机合作的世界，提高计算思维水平。参加学科教育辅导的学生，希望通过上课，对学校学习的知识进行补充或提高某个科目的成绩，并提高一个具体的程度（如提高一个分数段），为参加小升初、中考、高考做好准备。又例如，参加外语学习学生希望通过辅导，能通过四级或六级考试，提高口语的流利程度或写作能力，又或者通过国际认可的英语考试（如雅思），再通过学位申请或出国学习的要求。

另一方面，还要关注产品的间接用户的目标输出，包括为学生购买课程的家长、利用网络教学平台开出课程的第三方机构的教师等。对于家长，付费让学生参加线上学习，他们的目标感会比学生更为强烈、更为迫切和更为具体，对教育质量的保证和客户服务的要求也比学生更高。因此，一个在线教育产品不仅要关注课程设计、教学质量、师生交流和学习服务，还要考虑家长对产品的功能和价格的承受能力。

【案例分析】

在体育锻炼和健身类 App 中，上海微芒教育科技有限公司开发的"天天跳绳 App"是一个用户受众范围比较广的 App（图 8-10）。在这个 App 中，围绕跳绳训练核心功能，提供了包括体能、跑步、趣运动、趣竞技、AI 健身等功能。

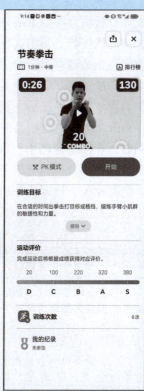

图 8 - 10　天天跳绳 App 界面

请大家分析为什么它会受到大家的欢迎。

①它提供了哪些功能？定位什么人群？

②它有什么应用场景？用户在什么地方和时间使用它？

③用户使用它的目标输出是什么？家长会付费购买其线上教学课程吗？

（三）竞品分析

竞品分析指的是对竞争对手的产品进行比较和分析。开展竞品分析的目的是通过对比自家产品和竞争产品在各个维度上的指标，明确自身优势、劣势、机会和威胁，明确竞争对手产品的优势，找出还没挖掘的机会，明确自家产品的成功可能性，从而为产品设计、运营活动、战略规划等提供必要的市场参考和行动建议。开展竞品比较有横向比较和纵向比较两种，其中，横向比较侧重于使用分析矩阵对现有的多个产品在不同维度上进行比较，纵向比较则侧重于对具体的产品的功能、市场现状、发展机遇、发展风险等纵向长期发展进行深度的比较分析。一般开展竞品分析主要有比较法、矩阵分析法、竞品跟踪分析法、PEST 分析法、波特五力分析法和 SWOT 分析等。

1. 比较法

比较法是指与竞品做横向比较，帮助深入了解竞品，并通过分析找出优势、劣势，具体操作可使用打勾比较法和打分比较法。打勾比较法可以将不同竞品间的功能、配置、特性方面的差异直观地比较出来，打分法主要用于指标达成度的差异比较。

2. 矩阵分析法

矩阵分析法也叫四象限分析法，以绘制矩阵的方式分析自己的产品与选出的竞品之间的定位、特色或优势。使用这种方法一般的思考和操作方式如下：

确定两个关键竞争要素，例如，价格与配置。这两个竞争要素应该是用户最关注的，或者是对用户最重要、会影响他们购买决策的产品属性，画出二维矩阵，把两个关键竞争要素分别作为横坐标和纵坐标。根据竞品在关键竞争要素中的表现，把竞品放到矩阵对应的位置，在矩阵中思考自己产品的位置。

例如，在知乎社区中，FuzzFace 针对教育类单词记忆类 App，对扇贝单词、墨墨背单词、百词斩、不背单词进行了产品分析[1]，从产品的核心业务、付费权限、奖励机制、课程业务、电商业务、社区业务和家族产品等维度进行不同竞品之间的比较，提出了一个相对完整的比较，见表 8 - 2。

表 8 - 2　背单词类 App 的竞品分析

产品名称	扇贝单词英语版	百词斩	墨墨背单词	不背单词
核心业务	单词学习（以遗忘曲线为基础再认的方式）	单词拟词图像记忆（4 选 1）	单词学习（以遗忘曲线为基础再认的方式）	单词再认（4 选 1）
付费权限	会员单词会员和大会员，单词书，课程，随身听		购买单词上限，例句发音	词根词缀、柯林斯词典、派生串记使用权限、真题词组词书、词根词
奖励机制	贝壳（签到学习、分享、获取，换取词根、词书、课程等）	铜板（活动获取）	增加单词上限	酷币（签到学习、分享、获取，换取词根、词书、课程等）
课程业务	四六级考研、阅读、听力口语、编程	听力课程，口语课程编程课程		词汇课程、口语课程训练营
电商业务	会员、贝壳＋现金、纸笔书本、联合会员、精选商城等	文具、备考资料、生活用品等	淘宝链接	
社区业务	考研资讯、经验贴、小挑战、成长计划、话题、单词对战	知识讲堂，学习小班对战活动，斩家活动		
家族产品	扇贝阅读、扇贝口语、扇贝听力、扇贝编程	百词斩爱阅读、芝士派英语、薄荷阅读、夜曲编程		轻听英语

3. 竞品跟踪分析法

竞品跟踪分析法主要侧重于对竞品的持续性和发展性进行跟踪与比较，例如，对竞品的

---

[1] FuzzFace. 扇贝单词、墨墨背单词、百词斩、不背单词产品分析［EB/OL］.（2023 - 6 - 5）. https://zhuanlan. zhihu. com/p/359822516.

发展节点、时间、历史版本、版本的变化要点、外部环境变化等进行比较分析，通过竞品的发展经验和教训来指导自身产品的发展，尽可能避开可能的风险。

4. 功能拆解法

通过功能拆解可以更深入、更全面地了解竞品的功能。功能拆解法可以为下一步的探索需求做准备，进而更深入地了解竞品解决的问题、满足的需求，然后构建更好的解决方案。

5. PEST 分析法

PEST 分析法是对宏观环境进行分析，以便找到机会，认清威胁与挑战，宏观环境会影响一个行业的发展，行业环境会影响企业的发展，企业环境会影响产品的发展。对宏观环境进行分析时，可以使用 PEST 分析法。

6. 波特五力分析法

波特五力模型用于对行业环境进行分析，从而评估某一行业的吸引力和利润率，为企业进入一个新行业提供决策参考依据。此外，波特五力模型与 PEST 分析配合使用可以找出机会与威胁所在，并利用 SWOT 分析得出竞争策略。

7. SWOT 分析法

SWOT 分析是竞品分析的一种常用方法，通过 SWOT 分析得出优势、劣势、机会、威胁，以便制订竞争策略。因此，SWOT 分析经常用于企业战略分析、竞争对手分析等场合。

四、在线教育教学服务体系的设计

在高等教育领域中，一个完整的教学服务体系包含了教学单位、教辅部门、行政管理部门和后勤保障部门，各部门在教学服务体系中发挥不同的功能和职责。与此类似，在线教育机构在开展一个在线教育产品的开发和运营时，也需要一个完整的教学服务体系来支持教学体系的正常运行。在高校或中小学，在线教育的教学服务体系通常并不独立运行，而是由教学职能部门和师生在原有传统教学体系上进行功能拓展。而在企业中，由于企业的经营范围和规模大小不一，其在线教育教学服务体系的设置则相对更为灵活和精简。

（一）在线教育教学服务体系的构成

1. 高校在线教育教学服务体系

1）常规的高校在线教育教学服务体系

在线上线下教学融合的发展趋势下，一般高校会按在线教育的建设管理、公共平台、制作和运营、师资培训、质量监控进行功能划分，分别由教务部、现代教育技术中心、二级学院和教师、教师发展中心和教学质量监控与评估中心等职能部门共同构成在线教育教学服务体系，如图 8 - 11 所示。

教务部。教务部在学校中属于核心的教学管理部分，通常由教务部负责线上课程的申报、审批、立项和评定等级。教务部统筹线上线下课程的整体规划和建设，以及校级、省级、国家级课程的对外申报和经费支持。此外，教务部还会负责网络公共选修课程的管理和运营。不少高校为了解决校内公共选修课开出不足的问题，会采购和使用超星尔雅课程或中国大学慕课等平台的公共课程，为学生提供选修服务，相关课程的数据需要与教务系统数据联通。

现代教育技术中心。高校的线上课程通常需要选用外部公共教学平台（如中国大学慕课、智慧职教平台等），或选用校内统一部署的线上教学平台。现代教育技术一般要承担校

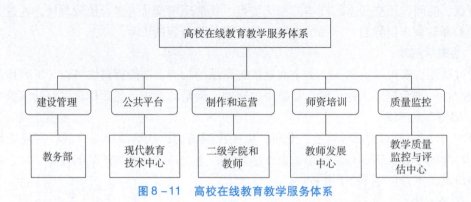

图 8－11　高校在线教育教学服务体系

内的线上教学平台的网络接入、带宽申请、平台设置管理、用户管理、运营数据管理、公共教学资源开发和存储管理等工作。

二级学院和教师。线上课程的具体建设通常由二级学院和任课教师负责。二级学院承担线上教学管理和过程监控，以及配合教师开展资源建设。教师则负责开展课程的具体研发、资源建设、教学活动、学生过程管理和课程运营。

教师发展中心。教师发展中心负责全校教师发展工作，组织协调全校教师参加各种线上教学相关的培训、学习、考察和学术交流活动，提高教师队伍的线上线下教学能力和整体素质。

教学质量监控与评估中心。教学质量监控与评估中心负责全校教学质量监控与评估工作，制定教学质量标准，组织开展教学质量评估和监控，及时发现和解决教学中出现的问题，保证教学质量不断提高。

2）面向学历教育的网络教育教学服务体系

目前，我国共批准了 68 所高等学校开展现代远程教育试点，对这 68 所高校培养的达到本、专科毕业要求的网络教育学生，由学校按照国家有关规定颁发高等教育学历证书，学历证书电子注册后，国家予以承认。网络教育服务通常由相关学校的继续教育学院或单独成立的网络教育学院来提供线上学历教学服务。下面以华南师范大学继续教育学院为例，介绍在线教育教学服务体系（图 8－12）。

华南师范大学于 2022 年 12 月撤销原继续教育学院、网络教育学院独立建制，组建新的"继续教育学院"，学院负责学校高等学历继续教育、开放学院办学、相沟通办学、自学考试助学、各类非学历培训，并建设了"华师在线"平台支持教学[①]。

华南师范大学继续教育学院的在线教育教学服务体系主要由技术资源部、办公室、学历教育部、学生管理/学历招生办、自学考试部、培训部和财务部共同构成（图 8－13）。

需要注意的是，从 2020 年开始，原试点名单中的部分高校根据"双一流"高水平建设要求和人才培养的发展定位，逐步停止了网络教育招生工作，转向企业管理培训、出国留学培训、职业技能培训、自考助学培训、专业技术人员培训等非学历教育，学生报考时，要认真查看相关招生信息。

---

① 华南师范大学继续教育学院．继续教育学院简介［EB/OL］．（2023 - 8 - 30）．https://gdou.scnu.edu.cn/web/ne-windex/100.html？0.

图 8－12　华南师范大学继续教育学院

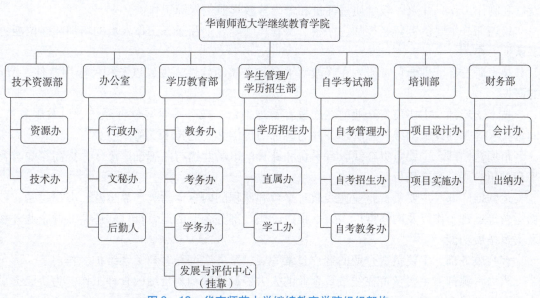

图 8－13　华南师范大学继续教育学院组织架构

2. 企业在线教育教学服务体系

企业在线教育教学服务体系一般由教学管理、技术研发、运营推广、行政支持等功能领域的职能部门构成。其中，教学管理功能一般由教务部、教研部、培训部完成，技术研发功能一般由技术研发部和技术支持部完成，运营推广功能一般由市场营销部、运营推广部和客户服务部完成，行政支持功能一般由人力资源部、财务部和行政部完成。其整体组织架构和功能如图 8－14 所示。

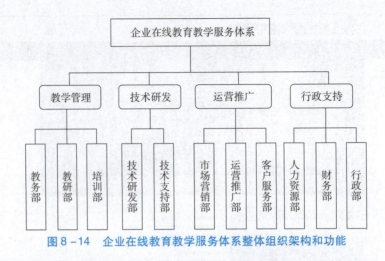

图8-14　企业在线教育教学服务体系整体组织架构和功能

教务部。主要负责在线教育服务中的课程信息维护、教师排课、课室管理、课酬核算等管理工作，并负责在线教育教务管理系统的使用和基本运维。

教研部。主要负责在线教育的课程体系设计、教学内容、教材设计和教学方法研究，以及课程配套教学资源设计工作。在部分中小型的在线教育企业中，教研部也会承担教学资源设计和制作工作，并兼顾教学质量评价和督导等教学质量保障工作。

培训部。主要负责新老教师、助教、课程顾问等教学和服务工作人员的培训和岗位能力试认证工作。

技术研发部。主要负责研发在线教育平台和产品的软件开发，以及相关应用软件、App的研发。

技术支持部。主要负责企业的在线教育管理平台、教务平台等软件系统，以及服务器、网络接入等基础设施的维护和管理，并为各部门提供必要的技术支持。

市场营销部。主要负责在线教育平台和课程的市场营销与品牌推广工作，提高在线教育平台的用户规模和市场份额。

运营推广部。主要负责企业在线教育平台和课程的内容运营、产品运营、客户运营、数据运营等运营工作以及网络推广、线下推广工作。部分企业的运营推广部还会兼顾企业外联及渠道拓展功能。

客户服务部。主要负责企业的客户日常答疑、事务咨询和客户关系维护工作。

人力资源部。主要负责在线教育企业的人力资源管理和薪资绩效管理工作，为企业提供人力资源支持和保障。

财务部。主要负责在线教育企业的财务管理工作，为在线教育教学提供财务支持和保障。

行政部。主要负责在线教育平台的行政事务管理工作，提供企业的工商登记、证照办理、行政通知、协同联络等服务。有些企业会安排行政部的前台工作人员兼顾教材和物料的管理与发放。

（二）在线教育教学服务的学习服务团队

在线教育教学服务的学习服务团队主要承担教学过程中的辅导工作，其中，有教育咨询师、班主任、教师、心理辅导老师、学习助理教师等角色。

教师：负责教授和解答学员的问题，帮助学员更好地掌握知识，是学习服务团队的核心要素。

内容审核：负责审核在线教育平台上的内容，确保其准确性和合规性。

客户服务：负责解答学员的疑问，提供良好的客户体验。

技术支持：负责维护和更新在线教育平台，确保学员可以顺利地学习。

学习顾问：负责为学员提供个性化的学习建议，帮助学员更好地掌握知识。

数据分析师：负责收集和分析学员的学习数据，为学习服务团队提供支持。

第四节 在线教育关键产品的开发

一、在线教育的课程设计与开发

在线课程开发的流程与传统线下课程开发的流程有部分相同之处，包括需要确定课程的教学目标、学习者特征和学习需求分析、教学内容体系、教学活动设计、教学媒体表达与课件制作、课程评价与考核等，但是在线教育的课程开发还要关注和充分考虑线上教学平台的选择和应用、教学活动设计的网络化、课程的开放性和共享性、教学资源的数字化设计、学习者的线上辅导、学习支持服务等特征和要求。而面向高等教育开设的精品在线开放课程的设计和开发还要关注各级评审的标准和要求。因此，在线教育课程的开发比传统的线下课程更为复杂一些。

（一）在线教育机构类课程的设计与开发

在线教育机构类课程的设计与开发是机构核心的工作内容之一，随着互联网从"流量为王"逐步发展到"内容为王"的时代，高质量的课程设计是在线教育机构存活下来并发展壮大的最重要因素之一。不同领域的机构开发课程的形态和内容不同，但是整体设计和开发流程比较相似。学者程中凯从在线教育运营的角度，提出了一个基本的在线教育课程开发流程，其步骤包括需求分析、主题确认、课程设计与大纲确认、丰富内容、课程制作和课程包装，如图 8 - 15 所示。以下笔者将参考程中凯提出的基本步骤，结合行业中课程开发的实际情况，对在线教育机构类课程的设计与开发进行分析和解读。

图 8 - 15　在线教育课程开发流程

1. 需求分析

需求调研的目的在于明确课程的必要性和可行性。为了避免投入大量的成本而无法找到真正的用户和课程输出的应用场景，则很可能带来失败的风险。需求调研可以包括行业、竞争对手和用户三个层面。

1）行业层面的调研

在行业方面，调研主要考虑的是课程所面向的行业的发展前景，以及机构本身擅长的技能和资源范畴，应当选择行业发展空间大及与机构团队的师资、能力、资源相匹配的领域来开发课程。在进行行业分析时，开发的课程应当面向行业发展中具有先进性、迫切性、需求大的领域。随着信息技术的快速发展和人工智能技术的广泛应用，大量领域的知识更新速度不断加快，一方面对不少传统课程的知识体系带来补充，另一方面也促进了大量新兴课程研发的需求。例如，从 2022 年 12 月开始，人工智能领域中的大模型技术（如 ChatGTP）和人工智能生成内容（AIGC）等发展对信息技术产业、人工智能技术本身及应用领域都产生了巨大的影响，不少 IT 类培训机构想切入此类技术开发课程。

2）竞争对手层面的调研

在竞争对手方面，调研主要是要了解同行竞争对手的情况。可通过行业报告、券商报告、行业资源人士的分析来了解对手所开发的课程的商业模式和课程体系，并学习和了解其流量渠道、转化营收、服务体系等信息。

3）用户层面的调研

在用户方面，调研的重点是开展细致的用户需求分析。不同的用户的真实需求不同，可使用用户痛点分析、用户发展需求、关键利益分析等方法了解其真正最为重要的矛盾和需求。用户分析的成功与否很大程度上会决定的课程是否具有开发的必要性和针对性。

2. 主题确认

主题确认的目的是解决需求，并生成产品的价值。程中凯认为主题确认是一个产品定位的过程，要找到机构和教师的核心优势，以及课程与用户需求结合的最优点，最终选择出最合适的主题。

在市面上，随着在线教育的发展，很多细分领域的课程都被开发出来，如何给产品建立差异化定位和形成品牌的特色，从而形成有更强竞争力的课程就很重要。例如，在传统的书法课程上，很多机构提供的都是替代常规的书写方法解读视频或真人写字录屏课，但在训练指导和点评上则相对不足。国内的"云舒写"网络课就针对学生汉字书写困难问题，形成了线上课程加线下练习的整合模式，并通过书写打卡、教材配套文言文书写、助教跟踪批改上传作业图片等方式进行了体系化设计，形成了较大的客户受众群体。

3. 课程设计与大纲确认

1）课程设计

课程设计主要包括课程目标设计、课程教学设计、课程评价设计等内容。

课程目标设计。课程目标是指课程本身要实现的具体目标和意图。它规定了某一教育阶段的学生通过课程学习以后，在发展品德、智力、体质等方面期望实现的程度，它是确定课程内容、教学目标和教学方法的基础[1]。行为目标具体、明确，便于操作、评价，对于学习以训练知识、技能为主的课程内容较为适合。行为目标取向的课程目标理论主要有泰勒的课程目标理论和本杰明·布鲁姆的教育目标分类学。

本杰明·布鲁姆的教育目标可分为三大领域：认知领域、情感领域和动作技能领域。其中，认知领域目标是指认知的结果，包括知识、领会、应用、分析、综合和评价等六级水平。情感领域的教学目标，以克拉斯沃尔（Krathwohl D R）为首，于 1964 年提出，分为 5个层次：接受、反应、形成价值观念、组织价值观念系统、价值体系个性化。动作技能领域教学目标指预期教学后学生在动作技能方面所应达到的目标，包含知觉、模仿、操作、准

---

① 百度百科．课程目标［EB/OL］．［2023 - 2 - 1］．https://baike. baidu. com/item/课程目标/7981147.

确、连贯、习惯化等层次。

课程教学设计。课程教学设计主要关注课程的内容结构、课程教学的主要形态和教学方法策略等基本要素的设计。其中，内容结构主要关注本课程在机构总体课程布局或所属阶段的定位，以及内容选取的主题。课程教学主要形态则主要关注教师是采用线上直播教学课、线上录播课、线上音频课还是线上线下融合的 OMO 形式教学。教学方法策略等主要关注课程采用的授课方法和具体策略。常用的教学方法包括讲授法、演示法、模拟法、小组协作法、头脑风暴法、项目化教学法、问题解决式教学法等。

课程评价设计。课程评价设计主要关注课程的学生学习评价形式，具体形式包括课后作业、随堂测试、阶段测验、结课考试、升等测评等。也有一些课程的评价要基于项目成果或知识习得，例如，一些少儿编程和机器人教学的评价就需要学生制作一个机器人作品，或者参加相应的机器人比赛或者进一步参加人工智能或少儿编程等级认证考试。

在课程的评价中，可结合诊断性评价、过程性评价和终结性评价、电子学档评价等多种评价方式。如诊断性评价采用入学摸底测试，过程性评价采用系统学习记录、随堂小测、课后作业等，终结性评价则采用结课考试或作品评价等形式。

2）课程大纲确定

课程大纲的定义和构成。课程大纲是指根据教学计划的要求，对所规划的这门课程的内容、体系、范围和教学要求的简要概述。课程大纲是教师组织和实施课程教学的纲领性文件，对课程内容的设计和课程的具体实施具有指导性作用。课程大纲通常包括课程名称和代码、学时、课程目标、先修课程、课程内容、授课方式、考核评价、师资要求、课程资源和其他说明等要点。

课程名称和代码：明确课程的名称和代码，以便师生和教务管理人员进行识别和查询。

学时：说明课程学生的总学时。

课程目标：说明课程的主要目标和基本内容，以及学生学习课程后要掌握的知识和技能。

先修课程：说明学生修学此课程的先修课程或知识，方便学生做准备。

课程内容：详细列出课程的主要内容，包括各个章节或项目的主题和内容概要。

授课方式：说明课程的授课方式，包括授课、实验、讨论等环节，确定课程的实施方式。

考核评价：明确课程的评估方式，包括作业、考试、项目等环节的比重和要求，以便学生了解课程考核的具体内容和方法。

师资要求：说明授课教师的资质要求、学术背景和教学经验的要求。

课程资源：说明课程所配的数字教学资源、主要参考文献、软件或网站等资源。

其他说明：根据课程需要，可以添加其他必要的说明和注意事项，例如，课程的时间安排、教室安排等。

课程大纲的设计者。课程大纲的设计者主要是机构的教研团队。教研团队通常需要由领域专家、课程专家、教研员等人员共同构成。领域专家主要从专业知识体系的角度设计课程的核心内容框架，他们要求对专业知识领域具有比较深入的理解和对前沿课题或发展比较熟悉。课程专家主要从课程的体例设计、课程资源要求、实施环境、课程考核等角度设计课程落地的要求，他们一般具有教育学领域工作背影。教研员则主要对课程大纲的完整性、实效性进行检查。

课程大纲的设计要求。课程大纲的设计要符合逻辑性、全面性和实效性。

逻辑性是指课程大纲设计要符合科目的学习逻辑、专业知识的结构逻辑和教学实施的教学逻辑。科目的学习逻辑主要关注学习者在学习时内容的重点和难点的逐步提升。专业知识的结构逻辑主要关注知识本身的体系逻辑和内容的关联及组合次序。教学实施的逻辑则关注课程大纲中课程导入、目标分析、内容学习、资源配套、考核评价等完整过程。

全面性主要强调核心知识点的有效、全面覆盖。在课程大纲中，要从主题设计和学科知识体系两个角度共同考虑，形成完整的教学内容纲要。在课程开发过程中，绘制课程"知识树"是一种比较常用的教学大纲全面性分析和检查的方法，具体可使用概念图工具绘制课程的核心主题和分支主题，并在各个支点中分别标上教学项目设计和项目核心知识点，这样就可以从总体上清晰地表达教学内容体系。

实效性主要关注教学实施的可行性和内容的时效性。课程大纲的设计要考虑教师在开展课程教学时的易用性，活动设计和教学案例的设计要贴近用户的知识应用场景。内容的时效性要考虑内容设计的前沿性和先进性，如果在大纲中使用过时的项目案例和知识内容，会大大削弱机构的竞争力，大大增加课程失败的风险。

【案例分析】

学而思网校在教育部出台"双减"政策和整顿校外学科类培训文件后，及时对原有的以学科教育为主的课程体系做出调整，开出了系列素养课程，包括人文创作、科学、编程与机器人、口才、国际象棋和博物等，其中，编程与机器人模块就开出了图形化编程、Python 编程、C++编程课程体系[1]，如图 8－16 所示。

图 8－16　学而思网校编程与机器人素养课程

---

[1]　学而思网校. 编程栏目［EB/OL］.［2023－5－1］. https://www.xueersi.com/code.

其中，Python 编程敏学班（小学）体系见表 8 – 3。

表 8 – 3 Python 编程敏学班（小学）体系

等级	LEVEL 1	LEVEL 2	LEVEL 3	LEVEL 4	LEVEL 5	LEVEL 6
课程体系	Python 入门 基础代码及结构	Python 进阶 进阶代码及结构	项目开发 复杂程序算法	数据分析 数据分析原理及应用	计算机网络 互联网工作原理	人工智能 机器学习原理 人工智能应用
能力培养	用编程视角看问题 锻炼逻辑思维 解决简单问题	模块化编程锻炼 模块化思维 解决复杂问题	知识综合应用 锻炼设计思维 培养创新思维	锻炼数据分析与决策	网页设计 互联网连接	锻炼逻辑推理 创造性解决问题
等级考试	TCTY 编程基础组 1 级	TCTY 编程基础组 2 级	TCTY 编程基础组 3 级	TCTY 应用工程组 1 级	TCTY 应用工程组 2 级	TCTY 应用工程组 3 级
建议年龄	9 ~ 12 岁					
对应年级	3 ~ 6 年级					

4. 丰富内容

1）课程内容的展开

课程内容的展开主要根据课程大纲的设计框架进行分析，在此阶段，配套教材、学习材料、习题的设计和开发极为重要。企业的课程开发团队要根据课程大纲，按教学的分段、课程主题、课程内容的框架，通过知识体系的分析和拆解，以及教学活动的设计，对具体的教学内容进行逐步求精。对部分只提供视频课程，不提供教材或选用成熟公共版本教材的线上课程，则要更为重视学习材料的设计。当然，不同的课程，设计的内容丰富程度也要结合机构成本、预期售价和课程上线形式等实际情况。

2）课程内容边界的确认

要从课程体系的整体性来确认课程内容之间的边界。由于在一个教育机构的课程体系中会涉及多门课程，有些课程与其他课程存在前后序列关系，或者课程之间存在部分内容的相互包含或覆盖关系。例如，在机构提供的少儿编程课程中，在 Python 趣味编程课程的高阶部分会讲到 Python 语法基础中的分支程序和循环程序，这些类似的教学内容可能在中阶部分的 Mind + 可视化程序设计中也会有讲解。因此，在做课程的整体设计时，要做出明确课程内容之间的边界，在设计时，要聚焦到各个内容的主要和关键部分，合理安排进度。

3）教学进度的安排

线上课程的教学进度是根据课程的教学大纲和预期课时进行安排的，需要明确教学周数、基本教学项目设置、教学内容的选择与组织、教学评价方式等，以保证能在有限的时间内让师生完成相关教与学的活动。

在做教学进度安排时，要充分考虑学科知识或课程项目的结构性、完整性、均衡性。结构性是指教学进度要有课程导入、主要教学项目或学科内容、复习、教学评价等环节构成。

完整性是指课程进度要能全面覆盖课程的整体内容。均衡性是指进度的安排松紧合理，避免学时分配不当而导致学生无法有效完成或放弃课程。

5. 课程制作

1）视频直播课程的制作

机构的教师开展视频直播课程教学时，通常要基于机构指定的课堂直播平台或软件来实施。视频直播课程与线下面授的形式相对比较接近，课程的师生交互水平也比视频录播课要高，教学效果相对更好，因此售价也略微高。在开展视频直播课程的制作和实施过程中，要重点考虑直播平台、教学课件（PPT）、交互设计、练习答疑、作品上传问题。

在选择直播平台时，要认真考察平台的功能和性能。软件功能方面要有学员考勤、教师屏幕共享、课件文件分享、学生随堂作答、实时聊天、课堂实时录制等；在主界面的呈现上，一般要实时出现教师主课件和教师图像、学生图标列表、分值排名、课堂聊天交互列表等元素。在性能方面，主要考察软件对师生接入网络的带宽要求、视频清晰程序、图像和交互的延时情况、视频录制、实时压缩等性能要求。例如，国内北京翼鸥教育科技有限公司开发的 ClassIn、腾讯科技的腾讯课堂都是比较好的选择。ClassIn 直播课堂软件界面①如图 8 - 17 所示。

图 8 - 17　ClassIn 直播课堂软件界面

教师在开展视频直播前，要认真准备好教学课件和附属的教学材料，由于线上讲解的过程是在终端屏幕上显示的，所以，设计教学课件时，还要考虑清晰和字体大小问题。在开展直播前，教师有必要进行教学流程和内容的准备，并提前熟练掌握直播平台必要功能的使用。

交互设计主要关注教师在直播教学过程中，通过设计提问、课堂作业、抢答、倒计时、

---

① 翼鸥教育. ClassIn［EB/OL］.［2024 - 5 - 6］. https://baike. baidu. com/item/ClassIn/51033265.

发系统红包、聊天框互动等形式开展师生交互，提高课堂的趣味性，使学生学习的注意力尽量集中，提高学习的效果。

练习答疑和作品上传主要涉及课程配套练习的文件制作和学生作品的上传批改。机构应为教师和学生准备好本次课程的主要练习文档，并通常以 PDF 文件的形式在课前或课后下发给学生。

2）视频录播课程的制作

对于视频录播课程，机构需要录制教师的课程讲解或软件的操作过程。对于实拍类课程的视频，教师在讲解前，要准备好教学课件、文稿提纲或逐字稿，并熟悉教学内容。如果在户外或摄影棚中拍摄讲课过程，则要提前和拍摄团队完成演示过程细节要求及镜头脚本的沟通，并做好录音工作，方便后期生成字幕文本。对于合成类的课程视频，则要主讲教师提供讲解过程和屏幕录制的视频文件、逐字稿等素材，并使用 Adobe After Effects 和 Photoshop 等后期编辑软件进行合成、加字幕和调光等后期处理与视频文件输出，或者直接使用万彩动画大师等资源集成工具制作教学课件动画。在导出视频时，要注意分辨率和编码格式要与预期使用的平台提出的技术参数相匹配。具体视频的制作要求，要根据教学需求、内容、生产方式的成本综合决定。

3）音频录播课程的制作

对于音频录播课程，教学过程主要依赖声音，因此，教学过程的逐字稿最为关键。例如，在一些少儿类说故事、古文解说、财经知识和语言听说等音频教学类课程中，课程的实施主要通过声音媒体来表达，由于对大脑缺乏更多维度的刺激，所以，对教师的语言表达精准程度和声音质感都有较高的要求。为了保证课程的质量，首先要反复打磨文案和讲解过程，做到条理清晰、生动有趣、有感染力；其次要使用课程录制标准流程和文案大纲来约束和保证质量，避免单靠教师的临场发挥。

4）课程的数字资源制作

在完成课程的视频和音频文件后，要根据教学内容的安排进一步开发和设计与之配套的教学案例、练习作业、参考文献和拓展资源等文件。

5）课程的平台上传

在完成课程的整体内容和配套资源制作后，就要根据企业选择或指定的课程教学平台，将相应的课程材料全部按对应的栏目设置和章节进度进行资源的上传和发布设置，并进一步设计交互活动和作业要求，从而完成课程的平台上传工作。对于直播类课程，则要注意引导学生完成注册和用户数据的导入。

6. 课程包装

课程制作完成后，为了提升课程的视觉效果和用户体验，要对课程进行包装。课程包装的工作通常包括课程的详情页、封面、内部网页版内容的美化处理等。程中凯提出了几种常见的课程包装思路，包括"标题＋封面图""教师介绍＋图片""核心卖点""课程安排""课程收获""'大咖'推荐""学员评价""适合谁学"[①]。在美化处理上，界面的展示效果要简洁清晰、图文并茂、体现用户需求、重点突出、要素齐备，从而体现出企业的专业水平和质量水平。

---

① 程中凯. 在线教育运营之道［M］. 北京：清华大学出版社，2021：109－114.

（二）高校精品在线开放课程的设计与开发

1. 高校精品在线开放课程的发展历程

整体来看，我国高校精品在线开放课程的发展历经了精品课程、精品资源共享课、精品在线开放课程三个阶段。

精品课程阶段。2003 年 4 月，教育部高教司正式颁布《教育部关于启动高等学校教学质量和教学改革工程精品课程建设工作的通知》（教高〔2003〕1 号），启动中国精品课程建设项目①。项目目标是从 2003 到 2007 年的 5 年内建设评审 1 500 门国家级精品课程，各省市各自规划建设 200 ~ 500 门省级精品课程，各高校根据学校特色规划建设各学科的精品课程，以形成总数达数千门，覆盖所有学科领域，面向本科、研究生、高职高专等不同层次的精品课程。在此阶段，网络课程的建设和普及成为高校课程改革的重点，网络课程由单机资源、专题学习网站逐步发展而来，主要完成了课程资源从纸质教材向网络教学资源的过渡，在此阶段，大部分精品课程的建设以校本为主。

精品资源共享课阶段。2012 年 5 月，教育部办公厅颁布了关于印发《精品资源共享课建设工作实施办法》的通知（教高厅〔2012〕2 号），省级教育行政部门依据教育部总体规划，根据区域经济发展和学科、专业布局，制定省级建设规划，组织实施省级精品资源共享课建设和使用，并按照国家级精品资源共享课建设要求择优向教育部推荐课程②。精品资源共享课旨在推动高等学校优质课程教学资源共建共享，着力促进教育教学观念转变、教学内容更新和教学方法改革，提高人才培养质量，服务学习型社会建设。精品资源共享课分为国家级精品资源共享课、省级精品资源共享课。在此阶段，精品资源共享课主要以高校教师和大学生为服务主体，同时面向社会学习者，内容上覆盖专业课和公共课，形态上还提出了建设精品视频公开课、资源共享课两种类型。在此阶段，主要完成了课程资源的校本独立建设向资源共享和跨校开放逐步转变。视频的资源建设伴随"翻转课堂"概念和移动泛在学习形态被广泛接受，推动了"微课资源"的体系化建设。

精品在线开放课程阶段。2015 年，《教育部关于加强高等学校在线开放课程建设应用与管理的意见》印发，提出慕课建设要以"高校主体、政府支持、社会参与"为方针，加强应用共享，加强规范建设。2016 年 6 月，《关于中央部门所属高校深化教育教学改革的指导意见》印发，明确要求部属高校大力推进在线开放课程建设，并提供专项资金和政策保障；同年 9 月，《关于推进高等教育学分认定和转换工作的意见》印发，提出要将学生有组织地学习在线开放课程纳入学分管理。2017 年，教育部启动首批国家精品在线开放课程认定工作，并于 2018 年 1 月 15 日召开新闻发布会，推出了首批 490 门国家精品在线开放课程。在此阶段，课程建设的时代背景是慕课的全面推广和应用。

2. 高校精品在线开放课程的建设目标

早在 2007 年，我国教育技术学著名专家李克东教授根据 2007 年国家精品课程建设评审标准，提出精品课程是具有一流教师队伍、一流教学内容、一流教学方法、一流教材、一流教学方法和手段、一流教学管理等特点的示范性课程。也有学者提出，精品课程是运用现代

---

① 教育部. 教育部关于启动高等学校教学质量与教学改革工程精品课程建设工作的通知［EB/OL］.［2010 – 10 – 22］. http://www. moe. gov. cn/s78/A08/gjs_left/s5664/moe_1623/s3843/201010/t20101018_109658. html.

② 教育部. 教育部办公厅关于印发《精品资源共享课建设工作实施办法》的通知［EB/OL］.［2010 – 10 – 22］. http://www. moe. gov. cn/srcsite/A08/s5664/moe_1623/s3843/201205/t20120521_137250. html.

信息网络技术手段进行教学与管理的课程体系改革，以实现优质教学资源共享，以提高高等学校教学质量和人才的培养质量为目标的"质量工程"①。笔者认为，时至今日，使用"五个一流"的示范性标准来评判一门课程是否成功，是否有精品课程的特质依然十分有效。"五个一流"的具体建设内涵会随着课程建设水平和信息化程度的提高而不断发展，但其核心维度和主要观点对课程建设的指导仍有重要价值。

一流的教师队伍。就是要组建一支以主讲教师负责的，结构合理、人员稳定、教学水平高、教学效果好的教师队伍，并按一定比例配备辅导教师和实验教师。具体表现为课程主持人应是师德好、学术造诣高、教学能力强、教学经验丰富和课程管理能力较强、在国内同学科领域具有一定影响力和知名度的教授或专家（如国家级、省级教学名师或入选各级人才计划等）。主讲教师团队学术造诣高、教学经验丰富、成果显著、年龄和知识结构合理，并成为学科建设和人才培养的主力，教学研究卓有成效。

一流的教学内容。教学内容建设是精品课程建设的核心。一流的教学内容是指在教学内容上体现现代教育理念和时代要求。以知识整合为课程体系建设的核心，重在课程的精品内涵建设，始终保持科学性、先进性和系统性；及时反映并吸收本学科领域的最新研究成果，积极整合优秀教学成果和科学研究成果，体现新时期社会、政治、经济、科技发展对人才培养提出的新要求②。具体表现为认真研究课程所在专业的人才培养目标和创新人才培养模式，要明确课程与学科发展、课程与产业人才专业知识能力培养的逻辑关系；要充分开展课程思政建设，使课程内容的设计与思政要素无缝衔接；要考虑课程体系整体性和课程的合理衔接，做到内容的基础性、先进性、科学性的统一；很好地处理经典与现代、新与旧的关系；及时反映本学科领域最新的科技成果和实践动态，更新并充实应用案例的内容；实验课内容的技术性、综合性和探索性关系处理得当，有效培养学生的实践能力。

一流的教材。就是以科技创新为源泉，以新的教材体系为基础，结合教学实际，修订教学大纲，开发建设以纸质教材为基础，以网络课程建设和学科专业网站建设为依托的，由纸质教材、电子教材、网络课件、网络课程、实验教程、习题集、试题库、电子教案、系列参考书和辅助教材等构成的一流立体化教材。职业教育的教材建设要符合教育部"三教"改革的要求，现体时代性、职业性、数字化、项目式、任务化，体现校企共建和产教融合等最新要求。使用的教材最好是入选国家和省级规划项目或使用范围较大的优质教材。

一流的教学方法和手段。一流的教学方法注重跨学科、跨领域的整合，注重各种因素下对学习环境的建构，注重新的评估理念和方法，重视学生学习的策略，使学生在解决问题中掌握相关的知识与程序③。具体表现为教学思想的先进性，与最新的教学理论和教育理念保持一致，要用"启发式""探究式"或"以问题为基础"的教学思想，采用多样化的教学方法，取得良好的教学效果。并根据课程特点，充分利用现代教育技术手段开展教学，积极使用网络技术，实现教学与管理的网络化，创建现代的教学和学习环境，实现资源共享。

一流的教学管理。指建立科学、规范的教学管理机制，实现"一流的教学管理"，为精

---

① 邓红. 从精品课程建设看"五个一流"的示范性——湖北省精品课程大学英语建构断想［J］. 华中农业大学学报：社会科学版，2008（3）：151 – 154.

② 侯治富，金祥雷，谷树严，等. 精品课程建设目标及实现途径的研究与实践［J］. 中国大学教学，2006（1）：21 – 23.

③ 邓红. 从精品课程建设看"五个一流"的示范性——湖北省精品课程大学英语建构断想［J］. 华中农业大学学报：社会科学版，2008（3）：151 – 154.

品课程持续建设提供基本保障。规章制度的执行是保证精品课程建设的重要手段，而规范完整的教学档案，是科学管理的重要体现。具体表现为学校是课程建设的教学管理或课程制度保障；能充分展示课程教学的应用效果，例如，多期开课、跨校合作、修学人数等；能在课程应用中充分开展导学、活动组织等课程教学管理实证性数据支撑。

3. 高等学校精品在线开放课程的评审要点

2019年，《教育部高等教育司关于开展2019年国家精品在线开放课程认定工作的通知》中对国家精品在线开放课程的课题团队、课程教学设计、课程内容、教学活动与教师指导、应用效果与影响、课程平台支持服务等六个维度提出了明确要求[①]。

课程团队。课程负责人须为申报高校正式聘用的教师，具有丰富的教学经验和较高的学术造诣。主讲教师师德好，教学能力强，积极投身信息技术与教育教学深度融合的教学改革。课程团队结构合理、人员稳定，除课程负责人和主讲教师外，还应配备必要的助理教师，保障线上线下教学正常有序运行。同一课程负责人只能申报一门课程。

课程教学设计。遵循教育教学规律，体现现代教育思想，符合《普通高等学校本科专业类教学质量国家标准》等要求，具有大规模在线开放课程教学特征。注重以学生为中心建立教与学新型关系，注重学生批判性思维、合作能力、复杂问题解决能力的培养，构建体现信息技术与教育教学深度融合的课程结构和教学组织模式，课程知识体系科学，资源配置、考核评价方式合理，适合在线学习和混合式教学。

课程内容。坚持立德树人，能够将思想政治教育内化为课程内容，弘扬社会主义核心价值观。课程内容规范完整，体现前沿性和时代性，反映学科专业最新发展成果和教改教研成果，具有较高的科学性，内容更新和完善及时。无危害国家安全、涉密及其他不适宜网络公开传播的内容，无侵犯他人知识产权的内容。

教学活动与教师指导。通过课程平台，教师按照学校的教学计划和要求为学习者提供在线测验、作业、考试、答疑、讨论等教学活动，及时开展在线指导与测评，按时评定成绩。各项教学活动完整、有效，按计划实施。学习者在线学习响应度高，师生互动充分，能有效促进师生之间、学生之间进行资源共享、互动交流和自主式与协作式学习。

应用效果与影响。申报课程在本校教学过程中能较好地应用，将在线课程与课堂教学相结合，教学方法先进，教学质量高。在其他高校和社会学习者中共享范围广，应用模式多样，应用效果好，社会影响大，示范引领性强。

课程平台支持服务。课程平台须按照《中国互联网管理条例》等规定，完成有关的备案和审批手续，须至少获得国家信息安全等级保护二级认证。平台运行安全稳定畅通，课程在线教学支持服务高效。同时，须制定相应的管理制度和工作流程，配备专业人员进行课程审查、教学服务管理和安全保障，确保上线课程内容和制作技术规范，适合网络传播。

4. 职业教育在线精品课程的评审要点

在2022年印发的《教育部办公厅关于开展2022年职业教育国家在线精品课程遴选工作的通知》（教职成厅函〔2022〕18号）中对职业教育国家在线精品课程的评审提出了否定性指标和评议性指标两类观测指标。其中，否定性指标见表8-4，主要涉及课程资格、教

---

① 教育部. 教育部高等教育司关于开展2019年国家精品在线开放课程认定工作的通知 [EB/OL]. [2019-7-29]. http://www.moe.gov.cn/s78/A08/tongzhi/201907/t20190702_388689.html.

师资格、申报材料和平台资格，而评议性指标则见表 8 - 5，主要由课程设计、课程建设、课程实施和应用效果四个维度构成。

表 8 - 4　2022 年职业教育在线精品课程观测否定性指标

维度	具体指标	观测点及方式
课程资格	课程与推荐申报类型不符	查看教务系统截图，核实是否是专业人才培养方案的在线课程
	开设时间或期数不符合申报要求	查看课程平台运行情况，核实申报截止日期前是否完成至少两（学）期教学实践
	教材选用不合规	查看提交的材料，核实选用教材是否符合《职业院校教材管理办法》等有关要求
	课程基本信息明显不一致	查看教务系统截图，重点比对课程名称、授课教师、学时等有关说明材料
	课程线上教学资源无法打开	查看"提供的课程访问网址"
	课程内容存在政治性、思想性问题，以及科学性问题	查看提交的资料，核实是否存在重要意识形态问题或科学性问题
教师资格	团队成员存在师德师风方面问题	查看"团队成员政治审查意见"以及提交的资料，或者举报属实
申报材料	申报材料造假	查看提交的材料，或举报属实
	发现且确认有侵权现象	查看提交的材料，或举报属实
平台资格	无工信部 ICP 网站备案、无公安机关网站备案号、无信息安全等级保护证书	查看提交的材料，或举报属实

表 8 - 5　2022 年职业教育在线精品课程观测评议性指标

一级指标	二级指标	观测点及要求
课程设计	课程定位与目标	1. 落实立德树人根本任务，符合相应专业教学标准、人才培养方案、课程标准要求，课程性质明确，与前、后接续课程衔接得当。 2. 课程目标定位准确、条目清晰、内容具体、可评可测。 3. 公共基础课程注重打好科学文化基础、培养学生思想政治素质、学科核心素养；专业（技能）课程注重提升专业能力、掌握专业技能，培养学生职业道德、综合素养
	课程结构与内容	1. 课程内容组织与安排凸显职业教育类型特征，公共基础课程内容及时反映新知识，专业（技能）课程对接新产业、新业态、新模式、新职业，反映相关领域新技术、新工艺、新规范，体现行业企业参与特征，紧贴本专业相关技术领域职业岗位（群）的能力要求。 2. 落实课程思政要求，结合不同课程特点、思维方法和价值理念，挖掘课程思政元素，有机融入课程。 3. 课程内容完整、结构合理、逻辑清晰，学习单元划分合理、衔接有序、教学学时分配合理。申报课程不低于 32 学时

续表

一级指标	二级指标	观测点及要求
课程建设	基本信息与规范	1. 课程基本信息完整，课程页面应包括配套教材、课程介绍、教学团队、相关教材、相关职业类证书等信息。 2. 课程页面布局合理、信息量适度、色彩搭配协调。 3. 导航清晰明确，符号规范
	资源建设与应用	1. 课程资源以自主设计与开发为主，与课程内容相匹配、全覆盖，内在逻辑合理、内容完整精炼，能够满足学校教学和学习者学习需求，做到能学辅教；体现课程思政建设要求，体现行业发展的前沿技术和最新成果。 2. 课程资源类型丰富、内容多样，针对各模块知识点或技能点设置对应的授课视频、动画、虚拟仿真、演示文稿、测验和作业等多样的教学资源。 3. 科学规划在线学习资源，动画、视频、虚拟仿真等类型资源一般不少于30%
	成员构成与要求	1. 团队结构合理，师德师风优良，教学表现力和亲和力强，教学成果积累丰富，教学改革意识强，信息素养高。 2. 课程负责人原则上应具有副高级及以上职称，具有丰富的教学经验，负责人限牵头申报一门课程。经验和扎实专业功底，在本专业领域具有一定影响力，同一课程 3. 专业（技能）课"双师"型教师及企业兼职教师各具特色，团队主要成员须与课程平台显示人员一致，配备必要的助理教师
	课程管理与保障	1. 学校在线课程管理制度和机构健全，已出台在线课程教学管理办法，对课程选用、教学、评价、督导和学分认定等进行规范，做到线上与线下课程教学同管理、同要求，有支持在线课程建设和实施的激励制度，提供人员、经费等保障。 2. 重视版权和知识产权等问题，与院校、企业、团队合作签署的知识产权保障协议（或书面约定）规范严谨、平等互利。 3. 教材选用合理，符合有关规定。引用资源规范，符合教学需求
课程实施	教学组织与安排	1. 围绕学习任务，细化具体教学目标，合理把握教学进度、组织具体教学。 2. 科学设计教学模式，恰当进行课程导入，课程重点、难点讲授准确、全面，合理使用案例式、混合式、探究式等多种教学模式。 3. 出镜教师教学过程中教仪教态自然大方，语言表达清晰、深入浅出，注重教学互动、激发学生学习积极性
	教学活动与过程	1. 各项教学活动完整、有效，教学过程可回溯，关注教与学全过程的信息采集，教学过程材料完整。 2. 合理使用信息技术手段创新教学模式，适合在线学习或混合式教学，能够激发学生学习兴趣和潜能。 3. 提供在线测试、即时在线反馈、作业提交和批改、网上社区讨论等学习支持服务，促进师生之间、学生之间进行资源共享、问题交流和协作学习，实现师生、生生的深度有效互动
	学习考核与评价	1. 建立多元化学习评价体系，不断改进结果评价，强化过程评价，探索增值评价，健全综合评价。 2. 探索基于大数据的信息采集分析，全程记录和跟踪教师的教学与学生学习过程，形成教与学的正向反馈。 3. 平台至少完成两个教学周期的在线教学实践或两个学期的线上线下混合教学实践。课程建设过程中，不断完善课程考核评价机制，有效反思课程建设的经验与不足，教学诊断改进积极有效

续表

一级指标	二级指标	观测点及要求
应用效果	教学效果与反馈	1. 学生适应在线学习方式，可以有效开展个性化学习与合作学习，对课程的参与度、学习获得感高，学习效果好。 2. 教师具有较强的信息化教学能力，教学团队配合默契，带动其他教育教学改革取得实质性成果。 3. 学生对教师教学以及课程的满意度较高
	技术支持与服务	1. 各类教学资源应用充分，活跃用户数占课程注册使用人数的比例较高。 2. 在线课程教学管理责任有效落实，有效防范在线刷课、替课、刷考、替考行为。 3. 课程平台能够保障信息安全，同时满足提供开放用户身份数据、开放课程访问数据、学习行为数据以及相关运行数据等监管要求
	课程示范与引领	1. 在教学和课程改革方面，与同类课程相比，显示了明显优势，具有推广价值。 2. 面向其他院校学生、企业员工和社会学习者开放学习，可供其他院校教师教学引用，用户使用活跃度高，应用效果良好、社会影响力大，认可度高

5. 高校精品在线开放课程的开发程序

1）解读评审标准

在建设各级高校精品在线开放课程时，要以教育部和各个省级教育管理部门的课程评审标准作为建设目标。由于国家级课程的申报和建设均要历经校级课程、省级课程和国家级课程的逐级评审，想要建好课程，首先就要认真解剖和深入分析课程申报书、课程技术标准，了解课程建设内容和要求、评审的申报流程，从而明确建设要求和工作标准，也方便查漏补缺。重点对课程信息、团队要求、课程内容、建设过程、应用效果、课程创新等要素逐一完善。

2）确定建设需求

在建设高校精品在线开放课程时，要明确课程建设的实际需求。具体包括明确当前建设的课程的级别、服务受众、推广应用范围等。课程的级别是指明确建设的是校级、省级还是国家级课程。课程的建设是一个长期坚持不懈的过程，校级课程是初期草创，省级课程是省内一流，国家级课程是国内精品，对目标的达成，要有清晰的目标分析和扎实的工作基础。

3）编写课程标准

课程标准是课程评审的重点工作，用于说明课程的建设和实施的标准。课程标准的内容包括课程信息、课程性质、设计理念、课程目标分析、课程内容设计与工作领域分析、课程教学实施与项目设计、课程考核方案等重点内容。在编写课程标准的过程中，要充分显现教学改革的先进性。

4）编写教学方案

教学方案是课程建设的详细说明和预计设计，用于指导课程的具体实施和改进。教学方案的设计主要涉及课程信息、学情分析、教学目标分析、实施策略与环境支持、教学过程设计、评价方案等内容。

5）研发教学资源

课程教学资源的设计是课程建设的重点工作。例如，在《职业教育国家在线精品课程遴选工作要求》中①，就对课程的视频资源、课程习题、案例、虚拟现实应用等有明确的数量和质量要求。在建设资源研发过程中，一方面，要遵循指定的技术标准，例如课程视频资源的分辨率、单课时长、文件大小等要符合标准；另一方面，要达到优质精品资源的质量标准，以精品资源、一流设计、理实合一、美观合理等要求来进行资源的设计和开发。

在微课资源的制作中，要根据评审要求进行必要的真人实拍、动画资源、虚拟仿真、操作过程等多种形态的视频制作。随着申报数量加大和水平竞争加剧，为了提高课程资源的质量，有条件的课程团队也引入了企业资源来参与资源的设计、拍摄、制作和包装。

6）编写习题测试

编写必要的习题测试是实施课程评价的基础。与面授相比，大规模开放在线课程的实施更为强调学习者的自主学习和自我管理能力，因此，在线的测试和练习对促进学习者完成课程，降低退出率有重要的实际价值。因此，为课程的教学活动和项目实施提供完善的课后习题、单元小测、项目成果、期末测试等，对提高课程的活动完成率、学生通过率、学生参与度等数据表现都有不可或缺的作用。

7）选择发布平台

教学平台的选择是一个课程建设的重要环节。目前国内在普通高等学校和高职学校都有许多不错的平台可供选择。在普通高等学校，比较常用的公共平台有中国慕课网、高等教育出版社的爱课程 iCourse、超星平台、清华大学的课堂在线、智慧树等；在高职学校，除了使用上述普通高等学校常用平台外，中国智慧职教（学银在线）、超星学习通、云班课、中国职教云平台等用得较多。

也有部分学校使用学校自建的课程平台，但开放性和共享性相对较弱，对公开评审和认定相对不利。在教育部发布的文件中，明确提出不具备大规模在线开放课程特征的课程，如视频公开课和资源共享课、仅对本校或少数高校学生开放的小规模专有在线课程（SPOC）和应用于非全日制学生的网络教育课程，以及无完整教学过程和教学活动的在线课程等，不在认定范围②。

由于课程评审条件中有平台资源和使用数据要求，所以，选好一个合适的平台，并坚持长期建设是课程的成功申报和通过评审的重要基础。在选择课程发布平台时，有几点要注意：一是要充分考虑学校条件、课程类型、平台系统基本功能；二是要保障教学过程性数据采集，即教学活动、资源应用、交互活动的数据统计；三是要考虑后期的申报网站和教学资源库整合的方便性和有效性。

8）上传课程资源

课程资源制作好后，就应当及时、有序地上传到课程平台。在课程建设过程中，课程资源的上传和更新体现了课程建设是一个持续开发和迭代升级的过程。因此，课程资源在上传时，要注意课程整体结构的设计合理性、课程内容的完整性和结构的逻辑性、课程资源排序的有序性、资源标题设计的简洁性等要求，尽量做到目录清晰，简洁明了。

---

① 教育部. 教育部办公厅发布《关于开展 2022 年职业教育国家在线精品课程遴选工作的通知》[EB/OL]. [2022 - 9 - 12]. http://www.moe.gov.cn/srcsite/A07/moe_953/202208/t20220809_651731.html?eqid=86cc852d000768100000000003642fbe92.

② 教育部. 教育部高等教育司关于开展 2019 年国家精品在线开放课程认定工作的通知 [EB/OL]. [2019 - 7 - 30]. http://www.moe.gov.cn/s78/A08/tongzhi/201907/t20190702_388689.html.

9）课程开设运营

课程开设运营主要涉及教学团队基于课程平台开出课程的教学管理、课程实施和数据积累。课程的开设要考虑校内和校外用户的协同，一方面，课程要为校内专业发展提供支持；另一方面，要重视在校外多个单位进行课程的协同建设，为开放学习者提供必要的学习支持和辅导。精心的授课内容、丰富的学习资源、活跃的交互活动、良好的课程评价，对精品在线开放课程后期能通过各级评审有重要价值。在不同级别的课程评审中，大多要求课程开出2个学期以上，并对校外用户提供服务。

课程的持续运营需要教学团队的长期坚持和不懈努力，这也是数据积累的过程。在参评过程中，在官方提供的《课程资源与学习数据及平台承诺书》中，要求课程出具两（学）期的数据及平台承诺书。其具体的数据要求包括：当期选课人数，课程资源数，视频资源总数和总时长，动画、虚拟仿真类资源数量，课程公告数量，测验和作业的总次数、习题数和参与人数，互动交流情况的发帖总数、教师发帖数和参与互动人数，考核（试）的次数、试题总数、参与人数和考试通过人数。

10）组织申报网站

认真设计和组织课程的申报网站有利于有集中展示课程建设的成果。在课程申报网站中，要合理地设置课程介绍、教学团队、教学网站、教学展示视频、高水平教学成果、教学设计、学生作品、课程平台数据等必要的内容。申报网站的结构要做到合理清晰，界面设计要美观大方，数据展示要清晰真实，过程资料翔实有力。

在此阶段，申报书的撰写工作十分重要。在申报书中，需要填写课程基本信息、授课教师、课程设计、课程建设、课程实施、应用效果和特色创新等内容。在填写的过程中，要充分体现课程设计的先进性、教学内容的丰富程度、教学应用效果、教学成果的高水平等关键要素。

课程基本信息。课程名称、课程负责人、负责人所在单位、课程编码（教务系统编码）、教育层次、课程分类、课程性质、开课年级、面向专业、学时、学分；先修课程名称、接续课程名称；主要教材、课程纳入省级及以上有关项目情况、课程链接及查看教学活动的账号和密码等。

授课教师（课程团队）。主要成员信息，课程负责人和团队主要成员教学情况，近5年来在承担该门课程开展教学研究、获得教学奖励方面的情况。

课程设计。课程定位与目标、结构与内容等情况。

课程建设。课程建设历程、基本信息规范、资源建设应用、内容更新、成员构成、管理保障等情况。

课程实施。课程教学组织安排、教学活动过程、学习考核评价等情况。

应用效果。本课程的教学效果、技术支持服务、课程示范引领等情况。

特色创新。课程特色创新情况。

11）持续更新迭代

精品在线开放课程的建设是一个长期积累和不断迭代的过程。课程的发展需要教学团队对课程的教学内容、课程资源、教学活动设计、评价方式等方面进行不断更新。

【动手实践】分析一门高校网络课程

在中国大学 MOOC 国家精品课程在线学习平台（https://www.icourse163.org/）或者高

校的官方网站，选取或查找一门与学习者专业相关的国家级精品课程进行分析。

1. 注册并进入教学网站，分析其课程框架和内容结构，绘制一个课程结构概念图。

2. 进行小组讨论，分析这门课程的最大亮点和特色。

3. 查找并进入申报网站，分析其结构和主要内容。

二、在线教育的资源设计与开发

（一）演示文稿设计开发的基本流程

随着数字化教学资源制作技术的发展，课件的多媒体呈现能为学习者提供多种感官的刺激，有利于提高学生的学习兴趣和效率。演示文稿是最基础的一种多媒体课件形式。

1. 演示文稿的设计①

演示文稿课件一般采用一种类似于幻灯投影胶片的方式进行内容组织，每个页面上集成多媒体素材，使用时逐个播放页面。演示文稿课件一般可以使用 PowerPoint、WPS 演示工具制作。

1）演示文稿设计的要求

一是内容要明确、具体。教学内容明确、具体，切合课程和学生实际，并依据教学目标，分析教学内容结构中各知识点的表达形式，采用合适的多媒体技术，实现教学信息传播的最优化。

二是教学思路要清晰。演示文稿以页为基本单位，每一张幻灯片都是一个相对独立的页面，页与页之间的联系是根据它所承载的知识体系间的逻辑关系体现的，既有知识点的连续性，又有知识点的切换。所以，其制作应该体现知识体系的逻辑性，保证教学思路清晰。

三是模板符合学生的认知特点。在选择模板时，应该考虑与课程的主题、科目、教学内容以及学生的年龄特点和认知规律等相符合。一般情况下，一个课件最好使用同一个模板，以保证风格统一，避免视觉跳跃。

2）演示文稿设计的内容

演示文稿设计一般涉及前端分析、教学过程设计、学习评价设计三个方面，其基本内容如图 8 - 18 所示。

2. 演示文稿的制作

1）文字制作

文字是教学信息呈现的主体元素，它不仅是教师传递教学内容的主要载体，也是学生获取知识的重要来源。文字制作包括字体、字号、字形、颜色、行距等内容。

文字制作要点包括：

①文字的设计要简明扼要，突出要点和重点，重点可以通过变化来加以强调。

②采用合适的字体、字号，要求醒目、易读。

③一张幻灯片中尽量不要使用超过 3 种字体。

④罗列要点，切忌长篇大论。

⑤在同一段落中，项目符号与序号不可同时使用。

---

① 柯清超，马秀芳. 教育技术应用（第二版）［M］. 北京：高等教育出版社，2020：34 - 38.

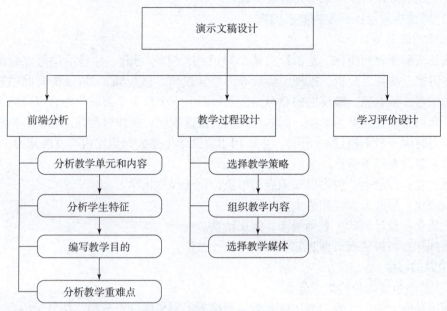

图 8 – 18　演示文稿设计的基本内容

⑥设定合理的字间距和行间距。合理运用缩进，展示内容层级关系。

2）色彩搭配

色彩搭配是指对幻灯片的色彩基调、风格等作协调安排，其主要功能是衬托与突出主题信息、统一风格、增强课件的艺术性。

色彩搭配应注意以下几点：

①充分考虑色彩的象征意义与主题信息内容内在关联的协调，根据不同的主题内容选择合适的色彩。

②页面中大块配色一般不超过 3 种。

③文字与背景颜色要形成强烈的反差（包括颜色和明度反差），一般文字颜色以亮色为主，背景颜色以暗色为主；在选用对比色彩搭配时，文字一般选用暖色调色彩，背景选用冷色调色彩，以保证文字突出和醒目。

3）版面布局

版面布局是指在版面上合理安排文字、图片、图形等可视化信息元素的位置、大小，使其富有整体性、条理性、艺术性。版面布局应注意以下几点：

①教学信息呈现明确：教学信息呈现元素在界面中必须是明确、突出且能引人注目的。

②界面简明扼要：界面力求简明扼要，最好是一张幻灯片一个中心，保证学生的视点集中。

③去除无关内容：在能充分表达教学内容的情况下"去除一切不必要的东西"。

4）幻灯片切换

幻灯片是以页为基本单位呈现信息的，页与页之间既有知识点的连续性，又有知识点的切换。切换幻灯片应注意以下几点：

①当按顺序切换时，可适当地选择动画。

②目录式幻灯片切换可采用超链接实现。

（二）微课视频设计开发的基本流程

1. 微课的概念与特点①

微课是微型课程的简称，是指针对某个知识点、例题/习题、实验活动等进行深入、详细、具体讲授、演算、分析、推理、答疑等的教学视频（微视频），以及配套的微教案、微课件、微练习、微点评、微反思的总和。微课是面向学生自主学习的资源，以视频为主，内容以某个知识点或技能点为单位，例如：知识点授课视频、操作过程演示微课、例题讲解微课等。学习时间一般不超过 10 分钟，主要用于帮助学生完成知识建构与发展能力。

微课一般具有以下特点。

①微型化：容量小，内容以知识点为单位，便于碎片化学习。

②视频化；形式上以视频为主。

③优质化：设计创新，名师授课，制作精良。

④系列化：可以实现对课程知识点的系统性教学。

2. 微课的类型

1）从教学角度划分的微课分类

微课可从教学内容、教学方法以及教学用途等不同角度进行分类。按教学内容，可分为概念知识讲解类、案例/习题讲解类、技能训练类、微探究/游戏类等；按教学方法，可分为讲授类、问答类、启发类、讨论类、演示类、练习类、实验类、表演类、自主学习类、合作学习类、探究学习类等；按教学用途，可分为正式学习类（支持结构化的课程教学）、非正式学习类（支持微型学习、碎片化学习、移动学习）等。

2）从技术实现角度划分微课分类

①摄制型微课。

摄制型主要指利用手机、DV 摄像机、录播系统等摄录工具，结合白纸、黑板、白板等演示工具，进行的一种微课视频录制形式。该形式主要针对教学内容演示和操作演示。常用的摄制方式有摄像机＋黑/白板、手机＋白纸、录播系统教室等。

②录屏式微课。

录屏式主要指只录制教师的讲解声音及屏幕操作演示过程的一种微课视频录制形式。该形式主要针对逻辑推理和过程需演算分析的教学内容。常见的录屏组合有手写板＋画图工具＋录屏软件（可汗学院）、PPT＋录屏软件、其他教学软件＋录屏软件等。

③软件合成式微课。

软件合成式主要指运用图像、动画、课件或视频制作软件（如万彩大师、Flash、PPT、Articulate Studio、会声会影等），在脚本设计、技术合成后，输出教学视频短片的一种微课视频制作形式。

④混合式微课。

混合式指应用上述提及的多种形式来制作、编辑、合成教学视频。值得注意的是，获取的这些视频素材都只有经过一定的后期编辑制作后才可发布。

3. 微课资源的组成

面向自主学习的微课资源一般由三部分组成：学习任务单、微课视频和进阶练习。微课

---

① 柯清超，马秀芳．教育技术应用（第二版）［M］．北京：高等教育出版社，2020：55－58．

资源的系统规划与组成如图 8 – 19 所示。

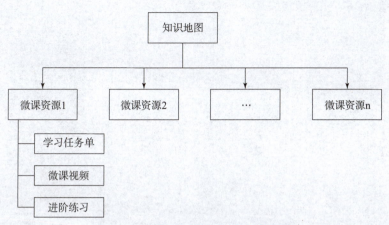

图 8 – 19　微课资源的系统规划与组成

4. 微课的设计①

1）内容设计

教学内容是微课设计的核心，内容的选取要做到小及精，围绕一个具体的点来讲清楚，而不追求宽泛和过于抽象。微课内容的选取通常服从于课程的整体架构设计的需要，它可以与一门课程、一本教材或一个知识地图中的某个具体章节内容的知识点对应，也可以是一个单独的知识节点。在内容选择上，可以是教学的一个主题、例子、习题、实验活动、操作演示、分析、推理过程。要将内容按逻辑进行细分，按教学过程归为含情境导入、知识讲解、课堂小结、小测拓展等模块。此外，还要注意在微课片头加上主题信息和制作人信息，在片尾加上版权信息和参考文献等必要的信息。

2）教学过程设计

教学过程包含情境导入、知识讲解、课堂小结、小测拓展等内容模块。一般要求做到主题切入新颖有趣、迅速有力、情境贴题；教学过程主线清晰、重点突出、逻辑性强、简明易懂；教学示范步骤准确、讲解清晰、术语科学无误，注重突出学生的主体性以及教与学的有机结合；课堂小结要高度归纳、简洁精练；小测拓展的选择要与主题有密切相关性。

3）媒体设计

微课是一种组合了文本、图形图像、动画、视频、音频等多种媒体的教学资源，所以媒体的选择要与教学内容的呈现和听视觉表达相结合，选择最合适的媒体资源。例如，在讲解程序的冒泡排序算法时，在讲解算法的代码执行过程中，使用执行过程的动画可以帮助学员了解算法执行的具体过程，由抽象到具体，通过信息的可视化，可以降低学员学习算法的难度和提高学习的兴趣，如图 8 – 20 所示。

---

① 柯清超，马秀芳. 教育技术应用（第二版）[M]. 北京：高等教育出版社，2020：57 – 65.

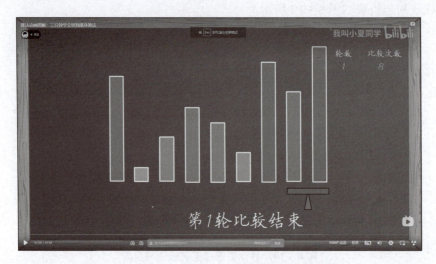

图 8 − 20 算法动画图解：三分钟学会冒泡排序算法①

4）时间设计

通常微课的总时长控制在 10 分钟左右，最长不超过 15 分钟，因为大部分学员的注意力集中的有效时间在 10 分钟左右。由于微课的结构一般由情景导入、知识讲解、内容小结和实例拓展等构成，所以一般将导入控制在 40 秒内，小结控制在 20 ~ 30 秒，将大部分时间集中在知识讲解和实例部分。

5）形式设计

微课的形式主要有摄制型、录屏式、软件合成式、混合式等。在进行形式设计时，要考虑在线教育产品的定位、课程整体风格、用户年龄习惯和接受情况等。例如，对于 K12 阶段的用户，在微课的资源表达形态上，通常使用卡通形象或有趣的动画和故事形态的设计，而对高校学生或成人教育学员，则可以接受在微课中使用较多的教师真人讲解、操作过程录屏、理论分析等形式。

5. 微课的制作

从技术实现的角度看，不同微课视频形态，其设计和制作过程也会有所差异。随着动画制作技术和相关工具的发展，基于二维动画的原创性微课在学校教育和培训机构中愈发受到广泛欢迎，其制作的过程更为综合化。例如，在制作一个机器人编程教学微课时，情境导入的部分可能是一个问题情境的影视片断或机器人运行效果动画，而解决思路分析、知识讲解等部分可能采用 PPT 翻页讲解和代码编写过程的实时录屏，在效果展示部分则会采用机器人运行实况视频，为了让讲解过程清晰，还要在后期制作时加上配音和字幕。

以下以使用万彩大师制作"资源"为例来说明动画类微课设计的一般过程。

1）教学内容分析

制作微课的首要步骤是开展教学内容分析。首先要明确课程的目标，即当前内容在专业人才培养方案中的定位、本课程内容的目标，可用知识与技能、过程与方法、情感态度与价值观三个维度进行分析，也可以使用新课标中课程核心素养达成目标的分析方法。接着要分

---

① 哔哩哔哩. 算法动画图解：三分钟学会冒泡排序算法 [EB/OL]. [2023 − 9 − 10]. https://www.bilibili.com/video/BV17r4y1p7vY/.

析教材的具体教学内容，明确教学内容的知识点、重点和难点等。

2）教学设计

课程的整体教学设计是制作微课的基础，在教师为课程撰写的教学设计方案中，微课本身通常只服务于某个教学单元或单节课中的某个环节，作为单个知识节点的具体表达，微课本身也要充分思考自身的教学设计。一般微课的教学设计需要明确微课的体例、教学环节、教学策略和时间分配等内容。

在使用万彩大师制作微课时，一般采用 MG 二维动画的体例，也可以采用混编合成方式。教学环节的设计一般分为情境导入、学习新知、典型案例、拓展知识、课堂小结、课后练习等。教学策略则与教学内容相关，要考虑课堂互动、活动需要、实验操作等。时间分配与教学环节对应，由于微课本身的时长一般控制在 8～10 分钟，所以各个环节的内容的时间要预先做好设计。

3）分镜头脚本设计

在开发微课时，想要做到教学思路清晰、语言生动、内容富有教学性和趣味性，就需要认真进行分镜头脚本设计。微课的动画分镜头脚本模板可参考表 8－6，主要要素如下。

表 8－6 微课动画分镜头脚本模板

序号	场景	时长	内容概要	角色对话	景别	动画切换	角色素材	声音
1	水果店门口对话	3 s	爷爷和小宝在逛街	爷爷说：×× 小宝说：×××	中景	淡入	水果店场景素材、售货小哥、水果	街道背景音
2	水果店门口对话	10 s	爷爷和小宝对话，小宝向爷爷说明可使用支付宝购买水果	爷爷说：×× 小宝说：×××	近景	缩放，切到两人对话	水果店场景素材	
3	…	…	…	…	…	…	…	…

动画类型：根据课程内容选择合适的动画类型，比如角色动画、抽象概念动画、实景拍摄动画、手绘动画等。

人物设定：根据课程内容设计主要人物和角色，并对角色的形象、性格等进行设定。由于万彩大师中提供了大量的动画角色，在选择角色时，要注意历史时空、文化氛围、社会常识的要求，避免出现风格不一致或历史时间错误等问题。

场景设计：根据微课的内容安排设计各个场景和运镜的控制，包括背景、场景道具、镜头切换说明等。

时间安排：在万彩动画大师中，在同一场景中，使用时间线就可以控制舞台中角色出现和动作的时长，多个场景的时间累计就是总时长。根据课程内容合理安排时间，包括动画时长、讲解时长等，尽可能做到简洁明快，避免拖沓。

运镜要求：根据微课的场景中角色的呈现需要，描述镜头的使用以及景别要求，如特写、近景、中景、远景等。

故事情节：对于历史人文和教育类的微课而言，故事情节是微课中角色表演的主线。生动有趣的故事情节需要通过高水平的文案来表达。在微课中，故事的语言表达一般由角色对话、旁白解说等形式共同完成。

核心素材：核心素材的说明和场景设计是对应的，主要用于说明某个场景中使用了哪些关键和必要的素材。

音乐音效：根据课程内容和角色特点选择合适的音乐和音效，比如背景音乐、人物对话音效等。要注意，在正式的课程中，应该避免使用二次元、语速不当、与内容主题或氛围不相符合的音效。

4）素材准备

在素材准备的环节，要根据前面教学设计、脚本设计的要求，准备图片、音频、视频等，并合理安排这些素材的存储位置和先后顺序。

在音频的准备中，角色的配音可使用万彩动画大师的智能配音，根据角色的年龄、性别和性格特征挑选合适的配音，但对于原创性较高的作品，或在软件中缺失的配音（例如幼儿、老年女声）等，则需要预先进行真人录音来解决。

在视频素材准备中，要根据教学内容的需要来准备历史文献、实拍视频、过程操作录屏、第三方视频资源等不同类型的视频素材。视频资源不仅要尽可能清晰，不变形，还要注意分辨率和目标视频输出要求对应。此外，要重视知识产权保护，如引用第三方资源，则应当获得适当的授权，并在微课作品的参考文献和致谢中清楚列出。

5）制作合成

制作合成的过程相对比较复杂，不同微课的差异也比较大。但一般在万彩大师中都涉及创建动画、设定场景、添加动画角色、设置动画、智能配音、保存输出作品等环节。

创建动画：万彩动画大师支持多种微课动画创建方式，包括新建空白页面、一键套用模板、导入PPT等，选择任意一种方式进行创作即可，一定要在开始时就设定好正确的屏幕分辨率。

设定场景：适当的场景素材可以起到营造氛围、丰富动画画面的作用。万彩动画大师支持一键使用精美场景素材，并使用与PowerPoint类似的操作，方便地添加动画场景。

添加动画角色：创建场景后，就可以添加各种所需的动画角色。单击"角色"按钮进行角色添加，万彩动画大师内置大量动画角色人物，还能自定义角色动作动画。在编辑动画微课时，万彩动画大师还支持自定义添加各种元素，如文字、图片、视频、音频素材，让动画制作更丰富生动。

设置动画：通过为元素添加各种动画，可让微课制作更灵活生动。万彩动画大师支持多种炫酷转场、镜头、动画，可使画面更生动、流畅。在实践中，要注意角色动作的动画设置与场景、时间线合理匹配。例如，角色对话过程中，当前角色的说话已经结束，而动画中角色的嘴巴还在动，这种低级错误一定要避免。

智能配音：万彩动画大师支持智能语音合成功能，输入文本即可生成不同语音。

保存输出作品：全部编辑完成后，就能保存输出微课动画作品。

6）迭代优化

可以通过向学生、教师、专家或其他相关人员收集微课设计和使用的反馈，了解微课的优点和不足，发现需要改进的地方。具体可从分析学生需求、改进教学内容、优化教学方法、完善教学环节和调整时间分配、美化呈现效果等角度对微课进行设计更新和迭代优化。

（三）配套教材设计的基本流程

在开展在线教育产品的设计时，配套教材在教学过程中起到重要作用。对于教师而言，教材是课程教学内容的主要载体，教材中设定的内容框架为教学内容的组织和活动编排提供了指引，教材与其他教学材料相比，更为严谨和科学。教材也是编写教学设计方案和教学评价方案（测试）的基础。对于学生而言，教材是课程知识最为重要的载体，对于线上教育课程，教材不仅能为学习者提供自主学习材料，还能方便学生在听课过程中做笔记，更是考前复习和系统梳理学习成果的资源。因此，对于正规的在线教育培训机构而言，为学生设计配套的教材就显得极为重要。

课程配套教材的设计流程主要包括课程分析、教材编撰、教材内部校对和勘误、教材的审定、教材的出版和印刷、教材修订和改进等六个步骤，如图 8–21 所示。

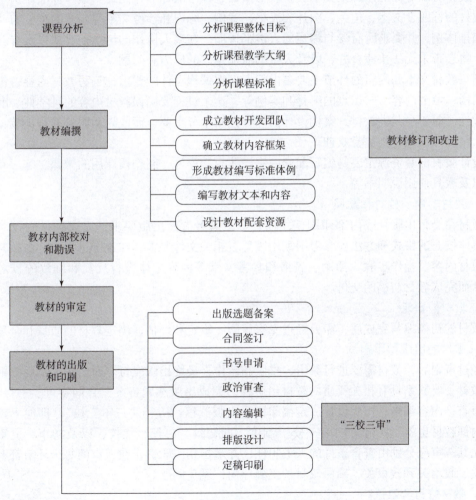

图 8–21　课程配套教材的设计流程

1. 课程分析

课程分析主要是确定课程的整体目标和要求，从而明确教材的内容和边界。通过分析课程整体目标、课程教学大纲和课程标准，来确定教材所要传达的知识框架和具体内容设定。

2. 教材编撰

教材的编撰包括成立教材开发团队、确立教材内容框架、形成教材编写标准体例、编写教材文本和内容、设计教材配套资源等工作。

成立教材开发团队要求教育机构或教材主编通过内外结合的方式，联合领域知名专家或教研团队的骨干教师，共同参与教材开发，并形成高效的教材开发工作和沟通机制。

确立教材内容框架则要求教材研发人员能根据课程内容的设计、教材配套教具的使用、教学环境和知识应用场景等因素综合设计出合理的内容框架。例如，对于一个机器人教育机构而言，为了拓展课程体系，引入全新的机器人、开发板教具和项目内容时，如果教材研发人员对教具和开发环境不熟悉，那么他们很难设计出合理的内容框架。

形成教材编写标准体例主要解决了教材编撰过程中的标准化问题。编写标准体例主要设定了教材的标题、文本、角色、图片、表格、案例、练习和参考文献等要素的统一的基本格式和编排体例，并要求所有参与编写的人员都遵循。在多人协作的情境下，如果没有统一的格式，将会带来无法快速合并，以及大量的后期修改的压力和问题。

编写教材文本和内容的环节主要是由编者根据课程设计的要求，编写教材内容，包括教材的结构、章节内容、知识点的解释和实例等，这个过程要确保教材内容的科学性、准确性和可读性。对于少儿类教材，案例设计的趣味性则十分重要；而成人和职业教育类教材，有逻辑、精确和简练，则更受欢迎。

设计教材配套资源主要是编写配套的多媒体教学课件，制作授课用的微课、练习和指导书，以及教具使用说明书等。

3. 教材的内部校对和勘误

教材在交付出版社或内部印刷使用前，应由编者参照出版要求，完成教材的校对和勘误，具体校对的格式和方法可参考国家出版总署相关文件要求。在这个过程中，由教材编写者对教材内容、操作步骤、插图、表格和参考文献等内容主体进行反复和细致的校对与勘误，从而完成教材初稿的交付。

4. 教材的审定

教材的初稿编写完成后，需要经过专家审阅、审定和评估，确定教材的质量和合理性。

5. 教材的出版和印刷

经过审定后，教材需要进行编辑、排版和制作，最终出版发行。对于正式出版的纸质或电子教材，要联系具有相关资质的教材出版社，完成出版选题备案、合同签订、书号申请、政治审查、内容编辑、排版设计、定稿印刷等出版流程，历经"三审三校"。即便不正式出版，内部教材也就当实行"三审三校"制度，即初校、二校、三校，以及初审、复审、终审，尤其三审应分别由符合条件的人员担任，并承担相应职责，在三审的每个环节都要严把科学关、政治关和政策关，确保教材的正确导向，避免问题。

6. 教材修订和改进

教材出版后，需要开展教材使用效果的评估，收集用户的反馈意见和建议，及时进行修订和改进。

三、 在线教育的软件设计和开发

软件是在线教育产品设计的核心内容之一。对于部分侧重用户自学类型的教育 App 而言，很大程度上，软件就是产品本身。了解在线教育软件的设计和开发过程对于理解在线教育产品的设计具有重要价值。

一个在线教育软件的设计和开发过程，从软件工程实践和项目管理的视角来看，则包含了用户需求分析、系统概要设计、系统详细设计、系统编码、系统测试、系统部署、试用与反馈、产品更新迭代等基本步骤，如图 8-22 所示。

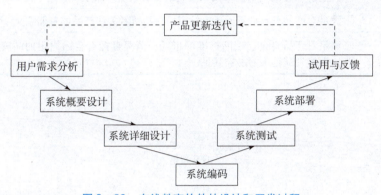

图 8-22 在线教育软件的设计和开发过程

（一）用户需求分析

1. 什么是用户需求

1）马斯洛需求层次理论

马斯洛需求层次理论（Maslow's Hierarchy of Needs）属于人本主义心理学，是管理心理学的核心支柱之一。马斯洛的需求层次结构是心理学中的激励理论，包括人类需求的五级模型，通常被描绘成金字塔内的等级，如图 8-23 所示。从层次结构的底部向上，需求分别为生理需求（Physiological Needs）、安全需求（Safety and Security Needs）、社交需求（Love and Belonging Needs）、尊重需求（Self-Esteem Needs）和自我实现需求（Self-Actualization Needs）。这种五阶段模式可分为不足需求和增长需求，见表 8-7。前四个级别通常称为缺陷需求（D 需求），而最高级别称为增长需求（B 需求）。1943 年，马斯洛指出，人们需要动力实现

图 8-23 需求层次理论模型（5 层）

某些需要，有些需求优先于其他需求[1]。在 1970 年，马斯洛等将需求层次理论模型扩大为八阶，包括认知需求（Cognitive Needs）、审美需求（Aesthetic Needs）和自我超越（Transcendence）[2]，如图 8-24 所示。

① Maslow A H. A theory of human motivation [J]. Psychological Review，1943，50 (4).

② Maslow A H. Religions，values，and peak experiences [M]. New York：Penguin（Original Work Published 1966），1970.

表8-7 不同需求层次的市场细分和产品要求

需求层次	市场细分和产品要求
生理需求	满足最低需求层次的市场，消费者只要求产品具有一般功能即可
安全需求	满足对"安全"有要求的市场，消费者关注产品对身体的影响
社交需求	满足对"交际"有要求的市场，消费者关注产品是否有助于提高自己的交际形象
尊重需求	满足对产品有与众不同要求的市场，消费者关注产品的象征意义
自我实现需求	满足对产品有自己判断标准的市场，消费者拥有自己固定的品牌，需求层次越高，消费者就越不容易被满足

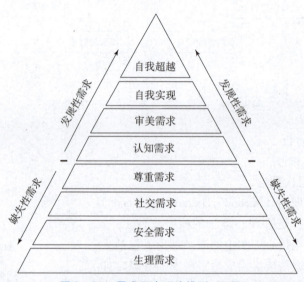

图8-24 需求层次理论模型（8层）

2）软件工程领域的用户需求

在软件工程领域中，需求分析也称为软件需求分析、系统需求分析或需求分析工程等，是指对客户提出的"要求"或者"需求"进行深入细致的调研和分析，准确理解用户和项目的功能、性能、可靠性等具体要求，将用户非形式的需求表述转化为完整的需求定义，从而确定系统必须做什么的过程①。需求分析最重要的工作是问题的定义，即系统要解决什么问题，这个问题的边界是什么。需求分析是项目需求分析是项目计划阶段非常重要的环节，该环节决定了需要"实现什么"，为下一步如何去"实现"提供了明确的方向。

3）软件需求分析的方法

软件需求的分析与设计方法较多，从系统分析出发，可将需求分析方法大致分为功能分解方法、结构化分析方法、信息建模方法和面向对象的分析方法。

功能分解方法。将新系统作为多功能模块的组合。各功能又可分解为若干子功能及接口，子功能再继续分解，便可得到系统的雏形，即功能分解——功能、子功能、功能接口。

结构化分析方法。结构化分析方法是一种从问题空间到某种表示的映射方法，是结构化

---

① 赖均，等．软件工程［M］．北京：清华大学出版社，2016.

方法中重要且被普遍接受的表示系统，由数据流图和数据词典构成并表示。此分析法又称为数据流法。其基本策略是跟踪数据流，即研究问题域中数据流动方式及在各个环节上所进行的处理，从而发现数据流和加工。结构化分析可定义为数据流、数据处理或加工、数据存储、端点、处理说明和数据字典。

信息建模方法。它从数据角度对现实世界建立模型。大型软件较复杂，很难直接对其进行分析和设计，常借助模型。模型是开发中常用工具，系统包括数据处理、事务管理和决策支持。实质上，也可看成由一系列有序模型构成，其有序模型通常为功能模型、信息模型、数据模型、控制模型和决策模型。有序是指这些模型是分别在系统的不同开发阶段及开发层次一同建立的。建立系统常用的基本工具是 E－R 图。信息建模可定义为实体或对象、属性、关系、父类型/子类型和关联对象。此方法的核心概念是实体和关系，基本工具是 E－R 图，其基本要素是实体、属性和联系。该方法的基本策略是从现实中找出实体，然后用属性进行描述。

面向对象的分析方法[1]。面向对象的分析方法的关键是识别问题域内的对象，分析它们之间的关系，并建立三类模型，即对象模型、动态模型和功能模型。面向对象主要考虑类或对象、结构与连接、继承和封装、消息通信，只表示面向对象的分析中几项最重要特征。类的对象是对问题域中事物的完整映射，包括事物的数据特征（即属性）和行为特征（即服务）。

4）软件需求分析的基本步骤

需求获取：在准备阶段，首先要确定需求获取的目标及范围，根据目标来选择对应的方式获取需求。

需求分类：一般情况下，会根据对象的不同，将需求分为业务需求、用户需求、功能需求等。

需求筛选：有些需求是伪需求，有些需求则不具备实现价值，可以通过真实性、价值性、可行性三个维度来筛选需求，过滤掉虚假的、不可行的、没有价值、价值不大或投入产出比不理想的需求。

需求提炼：对剩下的需求进行提炼，目的在于从获取的表面需求中提炼出客户的本质需求。找出"为什么要做"比"做什么"更重要。

需求优先级排序：挖掘到客户的真实目的后，需要根据不同维度的需求归类方法，如 KANO 模型分析法、投入产出比 ROI 等，对其进行归纳整理并排出优先级，帮助产品有条理地安排开发秩序，避免盲目排序。

产出需求文档：通过以上的分析，需要将收集到的需求进行分析、汇总、归类，输出产出需求文档，为接下来的工作做好铺垫。

5）软件需求分析的关键问题

在软件需求分析中，有几个关键问题要重点关注。一是要明确用户要解决什么问题，即真正准确地定义系统要解决的问题，这是整体系统研发的逻辑起点。二是要清晰地分析用户需求必要性、重要性和迫切性，进行等级划分和成本评估，有的是马上就要做，有的可以后面做，要最大限度地明确用户的痛点，想办法解决。三是用软件工程的语言来准确地定义用

---

① 赖均，等. 软件工程［M］. 北京：清华大学出版社，2016.

户需求，因为系统开发人员需要看到的系统需求的专业术语表达和直接用户的口头语言表达之间存在很大差异。四是要对用户需求的调研结果进行确认，在此过程中，通过联合需求分析会议，将各个利益相关方的需求表达出来，并进行需求确认，降低需求变更的压力和风险。五是要考虑用户对系统性能要求和预期运行环境与技术路线选择，要了解系统预期的生产环境和场景，了解部署的服务器环境，找到可靠的技术路线。

【案例研习】从以下这篇关于写字的软文中理解用户需求。

【两会热议】孩子写不好字，难过考试！老师家长必看

最近，一组作业在网上爆红（图8-25）。可谓是家长看了流泪，老师看了心碎崩溃！

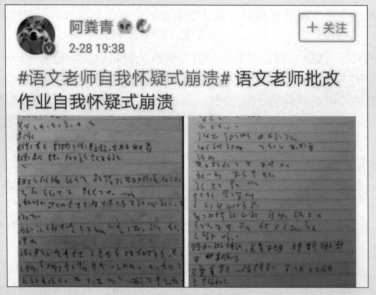

图8-25 网络作业图片

我们先来欣赏一下这组逼疯语文老师的大作：

语文老师们表示已经开始自我怀疑，感觉自己不适合当老师了……

特别随着互联网应用的普及，人们习惯于无纸化学习、办公，少了很多写字的机会，很多人都陷入了"打字如飞梭，写字像狗爬"的窘况。

练字，与成绩密切相关

现在越来越多的考试开始采用"电子阅卷"了，尤其是中考、高考这样的大型考试。而电子阅卷，对孩子的书写规范和答题习惯也有了更多的要求。很多时候，孩子认为自己能够取得不错的分数，但是成绩下来后往往会傻眼，真实成绩和自己估算的成绩相差太多了！

很多孩子解题不规范，有些字迹无法辨认（图8-26），容易引起歧义。

作为老师，在这里要很严肃地告诉家长：答题超出指定区域、字迹潦草、涂抹严重、选考题题号填涂与作答不符、答案不分层次……都会影响评卷，导致扣分。

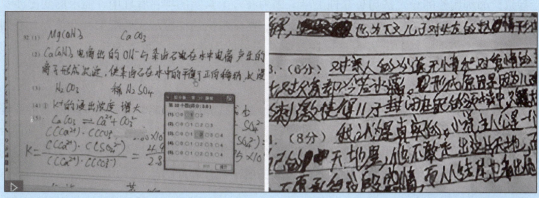

图8－26　字迹无法辨认

这样的答案经过扫描，阅卷教师能否看清就是一个问题，更别提给高分了。中考、高考阅卷是在计算机中阅读扫描后的考生答题卡，没有平时纸质阅卷那么清晰易认，加上阅卷时间短、任务重，因此，字迹不清楚的试卷是不受阅卷教师欢迎的。一份工整、清晰的答题卡，无疑会给阅卷教师眼前一亮的感觉。如果试卷上字迹清楚、笔画工整，无疑将会给老师留下更好的印象。

近日教育部官网也针对"让书法纳入中高考评价体系"这一问题作出了正式答复，肯定了书法纳入中考高考体系的作用，也将在教学中强化书法的教育与训练。

注：案例引自101教育PPT公众号，有删减。
①分析软文中表达了家长、教师的哪些用户痛点？
②想要解决文中提及的用户痛点，有哪些可行的方案？
③进一步分析哪些技术方案可用于解决该痛点。

2. 要冷静地认识需求分析的危险性

解决用户的问题是产品设计的逻辑起点，需求分析的重点和难点也在于明确用户的问题。如果需求不明确，那么产品的目标就不明确，产品设计开发失败的风险就会加大。如同一个竞技选手在射箭，标靶不清晰或不准确，那么箭被射出去后，大概率是射不准的。在实践中，需求分析主要存在的问题和危机包括问题定义不准确、需求频繁变更、功能需求膨胀等。

1）问题定义不准确

在产品设计过程中，问题定义不准确带来的直接问题是需求分析错误。由于在线教育的平台和工具在真正被开发出来之前，软件的功能需求、业务流程、数据流程、生产环境、性能要求及技术路线等都直接取决于问题的定义。所以，在线教育产品要服务什么用户、为用户提供哪些核心服务、课程实施采用直播还是录播、学员和教师的管理方式、网络付费和线下续费、课时消费管理、物料和教材物资的信息如何管理等问题，都必须在需求分析过程中得到尽可能准确的定义，并尽可能逐步细化和得到相关人员的确认。

2）需求频繁变更

企业战略方向不明确、业务不稳定、需求调研不足、业务分析不准确、用户需求变化等原因都会带来需求的变更。需求变更的类型主要有功能型变更、体验型变更、数据类变更、规则类变更等。需求变更是产品设计开发过程中正常存在的现象，但是过于频繁的需求变更会导致产品和服务的稳定性与可靠性下降。因为在一个真实的项目管理中，需求的变更涉及需求变更确认、需求文档更新、软件版本管理、基础数据结构管理、系统架构调整等一系列操作和问题，过于频繁的变更会直接增加研发人员的工作负担，也提高了系统错误发生的概率。

3）功能需求膨胀

功能需求膨胀最直接的影响是会导致在线教育平台和服务功能的过度期望，增加了系统失败的风险。在在线教育产品需求调研和分析过程中，不同的用户会有不同的需求，或者希望产品一开始就做到十全十美，或者追求大而全的功能体系，这些都会带来功能需求膨胀的风险，并进一步带来开发超时、超出预算、人员成本上升等问题。

（二）系统概要设计

系统概要设计也称为总体设计。概要设计阶段的主要任务是把需求分析得到的系统扩展用例图转换为软件结构和数据结构。其中，设计软件结构的具体任务包括将一个复杂系统按功能进行模块划分、建立模块的层次结构及调用关系、确定模块间的接口及人机界面等。数据结构设计包括数据特征的描述、数据结构特性的确定及数据库的设计①。系统概要设计阶段的输出主要是概要设计报告。

概要设计报告中通常要在需求规格说明书的基础上，清晰地描述系统整体架构、功能模块的划分、模块接口的定义、业务流程设计、用户界面与交互设计、数据流程设计和数据库设计等内容。尽管系统概要设计并不涉及系统内部的实现细节，但它从整体上具体、充分地回应了需求规格说明书，通过系统概要设计，系统开发人员和用户都能从整体上理解系统的预期设计目标。

1. 产品的系统整体架构设计

系统整体架构设计是对系统说明的高度抽象和凝练，系统架构从整体上说明了产品系统的结构层次、结构要素、逻辑关系等核心。系统整体架构设计通常使用系统整体架构图来表达。

1）系统产品整体架构

例如，在某个中型规模的在线教育企业中，按照引入客户所必需的触达、运营、教学和财务四个核心模块和主要工作流程，从业务层面看，将整个企业系统的架构分为技术支持、核心业务和上层应用三个层面；从技术层面看，则可分为数据层、缓存层、应用层和客户层四个层面，如图 8 - 27 所示。

在技术支持层面，由基础数据、消息管理、存储管理、缓存管理、容器化部署、运维监管等模块构成。基础数据功能主要有数据库管理、数据备份、用户和权限管理；消息管理功能主要有系统信息队列、消息推送和权限配置等；存储管理功能主要有存储服务、备份管理等；缓存管理功能主要有缓存服务、缓存配置等；容器化部署功能主要有 Docker 镜像构建、编排配置、Docker 仓库管理（服务注册）等。

在核心业务层面，由触达、运营、教学和财务四个核心模块构成。

其中，触达模块包含了营销管理和产品管理。营销管理功能主要有投放管理（渠道管理、素材管理、数据看台、营销激励、线索管理、触达管理等功能）；产品管理功能主要有产品信息管理、订单管理、优惠管理、联报团购和购物车管理等。

---

① 百度百科. 概要设计 ［EB/OL］.［2023 - 3 - 3］. https://baike. baidu. com/item/概要设计/9827718.

图 8 -27　在线教育软件系统整体架构

运营模块包含了销售管理、活动管理和推广信息。其中，销售管理功能主要有工单管理、话术模板、物料管理、转化标准流程等；活动管理功能主要有活动配置、图标设定等；推广信息功能主要有外呼、短信推动、企业公众号信息推送、频次控制和任务管理等。

教学模块包含了教务管理、课程管理、在线教室、题库管理、师资管理和质量控制。其中，教务管理功能主要有校区管理、学员分配、排课管理、课时消费管理、考勤管理、作业服务、数据看板、退费代下单等；课程管理功能主要有创建课程、课程结构管理、课程资源管理、内容发布管理、课程活动管理、课程作业管理、授课教师管理等；在线教室功能主要有直播教学、课堂互动、交流信息、配套练习、录制回放等；题库管理功能主要有科目分类、知识结点、题型分类、题目答案、组卷管理等；师资管理功能主要有教师信息、课时统计等；质量控制主要有教师考核、助教考核、资源审核等。

财务模块包含了支付接口、绩效核算和会计结算。其中，支付接口功能主要有网银接口配置、商户信息配置、交易日志管理等；绩效核算功能主要有教师和助教绩效核算、续课激励等；会计结算功能主要有支付核算、发票管理等。

在开发实践中，在线教育系统的各个模块的功能复杂程度和子系统的颗粒度大小与企业的规模大小、业务复杂程度、管理方式设计等因素有关，有的企业使用多个子系统组合和数据互联的方式形成整体系统，这种拓展性强，但维护压力大。也有一些企业则一步到位，将多个子系统的功能整合到一个大的系统中，这种形式复杂度高，造价高，但有数据整合度高的优势。

2）系统技术架构

系统技术架构主要从主要技术路径和实现框架的角度进行架构说明。随着在线教育系统的用户终端不断变化，围绕在线教育服务提供的业务也越趋复杂，传统的单体开发结构（Monolithic Architecture）变得越来越笨重，服务与服务之间的代码功能耦合在一起，不仅增加了开发和维护的难度，也降低了系统的稳定性。为了解决这种问题，基于微服务架构（Microservice Architecture）的设计有助于将复杂系统拆分为若干个微服务和应用，实现敏捷开发和部署，也提高了系统的健硕性，加快了产品的迭代，因此，也得到了企业和开发者的青睐。基于微服务的在线教育系统技术架构如图8－28所示。

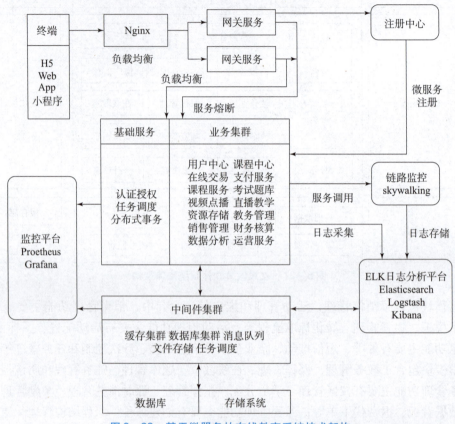

图8－28　基于微服务的在线教育系统技术架构

在这个系统中，不同的用户终端通过 Nginx 访问网关服务，网关服务为基础服务和业务集群提供有效的访问链路，并提供负载均衡或服务熔断。管理员用户通过网关服务访问后台注册中心，注册和设置不同用户和终端所对应的微服务。在使用基础服务和业务集群中对应的服务时，通过中间件集群访问基础数据库和存储系统。在中间件集群中，包括了缓存集群（Redis）、数据库集群、消息队列、文件存储和任务调度等不同的中间件。在基础服务和业务集群与中间件集群的交互过程中，由监控平台进行数据和状态的监控，当不同的用户在开展服务调用时，由链路监控模块 skywalking 对路径和时间等进行记录，并将日志存储到 ELK 日志分析平台中，方便系统进行日志分析，并发现用户访问不同服务和课程页面状态的规律。

2. 产品的功能框架设计

功能框架用于说明系统的整体功能构成和各个子系统的功能构成。在软件工程实践中，一般使用功能结构图和功能说明来表达系统的功能模架设计。具体的在线教育软件由于所对应用的行业领域、用户阶段和类型特点、课程形态和学习方式等方面存在明显的差异，所以产品的功能也不同。在分析系统的功能框架时，可按从整体系统到子系统逐步求精的方式进行。在绘制系统功能结构图时，可使用 MindManager、Microsoft Visio 等思维导图工具或专业绘图工具。

1）功能结构图

例如，天天跳绳 App（V3.0.27－5035 版本）的用户功能整体结构如图8－29所示。该

App 作为客户端，为用户提供了以跳绳训练为主的功能，并进一步拓展到健身和体育训练、舞蹈、竞技等多个领域，同时，为用户提供了基于 AI 视频处理和动作识别技术的高阶训练服务。

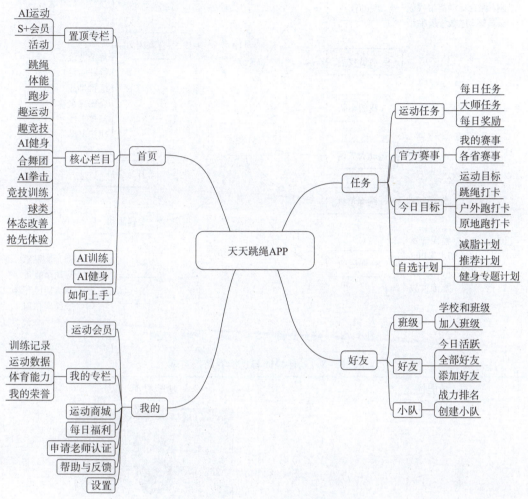

图 8 - 29　天天跳绳 App 的用户功能整体结构

其细分栏目"S + 会员"的功能结构如图 8 - 30 所示。在会员功能中，提供了 S + 合舞团、开通会员、S + 运动秀、S + 会员权益、我的小队、跳绳道具等系列功能。

2）功能说明

在开发过程中描述系统的功能时，有几点注意事项。

一是要用简洁的术语定义系统的功能名称，即功能的名称要能充分表达其核心功能和范畴。例如，在天天跳绳 App 中用"任务"来表达与运动任务相关的功能，并围绕"任务"这一主题将系统中与之密切相关的需求关联在一起，方便用户使用。

二是要用清晰的语言表达功能概述。例如，"任务"这一栏目的功能概述可表达为：在"任务"栏目中，提供了用户的运动任务、官方组织的赛事、学员的打卡运动目标，以及学员特色自选运动计划的添加、管理和展示功能。

三是要明确地表达功能的具体细节和约束条件。例如，对"运动任务"中的"大师任务"功能进行细节描述可表达和功能界面设计的关系，见表 8 - 8。

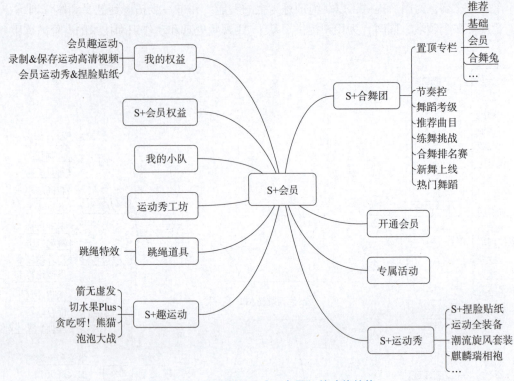

图 8 - 30　细分栏目"S + 会员"的功能结构

表 8 - 8　功能描述与功能界面的实现

功能描述	功能界面
"大师任务"主要提供了用户利用系统内部的训练课程进行通关训练，并对自己的任务进度进行管理的功能。 　　在主页中要展示当前用户的段位和任务开展进度、展示训练进度，以及用户通关后的章节奖励和勋章功能。如用户还未开始新的任务，可领取新的"AI训练任务"，如已有设定的任务，则可通过按键进行训练章节的切换	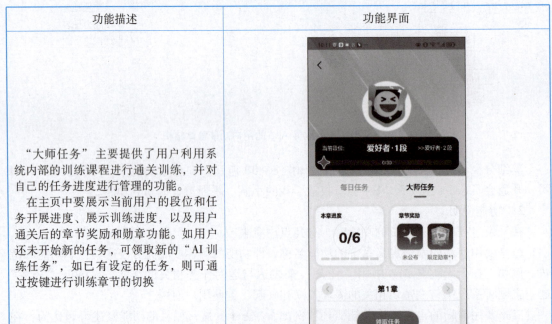

　　四是要注意正确地使用软件工程领域中涉及系统开发的语言表达。由于终端用户对系统功能的表达通常是口语化的，而系统工程师和开发者在阅读软件工程的需求分析和功能设计文档时，需要面对具有明确的、与系统界面元素相关、能表达性能和数据要求的说明文本，因此，要严格区分和这两类用户进行对话时的语言差别。例如，对普通用户表达"章节的切换"功能时，可能的表达是"用手指左右划一下，或点一下按钮就可以切换章节"；对系统工程师和开发者而言，表达就变成了"在视图界面中，使用左右滑动事件，或者分别单击左右切换的按钮，实现章节的切换"。

3. 业务流程设计

　　在企业管理领域中，业务流程设计是指根据市场需求与企业要求调整企业流程，包括设计、分析和优化流程。在软件工程领域中，业务流程设计则是从用户业务的角度出发，将人与系统的交互、操作步骤阶段、业务或操作动作分析清楚，如图 8 – 31 所示。

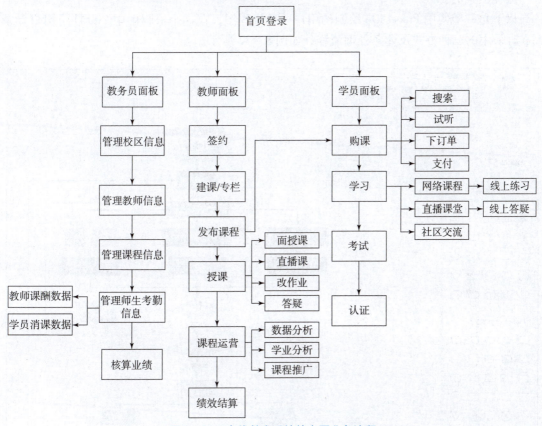

图 8 – 31　在线教育系统的主要业务流程

　　在开展业务流程设计时，要充分结合真实物理世界和虚拟世界的实际流程与业务操作，因为系统在实际运行中，有一些业务流程是线上动作和线下动作结合完成的。例如，一个在线教育平台的教学辅导和提醒功能中，系统要对学员学习和课时消费状态做自动检查，对缺课数量超出限额或完成作业情况不理想的学员，系统要给出提示，并方便助教老师在线上提醒学生，或者在系统中给出联系方式或拨打电话功能，方便助教老师在线下联系本人或家长。

在业务流程设计中，主要使用流程图和泳道图两种工具进行业务流程设计。

1）流程图的绘制

流程图是以特定的图形符号加上说明，表示算法的图，称为流程图或框图。流程图是流经一个系统的信息流、观点流或部件流的图形代表。在业务流程分析过程中，使用流程图主要用来说明某一过程。在元素构成上，流程图通常使用圆角矩形表示"开始"与"结束"；用矩形表示行动方案、普通工作环节；用菱形表示问题判断或判定（审核/审批/评审）环节；用平行四边形表示输入/输出；箭头代表工作流方向。流程图包括顺序结构、条件结构（也称为选择结构）、循环结构、分支结构。

绘制流程图的工具。绘制流程图可使用的软件工具有 Microsoft 公司的 Visio、北京大麦地信息技术有限公司的在线绘图工具 ProcessOn[①]、亿图图示，以及短小精悍的 Diagram Designer[②] 等工具。

流程图案例：

以下是一个使用 ProcessOn 绘制的用户登录流程图，在这个流程图中，设计了用户登录 App 时采用的三种方式及业务处理流程，如图 8 – 32 所示。

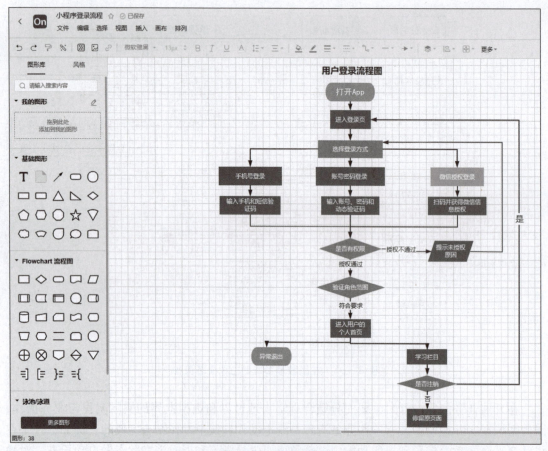

图 8 – 32　登录流程图

① 北京大麦地信息技术有限公司. 首页 ［EB/OL］. ［2023 – 2 – 3］. https：//www. processon. com/.
② diagram – designer. 首页 ［EB/OL］. ［2023 – 2 – 23］. https：//diagram – designer. en. softonic. com/.

流程图绘制的注意事项。在绘制流程图时，有几点容易出错，包括没有正确使用企业要求的模板；流程边框与背景框没对齐；用错形状；自主修改开始符、结束符，或者流程分支遗漏结束符；没有遵守判断框 Yes 和 No 的流入/流出方向，或者判断框的分支缺少；连接线没粘贴上形状或存在交叉；箭头指向错误等①。

2）泳道图的绘制

泳道图（Swimlane Diagram）也称为跨职能流程图，旨在分析和展示各个部门在同一任务流程上的不同进程，明确流程环节所属的阶段、流程环节负责人、组织机构或部门。泳道图的名称是流程图中对职能部门的划分像游泳池泳道相类似而来的②。

泳道图的作用。泳道图能清晰地反映不同职能部门之间的关系，厘清每个部门的任务范围和边界，并明确每个阶段需要做哪些动作。对于企业而言，泳道图能够让工作部署更加流程化、标准化，并能提高工作效率，方便权责的检验。

泳道图的组成元素。泳道图包括泳池、泳道、流程和维度四个要素。

泳池：泳池是泳道图的一个外部框架，泳道、流程都包含在泳池里。

泳道：泳池里可以创建多个泳道，通常用于界定部门之间的业务边界。

流程：实际的业务流程，包含了操作。

维度：主要有部门、阶段和活动三个维度。

部门维度：通过部门或责任来区分，明确每个部门负责完成的任务环节。在软件设计过程中，开展用户业务流程分析时，也可将不同的系统用户作为部门维度。

阶段维度：通过任务阶段来区分，明确各阶段需要处理的任务环节。

活动维度：可以理解为流程图上的一个个任务或业务操作。

泳道图案例：

图 8-33 所示的学员报名上课业务处理流程泳道图就包含了报名、交费和上课三个阶段，其中，业务包含了学员及市场部、教学部、财务部三个部门（实体）。

4. 产品界面与交互设计

用户界面设计是指基于用户需求和场景，设计用户界面和交互方式，包括界面布局、交互元素、导航方式、反馈机制等。界面设计是为了满足软件专业化标准化的需求而产生的对软件的使用界面进行美化、优化和规范化的设计分支。用户界面（User interface）也称为用户接口或人机接口，是系统和用户之间进行交互与信息交换的媒介，实现信息的内部形式与人类可以接受形式之间的转换。不同于艺术设计领域中的平面设计，软件类产品的界面设计和交互设计除了界面本身外，还包含了人与机器的交互方式。

软件的界面由软件启动封面（主页）、框架设计、窗体、导航、菜单、按钮、图标、滚动条及状态栏等系统元素构成。人在使用软件时，主要通过与系统操作界面及系统进行人机交互，这种交互不仅受到人体工学和用户行为习惯的影响，还受到软件运行平台的严格约束。例如，在设计一个 Android 手机上使用的 App 时，就要充分考虑 Android 系统对界面布局的要求。从某种程度而言，交互体验直接决定了一个产品的用户满意度和使用意见。

---

① 全栈程序员必看. 话里话外：流程图绘制初级：六大常见错误［EB/OL］.［2023-1-1］. https://javaforall. cn/110835. html.

② 百度百家号. 流程图之泳道图如何绘制［EB/OL］.［2023-1-1］. https://baijiahao. baidu. com/s? id = 1737573971153996601.

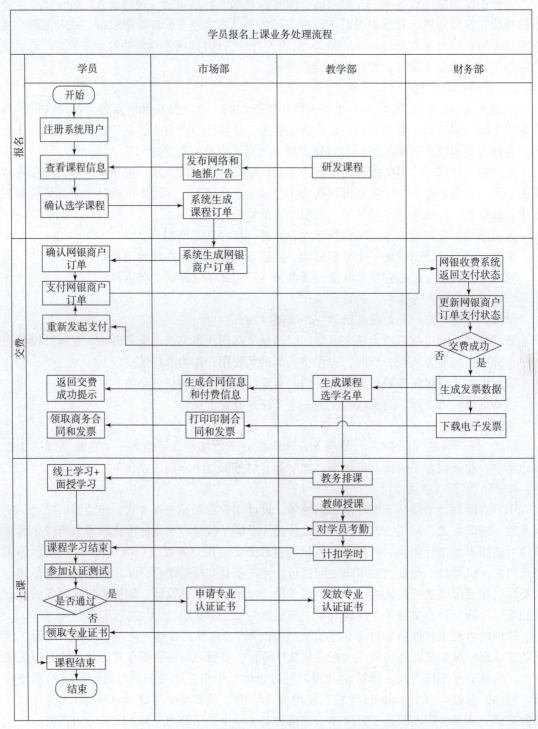

图8-33　学员报名上课业务处理流程泳道图

1）界面原型设计

界面原型设计是一项极为重要的工作，它是一个根据用户需求规格说明书，将描述需求的文本用可视化界面表达出来的一个过程。原型设计是交互设计师与产品设计师、项目经理、程序员及用户之间进行沟通的最好工具，界面原型能将系统的预期样式充分展示在用户和开发者面前。它不仅要满足界面的功能性和操作性要求，还要包含视觉传达设计中的美学要求。想要成为一名熟练的开发者，就要学会在与客户沟通和表达需求时使用快速的手绘纸上原型，以及使用专业的快速原型设计工具，例如，Axure RP 或北京磨刀刻石科技有限公司的墨刀在线原型工具、深圳市博思云创科技有限公司的 Pixso。

Axure RP 是美国 Axure Software Solution 公司旗舰产品，是一个专业的快速原型设计工具，让负责定义需求和规格、设计功能和界面的专家能够快速创建应用软件或 Web 网站的线框图、流程图、原型和规格说明文档[①]，如图 8 – 34 所示。

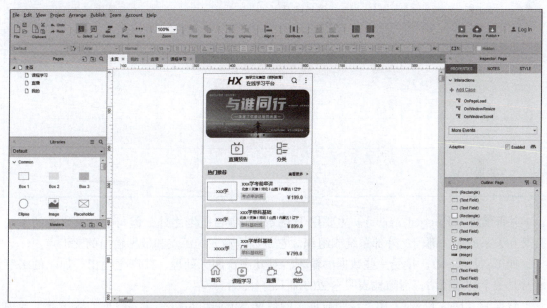

图 8 – 34　使用 Axure RP 制作的软件用户界面原型

2）交互流程设计

交互流程设计是指要确定用户在不同场景下的操作流程和步骤，设计合理的交互流程，确保用户能够高效、顺畅地完成任务。在交互流程设计中，可使用 Axure RP、网页、Power-Point 文档等形式表达交互。交互流程设计的工作包括用户行为路径梳理、正常流程和异常流程处理等。例如，在 Axure RP 中，在原型文件中通过设置页面的"交互"功能，以及添加图片"热区"等操作，就可以实现原型界面的交互，在"预览"模式下就可以看到交互流程设计的效果。

5. 数据流程设计

1）数据流程分析

数据流程分析是指对系统中数据流动过程进行的分析，包括收集数据、分析数据、确定数据的流程和流向、绘制数据流程图等步骤。在软件工程实践中，在需求分析阶段和概要设计阶段都可能需要开展数据流程分析。在需求分析阶段，开展数据流程分析的目的是了解和细化用户需求，明确系统的功能和数据处理基本流程；在概要设计阶段，则主要通过数据流

---

① Axure. 首页 ［EB/OL］. ［2023 – 2 – 3］. https://www.axure.com/.

程分析来设计系统的总体结构，通过数据在系统中的整体流动，确定系统各个模块及其之间的关系，并为数据库设计提供基础。

2）数据流图的绘制

数据流图（Data Flow Graph）是描述数据处理过程的工具。数据流程图从数据传递和加工的角度，以图形的方式刻画数据流从输入到输出的传输变换过程。使用数据流图，可以清晰地表达系统内部信息的流向，并表示系统的逻辑处理的功能①。

数据流图的基本要素包括外部实体、加工、数据流和数据存储（文件），见表8-9。

表8-9 数据流程图的基本符号

元素	符号体系1	符号体系2
外部实体		
加工	1	1
数据流		
数据存储		

外部实体（External Agent）。主要用于定义位于项目范围之外，但与正在被研发的系统有交互关系的人、部门、外部系统或组织。它是数据输入的源点和数据输出的交汇点。

加工（Process）。接受一些数据的输入后对其进行加工处理，并产生输出。加工的名字通常是一个动词短语，清晰地表明它做的加工内容。

数据流（Data Flow）。用于说明被加工的数据与流向，可以是输入数据、输出数据或内部数据。

数据存储（Data Store）。表示信息的静态存储，可以代表文件、文件的一部分、数据库的元素等。

需要注意的是，表8-9中的符号体系1和符号体系2是等价的，一般在实际项目设计中选用其中一种即可。

3）在线教育软件的数据流图分析和案例

在进行在线教育软件的数据流图设计时，要充分结合业务流程分析的结果开展数据流分析，数据流的设计不仅要考虑系统内部的数据，还要考虑系统外部交互产生的数据。例如，在网上完成一个课程订单的付费时，要考虑与外部的银行接口系统的数据交互。通常，在线教育软件的数据流程包括在线报名、在线支付、在线学习、在线考试、在线评价等不同模块。以下简要介绍在线教育软件常见的业务产生的基本数据流程。学员购买课程完整的数据流图如图8-35所示。

用户登录流程：用户输入用户名和密码，或扫码登录，系统读取用户数据库，验证用户身份，返回相应权限，并写入登录记录。

---

① 陈明．软件工程学教程［M］．北京：科学出版社，2002：36-41．

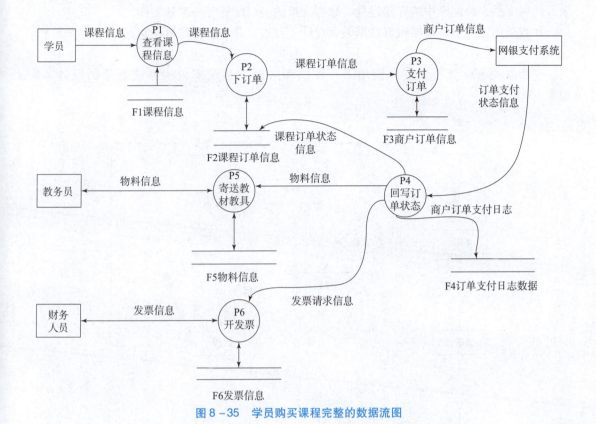

图 8 – 35 学员购买课程完整的数据流图

在线报名：用户查看可报名的课程信息，填写报名信息并提交订单，系统将报名信息存入数据库的订单信息表文件。

在线支付：用户查看已报名的课程订单信息，选择支付方式并完成支付，系统向网银系统提交支付数据，网银系统完成交费操作后，向本系统返回交费状态数据，系统记录支付信息的回执记录，并更新订单交费状态。如果课程订单还提供附属的教材或教具，则需进一步生成物料（教材、教材）管理信息。

在线学习：用户进入学习页面，查看课程资料、观看视频、完成作业、参与互动等，系统记录学习进度、课时消费数据、学习数据和作业数据等。

在线考试：用户进入考试页面，查看考试通知、在线答题、提交答案等，系统自动阅卷并记录考试成绩，如达到通过考试的条件，则进一步生成在线认证信息数据。

在线评教：用户对已完成的课程进行评价，系统统计评价结果并反馈给教师和平台管理者。

6. 数据库设计

一个综合性的在线教育平台中的数据主要包含校区信息、教师信息、学员信息、课程信息、选课记录、订单信息、缴费数据、教务排课、学生考勤、业绩薪资、教学资源数据、题库、考试信息、学习记录、客服数据、教材物料、教具库存等基础数据和业务数据。这些核心数据对在线教育平台运营至关重要，而合理的数据库设计对平台的稳定、高效运行至关重要。例如，在后期业务和系统功能需要拓展更新时，如果基础性数据表中没有相关的字段，那么为了完成新增功能所需的程序修改工作会急剧增加，因为要改动的地方可能包括界面元素、代码变量、数据库中的存储过程、数据交换的接口配置等一系列工作。

在数据库设计中，需要做好数据关系设计、数据字典和数据约束说明。

1）数据关系设计

在数据关系设计中，主要使用 E–R 图和数据关系图来说明系统数据的设计，如图 8–36 所示。

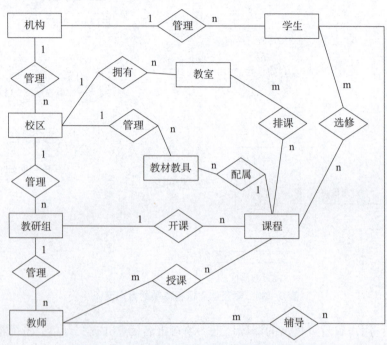

图 8–36　教育机构教务管理系统的整体 E–R 图

①E–R 图的设计与分析。

E–R 图（实体–关系图）包括三个要素：实体（矩形）、属性（椭圆）、关系（菱形）。

关系要标明类型：1 对多（1:n）、1 对 1（1:1）、多对多（m:n）等。

例如，一个简单的教育机构教务管理系统的整体和局部 E–R 图如图 8–20 所示。教务管理的基本情况为：该机构有若干个校区，每个校区有若干个教研组，每个教研组有若干教师，校区提供若干门课程，由学生选修，供应相应课程的教材和教具，并提供相应的辅导服务。

注意，在绘制 E–R 图时，判别是否使用多对多关系时，可以双向检查和判定实体之间的关系。例如，图 8–37 中的教师和课程之间是否为多对多关系呢？首先单向检查，发现一个教师可教授多门课程，然后反向检查，发现一门课程可能有多个教师授课。因此，这两个实体之间是多对多关系，故用 m:n 来标记他们之间的关系。

②数据关系图的设计。

一个系统的数据库通常由多个数据表构成，其中的表与表之间存在很多关系（包括主键、外键等），设计者可使用数据关系图（PDM 图）清晰地表达数据库中各个表之间的关系和架构，表与表之间字段的联系。数据库关系图的设计与数据字典的结果是一一对应的，数

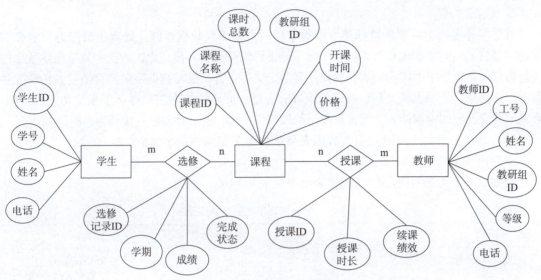

图 8 – 37　教育机构教务管理系统的局部 E – R 图

据库关系图在系统详细设计的阶段，对开发人员会起到直接的指导作用，因为它直接指导着数据库 SQL 查询和操作命令的编写。

在完成表格创建后，可以使用 PowerDesigner 生成数据关系图，也可以使用 MSSQL Server 的 Microsoft SQL Server Management Studio 在相应的数据库中生成数据库关系图，如图 8 – 38 所示。

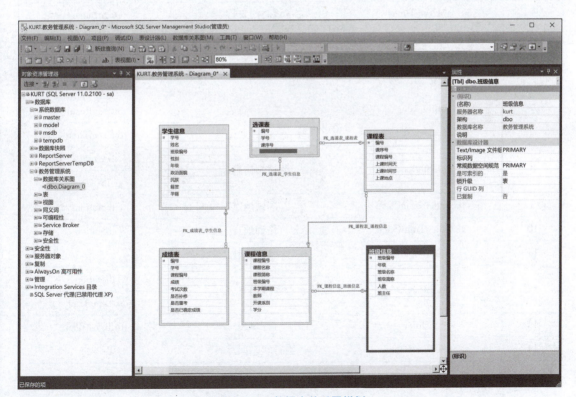

图 8 – 38　数据库关系图样例

2）数据字典

数据字典是指对数据的数据项、数据结构、数据流、数据存储、处理逻辑等进行定义和描述，其目的是对数据流程图中的各个元素做出详细的说明。简言之，数据字典是描述数据的信息集合，是对系统中使用的所有数据元素的定义的集合。撰写数据字典的目的是分析和表达数据存储格式、数据表的关联、数据约束等。合理、严谨的数据字典有利于系统功能的复用，有助于建立合理的结构体系，为详细设计阶段的 T - SQL 建表和操作、代码编程提供基础。

编写数据字典的工作通常包含数据表清单和单个表的数据字典。

①列出系统数据表清单。

例如，一个考务管理系统的数据表清单见表 8 - 10。

表 8 - 10　考务管理系统的数据表清单

序号	名称	说明	关联表
1	tbArrange	考试任务表	tbComplaint
			tbExamResult
			tbExamTime
			tbRegister
2	tbComplaint	考生咨询表	tbRegister
			tbArrange
3	tbExamResult	考生成绩表	tbArrange
4	tbExamTime	考试时间安排表	tbArrange
5	tbFiles	标准文件	
6	tbNews	测试信息	
7	tbRegister	考生信息表	tbArrange
			tbExamResult
			tbExamTime
8	tbStation	测试站信息表	tbArrange
			tbUser
9	tbStationExamPlace	测试地点	tbStation
10	tbStationTrainPlace	培训地点	tbStation
11	tbSystem	系统参数	
12	tbUser	系统用户表	tbStation
			tbComplaint
13	tbOrder	订单表	tbEBPostBack
14	tbEBPostBack	银行状态回写表	tbOrder

②编写数据字典。

在详细数据字典中，需要将系统用到的所有数据表进行详细说明。例如，一个课程的订单表的结构见表 8 – 11。

表 8 – 11　一个课程的订单表的结构

字段	类型	是否为 Null	是否为主键	外键	字段注释	默认值
fOrderID	int	否	是，自增 1	fEBPostBackID	订单 ID	
fOrderNo	varchar（200）				订单编号	
fCourseArrangeID	int	否			开课 ID	
fRegisterID	int	否			用户 ID	
fUserName	varchar（50）	否			用户名	
fFeeAmount	decimal（18，2）	否			订单金额	
fOrderCreateTime	datetime	否			建单时间	
fPaidProcessTime	datetime	是			处理时间	
fFeeState	int	否			交费状态	0，未交
fCardNumber	varchar（200）	否			银行卡号	
fSignature	varchar（200）				系统签名加密字串	

此外，还要根据实际情况来增加各个表的约束、触发器和索引等信息的说明。

（三）系统详细设计

详细设计又称过程设计，在概要设计阶段，已经确定了软件系统的总体结构，给出系统中各个组成模块的功能和模块间的联系。详细设计就是要在概要设计的基础上，考虑"怎样实现"这个软件系统，直到对系统中的每个模块给出足够详细的过程性描述[1]。

详细设计是编码的先导，在此阶段完成的系统程序流程分析设计和代码算法分析将为编码提供基础。在此阶段主要完成模块设计、数据结构、模块接口设计、测试用例设计等工作。

1. 模块设计

在此阶段，要按系统概要设计中的功能划分，形成清晰的模块，并为每个模块确定要采用的具体算法，选择某种适当的工具表达算法的过程（例如使用程序流程图或伪代码），写出模块的详细过程性描述。例如，一般的在线教育管理系统包含招生推广宣传、教务管理、教学应用与学习服务、交费与支付管理、客户服务等模板。

2. 数据结构

在此阶段，要确定每一模块使用的数据结构，并通过模块交互的接口检查数据是否满足系统运行所需。

3. 模块接口设计

在此阶段，要确定模块接口的细节，包括对系统外部的接口和用户界面，对系统内部其他模块的接口，以及模块输入数据、输出数据及局部数据的全部细节。在实际的在线教育软件开发过程中，要注意系统内部和外部 API 的接口、数据交互与读取、跨系统同步数据操作。

---

① 陈明．软件工程学教程［M］．北京：科学出版社，2002：89 – 91.

4. 测试用例设计

为每一个模块设计出一组测试用例，以便在编码阶段对模块代码进行预定的测试，模块的测试用例是软件测试计划的重要组成部分，通常应包括输入数据、期望输出等内容，负责详细设计的软件人员对模块的情况（包括功能、逻辑和接口）了解得最清楚，由他们在完成详细设计后接着提出对各个模块的测试要求。

【案例分析】一个典型的详细设计说明书的框架。

1. 引言

1.1　编写的目的

说明编写详细说明书的目的，并指明读者的对象。

1.2　项目背景

包括项目的来源和主管部门等。

1.3　定义

列出文档中所用的专门术语的定义和缩写词的原意。

1.4　参考资料

列出有关资料的作者、标题、编号、发表日期、出版单位或资料来源。可包括项目计划任务书、合同或批文、项目开发计划、需求规格说明书、概要设计说明书、测试计划、用户操作手册、文档中所引用的其他资料、软件开发标准或规范。

2. 总体设计

2.1　需求概述

2.2　软件结构

给出软件系统的结构图。

3. 程序描述

对每个模块给出以下说明：

3.1　功能

3.2　性能

3.3　输入项目

3.4　输出项目

3.5　算法（模块所选用的算法）

3.6　程序逻辑

3.7　接口

详细描述模块实现的算法，可以采用流程图、PAD 图等描述算法的图表。

3.8　存储分配

3.9　限制条件

3.10　测试要点

给出测试模块的主要测试要求。

（四）系统编码

软件工程中系统编码阶段的主要工作内容是将详细设计文档转化为可执行的代码。即针对详细设计中的单元实现、模块功能和整体功能的代码实现。

在系统编码中使用的方法主是面向对象的程序设计（Object – Oriented Programming, OOP）。OOP 作为一种编程范式，它通过将程序分解为一系列对象来解决问题。在 OOP 中，类是对象的抽象，对象是指类的实例。类定义了对象的属性和方法，这些属性和方法可以被子类继承和修改。通过使用类和对象，OOP 提供了一种组织代码和模块化设计的有力方式，其主要特点包括封装、继承、多态和抽象。使用 OOP 在系统编码中有很多优点，包括代码的可重用性、可维护性、可扩展性和可理解性。

此外，在编码阶段还需注意以下问题：

制定编码规范。即在编码过程中强制要求所有代码编写人员按照统一的规范和要求完成代码的编写任务。

代码的规范性检查。要对编码规范在编码工作中的落实情况进行检查，提高代码质量。

遵循良好的编码风格。对实现的程序进行编码可读性和必要的注释进行检查，提高程序的可维护性和版本管理水平。

善用代码协作工具。使用 GitHub、GitLab、Bitbucket 等代码协作工具帮助团队进行协同开发和分布式代码管理。

在项目管理的实践中，可使用项目管理工具、代码协作工具、专业绘图工具、即时通信工具、视频会议工具、文档协作工具、云存储工具等提高工作效率，实现高效沟通，提高团队开发的工作效率。项目开发和管理中常用的工具列表见表 8 – 12。

表 8 – 12　项目开发和管理中常用的工具列表

分类	主要功能	常用软件
项目管理工具	任务管理、工时管理与绩效核算、团队协作、资源管理和文档管理	Microsoft Project、JIRA、Google Cloud Platform 等
代码协作工具	代码协作，如版本控制、分支管理、代码合并、变更历史记录等	GitHub、GitLab、Bitbucket 等
绘图工具	创建流程图、原型图、界面设计等	Microsoft Visio、Axure RP、Adobe Illustrator、SketchUp 等
即时通信工具	提供项目开发过程中文字、语音、视频等多种方式的即时通信	微信、钉钉、QQ、Skype 等
视频会议工具	项目开发过程召开的视频沟通会议、屏幕共享、文件共享、多方通信	腾讯会议、华为会议、ZOOM 等
文档协作工具	文档协同实时编辑、多人编辑、文档版本管理、文件收集、格式转换处理等	金山文档（WPS）、腾讯文档、Google Docs、石墨文档等
云存储工具	项目文档的数据存储、数据备份、数据共享、数据加密	百度云、360 安全云、Google Drive 等

（五）系统测试

系统的测试类型通常包括单元测试、集成测试和系统测试三个层次的测试。其中，单元测试指向具体编码，集成测试指向规格定义，系统测试指向用户需求。

1. 单元测试

在软件工程领域中，单元测试是对软件基本组成单元进行的测试。一个单元是具有明确的功能、具体的规格定义、明确的接口定义，能与同一程序其他单元区分开来的代码块。例如，它可能是一个独立的类或功能函数。进行单元测试的目的包括验证代码是否与设计相符，跟踪需求和设计的实现程序，发现设计和需求中存在的错误，发现编码过程中引入的错误。

单元测试主要考虑模块接口、局部数据结构、独立路径、出错处理和边界条件等。模块接口主要检查调用的参数名称、个数、类型和格式等是否一致，以及输入值和输出值的匹配是否正确等。局部数据结构则检查变量的作用域和定义是否正确、数据结构和类型是否一致等，例如，错误的数据类型可能会导致溢出。独立路径则主要检查运算的优先级和次序是否正确、代码的终结条件是否合理等。出错处理则检查出错的位置、异常和出错是否以合理的方式显示等。边界条件则关心程序中循环的边界、判断条件的遍历等。

在单元测试中，要设计合理的测试用例。测试用例是为某个特殊目标而编制的一组测试输入、执行条件以及预期结果，用于核实是否满足某个特定软件需求。

2. 集成测试

集成测试也叫组装测试或联合测试，是在单元测试的基础上，将所有模块按照设计要求组装成子系统或系统，进行集成测试。集成测试测试组合单元时出现的问题，因此，集成测试最基本的工作就是进行两个或多个单元之间接口是否正常和正确的测试工作。例如，在在线教育平台中提供微信消息的群发功能时，消息的发起模块要将微信模板消息的 ID、模板消息变量内容、用户的微信 ID 和用户名等变量以 JSON 数据格式打包发给处理接口时，要检查数据能否被处理模块接收，在解码和调用微信 API 进行发送处理后，将处理结果正确返回给发送模块。这就是一个很典型的集成测试。从系统颗粒度划分的角度，多个单元可以组合成模块，多个模块可以构成子系统，多个子系统就构成了完整的系统。在集成测试过程完成后，输出集成测试报告。

3. 系统测试

系统测试是指对整个系统的测试，将硬件、软件、操作人员看作一个整体，检验它是否有不符合系统说明书的地方。在软件工程领域中，系统测试的目的是验证最终软件系统是否满足用户规定的需求。系统测试包括功能测试、恢复测试、安全测试、压力测试等。

在进行系统测试过程中，实际上还存在测试环境的差异，如开发环境、测试环境和生产环境。开发环境主要是程序员专门用于写代码的环境，一般是个人本地电脑或远程的云服务器。而测试环境一般是用来给产品经理和测试部门同事测试功能的环境，通常要将程序员写好的代码"部署"到测试服务器，准备测试域名和接口，进行内网测试。而生产环境则是实际系统对外开放和生产环境，通常要有正式的公网 IP 及域名等。在完成系统测实验收后，就可以进入系统的交付环节，开始系统的正式部署。

（六）系统部署

系统部署是指将开发好的在线教育系统运行到目标服务器上，并使其能够正常运行的过程。在这个环节中，要根据系统的网络架构和企业实际情况完成相关的网络接入、服务器空间配置、服务器服务管理、软件系统部署和全功能测试等多个环节。由于企业的规模和技术力量实际情况存在差异，有的采用企业内部架设服务器和网络接入来提供服务，有的则采用租用第三方云主机空间，因此，系统的部署略有差异。

1. 网络接入

要完成在线教育产品的系统部署，首先要让系统部署所在的服务器能接入公共网络，因此，需要电信服务供应商的配合。对于规模较大的在线教育企业，如果用户流量很大或对数据安全要求较高，则通常使用自建机房或在电信供应商机房中安装或租赁服务器。对于自建机房的企业，要接入网络，就需要完成企业光纤接入、公共 IP 申请、企业局域网络组建和配置（含物理链路、路由逻辑架构、协议配置等）、安装防火墙等工作。

2. 域名申请与备案（域名、DNS、备案）

对于一个对外提供服务的系统来讲，上线之前需要有三样东西：域名、服务器、备案。

域名是网站的门面，也是用户访问网站的第一步。如果企业已有域名，则需对二级域名进行配置和管理。如果没有域名，则需选定一个可靠的注册服务商进行域名的注册。目前国内做域名注册的企业有新网（XINNET）、阿里云、华为云、腾讯云等企业。注册域名时，需要填写相关的信息，包括联系人信息、注册公司信息和域名服务器信息等。

配置 DNS。在注册完成域名后，需要选择一个 DNS 服务器。如果没有现成的 DNS 服务器，可以选择购买域名解析服务。域名解析服务可以确保域名能够正确地指向自己的服务器。在 DNS 服务器上，需要设置相关的 DNS 记录，包括 A 记录、CNAME 记录等，使网络上能使用 IP 地址访问到企业的域名。

域名的备案。根据国家规定，所有的网站都需要进行备案，以获得对应的 ICP 备案号。备案流程包括几个步骤：①填写网站备案信息；②提交备案信息，并等待审核；③备案审核通过后，交纳备案费用；④备案费用缴纳成功后，等待备案完成。

3. 云服务器租用

对于规模较小、对企业内部服务依赖较低的在线教育产品，使用云服务器租用服务也是一个很好的选择。云服务器租用服务是新一代互联网主机服务，不同于传统的主机服务，云主机将计算、存储与网络资源进行了整合，面向客户提供既具备传统服务器性能稳定、品质可靠等优点，又加入了集中化跨数据中心管理等功能，更具备无需 IP 地址即可实现远程操作系统安装配置等全新的特性[①]。目前，国内云服务器租用的企业包括阿里云、华为云、腾讯云、京东云和亚马逊云等。

云服务器租用服务的优点包括：

快速部署。瞬间即可按需完成"服务器"装配与应用部署。

安全可靠性。云服务内置 ARP 防范，规模化提升 DDoS 防攻击能力，分享品牌企业级服务器和硬件虚拟化的性能与可靠性；提供备机、快照、数据备份等多种快速恢复措施。

弹性伸缩。可按需扩展或收缩系统资源，满足业务负载弹性变化的需要。

更低成本。综合成本较低，按需使用、按需付费，基本零维护，还可分享、规模化、绿色节能、成本优势明显。

操作方便。内置 KVM，可以集中统一管理云主机，重装系统、重启等都可远程完成，大大提高客户服务效率。

更快解决故障。数据存放在存储系统中，当物理服务器损坏或者服务器被政策原因封锁时，存储系统可以保证数据安全，并可在 3 分钟内重新建立一个新的云主机，具有容错性，操作系统及软件环境可备份，恢复之后不用重新配置软件环境。

---

① 百度百科．云服务器租用服务［EB/OL］．［2023 - 1 - 1］．https：//baike.baidu.com/item/云服务器租用服务/15798297．

4. 服务器安装

服务器的安装主要涉及操作系统的安装、文件存储系统、网络配置、用户权限和虚拟机配置等方面工作。

操作系统通常要根据在线教育应用系统设计时指定的工作环境进行选择，通常有 Windows 和 Linux 两种系列。文件存储系统主要涉及存储的安装和配置，包括根据服务器的性能要求和预算合理地设置固态硬盘和机械硬盘（SATA 或 SAS 接口）的类型和大小，根据服务器主机板载 RAID 控制器进行磁盘阵列的选择和安装（例如 RAID 5），通常使用速度更快的固态硬盘来安装操作系统。网络配置则主要涉及服务器的 IP 地址、网关、DNS、子网掩码配置等。用户权限主要涉及服务器系统用户和应用系统用户的配置、账号和密码的管理。虚拟机配置通常是在面向性能要求更高和并发访问量较大的服务时，用负载均衡和服务集群提高并发量，或者使用缓存服务器（Redis），在实现上可以使用原生的虚拟服务（使用 Hyper – V 管理器）或 VMware 等虚拟机技术。

5. 服务安装

目前在线教育系统中常见的系统有纯网站系统、微信公众号链入网站混合系统、App 接入后台服务系统等不同技术路线，因此，所需的服务也会有所不同。有时为了提高系统安全性和并发能力，也可能将若干服务单独部署在一台服务器上。常用的服务主要有 Web、FTP、Database Server、HTTPS 证书服务、邮件服务、缓存服务、微信接口环境、短信接口、系统运行环境等工作。

其中，Web 服务有 IIS、Apache、TOMCAT 等，主要用于配置 Web 网络服务。

FTP 服务主要用于系统上传资源和管理文件。

Database Server 数据库服务则相对复杂，常见的有关系型数据库 MSSQL Server、MySQL Server、Oracle、SQL Lite，以及非关系型数据库（NoSQL 数据库），如 HadoopDB、Redis、MongoDB、Neo4j 等数据库。

HTTPS 证书服务在等级保护中起到重要的作用，能提高系统数据传输的安全性。HTTPS 是一种运行在 SSL/TLS 加密协议上的 HTTP 协议，HTTPS 不仅能够加密数据传输，还能够验证数据的真实性，保障数通信的完整性。为了保证 HTTPS 正常工作，要注意及时续期和更新 HTTPS 证书。

邮件服务则主要针对内网邮件服务，例如 Winmail、U – Mail 邮件系统可以搭建内网邮件服务器。

缓存服务主要面向高并发访问的服务，使用缓存服务可以有效提高系统的整体性能。例如，使用 Redis 缓存服务器就是一个很好的解决方案。Redis 是一个高性能的开源缓存服务器，用于加快应用程序的速度和缩短响应时间。它提供了一个 In – memory 缓存，支持多种数据结构的存储和快速读取。在应用程序中使用 Redis 服务可以减少对业务数据库原始数据的查询和操作，并能在存储器中完成对缓存数据的相应操作，大大提高了系统性能和可靠性，在高并发服务和有队列要求的服务中可以进行必要的队列排序，提高系统的健硕性。

微信接口环境的配置对于在微信公众号中采用内部子系统作为在线服务的平台是必备步骤。如果接口环境的配置不正确，则系统无法接入微信提供服务。微信接口环境的配置步骤包括：①在微信公众号用管理员身份登录，在"开发 – 基本设置页面"勾选协议成为开发者，再单击"修改配置"按钮，填写服务器地址（URL）、Token 和 EncodingAESKey。其中，

URL 是开发者用来接收微信消息和事件的接口 URL。Token 可由开发者任意填写，用作生成签名（该 Token 会和接口 URL 中包含的 Token 进行比对，从而验证安全性）。EncodingAES-Key 由开发者手动填写或随机生成，将用作消息体加/解密密钥。②在接口 URL 对应的文件的代码中配置好服务器以及相应的验证代码，代码根据微信公众号的 API 要求编写，并在微信公众号的"修改配置"中提交接口配置。③进行系统与微信服务的有效连接，并在网络环境做出调整时重新配置微信公众号。

系统运行环境的配置对于在线教育系统极其重要。例如，基于 C# + . NET 环境开发的系统就需要安装 . NET 环境，如果使用了 Microsoft Word、Excel 的操作，如生成或导出表格等，如使用 OLEDB 方式进行读取，则需要安装 Access Database Engine 插件，还要注意配置对应用户的目录写入权限。为了提高教学系统性能，还要设定用户请求时长和资源回收时间，因此，要根据 CPU 和访问数据进行 IIS 中各项参数优化。

6. 正式生产环境的全系统功能测试

在完成系统环境配置后，必须对正式的生产环境下的系统功能进行全面的测试。全功能测试的目的是检查在正式的生产环境下系统设计的各项功能和服务性能是否能达到需求说明书中的要求，并针对系统用户提出的功能缺陷和不足进行包括系统环境、错误纠正和功能调整。

对于一个完整的在线教育系统，要按不同的用户类型（管理员、教务员、教师、学员、家长）和功能分类，对整个系统的基本信息配置、校区设定、教务安装、课程设定、内容发布、消课统计、费用统计、学员信息管理、服务状态、信息发送、数据备份等各项功能逐一验证，有问题就要及时反馈并处理，最终使系统达到设计的全功能状态。

在完成功能测试后，为了满足信息安全等级保护的审查和认定要求，还要对系统所在的网络安全、操作系统安全、应用系统安全、审计功能等进行全方位的等保检查和配置。等保是一个全方位系统安全性标准，不仅仅是程序安全，其包括物理安全、应用安全、通信安全、边界安全、环境安全、管理安全等方面①。

7. 导入业务与用户基础数据

一个在线教育系统完成安装后，仅靠测试数据是无法正常工作的，因此，在提供正式服务之前，要根据企业和机构的实际工作情况完成业务和用户基础数据的导入。例如，要完成校区信息、教师数据、学员数据、排课教务数据、课程价格等初始数据的导入和设置。在这个过程中，系统管理员、教务员和系统开发人员之间须进行充分交流和沟通，并通过开展培训，让用户尽快熟悉系统功能，同时开展业务的试运行。

8. 各类数据备份与容灾处理

数据是企业生存的最重要资产之一，因此，在系统导入正式的数据后，保障数据的安全就成为系统管理员的重要工作。除了完善系统的安全环境外，做好数据备份与容灾处理就极为重要。备份指的是数据备份或系统备份，容灾指的是不在同一机房的数据备份或应用系统备份。备份采用备份软件技术实现，而容灾通过复制或镜像软件实现。

对于一个在线教育平台来说，数据备份通常包含数据库的数据文件和日志文件，以及用户上传的教学资源文件和学员信息类文件（如相片文件、交易日志）等。对于前者，通常

---

① 知乎. 等级保护详解 ［EB/OL］.［2023 – 2 – 3］. https://zhuanlan. zhihu. com/p/584027093?utm_id = 0.

要利用数据库管理软件的自动备份功能定时完成备份。例如，对于 MSSQL Server，可使用 SQL Server Management Studio 的维护计划或脚本命令完成自动备份。对于后者，则可通过文件同步软件进行自动或手动完成文件的异地保存和备份。在运行过程中，一定要定时检查数据存储的空间是否足够，并定期优化。

【动手实践】了解在阿里云申购一个域名和备案的流程。

（七）应用与反馈

1. 教学系统上线投入应用

在线教育产品在完成系统部署后，就可以导入真实用户与数据，正式投入线上运行，在此阶段要开展的工作包括持续建设新的课程资源、管理师生信息、维护课程修学数据等一系列的常规教学运营。

2. 获取用户反馈

一个在线教育产品投入正式使用后，在持续开展运营过程中，为了充分了解产品的实际情况，提高相关用户的产品满意度，应当主动地开展调研，获取用户反馈。对于用户而言，用户反馈能够提供投诉与表达建议的渠道，并及时解决使用问题；对于企业而言，用户反馈能够及时解决客户困难，修复产品缺陷，挖掘产品需求和寻找新的机会。

获取用户反馈的途径包括：客服部分意见反馈，即用户在使用系统的过程中反馈的问题或功能期望等；在课程中设置的问卷和调研，让客户对课程质量和学习服务进行评价；系统管理员、教务人员、教师在应用系统过程中发现的不足和改进建议；愿意帮助企业进行业务改进的天使用户或资深用户提的改进建议；由客服人员开展必要的电话回访等。

3. 修正系统错误

在线教育产品上线后，由于系统开发和应用过程中难免会存在一些错误和缺陷，为了保证系统的正常运行，需要及时联系开发人员或系统管理员修正系统的错误。为了保障系统的稳定性和可靠性，还要根据等级保护的要求建立和健全系统的管理、运维和安全策略。

（八）产品更新迭代

在线教育产品上线并稳定运行之后，随着师生用户的深度参与，以及企业对用户需求的理解、企业自身发展战略布局的变化，需要持续不断地更新迭代已有的产品，或者推出必要的新产品。

1. 产品更新

在产品更新的重点方面，主要考虑产品的功能更新、内容更新、技术更新、服务更新、数据更新等方面。

功能更新。主要指在产品中根据用户的反馈和技术要求添加新的功能、修改和更新旧的功能，以及删除部分效果不佳的功能。例如，在一个围棋在线教学软件中，用户通常要通过与不同的段位学员对战，获取胜率和参与性积分来提高自己的段位。为了提高学员的棋力，系统中新增了一个高段位学员对战实时观摩功能和按行棋步骤进行复盘的功能，这些情况均为功能更新。功能更新的目标主要是纠正系部错误和缺陷，提高产品的可用性和易用性。

内容更新。主要指在线教育产品投入使用后，要根据教材变化、市场变化、学员需求等因素持续更新课程体系、内容体系、配套教材和教具等资源。例如，在数字媒体技术类在线教育课程体系中，在设计工具的版本提升后，通常需要及时更新原有的微课资源，避免内容过于陈旧或与教材不匹配。

技术更新。主要指对在线教育产品所采用的资源制作技术、信息管理平台、前端技术、交互技术、测评算法、底层开发技术等进行更新。例如，在早期的微课中，使用真人配音及手工字幕。近年来，随着 AI 技术、语音生成技术、语音识别、图像生成技术的发展，配音可以使用人工智能语音库、自动字幕生成技术等大幅度提高视频制作的效率。

服务更新。服务更新主要指用在线教育产品的教学服务、支持服务、知识技能测评服务等进行更新升级。包括增强讲师资源配置，提供社群服务、学业提醒功能及开发新的服务功能等。

2. 产品的消亡

在线教育产品的发展过程中，同样存在产品的消亡现象。从整体生态来看，发展有差异，更新迭代和消亡均属于正常情况，对整体水平的发展有促进作用的。

产品消亡的原因主要有：一是企业发展战略变化；二是市场环境变化；三是政策影响；四是技术落后；五是用户消退。

【案例研习】深耕少儿教育的洪恩教育平台（图 8 – 39）。

图 8 – 39　洪恩教育平台

洪恩是中国领先的科技益智产品企业。公司致力于让家长育儿更轻松，孩子成长更快乐。受益于 20 余年的亲子行业经验、卓越的原创内容、先进的科技创新以及前沿研发实力的深厚积累，洪恩为家长提供高效的亲子陪伴资源并通过独特、有趣的互动式产品体验，激发孩子们天然的好奇心与探索欲①。

洪恩经过创新研发的高品质、多种类的产品，包含自主互动 App、互动内容和智能设备等，覆盖多样化的主题内容，培养孩子们的语言力、逻辑力、阅读力与创造力以及对中国传统文化的自然兴趣。凭借在 3D 引擎、AI/AR 互动和儿童行为及心理的大数据分析方面所积累的独特先进的技术实力，洪恩将持续以高品质的科技益智产品为中国和全世界的家长们提供高效、轻松、优质的育儿体验，为孩子们开启既卓有成效又充满乐趣的美好成长旅程。

①分析洪恩教育的产品体系，用表格绘制整体产品矩阵图。

②分析洪恩教育产品的技术形态演变，理解从 Windows 桌面程序到网页，再到移动 App 等发展过程。

③选择其中一个自主互动 App，例如洪恩识字或洪恩拼音，下载并安装试用。

---

① 天津洪恩完美未来教育科技有限公司 . iHuman 洪恩〔EB/OL〕. 〔2023 – 1 – 1〕. https://www.ihuman.com/about/#introduction.

课后习作

利用本章所学知识，选择一个在线教育平台或移动应用程序进行分析。

1. 分析该在线教育平台或 App 的整体功能设计，并绘制功能结构概念图。

2. 分析该在线教育平台或 App 的交互界面设计，并用 Axure 绘制其主页和其中两个子栏目页面的界面设计稿。

3. 分析该在线教育平台或 App 的学习评价和激励机制，并与同学讨论哪种激励机制最为有效。